Dies ist die erste vollständige Ausgabe der Theosophischen Sendbriefe Jakob Böhmes (1575-1624). Für den Kenner des umfangreichen literarischen Werks des geistesmächtigen »Philosophus teutonicus« liegt die Bedeutung einer solchen Edition auf der Hand: Hier haben wir aufschlußreiche autobiographische Zeugnisse Böhmes vor uns. Wir erhalten Einblick in seine Lebensumstände. Er berichtet unter immer neuen Gesichtspunkten, auf welche Weise er der geistigen Schau und Erleuchtung teilhaftig geworden ist, und welchen Prozeß einer seelisch-geistigen Erneuerung er durchlaufen hat. Jakob Böhme erweist sich hier als erfahrener Seelenführer, der seinen auf dem inneren Weg befindlichen Freunden und Gefährten Rede und Antwort steht, indem er sie berät und auf ihre Schwierigkeiten eingeht.

Jakob Böhme
Theosophische Sendbriefe

Herausgegeben von Gerhard Wehr
Insel Verlag

insel taschenbuch 1786
Erste Auflage 1996
© Insel Verlag Frankfurt am Main und Leipzig 1996
Alle Rechte vorbehalten
Vertrieb durch den Suhrkamp Taschenbuch Verlag
Umschlag nach Entwürfen von Willy Fleckhaus
Satz: Fotosatz Otto Gutfreund, Darmstadt
Druck: Nomos Verlagsgesellschaft, Baden-Baden
Printed in Germany

1 2 3 4 5 6 – 01 00 99 98 97 96

Inhalt

Vorwort 9

I. Einführung und Kommentar 11
   Böhmes *Theosophische Sendbriefe* als
   Dokumente religiöser Erfahrung und
   spiritueller Wegweisung 13
   Kommentar zu den Sendbriefen 1-74 21

II. Texte 75
    Theosophische Sendbriefe 1-74 77

    Ungedruckte Sendbriefe I-IV 439
    Ungedruckte Briefteile 447

Literaturhinweise 451

Vorwort

Jakob Böhme dachte nicht daran, der Nachwelt eine Autobiographie zu hinterlassen. Von daher gesehen kommt den »Theosophischen Sendbriefen« eine besondere Bedeutung zu. Der Leser lernt hier den einflußreichen Autor persönlich kennen. Und, was ebenfalls nicht zu unterschätzen ist, man kann sich ein Bild von dem sich ausweitenden Menschenkreis machen, der sich in Schlesien und in der Lausitz um die geistige Hinterlassenschaft dieses spirituellen Meisters bemüht hat. Wir haben also wirkliche Briefe vor uns.

In den »Theosophischen Sendbriefen« nimmt der Autor der »Aurora« das Wort. Und wenn er dort im 19. Kapitel die Erleuchtungserfahrung geschildert hat, dann ist es interessant zu sehen, wie er dieses Erlebnis nun intimen Freunden anvertraut. Es geschieht in dem Bewußtsein, nicht ihm, dem schlichten Handwerker, seien letztlich die zahlreichen Werke seiner Autorschaft zuzuschreiben. Das Eigentliche habe er nicht aus »Bücherwissen«, er habe seine Erkenntnis vielmehr auf dem Weg einer spontanen Erleuchtung empfangen. Zur Erläuterung dieses Geschehens und der dabei erlangten Erkenntnisfrüchte tragen diese Briefe viel bei. Andererseits gewähren sie Einblick in die Lebensumstände, auch in das bis in seine letzte Lebenszeit anhaltende Ringen mit den orthodoxen Gegnern.

Es versteht sich, daß die vorgelegten Briefe nach den editorischen Gesichtspunkten der bisher erschienenen Schriften des Görlitzers dargeboten werden. Was den darin angewandten Grundsatz der Vollständigkeit betrifft, so wurde hier ein übriges getan: Einige der in der Gesamtausgabe von 1730 an der bezeichneten Stelle fehlenden Briefe wurden hier eingefügt, beispielsweise der als eigener Traktat überlieferte 11. Sendbrief an Paul Kaym, der sich mit dem Thema der

Endzeit beschäftigt. Darüber hinaus wird diese Ausgabe auch früher ungedruckt gebliebene, in der Urschrift erhaltene Sendbriefe sowie weitere Briefteile enthalten. Der vorliegende Band stellt demnach die *erste vollständige Ausgabe* von Böhmes Theosophischen Sendbriefen dar.

Schwarzenbruck bei Nürnberg,
Ostern 1991   *Gerhard Wehr*

I. Einführung und Kommentar

Böhmes »Theosophische Sendbriefe« als Dokumente religiöser Erfahrung und spiritueller Wegweisung

Den *Theosophischen Sendbriefen* kommt in dem rund viertausend Druckseiten umfassenden literarischen Werk des Görlitzer Meisters eine besondere Bedeutung zu. Es handelt sich dabei um Böhmes Korrespondenz, wie sie uns aus der Zeit zwischen dem 18. Januar 1619 und dem 13. Juni 1624 – fünf Monate vor seinem Tod – erhalten geblieben ist. Das heißt, es handelt sich um den für sein Schaffen wesentlichen Zeitraum.

Hinter ihm liegen die Jahre eines von seinen kirchlich-orthodoxen Gegnern erzwungenen Schweigens und des Verzichts auf jegliche Publikation. Innerhalb weniger Monate hatte der 37jährige Görlitzer Schuhmachermeister seine berühmte Erstlingsschrift *Aurora oder Morgenröte im Aufgang* niedergeschrieben. Das Fragment gebliebene Werk hatte ohne sein Wissen handschriftliche Verbreitung gefunden und war zum Gegenstand einer schonungslosen Kritik geworden. Das kirchenfromme lutherische Gemeindeglied hatte rücksichtslose Schmähungen durch den Görlitzer Oberpfarrer Gregor Richter zu erdulden. Fünf Jahre lang hielt sich Böhme an das Publikationsverbot, während die öffentliche Beschimpfung anhielt.

Endlich entsprach Böhme dem Drängen jener Freunde, die ihn ermutigten, in weiteren Schriften sein »Talent« zu offenbaren. So entstand ein zweites, zunächst nur als Manuskript verbreitetes Werk, *Die Beschreibung der drei Prinzipien* (De tribus principiis). Das war im Jahre 1619, ein Jahr nach Ausbruch des Dreißigjährigen Kriegs. In rascher Folge schrieb Böhme während der ihm verbliebenen fünf Lebensjahre mehrere Werke neben zahlreichen kleineren Schriften und Traktaten. Böhme legte in ihnen die Grundzüge seines universalen Gottes-, Welt- und Menschenbildes nieder.

Gleichzeitig bildete sich ein Kreis von spirituellen Schülern und religiös Suchenden. Sie ahnten, daß der Autor dieser Schriften nicht nur die Inhalte seines Schauens zu berichten habe, sondern daß er darüber hinaus in der Lage sei, einen inneren Entwicklungsweg, den Weg einer christlichen Einweihung, zu zeigen und ihnen auf diesem Weg als ein Erfahrener beratend, helfend, ermutigend beizustehen. Dank der Tatsache, daß uns die Texte von rund achtzig Sendbriefen – unter ihnen ausführliche Episteln und traktatartige Ausführungen – überliefert sind, sind wir in der Lage, uns ein Bild von dem Kreis um Jakob Böhme und seiner »theosophischen Schule«, wie er sie einmal nennt, zu verschaffen. Abgesehen davon vermitteln uns diese autobiographischen Zeugnisse manche bemerkenswerte Einzelheit seines schlichten und doch außerordentlichen Lebens.

Äußerlich gesehen ist Jakob Böhme der kleinbürgerliche Handwerksmeister, der Familienvater und Görlitzer Bürger, der Angehörige seiner Zunft, das Glied der evangelisch-lutherischen Kirchengemeinde. Als solcher hat er seinen unverrückbaren Platz in der Gesellschaft seiner Zeit. Damit sind ihm aber auch eng gesteckte Grenzen gezogen: Grenzen der Mobilität, Bildungsschranken, Standesgrenzen, nicht zuletzt eine religiöse Fixierung, die im Zeitalter der protestantischen Orthodoxie nicht ungestraft verändert werden darf. Das ist das eine.

Auf der anderen Seite aber hat ebendieser Jakob Böhme schon in jungen Jahren einen religiösen Aufbruch erlebt, der seine bürgerliche Existenz in den Fundamenten erschütterte. Er empfing nicht einen Impuls zu einer gesellschaftlichen Revolution oder Empörung, auch nicht das, was man einen offenen Protest gegen die kirchliche Lehre und Ordnung nennen könnte. Trotz eines starken prophetisch ausgerichteten Selbstbewußtseins hat Böhme niemals den Anspruch erhoben, die bestehende Ordnung aufheben zu wollen.

Und doch war das, was Böhme nur so verarbeiten konnte, daß er seine Gesichte – »mir selbst zum Memorial« – niederschrieb, geeignet, die Zeitgenossen der »oberen« Stände, namentlich die orthodoxe lutherische Geistlichkeit zu beunruhigen. Denn dieses Buch *Aurora oder Morgenröte im Aufgang* wurde publik. Einer, der nach Meinung der studierten Theologen buchstäblich »bei seinem Leisten« zu bleiben hätte, wagte es, dem von innen und von oben empfangenen »feurigen Trieb« zu folgen. Er hatte es gewagt, die Anrede seines Gottes ernster zu nehmen als das Wort des kirchlichen Lehramts.

Damit sind nicht nur die Ursachen für einen das ganze weitere Leben Böhmes anhaltenden Konflikt gelegt. Es ist der Konflikt des Charismatikers und des Amtsträgers, wie er sich in der Geschichte der Kirche, im besonderen in der Geschichte des esoterischen Christentums, immer wieder abzeichnet[1].

Damit ist aber auch der Anstoß gegeben, den ohne sein Zutun sich vergrößernden Zirkel von Freunden, Schülern, Suchern, Lesern seiner Bücher zu begleiten. Das, was zunächst die individuelle religiöse Erfahrung des Görlitzer Meisters zu sein scheint – die Theologie spricht nicht ohne Geringschätzung von »Privatoffenbarung« –, zieht weitere Kreise: Böhmes Schriften, die zunächst, das heißt zu seinen Lebzeiten, nur als Manuskripte seine Werkstatt verlassen, sind vielerorts begehrt: bei schlesischen Landadligen, in den Amtsstuben von Zolleinnehmern, bei Ärzten, bei Leuten, die sich zutiefst angesprochen fühlen. Es ist sicher ein Zeichen

---

1 Dazu ausführlicher Gerhard Wehr: *Esoterisches Christentum. Von der Antike zur Gegenwart.* Klett-Cotta, Stuttgart 1995.

dafür, daß auch viele andere das Bedürfnis nach einem ursprünglichen geistig-religiösen Erleben hegen und hierfür weitere Anregung erwarten.

Das Charisma, die spirituelle Strahlkraft des schlichten Handwerkers, erweist sich stärker, als die Hüter von Zunft- und Standesgrenzen vermuten. Wieder einmal zeigt sich, daß der Geist nicht an die Schule oder an die Institution oder an eine kirchliche Amtsautorität gebunden ist. Im Gegenteil: Das Charisma muß geradezu deshalb einen Außenseiter wie Jakob Böhme ergreifen, weil Kirche und Schule nicht in der Lage sind, den Hunger und den Durst nach spiritueller Unmittelbarkeit zu stillen. Der Geist weht, wo *er* will!

Das Zutrauen, das Böhme findet, ist groß. Zwar hält die gegen den Autor der *Aurora* und der anderen theosophischen Schriften gerichtete kirchliche Verleumdungskampagne an, aber auch die Zahl derer, die mit ihm in Beziehung treten, nimmt zu. Die Kunde dringt über Schlesien hinaus. Das kommt nicht von ungefähr. Böhme erkennt darin »Gottes Weg«, zumal er beobachten kann, »daß es nicht allein in Schlesien, sondern auch in andern Ländern ist bekannt worden ohne Vorwissen des Autors ...« (10, 26).

Um den zahlreichen Anforderungen zu entsprechen, ist der mit der Niederschrift immer neuer Werke vollauf Beschäftigte dankbar, daß sorgfältige Abschriften hergestellt werden. Unter den »Skribenten« ist vor allem der Saganer Zolleinnehmer Christian Bernhard zu nennen (vgl. die Briefe 4, 9, 14, 21, 25-27 usw.).

Um seinen Schülern nahe zu sein und sie mit einer gewissen Regelmäßigkeit besuchen zu können, gibt er seine Schuhmacherei in der Stadt auf und betreibt zusammen mit seiner Frau Katharina einen Garnhandel, der ihn nun auch von Berufs wegen über Land führt. Auf diese Weise wird es ihm möglich, sich mit den Lesern seiner Manuskripte zu unterreden. Wir hören von verschiedenen Fahrten durch

Schlesien und von mannigfachen Besuchen und Begegnungen.

Diese Unterredungen sind dem Verfasser der *Theosophischen Sendbriefe* deshalb so wichtig, weil er nicht alles dem geschriebenen Wort anvertrauen zu können meint: »Lieber Herr Doktor, der Feder ist nicht zu trauen«, lesen wir einmal (15,17). Ein andermal läßt er seinen Freund Christian Bernhard wissen, er wünschte mit ihm »in geheim zu sein auf ein kurzes Gespräche, so euch dasselbe gefällig wäre. So werdet ihr ohne Zweifel Mittel dazu wissen, wollet euch in meiner Gegenwart meines Namens und Person geschweigen, es wäre denn Sache, daß er den Euren zuvor bekannt wäre und sie des(sen) begehrten.«

Kein Zweifel, hier waltet Arkandisziplin, ein selbstauferlegtes Gebot der Geheimhaltung. Das geschieht nicht etwa um einer mysteriösen Geheimnistuerei willen oder weil namentlich nach der Publikation der rosenkreuzerischen Manifeste – die *Chymische Hochzeit Christiani Rosenkreuz* war 1616 erschienen – Geheimgesellschaften aller Art von sich reden machten. Böhmes Arkandisziplin hat einen anderen Grund: Längst ist der Verfasser der theosophischen Manuskripte zu einem christlichen Guru, zu einem Seelenführer geworden, dessen Ziel darin besteht, andere auf die Bahn der spirituellen Entwicklung zu bringen. Wo es um nichts Geringeres geht als um die Initiierung eines inneren Prozesses der Wandlung und der Reifung aus dem Geiste Christi, da ist – sofern möglich – der intime Dialog zwischen dem Erfahrenen und dem am Anfang des Weges Befindlichen geboten. Das unmittelbare Gegenübersein spricht seine eigene Sprache. Das weiß jeder, der Menschenführung, die seelsorgerlich-spirituelle oder die tiefenpsychologisch-therapeutische, das initiatische Geschehen aus eigenem Erleben kennt. Dennoch sind die *Theosophischen Sendbriefe* Böhmes an den entscheidenden Punkten selbst Dokumente von und für Menschen, die sich auf dem Innenweg der Christusnachfolge befinden und die der »Morgenröte im Aufgang« oder dem Prozeß des »Ausgrünens« entgegenwarten.

Deshalb ist der eigentliche Anlaß und Grund vieler Briefe Böhmes dieser: »So habe ich nicht unterlassen wollen, denen zu schreiben und sie zu erinnern und in solchem eiferigen Suchen mehr Ursache zu geben und darzutun, wie das Perllein zu suchen und endlich zu finden sei. Sintemal ich auch einer unter den Suchern bin und mir am höchsten anlieget, dasjenige, was mir von Gott vertrauet ist, nicht zu vergraben, sondern darzutun, auf daß Gottes Wille in uns möchte erkannt werden und sein Reich in unser Suchen und Begehren kommen...« (17,1) Es besteht kein Zweifel: Böhme befindet sich auf großer Mission, und er ist sich auch der Größe seiner Verantwortung voll bewußt.

Dabei sei nicht übersehen, daß dieses Briefwerk, sein seherisch-literarisches Lebenswerk als solches, während des Dreißigjährigen Kriegs entstanden ist. Die unheilvollen, Angst erzeugenden, neue Schrecken ankündigenden Ereignisse werfen ihre gespenstischen Schatten auf dieses Werk. Böhme ist also schon von daher gesehen nicht einer von denen, die ruhevoll in ihrer weltabgeschiedenen Mystiker-Klause meditieren und in einer solchen, von keiner Unbill getrübten Konzentration ihre Traktate, Lehrreden und Sendschreiben hinausgehen lassen können. Er steht vielmehr mitten in einem von Sorgen und Kümmernissen in Spannung gehaltenen Leben, gewillt, allem Kommenden standzuhalten. Er sucht die Zeichen der Zeit in größeren und größten Zusammenhängen zu sehen, innere Erfahrung mit den äußeren Phänomenen in Zusammenhang zu bringen. Dergleichen geht, wie die Geschichtserfahrung zeigt, nicht ohne ein kurzschlüssiges Vermuten ab, auch nicht bei Jakob Böhme. Doch darum geht es nicht.

Daneben will die lebenslange wirtschaftliche Abhängigkeit

beachtet sein, der der Görlitzer Meister vor allem von jenem Zeitpunkt ab unterworfen ist, als er als fahrender Händler und als (ungedruckter) Schriftsteller sich und seine Familie zu ernähren hat. Diese Abhängigkeit muß er auf sich nehmen, weil ihn der Geist treibt und weil er seinen Brüdern – so nennt er die Freunde und Sucher – das anvertraute Talent nicht vorenthalten darf. Von 1619/1620 an ist es namentlich die Abhängigkeit von Adeligen, denen er mit seinem Werk dient und die ihn mit dem Allernötigsten versorgen. Auch davon legen die Briefe ein beredtes Zeugnis ab (z. B. 5,2; 6,1; 21,4; 32,2; 33,6; 37; 65,3; 66,10; 67,1; 69,6; 73,3; 74).

Anhand dieser und ähnlicher Gesichtspunkte wird deutlich, daß Böhmes religiöse Erfahrung, sodann auch die von ihm erwartete und geleistete spirituelle Wegweisung nicht etwa abseits des gelebten Lebens empfangen und vollzogen wurde. Vielmehr belegen gerade die *Theosophischen Sendbriefe* auf vielfältige Weise, wie der Lebensalltag und die esoterische Vertiefung dieses Lebens, Zeitgeschichte und die göttliche Führung des einzelnen wie der Menschheit aufs engste miteinander verwoben und aufeinander bezogen sind.

Für den heutigen Leser dieser Texte ergeben sich daraus gewisse Konsequenzen. Er wird sich dieses Zusammenhangs bewußt bleiben müssen und keine Theosophie oder christliche Esoterik suchen dürfen, die ihn von seinem eigenen, ganz individuellen Schicksal entfernt. Er wird sodann nicht jedes Wort, nicht jede Deutung, schon gar nicht zeitbedingte Vorstellungen nur deshalb übernehmen dürfen, weil sie von einem so geisterfüllten Menschen wie Jakob Böhme stammen. Vielmehr obliegt es jedem einzelnen, gleichsam durch diese mehr als dreihundertjährigen Wortlaute *hindurch*zusehen und *hindurch*zuhören auf das Überzeitlich-Spirituelle, das sich hier eingetragen hat. Und deutlich genug spricht es Böhme auch den ersten Empfängern seiner Briefe gegenüber aus, worauf es eigentlich ankommt, sind doch die Schriften und Briefe nur irdische Gefäße eines letztlich unausschöpflichen Inhalts oder Hinweisschilder auf dem Weg, den der einzelne selbst gehen muß:

»Denn das Buch, da alle Heimlichkeit innen lieget, ist der Mensch selbst... Das große Arcanum lieget in ihm, allein das Offenbaren gehöret dem Geiste Gottes.« (20, 3)

Kommentar

ZU DEN THEOSOPHISCHEN SENDBRIEFEN 1-74

1. Sendbrief

Carl von Ender (Carl Ender von Sercha) auf Schloß Leopoldshain, eine Wegstunde östlich von Görlitz, spielt im Leben Jakob Böhmes eine wichtige Rolle. Er gehört zur Schar jener Adeligen Schlesiens, die sich für das Werk des Görlitzers interessieren, und zwar von Anfang an. Er war nicht allein ein Mann von Bildung, sondern er brachte bereits eine entsprechende Aufgeschlossenheit mit, als er den Autor der *Morgenröte* und dessen Erstlingsschrift kennen- und schätzenlernte. Der Landedelmann zählte nämlich zu jenen Familien, die der Lehre ihres Landsmannes Kaspar Schwenckfeld (1489-1561) anhingen und bei denen, die die seit 1609 im Druck erschienenen Weigelschen bzw. Pseudo-Weigelschen Schriften lasen. Carl von Ender war es, der sich für die handschriftliche Verbreitung der *Morgenröte* (Aurora) einsetzte.

Wenn sich Böhme dem »edlen, gestrengen, wohlehrenfesten Herrn« gegenüber auch als »einfältiger Mann« ausgibt, so ist in den (mindestens) sechs bis sieben Jahren ihrer persönlichen Bekanntschaft zwischen beiden ein recht enges Vertrauensverhältnis gewachsen. Dazu kommt, daß auch Böhmes Selbstbewußtsein seit der Niederschrift der *Aurora* gestärkt wurde. Den »hohen Leuten« vermag der, der aus dem Handwerkerstand kommt, als einer gegenüberzutreten, in dem das »hohe Licht« entzündet und der »feurige Trieb« (1, 2) seiner Geistbegabung entfacht worden ist.

Es ist weder das erste noch das letzte Mal, daß der Autor versichert, sein Schreiben sei ausschließlich ein persönliches

Bedürfnis gewesen; es sei ohne jegliche Publikationsabsicht erfolgt. Wenn es nun doch – eben mit Unterstützung, wenn nicht durch Initiative des Adressaten – zur Veröffentlichung der *Aurora* kam, so erblickt der Briefschreiber darin das Walten dessen, der die Person nicht ansieht und der sich daher über die bestehenden Standesgrenzen souverän hinwegsetzt (1,4)[2].

»Das Niedrige« ist gerade recht, um zum Gefäß der göttlichen Offenbarung erkoren zu werden. Und dieser sich offenbarende Gott will »in allen Dingen« erkannt werden. Das ist der Auftrag, dessen der Schuster innewird. Das legitimiert ihn allein, seinen Leisten beiseite zu legen und aufs neue zur Feder zu greifen. Daß Böhme seine Einsicht nicht etwa von abstrakten theologischen Sätzen ableitet, sondern daß er als ein anschauender Denker schreibt, unterstreicht der Hinweis auf die Himmelskräfte, die Gott »in Bildnissen, Gewächsen und Farben« kundmachen (1,5). Das ist nur ein Gleichnis für die über die Welt hinausweisende Dimension des Wesenhaften, das alles Irdische »inqualieret«, das heißt: mit seinen schaffenden Kräften geistdynamisch durchwirkt.

Die Lehre von den drei Prinzipien, in der die Polarität des grimmigen Zornfeuers und des Lichts der Liebe Gottes (in Christus) eine besondere Rolle spielt, benützt Böhme als einen Erkenntnisschlüssel. Dieses Schlüssels bedarf er um so mehr, als das »göttliche Licht« unmittelbarer Erkenntnis infolge des tragischen (Sünden-)Falls verlorengegangen ist (1,6f.).

Indem Böhme diesen Tatbestand berührt, ist er schon bei

---

[2] Über Böhme und sein Erstlingswerk vgl. die Einführung zu Jakob Böhme: *Aurora oder Morgenröte im Aufgang.* Insel Verlag, Frankfurt 1991. Ferner Gerhard Wehr: *Jakob Böhme. Geisteslehrer und Seelenführer.* Aurum Verlag, Freiburg 1979.

seinem universalen Thema, bei dem Weltendrama von Schöpfung, Fall und Erneuerung des Menschen. Es gilt, den in der vergänglichen (»monstrosischen«) Physis verborgenen »rechten Menschen« ans Licht zu heben und bewußt zu machen. Sein Urstand ist in Gott; die Neugeburt durch Christus läßt dieses Faktum zu einer individuellen Erfahrungstatsache werden, und zwar schon jetzt (1,11). Dieses neue Sein verbürgt Erkenntnis (1,12). Insofern gibt es Abstufungen des menschlichen Erkennens (1,14). Wahres Erkennen ist zum andern ein Geschenk des erleuchtenden Gottes, der das Erkenntnislicht im Menschen anzündet (1,14).

Das von Böhme gemeinte Erkennen entspricht auf der anderen Seite einem wunderbaren, aber auch ängstigenden Geburtsvorgang. Das Wunder besteht darin, daß diese Geburt – bildlich gesprochen – durch eine gealterte Frau (1,15) erfolgt. Böhme mag an biblische Vorbilder (Abrahams Frau Sarah; die Mutter Johannes des Täufers, Elisabeth u. a.) denken. Dabei ist er selbst der Betroffene, denn auch aus ihm soll ein Geisteskind geboren werden (1,17). Er geht – nach jahrelangem Schweigen – mit seinem zweiten Buch *Drei Prinzipien göttlichen Wesens* (1619) zum Zeitpunkt dieses Briefes schwanger. Es zeugt für das große Vertrauen, das der Briefschreiber dem Empfänger entgegenbringt, wenn er das Ungeborene ankündigt, wiewohl er »fast mit zu vielen weltlichen Geschäften beladen« ist und die Geburtsängste ganz bewußt durchlebt.

2. Sendbrief

Böhme hat schwere, entsagungsreiche Jahre hinter sich. Denn das Bekanntwerden der *Aurora* hat seinem Autor Verleumdungen, öffentliche Maßregelung und die entschädigungslose Wegnahme des Manuskripts eingebracht. Der

»Treiber« – es ist der fanatisch-orthodoxe Oberpfarrer von Görlitz, Gregor Richter – setzte ihm hart zu. Um so mehr weiß Böhme die Treue des Edelmanns Carl Ender von Sercha zu schätzen (2,2). Darüber hinaus kann er dem adeligen Freund die Echtheit seiner Erfahrung bestätigen, nämlich die Wahrnehmung der »edlen Perle« als einer Licht, Hoffnung und Zuversicht stiftenden Kraft (2,4). Sie ist es eigentlich, die ihn zum Schreiben antreibt. Seine Schriftstellerei begreift er daher als einen einzigen Akt des Gehorsams gegen Gott, mit seinem »Bistum«(!) verantwortlich umzugehen (2,6), das heißt, die anvertraute Gabe nicht etwa als einen privaten Besitz anderen vorzuenthalten, sondern sie weiterzugeben.

Böhmes Verbundenheit mit Carl Ender, der das geistig Empfangene an die Öffentlichkeit gebracht hat und der gesonnen ist, dies auch künftig zu tun, gewinnt von daher eine neue Dimension. Spätestens seit diesem Brief und seit der Bereitschaft zur Niederschrift seines zweiten Buches datiert die Gewißheit Böhmes, nicht allein sich selbst »zum Memorial« zu schreiben, sondern als Offenbarungsträger für andere zu fungieren. Wenn sich auch immer wieder Skrupel oder Unsicherheiten einschleichen wollen, ob der beschrittene Weg als Schriftsteller der richtige sei, so kann Böhme darauf verweisen, daß die Ergebnisse seines Tuns gar nicht von ihm, dem an seinen Stand als Schuhmacher gewiesenen Kleinbürger stammen, sondern daß er die Antriebe aus der transpersonalen Tiefe seines Unbewußten inspirativ entgegennimmt (2,10). So heißt es schon in der Rechenschaft des Autors der *Aurora*, von wem er seine hohen Gaben des Geistes empfangen habe: »Gott hat mir das Wissen gegeben. Nicht ich, der ich der Ich bin, weiß es, sondern Gott weiß es in mir...« Und weiter: »Nicht ich, der ich der Ich bin, habe es nicht zuvor gewußt, das ich euch habe geschrieben. Ich vermeinte, ich schrieb allein mir, und es ist ohne meinen Bewußt also geraten.« Damit bezeichnet Böhme tiefenpsychologisch exakt den Quellgrund seines Schaffens.

In der Ahnung, ja in der sicheren Erwartung, vor einer Offenbarung einer größeren, weil »über Moses und die Propheten« hinausreichenden Erkenntnis zu stehen, überreicht Böhme dem Empfänger dieses Briefs neue Manuskriptteile (2,11 f.). Der Leser von damals wie von heute mag etwas von dem verspüren, was Böhmes Tun und Leben durchpulst. Es ist die Hoffnung auf »die schöne, von Gott verheißene Lilie« (2,13), Symbol der spirituellen und universalen Reformation, der Jakob Böhme den Weg bereiten möchte.

4. Sendbrief

Auch Christian Bernhard, der Zolleinnehmer von Sagan, gehört zu den engsten Freunden Böhmes. Mit einem gewissen Recht nennt ihn Hans Grunsky »Generalsekretär und Botschafter Böhmes«, weil er Böhmes Schriften kopierte und – unter Hintanstellen seines Berufes – so die Verbreitung der Böhmeschen Theosophie ermöglichen half. Dazu kommt das enge persönliche Verhältnis zwischen beiden Männern, das sich in den Briefen niedergeschlagen hat.

Bernhard ist für Böhme »mein gar guter, lieber Bruder . . . , weil ihr mich habet aus dem Schlafe erwecket« (4,17) – eine sehr hohe Einschätzung! Sie zeugt davon, wie früh der Zolleinnehmer die spirituelle Berufung des Schusters erkannt haben muß. Nicht umsonst zählt ihn der so »Erweckte« vier Jahre später zu den »Erstlingen« (45,6), denen er ein weiteres inneres Wachstum wünscht.

Im vorliegenden Brief steht zunächst die Tatsache im Vordergrund, daß auch Bernhard das Erkannte nicht für sich behalte, sondern »freiwillig allen Kreaturen« darbiete (4,2), ungeachtet der großen Widerstände, mit denen er selbst seit

Jahren zu kämpfen hat. Dergleichen ist nur möglich, wenn das irdische Leben »ist eingepfropfet in das heilige Leben Jesu Christi« (4,4). Dieses Wissen um die mystische Tatsache der Christuseinwohnung und des In-Christo-Seins, wie es der Apostel Paulus genannt hat, schenkt eine durch nichts zu erschütternde Gewißheit (4,6f.). Böhme ist sich bewußt, daß derartige Erfahrungen des Widerstandes geradezu die Voraussetzung für den spirituell-regenerativen Prozeß des »Ausgrünens« darstellen. Von daher gesehen erscheint die Notwendigkeit der Menschwerdung Christi in einem neuen Licht (4,10)[3].

Dieser Prozeß des Ausgrünens spielt in diesem Brief und überall dort eine zentrale Rolle, wo Böhme als Seelenführer gefordert ist. Ihm obliegt es, Sterben und Auferstehen des Menschen mit und in Christus zu begleiten als einer, der aus eigener Erfahrung sprechen kann. Für »wieder erwacht« (4,18) hält sich Böhme, weil ihm klargeworden ist, daß die einst ergangenen visionären Einsichten der weiteren Vertiefung und Verarbeitung auch der klareren Darstellung bedürfen, um andere »Schlafende« zu erwecken.

Erweckung ist sodann ein aktuelles, jetzt und hier zu geschehendes, zu erhoffendes pfingstliches Ereignis, das nicht beliebig reproduzierbar, sondern das allein der Gnade Gottes vorbehalten ist (4,20f.). Das hermeneutische Problem, das Problem mit der Dunkelheit und der Schwerverständlichkeit seiner Schriften, bringt Böhme selbst in diesen Zusammenhang (4,21).

Ein wichtiger Gesichtspunkt ist jener, wo Böhme auf die von ihm gebrauchte »Natursprache« verweist (4,26). Gemeint ist ein Verstehen- und Sprechenkönnen, das im Gegensatz zu einer menschlichen Sprache nicht erlernbar sei, son-

---

3 Ausführlicher in Jakob Böhme: *Von der Menschwerdung Jesu Christi.* Insel Verlag, Frankfurt 1995.

dern das ein intimes intuitives Vertrautsein mit der Sache selbst voraussetzt. Nicht darum geht es, äußere Sinngehalte oder Sachverhalte zu beschreiben, sondern die Tiefe des Logos (etwa laut Heraklit) – Böhme sagt: »die Geister der Buchstaben« – vom Urgrund (Böhme: »Urkund«) her zu erfahren (4, 27). Der Wunsch Böhmes, seine Seele mit dem Fragesteller teilen zu können (4, 25), deutet darauf hin, daß eine Korrespondenzebene gesucht und gefunden werden sollte, die nicht nur die der gedanklichen Argumentation umfaßt, sondern die auch noch jene Bereiche einbezieht, die unterhalb-oberhalb des Alltagsbewußtseins liegen. Im Zusammenhang seiner Darstellung zur Übertragungsproblematik hat C. G. Jung auf derartige Wechselbezüge unter dem Stichwort »Heiratsquaternio« hingewiesen[4].

Zwischenhinein fügt Böhme die Notiz von der beruflichen und familiär bedingten Geschäftigkeit, der er sich als fahrender Händler und Familienvater zu unterwerfen hat, wohl wissend, daß derlei Geschäfte »das Reich Gottes verhindern« (4, 30). Allein die Fürsorge für Weib und Kind duldet keinen Aufschub. Aber eben nicht nur die Zeit, sondern auch und gerade die Ewigkeit ist es, die den dafür erweckten Schuster drängt.

Ein anderes Problem taucht auf, das für die Überlieferung der Böhme-Schriften von nicht geringer Bedeutung ist, nämlich die Frage nach zuverlässigen Nach- und Abschriften seiner Wortlaute (4, 35 ff.). Der Autor trägt Sorge dafür, daß vor allem in der ersten Fassung nur authentische Texte entstehen.

Zeitgeschichte spiegelt sich für einen Moment in den Reiseerlebnissen des Geschäftigen. Böhme ist während seiner Wanderung nach Prag Zeuge des Einzugs von Kurfürst Fried-

---

[4] C. G. Jung: *Die Psychologie der Übertragung* (1946), in: Gesammelte Werke, Band 16, S. 234 ff.

rich V., des sogenannten Winterkönigs, geworden, der in der kurzen Zeit des Winters 1619/20 in der Stadt an der Moldau hofhielt[5].

Schon meldet sich bei Böhme das Bedürfnis, die miterlebte Zeitgeschichte von der Heilsgeschichte her deuten zu wollen (4,39 ff.). Für den Briefschreiber ist das äußere politische Geschehen nur ein Symptom für die anstehende große Auseinandersetzung zwischen dem Gottesvolk und Babel, dem Inbegriff der widergöttlichen Macht. Die irdische Geschichte ist Abschattung der Geschichte Gottes mit der Menschheit. Noch ist die vielgenannte Schlacht am Weißen Berg östlich von Prag, am 8. November 1620, nicht in Sicht, da erblickt Böhme vor seinem inneren Auge bereits die Ausweitung des »großen Kriegs und Streites, ... Zerbrechung vieler Städte, Schlösser und mächtiger Länder« (4,41). Er sollte recht behalten. Dabei läßt Böhme in seiner Geschichtsprophetie Vorsicht walten. Er weiß sehr wohl, daß dem »Rat Gottes« die irdische Sichtweise im Grunde unangemessen ist (4,43). Die göttliche Geschichte mißt mit anderen Maßen.

Die im Abschnitt (4,45) ausgedrückte Hoffnung, Carl Ender werde die Rückerstattung der durch den Magistrat eingezogenen Urschrift der *Aurora* erwirken können, blieb freilich unerfüllt. Böhme bekam sein Buch nie mehr zu Gesicht. Dennoch war durch die vorausgegangene Abschrift und durch neue Kopien für die Verbreitung gesorgt.

---

5 Über die Zusammenhänge des Winterkönigs Friedrich mit der gleichzeitigen Rosenkreuzer-Bewegung vgl. Francis Yates: *Aufklärung im Zeichen des Rosenkreuzes*. Edition Alpha, Stuttgart 1975.

5. und 6. Sendbrief

Wie den bisherigen Brieftexten zu entnehmen war, enthalten Böhmes Sendbriefe nicht nur alltägliche Mitteilungen. Der grundsätzliche, lehrmäßige, auf die Menschenführung hin gerichtete Charakter dominiert in der Regel, selbst wenn der Briefschreiber »in Eil« ist (5,14). Stets gilt es, das Bewußtsein von der Herankunft der »großen Wunder Gottes« und vom Erblühen der »schönen Lilien« (5,9) wachzuhalten. Dazu ist er befähigt, weil ihn »die edle Jungfrau Weisheit« (5,7), die von Böhme immer wieder angerufene göttliche Sophia, inspiriert und an einer Weisheit teilnehmen läßt, die nicht auf den hohen Schulen zu erlernen ist. Diese Weisheit ist in den Augen des Briefschreibers ein zu treuhänderischem Umgang anvertrautes Gut, das in Wort und Schrift, in Gestalt seelsorgerlicher Unterredung und in der Weitergabe neuer Manuskripte den Mitmenschen zu übermitteln ist (6,4).

7. Sendbrief

Auch Balthasar Walther, der weitgereiste paracelsische Arzt, spielt in Böhmes Leben eine wichtige Rolle. Der etwa zehn Jahre Ältere wird dem Autor der *Aurora* um das Jahr 1617 begegnet sein. Welchen starken Eindruck er von dem schlichten Schuster empfing, darf daran abgelesen werden, daß Dr. Walther es war, der Böhme den honorigen Titel »Philosophus teutonicus«, deutscher Philosoph, beilegte und ihm jene vierzig Fragen von der menschlichen Seele unterbreitete. Von ihrer Beantwortung durch Böhme versprach sich Walther viel. In der Tat ließ er sich zu einer gleichnamigen Schrift anregen. Den ihm zugedachten Titel nahm er gleichfalls an, wie die Unterschriften der Briefe 23, 37, 38, 61 und 63 belegen. Durch Balthasar Walther mag Böhme tiefer in die

Kabbala sowie in die Alchymie und die Naturphilosophie eingeführt worden sein. Die gelegentliche Mitteilung Abraham von Frankenbergs, der kundige Arzt habe »drei Monate lang viel geheime und vertraute Gespräche mit ihm gepflogen«, macht dies noch wahrscheinlicher. Mancher lateinische Terminus bei Böhme dürfte auf Walthers Vorschlag zurückgehen. Böhme war des Lateinischen nicht mächtig.

Auf die Wahrung der Arkandisziplin bedacht, hebt Böhme im 7. Sendbrief hervor, daß seine Schriften »nicht jedermanns Speise« seien, weshalb sie – entgegen Walthers Absichten – nicht einem jedem ausgehändigt werden dürften. Der Esoteriker Böhme sieht sich als Schriftsteller und als Seelenführer an die »Kinder des Geheimnisses« (7,4) gewiesen. Es sind jene, die in sich »viele edle Perlen« bergen. Es sind Weisheitshungerige, keine Satten!

Zu beachten ist zum anderen die bescheidene Nüchternheit, mit der Böhme jegliche Herausstellung seiner Person als eines Wundermannes von sich weist (7,6). Böhmes Theosophie ist eine in Gott verborgene Wissenschaft. Als solche entzieht sie sich denen, »die nicht aus Gott geboren sind« (7,7). Das hat entsprechende Konsequenzen für das Verständnis seiner Schriften. Selbst den Druck der entstehenden Manuskripte, an den Walther offensichtlich gedacht hat, lehnt der Autor zu diesem Zeitpunkt ab (7,8). Aus dem Zusammenhang heraus, in dem diese Ablehnung geäußert wird, dürfte klarwerden, daß Böhme seine Texte als Mysterienschriften versteht, die nur an dafür Vorbereitete, an innerlich Gereifte oder nach Reife Strebende weitergegeben werden sollen.

8. Sendbrief

Der 8. Sendbrief vom 14. August und der 11. vom 19. November des Jahres 1620 heben sich dadurch von dem übrigen Briefwerk ab, daß beide Texte den Charakter von traktatartigen Episteln angenommen haben. Das mag auch der Grund gewesen sein, weshalb der Herausgeber der Böhme-Gesamtausgabe von 1730 beide Wortlaute außerhalb der *Theosophischen Sendbriefe* publizierte.

Das Thema mit der Frage nach der Zeitbestimmung des erwarteten Weltendes war immer wieder aktuell, auch im dritten Jahr des Dreißigjährigen Krieges. Ein entsprechender Text, »zwei Büchlein«, des kaiserlichen Zolleinnehmers Paul Kaym in Liegnitz, zeigt das. Von der *Aurora* und anderen Arbeiten Böhmes angesprochen, hatte Kaym seine Ausarbeitung an Böhme in der Erwartung gesandt, der seherisch Begabte könne seine Errechnungen bestätigen.

Dank einer vermittelnden Empfehlung durch Carl Ender begrüßt Böhme den Liegnitzer als einen geistesverwandten »Bruder«. Der lange Antworttext erfährt gleich eingangs (8,2) eine echt Böhmesche Akzentuierung. Darin kommt vor, was ihm allein wichtig ist, nämlich: die Nähe der Wiederaufrichtung des zerbrochenen (geistigen) Jerusalems, mehr noch die Wiederherstellung des in Adam verblichenen Menschenbildes und damit die Erkenntnis und die Wiedergewinnung der verlorenen Perle in der Kraft des Hl. Geistes.

Damit ist von vornherein auch klar zum Ausdruck gebracht, was – wenn überhaupt – demzufolge von nachrangiger Bedeutung ist: beispielsweise Elaborate, in denen der stets zum Scheitern verurteilte Versuch von endzeitlichen Terminrechnungen unternommen wird. Böhme läßt es an brüderlicher Zuneigung nicht fehlen. Er verkennt nicht das ernste Suchen und Fragen Kayms. Das hindert ihn nicht, unmißverständlich zu sagen, daß seine eigenen Erkenntnisse auf einem anderen Sektor liegen, als sie der Fragesteller erhofft. Daher ist in Böhmes Schriften kein Platz für Endzeitspekulationen, die letztlich der Neugierde einer ungezügelten menschlichen Phantasie entstammen. Oder, auf eine knappe Formel gebracht: Nicht das ist entscheidend zu wissen, wie es sich mit dem in der Johannes-Offenbarung erwähnten tausendjährigen Sabbat verhalte, »denn wir haben genug am Sabbat der neuen Wiedergeburt« (8,69). Damit ist ein abstrakt-lehrhaftes Offenbarungswissen relativiert. Die Entscheidung fällt nicht in irgendeiner so oder so ausgedeuteten oder gar errechneten Zukunft, sondern ganz konkret in dem jetzt und hier zu durchlaufenden Prozeß der Wiedergeburt. Alles andere kann Böhme getrost »göttlicher Allmacht befehlen«.

Andererseits genügt es nicht, unter Berufung auf eine etwaige tiefere Schrifterkenntnis die Situation zu analysieren, die Inkarnation dessen, was »Babel« heute ist, zu entlarven, sondern es gilt mit der Tat und mit dem Leben, den Weg der Christusnachfolge in beispielhafter Weise zu gehen (8,7 ff.). Im übrigen kommt es darauf an, in Gott zu sein, will man die Mysterien seines Wesens ergründen (8,15). Deshalb ist es Böhme so wichtig, von der Geburt des »neuen englischen Menschen« zu künden als von einer neuen Qualität des Menschlichen überhaupt (8,21). Die Wiederherstellung Zions ist demnach für Böhme nicht ein äußeres Phänomen, sondern ein im neuen Menschen gegründetes neues Sein (8,25). In Christus sein, das heißt für Böhme, schon im Anbruch der Christus-Zukunft leben, im endzeitlichen Sabbat (8,27). Für ihn hat die Zukunft schon begonnen.

9. Sendbrief

Über Christian Bernhard vgl. 4. Sendbrief. – Es ist kennzeichnend für Böhmes Briefeschreiben, daß er – ganz ähnlich wie in seinen Büchern – nicht zögert, das von ihm früher Ausgesprochene wieder und wieder darzulegen. Schließlich ist Christian Bernhard ein Mann, der seit Jahren mit dem Kopieren von Böhme-Texten beschäftigt ist. Böhme könnte demnach all das als bekannt voraussetzen, was er in dem vorliegenden Brief zur Sprache bringt: daß die rechte Lehre im Menschen selbst sei (9,2); was sich in den Böhme-Büchern finde (9,3); daß Leben mit Christus immer ein Passionsgeschehen sei (9,4); daß nur das Gültigkeit habe, was der Geist Gottes aus uns spricht (9,8). Alles das könnte der Briefschreiber bei seinem Adressaten als bekannt voraussetzen, käme es ihm auf das bloße Bescheidwissen an. Aber Böhme geht es eben nicht um äußere Sachverhalte. Dem spirituellen Exerzitienmeister liegt – ähnlich wie jedem meditativ Arbeitenden – daran, das Wißbare durch ständige Wiederholung und durch neue Verdeutlichung oder Vergegenwärtigung tiefer zu verankern. Aus solchen Beispielen mag es abzulesen sein, daß die *Theosophischen Sendbriefe* selbst als Anregungen zum meditativen Umgang aufgenommen werden sollen.

10. Sendbrief

Weil wir einer Autobiographie Jakob Böhmes entraten müssen und mancherlei autobiographische Notizen in seinen Schriften nach Vervollständigung verlangen, sind die auf Böhmes eigenen Lebens- und Erkenntnisweg bezüglichen Mitteilungen innerhalb der *Theosophischen Sendbriefe* von besonderem Wert.

Auch Abraham von Sommerfeld, ein in Wartha bei Beuthen wohnender Landedelmann, dem der vermutlich Ende April 1620 geschriebene Brief gewidmet ist, gehört zu der Schar derer, die Böhme seit dessen *Aurora* ihre besondere Aufmerksamkeit widmen.

Hier hebt Böhme mit Nachdruck hervor, daß es nicht allein die geistige Schau war, die ihn heimgesucht hat, sondern gleichzeitig jener »feurige Trieb«, der ihn an die Schriftstellerei heranführte. Während ein seelisch extravertierter, also ein nach außen gerichteter Mensch, in aller Öffentlichkeit das aussprechen und bereden muß, was er erlebt hat, sucht Böhme »allein das Herz Gottes, sich darein zu verbergen«, das heißt: er wendet sich nach innen – und er wird darüber zum Schriftsteller (10,3).

So ist es auch nicht weiter zu verwundern, wenn Böhme als Autobiograph nicht von äußeren, sondern in erster Linie von inneren Begebenheiten zu berichten hat (10,7 ff.), so schwer es ihm fällt, passende Bilder und Vergleiche für das ihm Widerfahrene heranzuziehen: das Bild vom unerwarteten, jäh einsetzenden Platzregen, vom Sturm und Ungewitter, vom unscheinbaren Senfkorn oder von der aufblühenden Lilie. Durch diesen geistfeuernden Trieb angestoßen und nicht etwa verstandesmäßig geplant oder erdichtet, entstehen innerhalb weniger Monate etliche Bücher (10,10 ff.).

Auch Abraham vom Sommerfeld ist für Böhme einer von den »hohen Menschen«, während er sich selbst »ganz einfältig« (10,14) dünkt. Diese Einschätzung betrifft aber nur seinen gesellschaftlichen und bildungsmäßigen Status, denn der Görlitzer Meister ist sich seiner außerordentlichen Begabung voll bewußt. Längst zweifelt er nicht mehr an der Notwendigkeit und an der Berechtigung zu schreiben, wie er schreibt (10,16 f.): »Es ist Gottes Werk...« – Weil dem so ist und weil es bei seinem Tun nicht um nichtiges Menschenwerk geht, deshalb mußte sich die anhaltende Verketzerung durch die Amtskirche als besonders günstig für die Verbreitung auswirken. In der Tat hat Böhme Anlaß, sich darüber zu wundern. Freilich betrifft dieses Verwundern nur den »äußern Menschen« (10, 27). Der innere Mensch ist es, der an dem Mysterium teilhat, ohne irgendeiner äußeren Hilfestellung, eines Studiums oder Anstoßes zu bedürfen. Der Geist allein tut's. Solange er anwest, aber auch nur solange, vermag Böhme sich und sein Werk zu »verstehen« (10, 29). Sobald dieser inspirierende Geist entweicht, ist er nur noch der unzulängliche Mensch, der ungebildete Schuster aus Görlitz. Böhme ist »verständig« genug, daraus die erforderlichen Konsequenzen zu ziehen (10, 30).

Aufschlußreich ist Böhmes Einschätzung seines ersten Buches *Morgenröte im Aufgang*. Demnach ist es nur ein erster, vorläufiger Versuch, »die großen Geheimnisse« zu erkennen (10, 36) und einsichtig zu machen. Es bedurfte anderer Schriften, das Mysterium zu erhellen. Jedoch können auch sie letztlich nicht mehr sein als Beiträge, die strenggenommen ein und demselben Thema gewidmet sind. Schon deshalb hält es der Autor für gut, »daß endlich aus allen (Büchern) nur eines gemachet würde« (10, 46). In Feststellungen wie diesen bringt Böhme zum Ausdruck, wie sehr ihm daran liegt, dem Auftrag und dem Impuls des einen Geistes gerecht zu werden, der ihn zum Werk gerufen hat, zu seinem, des Geistes, Werk, denn: »Bei mir suche niemand das Werk.« (10, 43)

Wenn es Böhme in diesem Zusammenhang ablehnt, mit den Praktiken (»Handgriffen«) der zeitgenössischen Alchymisten etwas zu tun zu haben, so spricht er doch hier und an vielen anderen Stellen vom »Werk«, dem opus der Bereitung des Lapis philosophorum (Stein der Weisen). Gemeint ist damit das Realsymbol für das letztlich unverfügbare Walten des Geistes, der den Menschen in den Dienst stellt und erneuert.

Bei Böhme sieht es so aus, daß er dem, was der Geist redet, zu gehorchen hat, auch wenn es dem Schreiber mit den »zitternden Händen« oft schwerfällt, das Geschaute und innerlich Erlauschte rasch genug mit der Feder festzuhalten (10,45). Das ist sodann einer der Gründe, weshalb das da und dort mangelhaft Ausgedrückte und dunkel Gebliebene in einer weiteren Schrift aufs neue »ergriffen« werden solle.

11. Sendbrief

Dieser zweite traktatartige Brief an Paul Kaym setzt noch deutlicher als der erste (vgl. 8. Sendbrief) die für Böhme allein wichtigen Akzente. Erst im Schlußteil (11,46 ff.) kommt der Briefschreiber auf Kayms eschatologische Spekulationen vom »Sabbat in dieser Welt« zu sprechen. Mit aller Klarheit spricht er nochmals aus: »Wenn wir den neuen Menschen in Christo erlangen, so sind wir... schon im Sabbat« (11,48), das heißt: in dem neuen Seinszustand. Damit nur ja kein Mißverständnis zurückbleibt, fügt er hinzu, daß die Johannes-Offenbarung »geistlich« und als »im Mysterio«, also im Geheimniszustand befindlich mit »hocherleuchtetem Gemüt« gedeutet werden müsse (11,57), keinesfalls aber wie ein rational faßbarer äußerer Sachverhalt. Wer diese »Magia« erfassen will, der bedarf eines »magischen Führers«, eines Führers, der in der Wesensmitte des inneren Menschen (11,58) wohnt. Freilich, ungeprüft ist einer Führung nicht zu vertrauen (11,64).

So ist es zu verstehen, weshalb Böhme sein Schreiben mit einer ausführlichen Erörterung zur Frage spirituellen Wahrnehmens und Erkennens beginnt, denn: »Ein jeder Geist forschet nur seine eigene Tiefe« (11,3). Dessen Reichweite ist begrenzt, sofern er nicht »in dem Wesen« ist, das er schauend zu erkennen begehrt. Wenn nun der Mensch seit Adams Fall aus dem ursprünglichen Seinszusammenhang herausgefallen ist, ging er auch seiner ursprünglichen Erkenntnisfähigkeit verlustig (11,4).

Auf der Basis einer solchen spirituellen Erkenntnistheorie, die sich an dem Sein in Christus (11,2 und 5) orientiert, gründet Böhmes Theosophie. Es ist eine Theosophie, Christosophie und Anthroposophie – wörtlich: eine Weisheit von Gott, Christus und Mensch –, die im Zeichen der Wandlung und der Neugeburt steht (11,6). Der Geist Gottes ist es, der neues Sein schafft. Und nicht nur das: Diese Geistverbundenheit ist erforderlich, damit der Mensch seinen Erdenauftrag erfüllen kann, indem er die Schöpfung vollendet – nach Böhme: indem er »das Ende in den Anfang bringe« (11,18). Böhme versteht darunter eine Vereinigung der äußeren Natur mit der Lichtwelt (11,35), zumal der Mensch ein Bürger dieser beiden Welten ist. Dem entsprechen im Sinne des Neuen Testaments die Arbeit im Weinberg Gottes und der Bau am Reiche Gottes (11,36f.). Für Böhme ist dergleichen immer zuerst eine Frucht der Erkenntnis, deren Hervorbringung und Ausreifung ihm aufgetragen ist (11,37), wiewohl sie nicht als sein Werk angesehen werden kann. Böhme anerkennt die Vielfalt der Gaben und der Begabungen. Sie entsprechen den Lebensentwürfen, mit denen Menschen ihren Erdenweg antreten. Angetrieben und geführt werden sie jedoch letztlich aus einem und demselben Geist. Böhmes Gabe und Aufgabe ist es, »zu erwecken« (11,42), deshalb auch seine *Theosophischen Sendbriefe*.

Über dem allen vergißt er nicht, daß die »Geburt des Lebens ein steter Streit« ist (11,45). Erst durch den Widerstand, den Arbeit, Mühe und Verfolgungen darstellen, wird die neue Qualität errungen und erfahren. Damit sagt Böhme ein unmißverständliches Ja zum »Qualhaus der Sterne und Elemente«, in dem wir uns vorfinden.

12. Sendbrief

Jakob Böhme zeigte sich immer wieder beglückt, wenn er sah, daß sich nicht nur Unbekannte bei ihm meldeten, weil seine Schriften ihr Interesse geweckt hatten, sondern vor allem, wenn er merkte, daß Suchende in die Mysterien der Gottesweisheit eingeführt werden wollten. Der Beuthener Zöllner Kaspar Lindner ist ein solcher Sucher. Böhme pflegte ernstliches Suchen mit rückhaltloser Offenheit über sich und sein Tun zu vergelten. Der 12. Sendbrief kann als Musterbeispiel dafür gelten. Von hier fällt ein bezeichnendes Licht auf Böhmes innere Erfahrungen.

Der Autor stellt sich erneut als einer vor, der »allein das Herze Jesu Christi« gesucht hat, um sich darin zu verbergen (12,6). Und gerade deshalb widerfuhr ihm das Außerordentliche der geistigen Schau. Davon berichtet er in diesem autobiographisch bedeutsamen Brief: von seiner Vision und von der Möglichkeit, das innerlich Wahrgenommene »in das Äußere zu bringen«, das heißt schildern zu können (12,10). Berichtet wird, wie es ihm seit jenem entscheidenden Moment seines Schauens ergangen ist, innerlich wie äußerlich.

Gleichzeitig legt Böhme dar, worin der Weg besteht (12,37), den er selbst betreten hat und auf den er andere aufmerksam macht, seinem Beispiel zu folgen (12,42). Ebensowenig wie die nach außen gerichtete Vernunft das Wesenhafte zu erfassen vermag, auf das Böhme hindeutet, so wenig läßt sich »Zion«, die verheißene Stadt der Zukunft, auf der Erde finden, denn: »Der Himmel muß *im* Menschen offenbar werden« (12,48). Das geschieht nicht ein für allemal. Vielmehr bedarf jede Zeit ihres »Erkenners« oder »Arztes« (12,52); gemeint sind geistig-geistliche Führergestalten.

Unter diesem Gesichtspunkt gelangt der Briefschreiber zu positiv-kritischen Urteilen über Autoren der Vergangenheit

(12,53 ff.), unter ihnen Kaspar Schwenckfeld (1489-1561) oder Valentin Weigel (1533-1588). Auch wenn Böhme ihnen gegenüber auf eine gewisse Distanz geht, so ist doch nicht zu übersehen, daß beide Männer dem Philosophus teutonicus vorgearbeitet haben. Indem er sich mit den Christusvorstellungen dieser beiden sowie mit ungenannten »Autoribus« auseinandersetzt, bezeugt er eine gewisse Kenntnis einschlägiger Literatur. Eben das trifft auch für eine Reihe seiner Freunde und Briefempfänger zu. Das Bildwort von der Biene, die »aus vielen Blumen« Honig saugt (12,61), trifft auf Böhme selbst zu, ja er nimmt es für sich in Anspruch. Das vermindert natürlich nicht die Originalität seines geistigen Schauens und Erlebens.

15. Sendbrief

Zwischen Ende April und Anfang Juni des Jahres 1621 reiste Jakob Böhme durch Schlesien. Auf dieser Reise besuchte er im Gebiet von Striegau einen Kreis gebildeter Männer, die sich naturphilosophischen und religiösen Fragen widmeten. Es kam offensichtlich zu manchen kritischen Rückfragen, denen der philosophisch ungeschulte Philosoph standzuhalten hatte.

Der Arzt Johann Daniel von Kosch(o)witz gehört zu diesem Zirkel. Der 15. Sendbrief läßt durchblicken, daß noch mancherlei Differenzen zwischen dem Görlitzer und den Striegauern bestehen (15,1 ff.). Genannt werden auch Dr. Staritius, bekannt als Herausgeber der Werke von Paracelsus, sowie Theodor (Hans Dietrich) von Tschesch, Rat des Herzogs von Brieg (15,3 f.).

Das Thema, das diese Männer beschäftigt, ist die alte philosophisch-theologische Frage nach der Willensfreiheit, von Böhme als Problem der »Gnadenwahl« bezeichnet (15,4).

Wenn an dieser Stelle des Briefs ein Traktat zu diesem Thema erwähnt wird, so handelt es sich dabei noch nicht um das gleichnamige Buch *Von der Gnadenwahl*, sondern erst um einen vorausgehenden kürzeren Text (vgl. 19. Sendbrief an Dr. Koschwitz gleichen Datums).

Dem vorliegenden Brief ist zunächst zu entnehmen, daß die wenige Wochen zurückliegende Striegauer Unterredung für den dialektisch ungeübten Jakob Böhme ziemlich unbefriedigend ausgefallen sein muß, nicht allein wegen des unterschiedlichen Bildungsniveaus, sondern auch weil der »daheim ganz mäßig und nüchtern« Lebende dem Wein und der »köstlichen Speise« seiner Gastgeber (15,6) nicht gewachsen war. Dabei scheint es (nach 15,5 zu schließen) nicht besonders »christlich«, nicht ganz ohne »Affekte oder Schmähung« abgegangen zu sein. Dennoch stellt sich Böhme weiterer Verantwortung. Es entspricht wohl dem introvertierten Naturell dessen, der eher ein Mann der Schreibe als der Rede ist, daß er die Fragen seiner Gesprächspartner in schriftlicher Form wünscht (15,7).

Soweit es ihm möglich ist, sucht Böhme auf die Geistesart seiner Briefpartner einzugehen. Weil Dr. Koschwitz alchymistische Interessen hegt, bedient sich auch Böhme der astrologisch-alchymistischen Symbolsprache, um die Stufen des Prozesses anzudeuten. Dabei muß es, abgesehen von dem Gnadenwahl-Disput, zu einer »heimlichen Abrede« (15,10) zwischen beiden Männern gekommen sein. Was den Brief betrifft, der sich »parabolischer« Begriffe bedient, steht außer Frage, daß das Arcanum auch hier zu wahren ist; »der Feder ist nicht zu trauen« (15,17). Doch daß Böhme den Arzt bei seinen alchymistischen Operationen auch praktisch unterstützt habe, ist zu bezweifeln, zumal er wiederholt zum Ausdruck gebracht hat, über »keine Kunst noch Handgriffe« (10,43) zu verfügen.

16. Sendbrief

Zeitlich und thematisch gehören die am selben Tag geschriebenen Sendbriefe 15 und 16 eng zusammen. Der Empfänger des 16. Briefs ist ebenfalls Arzt und praktizierender Chymikus. Böhme liegt offensichtlich viel daran, daß immer mehr Menschen ein begründetes Wissen um die Willensfreiheit des Menschen empfangen, weil letztlich alles darauf ankomme, daß das in Adam verlorene Menschenbild »wiedergebracht« werde (16,3). Wer der Gewinnung dieser Einsicht dient, handelt »brüderlicherweise« (16,5). Er stellt die Verbindung zum Mitmenschen her. Im Menschenbruder findet er sein eigenes wahres Selbst. Dagegen ist alles abstrakte, rechthaberische Disputieren unfruchtbar. Von daher erklärt sich Böhmes Abgrenzung gegen alles bloße Wähnen und Meinen. Abschreckende Beispiele des konfessionalistischen Haders gibt es in diesen Tagen der lutherischen Orthodoxie in Fülle.

Böhmes auf Selbst- und auf Gotteserkenntnis gerichtetes Bemühen klingt schließlich auch mit der Bereitung des »Steins der Weisen« zusammen, gerade weil der Görlitzer darunter nicht primär eine chemische Operation versteht, sondern einen Reifungsprozeß, der im Menschen selbst in Gang zu bringen ist. Doch das »Werk« ist letztlich nicht machbar. Dennoch bedeutet das nicht Untätigkeit (16,13), sondern Anregung zu freiwilliger Arbeit.

18. Sendbrief

Die hohe Einschätzung des schlesischen Junkers Hans Sieg(is)mund von Schweinichen auf Schweinhaus hebt Böhme dadurch hervor, daß er ihn zusammen mit David von Schweinichen als »Erstling« einstuft (18,7). In der Tat ist es der Adressat, an dem Böhme später Anzeichen einer spirituellen Reifung wahrnimmt. Es ist derselbe H. S. von Schweinichen, dem Böhme als einzigem gestattet, ein kleines Druckwerk, bestehend aus meditativ gehaltenen Schriften, nämlich *Christosophia*, herauszubringen.[6]

Welchen Sturm der Entrüstung diese einzige, im letzten Lebensjahr Böhmes publizierte Schrift bei den Gegnern ausgelöst hat, ist u. a. dem 53. Sendbrief zu entnehmen.

19. Sendbrief

Anfang 1621 hatte Balthasar Tilke, ebenfalls ein schlesischer Adeliger, an etlichen Kapiteln der *Aurora* Kritik geübt und einen »giftigen Pasquill«, eine Schmähschrift, gegen Böhme gerichtet. Wieder spielt die Frage nach der Gnadenwahl eine Rolle (vgl. 15. Sendbrief). Böhme entgegnete mit einer ersten »Schutzschrift«. In diesem Zusammenhang ist auch der 19. Sendbrief zu lesen. Wichtig ist für Böhme in jedem Fall der Hinweis darauf, daß der mit dem Charisma des Geistes Begabte »von Gott gelehrt« (19, 10) und damit geistunmittelbar sei, folglich von Menschen nicht be- oder gar verurteilt werden könne. Abgesehen davon steht jeglicher »Schulenstreit« der brüderlichen Liebe entgegen (19, 12).

20. Sendbrief

Die Tatsache, daß Jakob Böhme auf dem Boden der reformatorischen Erkenntnis von der Rechtfertigung des Gottlosen steht, kann nicht darüber hinwegtäuschen, daß er sich von

---

6 Vgl. die kommentierte Neuausgabe Jakob Böhme: *Christosophia. Ein christlicher Einweihungsweg.* Insel Verlag, Frankfurt 1991.

deren Veräußerlichung mit ähnlicher Schärfe distanziert, wie das vor ihm andere getan haben (z. B. Thomas Müntzer, Kaspar Schwenckfeld, die Täufer). Er lehnt eine Glaubenshaltung ab, die sich mit dem Hinweis auf die theologische Formel »von der äußern zugerechneten Gerechtigkeit« (20,16) zufriedengibt, während es an der Bereitschaft, »in Christi Tod einzugehen und in ihm auszugrünen« (20,17), mangelt.

Der in den Briefen häufig gebrauchte apokalyptische Terminus »Babel« wird demnach nicht nur auf die erklärten Feinde des Christentums angewandt, sondern gerade auf solche, die sich orthodoxer, theologisch richtiger Lehraussagen bedienen, ohne sich jedoch viel um eine tatsächliche Veränderung ihres Menschseins zu kümmern. Dabei liegt das eigentliche Arcanum (Geheimnis) (20,12) im Menschen selbst. Hier fallen die Entscheidungen. Das selbstherrliche Ich, »meine Ichheit« (20,22), muß sich in den Prozeß der Passion Christi hineinbegeben. Böhme liegt nun daran, immer wieder zu betonen, daß er diesen Prozeß selbst begonnen habe. Sein Schreiben ist daher zuallererst für ihn selbst in »einer geistlichen Übung in der Erkenntnis Gottes« zu sehen (20,28). Auch der heutige Leser wird sich dieses Exerzitiencharakters des Böhmeschen Schrifttums nicht entziehen können, selbst wenn im vierten Jahrhundert nach Jakob Böhme der spirituelle Schulungsweg manche methodische Abwandlung verdient.

22. Sendbrief

Mit welchen außergewöhnlichen Fragen sich der Görlitzer Meister bisweilen auch abzugeben hatte, zeigt der 22. Sendbrief. Wie der Vorbemerkung zu entnehmen ist, soll sich Böhme mit einem parapsychologischen Phänomen auseinandersetzen. Der Grabstein einer unlängst verstorbenen adeligen Frau vergieße Tränen, so heißt es. Der Witwer bittet um eine Erklärung.

Böhme geht vorsichtig zu Werk. Auch aus anderen Texten, etwa aus den Briefen an Paul Kaym, wissen wir, daß Böhme kein Mann des raschen Urteils war, vor allem, wenn das betreffende Problem außerhalb seiner Kompetenz lag. So verweist er zunächst auf jene, die die Sachverhalte aus unmittelbarer Beobachtung kennen (22,2), ehe er dem Empfänger zu erwägen gibt, was hier vorliegen mag. Leiten läßt er sich von einem Wirklichkeitsverständnis, das neben den materiellen Gesetzmäßigkeiten immaterielle gelten läßt (22,3 ff.). Durch den leiblichen Tod werde die immaterielle Dimension nicht beeinträchtigt (22,8). Böhme unterscheidet neben dem physischen (»elementarischen«) Leib einen feinstofflichen (»siderischen«), der zwar auch vergänglich ist, der jedoch nach dem Tod noch eine Zeitlang als Träger dessen fungieren kann, was der Mensch an seelischen Eindrücken, Impulsen oder Begierden in sich trägt, wodurch er »ge-impresset«, also gleichsam imprägniert ist (22,9). Auf diese Weise legt Böhme dem Witwer nahe, seine Frau könne zu Lebzeiten in irgendeiner Weise seelisch besonders belastet gewesen sein, was sich nun auf diese außerordentliche Weise manifestiere. Jedoch eines bindenden Urteils enthält er sich auch nach diesen Überlegungen (22,13 ff.).

24. Sendbrief

In einer Reihe von Sendbriefen schlägt die apokalyptische Stimmung gespanntester Erwartung dessen, was kommen soll, voll durch. Während etwa noch 20,16 unter »Babel« vernehmlich ein auf formaler Rechtgläubigkeit verharrender Protestantismus verstanden wird, enthüllt sich hier vor dem

Visionär Böhme das Schreckensbild der brennenden Stadt des Antichrists (24,5).[7]

Was sich im vierten Jahr des Dreißigjährigen Krieges abzeichnet, deutet der Briefschreiber als Ausbruch des »Zornfeuers Gottes«. Während nun der Schluß nahelege, alle Ereignisse als Manifestationen einer einzigen unabwendbaren Katastrophe zu sehen, blickt Böhme durch diese Phänomene des Unheilvollen hindurch auf das Aufleuchten der »Gnadensonne«, auf die neue Geistesausgießung und auf das da und dort individuell wahrnehmbare Aufblühen des Lilienzweiges (24,6f.). Gemeint ist letztlich eine für »alle Völker« gültige Tatsache. Freilich, das Offenbarwerden des »edlen Perlenbaums«, d.h. des Christus in uns, fängt zunächst bei den »Kindern der Weisheit Christi« (24,7) an, die sich in der »göttlichen Übung« (24,8) hingeben. Zu solchen Zeitgenossen sieht sich Böhme gerufen. Ihnen schreibt er seine *Theosophischen Sendbriefe,* um das individuell-überindividuelle Christusereignis vorbereiten zu helfen.

25. Sendbrief

Böhme fühlt sich mit den Empfängern seiner Briefe in einer »englichen Bruderschaft« (25,1) verbunden, die sich des Studiums der »Theosophischen Schule« (25,3) befleißigen. In ihr ist nicht er, sondern allein der Geist der Lehrer. Wer nun den Anstürmen von außen gewachsen sein soll, dessen inneres Wachstum bedarf einer besonderen Förderung. Er ent-

---

7 Über die Prophetie Jakob Böhmes vgl. Ernst Benz: *Endzeiterwartung zwischen Ost und West. Studien zur christlichen Eschatologie.* Freiburg 1973, besonders S. 41-65. Ders.: *Der Prophet Jakob Böhme. Eine Studie über den Typus nachreformatorischen Prophetentums.* Wiesbaden 1959.

spricht daher einem Wunsch seiner Freunde und Schüler, wenn er eine kleine, aber meditativ gehaltvolle Schrift *Von der wahren Buße* verfaßt (25,3).[8]

Der intime, auf Initiation ausgerichtete Charakter dieser Schrift wird vom Autor noch dadurch unterstrichen, daß er den Text als Frucht und als Dokument seines eigenen Einweihungsprozesses betrachtet (25,4). Zum andern liegt Böhme daran, seinen Schülern mit dem Büchlein, dem er »eine große Ernte« verheißt (25,7), eine Anleitung für die meditative Praxis zu übergeben.

28. Sendbrief

Es ist zu vermuten, daß auch Dr. Steinberg dem Striegauer Gelehrtenkreis angehört (vgl. 16. Sendbrief). Wieder ergibt sich aus dem Schreiben, daß Böhme bestrebt ist, auch die leidvollen Erfahrungen von »Kreuz und Trübsal«, das individuelle und das Zeitenschicksal, in einen größeren Sinnzusammenhang zu rücken. Vor diesem Hintergrund sind »erste Kennzeichen der edlen Sophien« (28,1) wahrzunehmen. Die himmlische bzw. göttliche Sophia ist jene spirituelle Wirklichkeit einer personifiziert vorgestellten Gottesweisheit, auf die Böhmes ganzes Sinnen und Trachten gerichtet ist. Das Ziel ist die geistliche Hochzeit mit der Jungfrau Sophia.[9]

Die »schöne Rose« wächst eben nur am »Dornstrauch«; das Leben muß dem Sterben abgerungen werden. – So lautet

---

8 Der volle Wortlaut samt Erklärungen ist enthalten in: Jakob Böhme: *Christosophia. Ein christlicher Einweihungsweg.* Insel Verlag, Frankfurt 1991.

9 Weitere Aufschlüsse durch Text und Erläuterung in Jakob Böhme: *Christosophia*, ferner Gerhard Wehr: *Heilige Hochzeit.* Kösel Verlag, München 1986.

die Einsicht, zu der sich der Görlitzer Meister durchgerungen hat. Ein symbolkräftiger Vergleich ist sicher jener von dem durchglühten Eisen (28,2), geht es doch darum, daß der kreatürliche Mensch von dem Geistfeuer Gottes ergriffen und durchglüht wird, wodurch eine neue Qualität entsteht, der mit Christus verbundene Mensch (28,3).

Damit wird eine Tatsache begründet, die durch eine bloß »von außen zugerechnete Gnade« (28,6; vgl. auch 20,16) oder durch theologische Rechtfertigungsformeln nicht zu ersetzen ist. Der Bereich der »leicht gesagten Worte« (Ina Seidel) ist verlassen, der Bezirk der billigen Gnade aufgegeben. Hochgespannte Erwartungen beflügeln den Seher, wenn er meint, es sei die Zeit angebrochen, da »alle Türen aufgetan werden... da die Sonne des Lebens soll über alle Völker scheinen« (28,10).

Man kann den Eindruck gewinnen, daß alles das, was Böhme im Klartext mitteilt, von ihm auch noch im Blick auf die Tiefendimension des Gesagten artikuliert werden müsse. Zwei Ausdrucksmittel dafür sind in seinen Augen die sogenannte Natursprache, die im Gegensatz zu anderen Sprachen nicht lehrbar sei, zum anderen die alchymistische Symbolik. Bei ihr dreht sich das bildhafte Reden und Operieren zwar um Prozesse, die im stofflichen Bereich einzuleiten sind. Der 28. Sendbrief weist jedoch mit allem Nachdruck darauf hin, daß das auf die Stofflichkeit beschränkte Hantieren mit Mineralien »falsch« sei (28,13), »es sei denn einer selber von ehe das, was er darinnen suchet« (28,12), nämlich in der »neuen Geburt«. Wenn Böhme im gleichen Zusammenhang den programmatischen Satz niederschreibt: »Die Welt muß zum Himmel und der Himmel zur Welt wieder gemacht werden«, – so steht für ihn fest, daß alle wahrhafte Veränderung *innen* zu beginnen hat. Der von Böhme abschließend gegebene Literaturhinweis unterstreicht das Gesagte nochmals. Denn der *Wasserstein der Weisen* bringt die Notwendigkeit der

Selbstverwandlung des »gottliebenden Chymisten« voll zur Geltung.[10]

30. Sendbrief

Rose, Lilie und Weinstock sind die von Jakob Böhme häufig gebrauchten Symbole zur Ankündigung des Neuen, nämlich des »Sommers Christi« und der »Lilienzeit« (30,3). Das, wie schon angedeutet, Bemerkenswerte besteht nun darin, daß Böhme nicht etwa als ein Unheilsprophet agiert, sondern daß ihm vielmehr aufgetragen ist, »das Wunder Gottes mitten im Feuer der Trübsal zu Babel« als das Christusereignis des frühen 17. Jahrhunderts bewußtzumachen und Menschen, namentlich die Empfänger der *Theosophischen Sendbriefe*, darauf vorzubereiten. Hinausgehen ließ Böhme die Parole der »wahren Sucher« wenige Monate vor Abfassung dieses Briefs. Sie findet sich am Schluß der Anfang 1622 abgeschlossenen wichtigen Schrift *De signatura rerum* (Von der Geburt und Bezeichnung aller Wesen):

»Eine Lilie blühet über Berg und Tal in allen Enden der Erden; wer da suchet, der findet. Amen.« (De sign. rer. 16,48)

31. Sendbrief

Die Theosophischen Sendbriefe Jakob Böhmes dienen der geistlichen Orientierung und der spirituellen Wegweisung, und zwar in einem doppelten Sinn: einmal sind es – wie wir

---

10 Ein vollständiger, originalgetreuer Nachdruck der 1619 erstmals erschienenen Schrift liegt in der Ausgabe von 1661 vor. Aurum Verlag, Freiburg 1977. – Ferner Gerhard Wehr: *Die deutsche Mystik*. O. W. Barth Verlag, München 1988.

bereits in den vorausgegangenen Texten des I. Teils gesehen haben – Zeitdokumente. Dafür spricht die Datierung samt den gerade aktuellen Bezügen; diese sprechen dafür, wie aufmerksam Böhme die Vorgänge am Anfang des Dreißigjährigen Krieges beobachtet und aus seiner Sicht gedeutet hat. – Zum andern aber dienen die Sendbriefe in einem hohen Maße der geistlichen Führung und der spirituellen Unterweisung. Beide, der zeitgeschichtliche und der seelsorgerliche Aspekt, hängen zusammen. Daß es sich nicht um sogenannte Lehr- und Schulungsbriefe handelt, sondern in der Regel um tatsächliche Briefe, das zeigen von Fall zu Fall die eingestreuten Mitteilungen technischer oder alltäglicher Art.

Der vorliegende 31. Sendbrief bringt klar zum Ausdruck: Jetzt regiert der »Antichrist in Babel« bzw. in der durch Babel gefährdeten Christenheit (31,2). Darunter sind aber nicht nur die spektakulären Zeitereignisse zu verstehen. Deshalb der ausdrückliche Hinweis: »Wer zu göttlicher Beschaulichkeit und Empfindlichkeit in sich selber gelangen will, der muß *in seiner Seele* den Antichrist töten...« (31,4) Statt den Feind auf einen äußeren Gegner, auf eine äußere Situation oder Gefahr zu projizieren, gilt es, die Aufmerksamkeit auf die eigene Problematik zu lenken. *Hier* hat der Prozeß einer tiefgreifenden Umwandlung des eigenen Wesens zu beginnen, wie er in Böhmes christosophischen Schriften[11] im einzelnen beschrieben ist.

Standes- oder klassenmäßige Unterschiede darf es unter Christen letztlich nicht geben (31,5). Vielmehr wird der »Vorgesetzte«, der Übergeordnete auf seine besondere Verantwortlichkeit hin angesprochen. Der einzige Orientierungspunkt ist Christus, und zwar der durch die Stufen der Passion hindurchgegangene Christus. So wie Jesus Christus

---

11 Jakob Böhme: *Christosophia. Ein christlicher Einweihungsweg.* Insel Verlag Frankfurt/M. 1991.

sich selber erniedrigte, so soll jeder einzelne – auf dem Weg mystischer Verwirklichung – seine »Ichheit« töten und in das neue Lebenselement »in Gottes Erbarmen« eintauchen (31,6ff.). Dieser Vorgang entspricht einerseits einem Kampf mit dem »inneren« Antichrist, andererseits gilt es, den Fall Adams zu korrigieren, soweit der einzelne mit Christus dazu fähig ist (31,9f.). Die Aufgabe als solche besteht in jedem Augenblick.

Diesen Vorgang, in dem der alte Adam stirbt und in dem Christus im Menschen erweckt wird, nennt Böhme das große Geheimnis (Mysterium magnum), das bis in den Erkenntnisbereich hinein ausstrahlt (31,11). Wie nötig das ist, verdeutlicht Böhme mit dem Hinweis auf die theologisch verbrämte Streitsucht »in unserer vermeinten Religion«, also im Protestantismus des frühen 17. Jahrhunderts, in dem sich die Wut der Theologen (rabies theologorum) austobt. Grundsätzliche Bedeutung hat diese Notiz insofern, als die bloße Beschäftigung mit »Buchstaben«, also mit Texten, mit Textkritik allein noch nicht genügt (31,13), um das Wort in den Wörtern vernehmen zu können. Im übrigen täusche man sich nicht: Nur zu oft dient der »Mantel Christi«, der äußere Anschein, die äußere Mitgliedschaft u. ä. dazu, das Wesen des unverwandelten »alten Adam« zu verdecken (31,14ff.). Hier setzt Böhmes Kritik an, wonach sich gerade der protestantische Christ mit einer »von außen zugerechneten Gerechtigkeit« zufriedengebe. Es ist eine Kritik, die bereits bei Thomas Müntzer, bei Sebastian Franck im Reformationsjahrhundert, dann bei Valentin Weigel[12] laut wird. Gerade von ihm muß Böhme vielfältige Anstöße bekommen haben.

Das Mißverständnis vieler besteht darin, man werde »allein aus Glauben« und »allein aus Gnaden« vor Gott ge-

---

12 Gerhard Wehr: *Die deutsche Mystik*. O. W. Barth Verlag, München 1988, S. 230ff.

recht. Dies ist auch durchaus Luthers Lehre. Daß sich jedoch daraus ganz bestimmte ethische und spirituelle Konsequenzen ergeben, das wird allermeist übersehen. Aber gerade darauf komme es – übrigens auch bei Luther – an, die »Einwendung« zu vollziehen und sich mit Christus zu verbinden (31,15 ff.). Das Ziel ist der »geistliche Mensch« (31,19). Im Grunde umkreist Jakob Böhme dieses Thema unablässig und immer in der Absicht, die Leser seiner Schriften und Briefe anzuregen, um nun endlich den dafür nötigen Schritt zu tun. Und eben darin erweist sich der Autor der *Theosophischen Sendbriefe* als Seelenführer, der diejenigen, die sich ihm anvertrauen, auf dem zu beschreitenden Weg ein Stück weit begleitet.

32. und 33. Sendbrief

Christian Bernhard, ein naher Freund des Meisters und eifriger Kopist von Böhme-Schriften (vgl. *Theosophische Sendbriefe* I), obliegt eine wichtige Mittlerfunktion. Dies geht aus dem vorliegenden Brief abermals deutlich hervor. Böhme gibt, und er empfängt, was er zum Lebensunterhalt braucht – an seiner literarischen Lebensleistung gemessen freilich ein mehr als bescheidenes »Honorar«!

Bemerkenswert ist es, daß der Autor seinem Kopisten und »Verleger« bisweilen überläßt, welche Traktate »schleunigst« abgeschrieben werden sollen (32,2). Natürlich war keiner der Briefe für den Druck bestimmt.

Während der 32. Sendbrief mehr von der Mitteilung äußerer Sachverhalte bestimmt ist, wird der 33. durch Böhmes Anliegen beherrscht. Die Erwartung Christian Bernhards, die spirituelle Erneuerung werde auch den »alten Adam«, das heißt den Alltagsmenschen in einer allen sichtbaren Weise erfassen und aus der Alltäglichkeit herausheben, kann Böhme nicht bestätigen. Nur hin und wieder blitzt wie in einem »freundlichen Anblick« etwas davon auf, was in der Verborgenheit des inneren Menschen bereits geschehen ist (33,2). Das Leben des Christen, der zu inneren Erlebnissen gelangt, bleibt konflikthaft. Das Leben wird wohl reicher, aber nicht in einem trivialen Sinne »leichter« oder gar bequemer!

Böhme spricht dabei aus eigener oft leidvoller Erfahrung. Gibt es dann gar kein äußeres Zeichen? Böhme antwortet (33,3): Man erwarte in keinem Falle etwas Sensationelles. Aber in dem Maß, in dem ein Mensch den Aufgaben »in dieser Welt« gewachsen ist, indem er seine besondere Gabe einsetzt, in dem Maße wird etwas transparent von dem, was er »innen« empfangen hat. Dabei ist schon die inständige Sorge um den »rechten Lilienzweig« (33,4) ein Indiz dafür, daß ein Prozeß begonnen hat und daß der betreffende Mensch auf dem Weg ist. Böhme sieht seine Aufgabe als Seelenführer im besonderen darin, durch seinen Zuspruch – er sagt: »Mahnung« – zu erwecken, Bewußtsein zu bilden für das, was allein not tut. Das macht ihn zum »Bruder in Christo«, der sich für alle die verantwortlich fühlt, die ihn nach dem Weg nach innen fragen.

34. Sendbrief

Ein namentlich Unbekannter hat sich an Böhme gewandt. Die Antwort, die dieser Brief darstellt, zeigt, wie der Görlitzer Meister bei ähnlicher Gelegenheit nun seinerseits den Kontakt aufnimmt. Er tut es, indem er den Fragesteller darauf anspricht, wie er in den Lebensorganismus Christi eingewurzelt werden könne (34,3).

Als einer, der selbst in diesem spirituellen Zusammenhang darinnensteht, bietet er dem Suchenden seine Hilfe an. Der Brief als solcher ist bereits ein sichtbares Zeichen dieser

Bereitschaft zur Hilfe (34,4). Damit sich der Adressat ein Bild von Böhmes äußerer und innerer Situation machen kann, stellt er sich mit einer knappen Selbstcharakteristik vor (34,6ff.).

Das Wesentliche von den Lebensumständen ist schon aus anderen biographisch bedeutsamen Briefen bekannt (vgl. *Theosophische Sendbriefe* 10 und 12). Bemerkenswert ist aber Böhmes Bedürfnis, das zentrale Ereignis seines Lebens immer wieder zu bezeugen. Dabei muß er gestehen, wie schwer er sich vor allem anfangs getan hat, das Erlebte in Worte zu fassen (34,10). Nicht weniger liegt Böhme daran hervorzuheben, daß die erfahrenen Widerstände aus seinem Leben nicht wegzudenken sind. Im Gegenteil: Sie haben sich in seinem Leben als eine notwendige und förderliche Hilfe erwiesen (34,14).

Immer wieder werfen die Zeitereignisse ihre Schatten auf das in den *Theosophischen Sendbriefen* Geschilderte. Böhme ist bestrebt, in derlei Vorgängen und Beobachtungen »eine gewisse Figur des künftigen Gerichtes« (34,23) zu sehen und damit die Aktualität von höherer Warte aus zu deuten.

35. Sendbrief

Eine der großen Erschütterungen im Leben Jakob Böhmes besteht in der Erkenntnis, daß die Christenheit im Laufe ihrer Geschichte, ja sogar seit den Tagen der Reformation selbst »antichristlich« (35,2) geworden ist. Hierin liegt der Grund für die Ausgießung des göttlichen Zornfeuers in Gestalt des Kriegs. Das »kleine Häuflein« von Gottesfreunden ist zwar nicht der Anlaß des hereingebrochenen Unheils, aber es ist den kriegerischen Zeitereignissen in gleicher Schärfe unterworfen wie alle anderen Menschen. Was für die »antichristliche Christenheit« Gericht bedeutet – Böhme denkt und schreibt in endzeitlich-apokalyptischen Kategorien –, das wirkt sich für die »Kinder Gottes« als Läuterung und als Stunde der Bewährung aus. Hier heißt es: standhalten.

Darum tut es gerade jetzt not, eine »gelassene Seele« zu bewahren und in den »wahren Prozeß Christi« (35,3) einzutreten, ihn zu durchlaufen, um den Lilienzweig und die köstliche Perle zu erhalten. Das Reich Gottes steht auf dem Spiel. In der »wahren Gelassenheit« (35,4) fängt dieses Reich an, für den einzelnen Wirklichkeit zu werden. Gemeint ist alles andere als passive Gleichgültigkeit, sondern vielmehr die innere Aktivität des Mystikers, der sich selbst verleugnet, die Relativität und Vorläufigkeit des Irdischen durchschaut und der sich allein Gott hingibt, um schließlich dem Hochziel christlicher Mystik, der *unio mystica*, teilhaft zu werden. So gesehen ist Jakob Böhme den Mystikern zuzurechnen. Mystiker wie Meister Eckhart, Johannes Tauler, Heinrich Seuse, der anonyme Autor der weitverbreiteten »Theologia deutsch« und viele andere haben Wesen und Wert dieser Gelassenheit herausgestellt[13].

Böhme selbst hat in seinem Büchlein *Von wahrer Gelassenheit* (enthalten in dem Band *Christosophia*) diesem Thema seine besondere Aufmerksamkeit geschenkt.

Im gleichen Zusammenhang (35,4) macht Böhme deutlich, daß eben diese Seelen- und Geisteshaltung Voraussetzung für das Erkenntnisleben ist, und zwar sowohl für das »Forschen in göttlicher Erkenntnis« als auch für das natürliche Erkennen. Wir werden nicht fehlgehen, wenn wir annehmen, daß der Briefschreiber hier an Paracelsus und an Valen-

---

13 Vgl. Gerhard Wehr: *Meister Eckhart in Selbstzeugnissen und Bilddokumenten.* Rowohlt Verlag, Reinbek 1980; *Theologia Deutsch. Eine Grundschrift deutscher Mystik,* hg. von Gerhard Wehr. Edition Argo i. Dingfelder Verlag, Andechs/Obb. 1989.

tin Weigel[14] anknüpft. Spricht Paracelsus von zwei Lichtern, die dem wahrhaft Erkennenden leuchten müssen, nämlich vom Licht der Natur und von dem Licht der Gnade bzw. des Heiligen Geistes, so waren es im besonderen die Schriften des lutherischen Pfarrers von Zschopau, Valentin Weigel, der eben diesen Hinweis des Paracelsus in seinen eigenen Arbeiten aufgenommen und weitergegeben hat. Zum Zeitpunkt der Niederschrift dieses Briefes muß Böhme mit dem Weigelschen Schrifttum bekannt gewesen sein, zumal es seit dem Jahre 1609 auch in gedruckter Form zugänglich war.

Wesentlich ist allemal, daß der Mensch in sich selbst »im inneren Centro« der Seele Gottes Wort vernimmt (35,5). Das »äußere buchstabische Wort« (35,6), Gelehrsamkeit jeglicher Art, stellt keinen Ersatz dar, ja sie verursacht eher noch die Illusion echter Weisheit, die damit jedoch nicht gegeben ist. Der Geist kommt eben nicht von der hohen Schule! Wahre Erkenntnis – Böhme sagt: »der rechte Verstand« – gründet im »lebendigen Wort Gottes«, impulsiert durch den Heiligen Geist (35,7).

37. Sendbrief

Welche große Bedeutung Carl Ender von Sercha im Leben Böhmes spielt, wurde bereits gesagt (vgl. *Theosophische Sendbriefe* I). Dieser kurze Brief unterstreicht nun Böhmes Einschätzung des Junkers als seinen »von Gott zugefügten Patron«, dem er in einem hohen Maße, nämlich »soviel schuldig sei als meiner eigenen Seelen«. Ender, der auf seine Weise an der Verbreitung der *Aurora* großen Anteil gehabt

---

14 Vgl. Gerhard Wehr: *Paracelsus*. Aurum Verlag, Freiburg, 1979; derselbe: *Valentin Weigel – Der Pansoph und esoterische Christ*. Aurum Verlag, Freiburg 1979.

hat, erfährt, daß ein neues Werk aus der Feder des Meisters zu erwarten sei: *Mysterium magnum* (deutscher Titel: *Erklärung über das erste Buch Mosis*; 1622/23). Dieses umfangreichste Buch Böhmes umfaßt in der Gesamtausgabe von 1730 gegen 900 Druckseiten. Es stellt einen Genesis-Kommentar dar. Im Gegensatz zu seinem Erstling *Aurora* hat *Mysterium magnum* bei weitem nicht die gleiche Beachtung gefunden.

Carl Ender kann diesem Brief zufolge den Anspruch erheben, »bei unseren Nachkömmlingen« als Förderer der Theosophie anerkannt zu werden. Das ist auch kaum zu bestreiten. Schließlich ist aufschlußreich, wie Böhme sein Schreiben signiert: Indem er mit »Teutonicus« unterzeichnet, gibt er zu erkennen, daß er den Titel seines Freundes Dr. med. Balthasar Walther (vgl. *Theosophische Sendbriefe* I) angenommen hat. Er versteht sich somit selbst als »Philosophus teutonicus«, zumindest Freunden gegenüber, die diese anspruchsvolle Titulatur nicht nur nicht mißverstehen, sondern Böhmes tatsächliche Lebensleistung bereits abzuschätzen vermögen.

38. Sendbrief

Für Jakob Böhme ist die Ökumene des Geistes eine immer wieder zu machende Erfahrung, nämlich dann, wenn er einem Menschen begegnet, der ein »wachsender Zweig am Lebensbaum Gottes in Christo« ist (38,2). Auch in dem ungenannten schlesischen Adeligen des 38. Sendbriefs hat der Briefschreiber einen solchen Menschen erkannt. Diese Wahrnehmung bedeutet für Böhme sogleich die Verpflichtung, mit ihm »im Weinberg Christi« tätig zu sein, das heißt zur spirituellen Arbeitsgemeinschaft zu gelangen. Es entsteht die Solidarität derer, die die bestürzenden Zeitereinisse weniger wichtig nehmen als es üblich ist, und die sich vor allem nicht durch »güldene Gnadenmäntel« oder durch »von außen angenommene Gnadenkinder« irritieren lassen.

Böhme tritt jenen entgegen, die sich damit begnügen, die reformatorische Erkenntnis von der Rechtfertigung des Gottlosen »allein aus Gnaden« zuzusprechen, ohne daß in ihnen eine wirkliche Wesenswandlung erfolgt. Das heißt: sich »mit fremden Schein trösten«. Prüfstein ist, ob der Christ aus Gott geboren, in Christus lebt, dessen Sterben und Auferstehen in sich selber durchmacht (38,4). Erst unter dieser Voraussetzung kann von dem Mysterium magnum des Menschen gesprochen werden (38,6). Nur von einem erneuerten Menschen sind entsprechende Früchte zu erwarten (38,7).

Ein unverwandelter Mensch gleicht in Böhmes Augen einem »falschen Tier« (38,8), dem man »Christi Purpurmantel« umhängen möchte – eine im Protestantismus weithin geübte und daher von Böhme gerügte Praxis. Einen »Maulchristen« hat schon Valentin Weigel einen genannt, für den das Christentum nicht mehr als bloßes Gerede und als theologischer Formelkram ist. Deshalb ist keiner im Vollsinn des Wortes ein Christ, »er sei denn aufs neue mit dem Geist Christi tingieret« (38,9). Die Vokabel »tingieren« (Tinktur) stammt aus dem Wortschatz der Alchymisten und besagt hier eben das völlige Durchtränktsein von dem Lebenselement des Christus. Am »Urständen« in der Christuswirklichkeit liegt alles.

Es sind daher »vermeint(liche) Religionen« (38,13), die in der Öffentlichkeit den Ton angeben. Sie erschöpfen sich im Streit und in pseudotheologischer Rechthaberei. Selig macht aber allein der »Christus in uns«, nicht aber das bloße Fürwahr-Halten orthodoxer Bekenntnisformeln. Deshalb lasse man den Geist Gottes in seinem Denken sein (38,15), rät der Briefschreiber.

39. Sendbrief

Böhmes Bestreben ist es, dem Theologengezänk zu entgehen, ja wenn möglich, es beenden zu helfen. Seine eigenen Erfahrungen sind freilich die, daß kritische Betrachter seiner Darlegungen »viele Einwürfe« machen (39,4). Manches deutet darauf hin, daß der Schreiber dieser Briefe und Schriften sich schwerlich behaupten konnte, wenn es hin und wieder zu einem Disput kam. Das war beispielsweise 1622 der Fall.

Anfang 1623 entstand das Buch *Von der Gnadenwahl*, das der Autor als eines seiner klarsten betrachtete, und von dem Leopold Ziegler an Reinhold Schneider schrieb, er zähle das Buch »zu den tiefsten Erleuchtungen der ganzen Christenheit«. (Vgl. die Einführung zur Neuausgabe *Von der Gnadenwahl* des Insel Verlags.)

Der vorliegende Sendbrief ist in diesem Zusammenhang zu lesen. Mit dieser Schrift hofft Böhme dem Streit über die Frage nach der Vorherbestimmung (Prädestination), wie er seit langem zwischen Lutheranern und Reformierten, und nicht nur zwischen ihnen, ausgetragen wird, ein Ende zu machen (39,6). Er gibt sich zuversichtlich, meint er doch Anzeichen zu sehen, die dafür sprechen, daß dem so sei. Wer in Christi Geist lebt und Früchte trägt, dem sind unterschiedliche »Meinungen« (Interpretationen und theologische Erklärungsversuche) im Grunde belanglos (39,10). Wieder hängt alles von dem Mysterium des Sterbens und des Erwecktwerdens ab. Die strikte Ablehnung der »außen zugerechneten Gnade« auch hier (39,12). Böhme stellt das Verdienst Christi und die Wirklichkeit der Gnade keineswegs in Frage. Worauf es ihm ankommt, das ist die Zuordnung von Wiedergeburt und Begnadung (39,16).

Der Rest dieses Briefes stellt eine summarische Antwort auf Fragen nach Urstand, Fall und Wiederbringung des Menschen dar, über die Böhme an anderer Stelle wiederholt geschrieben hat. Sein bereits erwähnter Genesis-Kommentar *Mysterium magnum* ist eine breit angelegte Darlegung dieser Zusammenhänge. Auf dieses Buch verweist der Autor.

40. Sendbrief

Der Brief an den Arzt Dr. Krause bezieht sich ebenfalls auf den lebhaften Gedankenaustausch zum Thema der Gnadenwahl. Ein Widerpart ist Balthasar Tilke, ein Schwager des Briefempfängers (vgl. Sendbrief 34). Böhme bemüht sich um eine Diskussion, die persönliche Verunglimpfung zu vermeiden, aber auch abzuwehren (40,3). Dabei pocht er nicht etwa auf sein »Talent«, sondern räumt ausdrücklich ein, daß auch anderen Gaben anvertraut sind (40,14). Das hindert ihn nicht hervorzuheben, wie er stets vom spirituellen »Centro« und vom »allerinnersten Grund her« die Schrift zu deuten sucht. Scheinbare Widersprüche der Bibel gilt es zu beleuchten (40,4). »Wähnen und Meinung« sind vorgefaßte Urteile oder theologische Rechthabereien, die nicht vom göttlichen Geist getragen sind (40,6). Das »innerliche göttliche Licht« (40,9) allein eröffnet wahre Schrifterkenntnis. Das ist auch die Basis für Böhmes gesamte spirituelle Hermeneutik.

Daß dieses Licht auch und gerade einem ungebildeten »albernen Menschen« wie ihm selber geleuchtet hat (40,15-17), ist für Böhme ein immerwährender Anlaß zur Verwunderung. Er ist freilich der Meinung, daß die Zeit einer, eben dieser neuen Erkenntnisart angebrochen sei (40,16f.). Ein neues Sein entspricht diesem neuen Bewußtsein, nämlich das Sein in Christus (40,20).

41. Sendbrief

Abraham von Franckenberg (1593-1652), ein juristisch gebildeter Landedelmann zu Ludwigsdorf bei Oels, nimmt in der Böhme-Schule eine wichtige Stellung ein. Böhme beeindruckte den mystisch interessierten jungen Mann, als er ihm 1622 begegnete. Er wurde Böhmes erster Biograph, auch zur Sammlung des Böhme-Nachlasses trug er bei. Und, was dabei kaum weniger wichtig ist: Franckenberg beeinflußte in späteren Jahren den wesentlich jüngeren Angelus Silesius Johann Scheffler (1624-1677), ja er vermachte ihm seine Handbibliothek und sorgte so für Kontinuität[15].

Der vorliegende Brief informiert über einige Umstände jenes Weihnachten 1622 stattgefundenen Disputs zwischen Böhme und zahlreichen Gebildeten, unter denen sich auch Abraham von Franckenberg befand.

Durch Böhme erfahren wir nun, weshalb er damals seinen Gesprächspartnern offensichtlich nicht gewachsen war: Man sprach immer wieder lateinisch, vor allem war er durch die ungewohnten alkoholischen Getränke (41,2) überfordert. Sie verdeckten »den subtilen Verstand« des Meisters, das heißt sie dämpften sein Bewußtsein. So kam gerade das nicht zum Vorschein, was die nach »Schulen-Art« Gebildeten allein hätte überzeugen können.

Bemerkenswert an diesem Brief ist das Postskript, das der Herausgeber der Ausgabe von 1730 wie ein gesondertes Schreiben behandelt, indem er mit der Zählung der Verse nochmals beginnt. Böhme schlägt einen ausgesprochen prophetisch-apokalyptischen Ton an. Das aktuelle Thema der »Zerbrechung Babels«, d. h. der Aufhebung der alten Lebens-

---

15 Über Abraham von Franckenberg vgl. Will-Erich Peuckert: *Das Rosenkreuz*. 2. neugefaßte Aufl., Berlin 1973, S. 217-328; derselbe: *Pansophie*: 3. Aufl. Berlin 1976.

verhältnisse im Menschen, in Kirche und Welt, beschäftigt Böhme ja in vielen seiner Sendbriefe. Hier redet er durchwegs in einer Bildsprache, wie sie von den alttestamentlichen Schriftpropheten, aber auch von der Johannes-Offenbarung her bekannt ist. Und da ist auch das Mysterienbild vom Aufgang der Sonne »in der Finsternis der Mitternacht« (9), ein Signal der Hoffnung auf das anbrechende, zur Offenbarung drängende Neue, das aus dem Schoß tiefer Finsternis geboren werden soll.

Wenn der »Postillion aus dem Grunde der Natur« angekündigt wird (14), so denke man nicht an die biedermeierliche Figur eines Postkutschenfahrers! Hier spricht ein Apokalyptiker! Gemeint ist die Posaune des Gerichts, deshalb das über die Erde ausgereckte Schwert . . . – Ein neues Feuer wird offenbar; der Gnadenbrunnen tut sich auf; die Heilszeit für die Elenden dieser Erde bricht an!

42. Sendbrief

Der Briefwechsel zeigt, wie hart sich Böhmes Zeitgenossen mit der Frage nach der Willensfreiheit taten. Der 42. Brief stellt den Versuch einer knappen Zusammenfassung dessen dar, was in der Schrift *Von der Gnadenwahl* ausführlich behandelt ist.

Böhme liegt daran, daß das Problem als solches bewältigt werde (42,9). Für ihn ist das nicht eine Frage gedanklicher Auseinandersetzung. Vielmehr ist eine Wendung nach innen, in den Zustand der geistigen Schau vonnöten: »Wenn ich in das Zentrum eingehe, so finde ich allen Grund.« (42,11) Das zunächst dunkel oder widersprüchlich Anmutende wird »sonnenklar«. Die Heilsgeschichte tut sich dem von innen Betrachtenden auf. Böhme zeigt, wie er diesen Vorgang erlebt (42,12 f.).

In das »Universal Christi« (42,14) eingehen, heißt: Christus in seiner transpersonalen, kosmischen Fülle mystisch erfassen lernen. Sie ist größer als das menschliche Herz, auch größer als die Gegensätze von Gut und Böse (42,15). Dieses Größere, das göttliche Licht und die göttliche Liebe liegt in jedem, auch im gottlosen Menschen verborgen (42,18). So ist es nach Böhmes Überzeugung in der Willensfreiheit des Menschen beschlossen, dieses Licht und diese Liebe zu ergreifen (42,21 ff.). »Das Nichtwollen ist im Wege...« (42,26) Der Zorn Gottes ist letztlich nur »Ursache« und Ansporn des Liebeswillens Gottes (42,29).

Schließlich ist der Brief Ausdruck des Ringens Böhmes um die Erkenntnis bei seinen theosophischen Schülern. Da darf die Berufung auf die eigene Innenerfahrung (42,31) ebenso wenig fehlen wie der glühende Eifer (42,34 ff.), diese Erfahrung beim Briefpartner zu entfachen. Das ist ohnehin die Intention, die den theosophischen Briefwechsel bestimmt. Und Böhme denkt nicht allein an den unmittelbaren Empfängerkreis, denn: »Eine Lilie grünet *allen Völkern*. Wohl denen, welche sie ergreifen!« (42,44).

43. Sendbrief

Böhme hat auf persönliche Probleme des ungenannten Fragestellers zu antworten. Die Antwort fällt naturgemäß so aus, daß er deutlich macht, worin die Problematik und die zu lösende Aufgabe letztlich besteht, nämlich darin, das Drachenhafte in und am Menschen durch und in die Liebe Christi zu »transmutieren«. Das Bild eines alchymistischen Wandlungsprozesses wird beschworen (43,5), in dem Alchymist und Substanz, Schauplatz und Ziel der Mensch selber ist.

Wichtig ist zweifellos die Feststellung, daß die persönlichen Schwierigkeiten des Ungenannten bereits ein Indiz dafür seien, daß Christus am Werk ist (43,6): Wo er nicht wäre, da gäbe es keinen Streit, keine Auseinandersetzung seinetwegen. – Zweifellos eine bedenkenswerte seelsorgliche Anregung!

44. und 45. Sendbrief

Wenngleich beide Briefe zeitlich einige Monate auseinanderliegen, so ist doch die Aufeinanderfolge durch das gleiche Motiv gerechtfertigt: Böhme hat nicht nur eine Lehre zu vermitteln. Er will ja als Seelenführer dazu beitragen, daß ein spiritueller Prozeß in Gang kommt (44,3). Deshalb ist es wichtig und beglückend für ihn, bei seinen Freunden Anzeichen wahrzunehmen, die darauf deuten, daß innere Fortschritte gemacht werden.

Johann Sigmund von Schweinichen auf Schweinhaus (44,3) hat nicht allein an sich selbst von den erneuernden Kräften erfahren. Er war es auch, der mit Böhmes Einwilligung einige der christosophischen Traktate Ende 1623 in Görlitz im Druck erscheinen ließ. (Die Texte sind enthalten in Jakob Böhme: *Christosophia. Ein christlicher Einweihungsweg.*)

Zu solchen Menschen gewinnt der Seelenführer ein geradezu brüderliches Verhältnis. Daß Christian Bernhard zu diesem Kreis von Menschen zählt, wurde bereits deutlich. Brief 45,6 hebt nochmals hervor, daß der eifrige Kopist von Böhme-Manuskripten zu den »Erstlingen« gehört, die Einblick in die geistlichen Gaben des Görlitzer Meisters »durch göttliche Schickung« erhalten. Böhme ist nüchtern genug, darauf hinzuweisen, daß die ins Auge gefaßte spirituelle Reifung nicht ins Belieben (er sagt: »Fürnehmen«) des Menschen gestellt ist, sondern daß allein Gottes Wille entscheidet; übrigens nicht zu verwechseln mit der von Böhme vertretenen Willensfreiheit! In den Willen Gottes versenke man sich; ihm liefere man sich aus.

46. Sendbrief

Auch dieser Brief an einen Ungenannten hebt die Freude über das sich abzeichnende geistliche Wachstum hervor. Christ ist nur, wer mit der »neuen geistlichen Menschheit« (46,4) im ewigen Wort »urständet«. Daß dies nicht nur ein Sein, sondern – ganz im Sinne der Mystik – ein unablässiges Werden ist, wird deutlich. Denn die Seele ist die »Stätte der Liebe Gottes, in welcher der Vater seinen Sohn gebäret«. Das ist nicht allein ein geschehenes Faktum, sondern ein geschehender Prozeß.

Christ ist der, in dem der Prozeß Christi aufs neue Ereignis wird (46,5). Deshalb die entschiedene Ablehnung einer bloß formalen »Gnadenannehmung« (46,6). Die bloße Berufung auf Christi Tat ersetzt dieses mystische Ereignis nicht (46,7ff.). Das ist denn auch die Grundlage, von der aus Böhme seine weiteren heilsgeschichtlichen Betrachtungen anstellt. In jedem einzelnen muß die Christustat offenbar werden (46,16 und 22).

Ein tiefes Mysterium berührt Böhme dort (46,38), wo er auf die spirituelle Wesenheit der Sophia zu sprechen kommt. Und zwar handelt es sich hier nicht um den kosmischen Aspekt der Gottesweisheit, die in aller Schöpfung gegenwärtig ist. Es ist der anthropologisch-christosophische Aspekt: Sophia, als der Leib Christi verstanden, ist zugleich der Ort, wo »Christus und die Seele in *einem* Grunde« existieren. Der jugendliche Friedrich von Hardenberg-Novalis war es, der seine eigene spirituelle Erfahrung auf die knappe Formel »Christus und Sophie« gebracht hat[16].

Immer wieder sind es Werde- und Reifungsprozesse, die Böhme anschaut, um deren Symbolhaftigkeit für den Men-

---

16 Hierzu Gerhard Wehr: Heilige Hochzeit. Kösel Verlag, München 1986, S. 135 ff.

schen sichtbar zu machen (46,43 ff.). Das Widerwärtige ist niemals ausgespart. Böhme weiß, daß das Finstere, Böse und die Auseinandersetzung mit ihm einen unabdingbaren Faktor im Reifungsgeschehen des Menschen darstellt: »Die Ewigkeit grünet durch die Zeit aus.« (46,50) Da kommt es darauf an, daß der Reifende sich angesichts der Widerstände aller Art bewährt hat. Gerade in den kritischen Phasen seines eigenen Lebens hat sich Böhme an diese Einsicht gehalten. Das ist übrigens auch den späten *Theosophischen Sendbriefen* (1623/24) zu entnehmen, die davon berichten, wie der Autor der *Christosophia* den üblen Verleumdungen des Görlitzer Oberpfarrers Gregor Richter standhält.

47. Sendbrief

Der Brief an die beiden Böhme-Freunde ist zu einer ausführlichen traktatartigen Epistel gediehen, die sich durch die beigefügten Tabellen auszeichnet. So sehr sich der Autor bemüht, in übersichtlicher Form sein Werk zu erläutern, sind doch Teile des Brieftextes sprachlich und gedanklich schwierig.

In Anlehnung an Weigelsche Gedankengänge unterscheidet Böhme den Menschen als Bürger der sichtbaren und der unsichtbaren Welt (47,1). In ihr als dem ausgesprochenen Wort (Schöpfung) kommt die dynamische Wirkkraft, das aussprechende Wort des Schöpfers, zu Offenbarung. Die Wortprägung »Scienz« läßt zunächst an das Lateinische »scientia«, Weisheit, denken. Aber der des Lateinischen unkundige Böhme hört aus dem Wort die Tendenz des Ziehens heraus. So steht für ihn nicht der Aspekt einer in sich ruhenden Gottesweisheit im Vordergrund, sondern der einer Kraftausübung und Bewegung. Der Mensch, der selbst dieser kraftvollen Wesensäußerung des Schöpfers entstammt, ist daher in einzigartiger Weise befähigt, die »Wissenschaft aller Dinge« (47,2) zu ergründen, nicht zuletzt dessen »Contrario« oder Gegensatzstruktur (47,3). Dabei sind auch die Gegensätze und Polaritäten letztlich im ewigen Einen aufgehoben (47,4). Dieses Eine hat sich im Bereich der »Schiedlichkeit«, dem Bereich der Differenzierungen und der Willensstrebungen entfaltet.

Wenn Böhme weiter von »Separation« und von dem den Dingen innewohnenden »Separator« spricht, deutet er an, daß in jedem Lebewesen ein organisierender, lebentragender »Macher« oder Faktor wirksam sei, der jedem Geschöpf die besondere Eigentümlichkeit und Wesensgestalt verleiht (47,5, 11,27). Paracelsus sprach vom »Archeus«. Durch den tragischen, den ganzen Kosmos in Mitleidenschaft ziehenden Fall wurde auch dieser Separator »viehisch« (47,18), d. h. er wurde pervertiert. Das geschöpfliche Sein verlor den Charakter seiner lichten Urbildlichkeit. Es wurde sich selbst und Gott entfremdet (47,19). Deshalb die Suche nach dem »rechten Vaterland«; deshalb auch die Notwendigkeit der »neuen Wiedergeburt« und der Selbsterkenntnis (47,20ff.), ohne die das menschliche Tun mit Blindheit geschlagen ist.

Mit der Selbsterkenntnis muß Welterkenntnis (47,25 ff.) gepaart sein. Dieser Erkenntnis möchte Böhme mit seinen Tabellen dienen. Bedenkenswert ist sein ausdrücklicher Hinweis, daß der Schlüssel jeder tieferen Einsicht Christus selbst ist (47,36).

48., 49. und 51. Sendbrief

Wie sich zeigt, ist der Briefwechsel mit dem einstigen Zolleinnehmer Christian Bernhard besonders intensiv. Das ergibt sich schon aus der besonderen Art der Zusammenarbeit zwischen dem Meister und seinem »Sekretär« (vgl. Kommentar zum 4. Sendbrief). – Aufschlußreich ist dabei das Neben- und Ineinander von alltäglich-beruflichen Fragen, die mit der Verbreitung des Böhme-Werkes zusammenhängen auf der einen und von geistlich-seelsorgerlichen Elementen auf der andern Seite. Da ist ein Mensch, dem das »Malzeichen Christi«, das Kreuz (50,1), eingeprägt ist, Signum eines Menschen, der Christus nachfolgt und der deshalb mit vielen Hindernissen auf diesem Weg fertig werden muß. Die Tugend mystischer Gelassenheit (48,3) gilt es zu üben.

In den Tagen, in denen der 49. Sendbrief hinausgeht, verläßt auch Böhmes einziges Büchlein *Weg zu Christo* (Christosophia) die Görlitzer Druckerpresse. Der 51. Sendbrief bezieht sich bereits auf die maßlosen Reaktionen des Görlitzer Oberpfarrers Gregor Richter, von Böhme vielfach als »Primarius«, als »oberster Pharisäer« oder »Hoherpriester« tituliert. Unterdessen hört Böhme von zustimmenden Äußerungen. – Über den Zusammenhang vgl. Gerhard Wehr: *Jakob Böhme, der Geisteslehrer und Seelenführer*. Aurum Verlag, Freiburg 1979, S. 36-41; ferner u. a. 54. Sendbrief.

50. Sendbrief

Die Briefe vom Frühjahr und Sommer 1624, der letzten bzw. vorletzten Lebensphase Böhmes, sind von der Unruhe beherrscht, die Gregor Richter seit Bekanntwerden der Autorschaft der Christosophia-Schrift verursacht hat, ausgelöst durch eine im Ton und in der Schwere der Anschuldigungen unbeherrschte Schmähschrift (*Pasquill*; 50,4). Böhme erblickt darin nicht nur eine persönliche Feindschaft, sondern den Ausdruck satanischer Wut. Für den Angegriffenen ist es derselbe Ungeist Babels, der sich auch in den kriegerischen Auseinandersetzungen dieser Jahre manifestiert.

Der endzeitliche Charakter, den Böhmes Deutung der Zusammenhänge annimmt, wird durch seine Wiederkunftshoffnung bestätigt (50,8). Darin gründet die zuversichtliche, ja siegesbewußte Einstellung des in der Öffentlichkeit Gedemütigten. Das Malzeichen des Kreuzes ist ihm zugleich das Zeichen des Sieges (50,2 f.): »das Kreuz mit dem Siegeszeichen«. Darin wurzelt Böhmes Sendungsbewußtsein. Er hält sich bereit, »Werkzeug« Gottes zu sein (50,8). Dies verbürgt seinen Schutz, und zwar unter ausdrücklicher Berufung auf neutestamentliche Zusagen. In manchen Absätzen wird man an den Apostel Paulus erinnert (50,9), auf den sich Böhme in seinen Büchern ohnehin oft bezieht. Prophetisches Pathos bis hin zu dem Satz (50,10): »Was mein Vaterland wegwirft, das werden fremde Völker mit Freuden aufheben!« Denkt man daran, daß der literarische Nachlaß in Holland gesammelt, seine Bücher in England, Frankreich, später auch in Rußland begehrt wurden, während Böhme-Anhänger in Deutschland in Mißkredit gerieten, dann hat sich dieses prophetische Wort leider erfüllt. Unter Vaterland versteht Böhme freilich in erster Linie seine unmittelbare Heimat.

52.-54. Sendbrief

Schlesische Adelige waren es, die Pate standen, als die Manuskripte des Schusters erstmals an die Öffentlichkeit gelangten und der unbekannte Handwerksmeister als Geisteslehrer und Seelenführer entdeckt wurde. So ist es verständlich, daß sich der Autor in der Zeit des Angriffs an die Genannten wendet, namentlich an die Empfänger der beiden Briefe. (Bezüglich Carl Ender von Sercha vgl. Kommentar zum 1. Sendbrief.)

Johann Sigmund von Schweinichen war es, der das inkriminierte Büchlein Ende 1623 hatte drucken lassen. Beide Briefe geben Einblick in die Görlitzer Verhältnisse vom Frühjahr 1624.

Böhme hat bereits ein Ratsverhör hinter sich. Bedenklich ist dabei, daß weder die Görlitzer Stadtväter noch Böhmes adelige Freunde eine Möglichkeit sehen, ihrem untadeligen Mitbürger und Freund den Schutz angedeihen zu lassen, der ihm gebührt. Das unschuldige Opfer eines wild gewordenen Oberpfarrers soll sich »etwas beiseite machen« (53,10), so raten die Ratlosen. Nicht einmal eine schlichte Verantwortung darf der Angegriffene vorlegen, um sich selbst zu verteidigen. Die aussichtslose Situation des kleinen Mannes wird nicht zuletzt durch Böhmes eigene Anspruchslosigkeit charakterisiert: Er gibt sich schon damit zufrieden, »nur« verwarnt worden zu sein (53,14). Dagegen schreitet niemand ein, als der rechtgläubige Seelenhirte dem kirchentreuen Gemeindemitglied auch noch in gedruckter Form eine widerliche Schmähschrift entgegenschleudert (53,16).

Die Verantwortung selbst (54. Brief) stellt in knapper Form den Hergang dar, und zwar so, daß sich auch ein Außenstehender ein Bild von Böhmes Erleben und Erleiden seit der Niederschrift der *Aurora* machen kann. Dieser Text zeigt, daß der Autor der oft dunklen und nur schwer durchschaubaren Texte relativ knapp und sachlich zu argumentieren vermag. Es ist seiner Situation durchaus angemessen, daß er sich im wesentlichen auf äußere Tatbestände beschränkt.

55. Sendbrief

In dem Anonymus des 55. Briefs haben wir den Lübecker, in rosenkreuzerischen Kreisen bekannten Joachim Morsius zu sehen. Böhme erblickt in ihm einen »begierigen Sucher« (55,2). Damit haben wir einen weiteren Beleg in den Händen, der für den hohen Bekanntheitsgrad Böhmes spricht. Bis in die Hafenstadt an der Ostsee ist die Kunde von dem geistesmächtigen Schuster gedrungen (55,3).

Es ist die Frage nach dem Wesen und der Eigenart spiritueller Erkenntnis, die Böhme hier erörtert. Nicht jedem Mitglied seiner »theosophischen Pfingstschule« (55,8) kann er dieses große Thema zumuten. Der Rosenkreuzer Morsius verfügt offensichtlich über die dafür erforderlichen Voraussetzungen. Andererseits ist es wichtig, daß der Verkünder einer Reformation im Zeichen der Lilie (»Eine Lilie blühet über Berg und Tal...«) mit den zeitgenössischen Vertretern der »Generalreformation« des Rosenkreuzes in Verbindung kommt. Eine wichtige Einsicht: »Es kann es keiner dem andern geben. Es muß es ein jeder selber von Gott erlangen...« (55,12)

Das Mysterienwort vom Aufblühen der Lilie in »mitternächtigen Ländern« (55,13) und vom »Signatstern« (55,15) ist ein bedeutungsvoller Hinweis auf die Fülle der Zeit, die angebrochen ist. Es ist die Zeit eines spirituellen Erwachens und Reifwerdens (55,17). Darin sind sich die Schüler Jakob Böhmes und eines Christian Rosenkreuz einig, und aus dieser Zeitforderung heraus wirken sie. Dieser Aufgabe möchte Böhme mit seinen Büchern und mit seinen *Theosophischen Sendbriefen* entsprechen.

58.-60. Sendbrief

Als Böhme Anfang Mai 1624 an den Ungenannten schreibt, hat er eine mehrere Wochen lange Verleumdungskampagne zu erleiden gehabt. Inzwischen meint er, von einem Nachlassen des »großen Feuers« (58,1) sprechen zu können. Von Rehabilitation oder von der Wiederherstellung seines guten Rufs kann jedoch nicht die Rede sein. Gregor Richter, der »Primarius« von Görlitz, kann weiterhin ungestraft in Wort und Schrift über Böhme herfallen. Er bedenkt dabei nur nicht, daß er sich längst selbst diskreditiert hat, während seine Schelte dazu beiträgt, die Sache Böhmes in Schlesien und in der Lausitz noch mehr publik zu machen.

Noch wichtiger als die Tatsache, daß Richters Maßlosigkeit von vielen mißbilligt, freilich nicht abgestellt wird, ist für Böhme die Einsicht, eine »Proba«, die Bewährung dessen, der das Malzeichen Christi trägt, bestehen zu müssen (58,2f.). In der Tat zeigt sich in dieser Situation, daß der Seelenführer nicht nur anderen einen Innenweg totaler Gelassenheit beschreibt, sondern ihn selbst konsequent geht (58,3).

Die Gedanken, die sich daran anschließen, stellen eine energische Kritik an dem »Maul- und Titelchristentum« (58,7) dar, das er deshalb für schlimmer als das Heidentum hält, weil die maßgeblichen Kirchenleute Lehre und Leben verfälscht haben: Finstere Nacht über der Christenheit (58,9)! Vor diesem dunklen Hintergrund wird das Neue sichtbar, die von Böhme mit großer Sehnsucht erwartete »Reformation« (58,13).

Abgesehen von der Notwendigkeit, zu den Görlitzer Ereignissen einen gewissen räumlichen Abstand zu gewinnen, ist es diese Sehnsucht, die ihn die Einladung an den kurfürstlichen Hof nach Dresden annehmen läßt. Wie dem 60. Sendbrief, Absatz 5, zu entnehmen ist, reist der Briefschreiber am 9. Mai ab. Er wird von Melchior Bernt begleitet. In dem kursächsischen Hofchemiker Benedikt Hinckelmann, der selbst an Böhmes Schaffen interessiert ist, hat er einen bereitwilligen Gastgeber und Fürsprecher bei Hofe gefunden. Nun sind Böhmes Erwartungen groß. Diese Spannung wird in den Briefen in vielfältiger Weise deutlich. Beim Lesen dieser Briefe stellt sich alsbald die Frage ein, ob sich Böhme noch auf dem Boden der Realität bewegt oder ob er sich nicht Illusionen hingibt, was die Einleitung der von ihm erhofften Reformation anlangt?

61.-64. Sendbrief

Die Briefe an den mit der Böhme-Familie befreundeten Görlitzer Arzt Dr. Tobias Kober informieren uns über die Vorgänge in Dresden. Unverkennbar ist die Diskrepanz zwischen den Erwartungen des Briefschreibers und dem, was die Gespräche mit den kursächsischen Beamten faktisch einbringen. Da muß man sehen, daß der aus beengten Verhältnissen kommende Kleinbürger das diplomatische Getue der titelbehängten Höflinge schwerlich zu durchschauen vermag.

Aus Görlitz hat Böhme offensichtlich schlechte Nachrichten erhalten. Nun ist seine Familie den Nachstellungen preisgegeben. Der aufgehetzte Pöbel wirft die Fenster des Böhme-Hauses ein. Frau Katharina ist in großer Sorge. Es zeugt für die enge persönliche Beziehung zu Dr. Kober, daß Böhme ihm die familiären Probleme anvertrauen und ihn um Zuspruch bitten kann.

»Ich warte täglich« (63,2) und »stündlich« (63,4); derlei Anmerkungen zeugen für die Hinhaltetaktik, deren Opfer Böhme in Dresden wird. Wohl kommt es zu einigen Begegnungen und Gesprächen, aber aufs Ganze gesehen erfüllt der etwa sechswöchige Aufenthalt die hochgespannten Erwartungen bei weitem nicht. Böhme ist in den Augen der Höflinge einer unter vielen, denn es »sind viel Aufwärter«, und »es gehet allhier sehr nach Gunst« (64,22). Im übrigen machen einige religiös-erbauliche Schriften in der Auslage eines Verlegers noch lange keine Reformation (63,9).

Geradezu bedrückend ist es zu beobachten, daß Böhme immer wieder (z. B. 63,5 ff.) auf den »Herrn Primarius« und dessen Schmähungen zurückkommt, die er doch längst überwunden haben sollte. Freilich ist er sich selbst der Gefahr bewußt, sein »Talent mit Zanken zu besudeln« (63,8). Er kommt zu dem Schluß, daß Stillehalten das Beste sei (64,11).

65.-74. Sendbrief

Wie aus der jeweiligen Zeitangabe zu ersehen ist, sind die restlichen, durchwegs kurzen Briefe älteren Datums. Die darin genannten einzelnen Daten sind daher im Kontext zu den früher aufgeführten Sendbriefen zu lesen. Ein solches Datum ist beispielsweise der Einsturz der Neißebrücke. Böhme, der nahe der Neiße gewohnt hat, war unmittelbarer Zeuge dieses Vorfalls, der ihm einen heftigen Schrecken eingejagt hat (66,8 f.).

Die letzten acht Briefe (67-74) sind bereits in der hier zugrunde gelegten Edition von 1730 als Zugabe bezeichnet. Bemerkenswert ist in diesem Zusammenhang jener kurze Hinweis für Christian Bernhard, daß Böhme ihn »in geheim« sprechen wolle und auf Anonymität großen Wert lege (68). Diesem Zug zur Einhaltung einer gewissen Arkandisziplin kann man in verschiedenen Briefen begegnen, z.B. im 7. oder 15. Sendbrief. Deshalb dort die wiederholte Feststellung: »Der Feder ist nicht zu trauen!« (15,17 und 20). Auch die vielen alltäglichen Mitteilungen, die sich gerade in den kurzen Schreiben finden, können nicht darüber hinwegtäuschen, daß Jakob Böhmes *Theosophische Sendbriefe* in erster Linie an Geistesschüler der »theosophischen Pfingstschule« gerichtet sind. Ganz abgesehen vom Sachwert der bisweilen mitgesandten Traktat-Abschriften kann es nicht verwundern, wenn der ganze Briefwechsel von »gewisser Gelegenheit« abhängig ist, d.h. von einem zuverlässigen Boten, der, bisweilen über Mittelsleute, den Kontakt zwischen dem Seelenführer und seinen Geistesschülern herstellt.

Nicht zu unterschätzen sind jene Briefstellen, an denen Böhmes wirtschaftliche Abhängigkeit deutlich wird, zumal »die Zeit den Armen fast sehr bekümmert ist« (73,4). Dabei versteht er sich als »Gehilfe und treuer Mitwirker zu Gottes Gnade« (74). Allein dieser sein Einsatz rechtfertigt die materielle Gegenleistung aus der Hand seiner Freunde.

Ungedruckte Sendbriefe und Briefteile

Es spricht für den besonderen Wert der von Werner Buddecke im Auftrag der Akademie der Wissenschaften zu Göttingen besorgten zweibändigen Ausgabe der »Urschriften«, daß der Herausgeber nicht nur den Spuren des Böhme-Nachlasses mit großer Sorgfalt nachgegangen ist, sondern auch bis dahin unveröffentlichte Texte erstmals zugänglich gemacht hat. Es handelt sich dabei um die Sendbriefe I-IV sowie um kurze Briefteile, die ungedruckt geblieben waren.

Um der vorliegenden Ausgabe der *Theosophischen Sendbriefe* die größtmögliche Vollständigkeit zu verleihen, wurden auch diese Texte in der bekannten Form wiedergegeben. Da Böhme selbst auf die Zählung von Absätzen verzichtete, wie sie erst die Herausgeber seiner Schriften durchführten, fehlen daher in den Urschriften solche Einteilungen. Die in der vorliegenden Ausgabe gewählten Absätze sollen lediglich der Lesbarkeit und Übersichtlichkeit dienen.

Was die Überlieferungsgeschichte der *Theosophischen Sendbriefe* im allgemeinen und ihre spezielle Kommentierung anbelangt, so kann auf die erwähnte im Frommann Verlag Günter Holzboog, Stuttgart, erschienene Ausgabe Band II verwiesen werden.

II. Texte

Epistolae Theosophicae
oder
Theosophische Sendbriefe

1. Sendbrief
An Herrn Carl von Ender – Anno 1618, den 18. Januar.

Edler, gestrenger, wohlehrenfester Herr, neben Wünschung von dem heiligen, allen Dingen gegenwärtigen Gott, der da ist die Fülle aller Dinge und die Kraft aller Wesen, eines glückseligen, friedlichen, freudenreichen Neuen Jahrs und aller heilsamen Wohlfahrt bevorn.[17]

2. Wiewohl ich als ein einfältiger Mann mir die Zeit meiner Tage niemals vorgenommen, mit so hohen Leuten mit meiner Gaben, so mir von Gott aus seiner Liebe und Gnade gegeben, zu konversieren[18] oder damit bei ihnen bekannt zu werden, sondern, nachdem in mir das hohe Licht angezündet wurde und der feurige Trieb mich überfiel, war es allein mein Wille zu schreiben, was ich eigentlich sah und im Geist erkannte und meine Schriften bei mir zu behalten.

3. Ich sah wohl, was künftig werden sollte, aber daß ich mich sollte achten, als würden meine Schriften bekannt werden, ist mir niemals in mein Gemüte kommen, denn ich mich auch gar viel zu einfältig achtete, vermeinete alleine, das schöne Perlenkränzlein für mich aufzuschreiben und in mein Herz zu drücken.

4. Weil ichs aber als ein gar einfältiger Mensch nicht verstanden habe und nun mit Augen sehe, daß es Gott viel anders damit meint, als ich je bedacht hatte, als lerne ich mich erst bedenken[19], daß vor Gott kein Ansehen der Person gilt,

17 zuvor 18 sprechen 19 erkennen

sondern wer ihm anhanget, der ist ihm lieb und er treibt sein Wesen in ihm. Denn er ist alleine hoch und will sich in dem Schwachen offenbaren, auf daß es erkannt werde, wie da alleine sei das Reich und die Kraft seine, und es nicht liege an Forschung[20] menschlicher Vernunft oder in den Himmeln und ihrer Kraft. Denn dieselben ihn doch nicht begreifen, sondern daß es ihm wohlgefalle, sich zu offenbaren in dem Niedrigen, auf daß er erkannt werde in allen Dingen.

5. Denn auch der Himmel Kräfte arbeiten stets in Bildnissen, Gewächsen und Farben, zu offenbaren den heiligen Gott, auf daß er erkannt werde in allen Dingen. Vielmehr höher und heller kann die Offenbarung Gottes in einem Menschen geschehen, dieweil derselbe nicht allein ist ein Wesen aus der geschaffenen Welt, sondern seine Kraft, Materia und eigen Wesen, das er selber ist, stehet und inqualieret[21] mit allen drei Prinzipien göttlichen Wesens.

6. Und ist dem Menschen in seinem Fall an der göttlichen Kreatur nichts benommen als alleine das göttliche Licht, darinnen er sollte in vollkömmlicher Liebe, Demut, Sanftmut und Heiligkeit in Gott leben, wallen und sein und also das Himmelsbrot von dem Wort und göttlicher Kraft essen und in Vollkommenheit gleich den Engeln leben.

7. Solches Licht, welches in dem anderen Principio in Gott ewiglich scheinet, welches ist die einzige Ursache der Freude, Liebe, Demut, Sanftmut und Barmherzigkeit, ist dem Menschen in seinem Fall entwichen und verborgen, indem der erste Mensch seine Imagination[22], Lust und Sehnung als in seiner Mutter der großen Welt gebildet ward, in die Mutter der Natur gesetzt, und begehrte der Speisen des ersten Principii, darin der Urkund[23] und die Geburt der Natur stehet, darinnen der Zornquell stehet und die allerängstlichste Geburt, daraus worden sind alle begreiflichen Dinge dieser Welt.

20 Streben   21 wirkt zusammen   22 Verlangen   23 Grund

So ists ihm auch worden, dieweil er auf derselben Wurzel stund.

8. Also ist er nach dem Leibe, sowohl auch nach dem Geiste ein Kind dieser erschaffenen Welt worden, welche ihn nun regieret, treibet und führet, auch speiset und tränket, und hat in sich empfangen die Zerbrechlichkeit und Peinlichkeit, und hat einen tierischen Leib bekommen, welcher wieder in seiner Mutter verwesen muß. Denn die monstrosische[24] Gestalt sollte er nicht haben. Das Gestirn der großen Welt sollte über ihn nicht herrschen; sondern er hat sein Gestirn in ihm[25] selbst, welches inqualieret mit dem heiligen Himmel des andern Principii göttlichen Wesens, das ist: mit dem Aufgang und Geburt der göttlichen Natur.

9. Nun aber ist der Mensch nicht also zerbrochen, daß er nicht mehr derselbe erste Mensch sei, den Gott schuf. Alleine die monstrosische Gestalt hat er bekommen, welche zerbrechlich ist und ihren Anfang alleine bloß von dem äußersten und dritten Principio hat, und hat die Pforten des ersten Principii, welches ist der ernstliche Quell, in ihm erweckt, welche sonst ohne das in der großen geschaffenen Welt brennet und in den Verdammten ganz anzündlich wird.

10. Der rechte Mensch aber, den Gott schuf, welcher alleine der rechte Mensch ist, der ist noch in diesem verderbten Menschen verborgen. Und so er sich selbst verleugnet in seiner tierischen Gestalt und lebet nicht nach desselben Trieb und Willen, sondern ergibt sich Gott mit Sinn und Gedanken, so lebet derselbe Mensch in Gott und wirket Gott in ihm das Wollen und das Tun, denn es ist alles in Gott. Der rechte heilige Mensch, so in dem monstrosischen verborgen ist, ist sowohl im Himmel als Gott, und der Himmel ist in ihm, und das Herze oder Licht Gottes wird in ihm geboren. Das ist Gott in ihm und er in Gott. Gott ist ihm näher als der tierische

24 physische   25 sich

Leib, denn der tierische Leib ist nicht sein Vaterland, da er daheim ist, sondern er ist damit außer dem Paradeise.

11. Der rechte Mensch aber, welcher in Christo neugeboren, ist nicht in dieser Welt, sondern im Paradeis Gottes. Und ob er gleich im Leibe ist, so ist er doch in Gott. Obgleich der tierische Leib stirbet, so geschieht doch dem neuen Menschen nichts, sondern er kommt erst recht aus dem Widerwillen und Qualhause in sein Vaterland. Er darf[26] keines Abscheidens, da er vermeinte hinzufahren, da ihm besser wäre, sondern Gott wird in ihm offenbar.

12. Die Seele des Menschen ist aus Gottes erstem Principio, aber in dem ist sie nicht ein heiliges Wesen. Aber in dem andern Principio wird sie in Gott offenbar und ist eine göttliche Kreatur, denn allda wird das göttliche Licht erboren. Darum, so das Licht in ihr nicht erboren wird, so ist Gott nicht in ihr, sondern sie lebet in dem urkündlichsten ernstlichen Quell.[27] Allda ist ein wenig Widerwille in sich selbst. So aber das Licht erboren wird, so ist in der Kreatur Freude, Liebe und Wonne, und ist der neue Mensch, welcher ist die Seele, in Gott. Wie wollte da nicht Erkenntnis sein, wo Gott in der Kreatur ist?

13. Nun liegts nicht an der Kreatur Wollen, Rennen und Laufen, die Tiefe der Gottheit zu erkennen, denn der Seelen ist unbewußt das göttliche Zentrum, wie da geboren wird das göttliche Wesen. Sondern es lieget an Gottes Willen, wie sich der will offenbaren. So sich aber Gott in der Seelen offenbaret, was hat die Seele dazu getan? Nichts, sie hat allein die Sehnung zur Geburt und siehet auf Gott, in dem sie lebet, mit welchem das göttliche Licht in ihr scheinend wird und das erste ernste Principium, darin der Beweglichkeit Urkund ist, in triumphierende Freude verwandelt wird.

14. Darum ists ein unbilliges, daß die Welt also wütet, tobt,

---

26 bedarf 27 Urquell des Ernstes, d. h. des ersten Prinzips

schändet und schmähet, so sich die Gaben Gottes in dem Menschen ungleich erzeigen und nicht alle einerlei Erkenntnis haben. Was kann ihm[28] ein Mensch nehmen, so es nicht in ihm erboren wird, welches doch in menschlicher Wahl stehet, wie ers begehret, sondern wie sein Himmel in ihm ist, also wird auch Gott in ihm offenbar. Denn Gott ist nicht ein Gott der Zerstörung in der Geburt, sondern ein Erleuchter und Anzünder, und hat eine jede Kreatur ihr Centrum in sich, sie lebe gleich in Gottes Heiligkeit oder in Gottes Zorn. Gott will aber in allen Kreaturen offenbar sein.

15. So doch die Welt nicht so blind wäre, würde sie Gottes wunderbarliches Wesen an allen Kreaturen erkennen. So sie aber nun also wütet und tobet, das tut sie alles wider sich selbst und wider den Hl. Geist Gottes, vor welchem Lichte sie dermaleinst werden erschrecken. Sie werden doch nicht aufhalten den Sohn, den die sehnliche Mutter in ihrem Alter wird gebären. Denn das zeiget der Himmel an, Gott wird ihn erleuchten wider alles Wüten und Toben des Teufels, und wird seinen Glanz vom Aufgang zum Niedergang[29] strecken.

16. Nicht schreibe ich von mir, denn ich zeige nur an, daß es vorhanden sei und kommen wird.

17. Ich wollte jetzo dem Herrn gerne willfahren und das Verheißene übersenden, darinnen alles, was allhier gerüget[30] wird, möchte erkläret werden, sowohl auch, was der gute und wohlbekannte Herr Balthasar Walther[31] wegen des Menschen und seiner Seelen Urkund, Wesen, Leben und Trieb, auch endlichen Ausgang, begehret hat. Allein es ist nicht gar[32] verfertiget. Denn die Gaben, so mir einmal von Gott sind gegeben worden, sind darum nicht gar erstorben, ob sie gleich eine Zeit sind vom Teufel und der Welt verdecket worden. So

---

28 sich   29 Ost bis West   30 erwähnt
31 ein mit Böhme befreundeter Arzt
32 noch nicht vollständig

erzeigen sie sich doch jetzo manchmal viel höher und wunderbarlicher, und soll dem Herrn, wills Gott, in kurzem etwas davon zu Handen kommen, denn es ist ein hoher Anfang dazu gemachet worden, sonderlich von den drei Prinzipien göttlichen Wesens und dann so fort von allen Dingen, so in meinem Buche (Aurora) verheißen sind; allein daß ich fast mit zu vielen weltlichen Geschäften beladen werde, sonst möchte es schon ein groß Teil verfertiget sein; will mich aber durch göttliche und sehnliche Übung befleißen. Was Gott will, soll geschehen. Tue dem Herrn hiemit in den Schutz des Höchsten empfehlen! In Eil geschrieben. J. B.

2. Sendbrief
An denselben Herrn Carl von Ender, den 22. Oktober Anno 1619.

Edler, gestrenger, wohlehrenfester Herr, demselben sind meine demütigen, geflissenen und willigen Dienste neben Wünschung von Gott, seiner Liebe und Gnade einer neuen Kreatur in dem neuen Menschen, in dem Leibe Jesu Christi, auch aller zeitlichen Wohlfahrt des irdischen Leibes bevor.

2. Ich habe in Betracht genommen, euer adeliges Herze und Gemüte, welches nicht allein gegen Gott, sondern auch gegen seine Kinder in der Liebe entzündet und entbrannt ist, welches mich in Christo hoch erfreuet hat. Und ist mir insonderheit zu betrachten der rechte Ernst und Eifer, welchen ich erkenne, den euer Gestrengen hat auf meine wenigen Schriften des ersten Teils (Aurora) gewendet und nicht auf des Treibers[33] Morden gesehen, sondern danach getrachtet, selber zu lesen und mit eigener Hand nachgeschrieben.

---

33 Böhmes kirchlicher Gegner in Görlitz: Gregor Richter

3. Da mir denn wohl bedenklich ist, daß Gott euch wird ein Pörtlein eröffnet haben, welches dem Treiber feste zugeschlossen stund. Dieweil ers in der Kunst, in Hoffart suchte, wards ihm verhalten, denn er ärgerte sich an der Hand der Feder[34] und sah nicht auf das, was geschrieben stehet: Meine Kraft ist in den Schwachen mächtig, II. Kor. 12,9, und wie Christus seinem Vater danket, daß ers den Klugen und Weisen hat verborgen und den Unmündigen offenbaret, und sagte ferner: Ja, Vater, es war also wohlgefällig vor dir, Matth. 11,25. 26.

4. So ist mir wohl bedenklich und in meinem Geiste erkenntlich, daß solches von euch aus keinem Vorwitze sei geschehen, sondern als den Kindern Gottes geziemet, welche die edle Perle suchen und derselben begierig sind, welche, so sie gefunden wird, das alleredelste Kleinod ist, welches der Mensch mehr liebet als sein irdisch Leben, denn sie ist größer als die Welt und schöner als die Sonne. Sie erfreuet den Menschen in Trübsal und gebieret ihn aus der Finsternis zum Licht. Sie gibt ihm einen gewissen Geist der Hoffnung in Gott und führet ihn auf rechter Straßen. Sie gehet mit ihm in Tod und gebieret ihn zum Leben aus dem Tode. Sie erstickt der Höllen Angst und ist allenthalben sein Licht. Sie ist Gottes Freund in seiner Liebe und gibt ihm Vernunft, den irdischen Leib zu regieren. Sie leitet ihn vom falschen Wege, und der sie kriegt und hält sie, den krönet sie mit ihrem Kränzlein.

5. Darum, edler Herr, ich habe keine andere Ursache, euch zu schreiben, als nur aus Begierde der rechten Liebe gegen die Kinder Gottes, daß ich mich einst möge mit ihnen ergötzen. Es ist mir um kein zeitlich Gut noch Gaben zu tun, als sich denn euer Gestrengen gegen mich als einem Fremden gar freundlich in Liebe-Dienste erboten, sondern um die Hoffnung Israels, und daß ich mich werde in jenem Leben mit

---

34 Böhmes geringe Herkunft

Gottes Kindern hoch erfreuen und mir meine Arbeit, so ich allhier in der Liebe gegen[35] sie mache. Alsdann wird wohl belohnet werden, so ich mich also mit meinen Brüdern werde erfreuen und einem jeden seine Werke werden nachfolgen.

6. Darum ist mirs ernst, sintemal[36] mir auch ein Funke von der edlen Perle gegeben worden und Christus uns treulich warnet, sie nicht unter die Bank zu stecken oder in die Erde zu vergraben; sollen uns auch darob nicht zu sehr fürchten vor den Menschen, die den Leib töten und nichts mehr tun können, sondern vor dem, der Leib und Seele verderben und in die Hölle werfen mag, Matth. 10, 28.

7. Und ob ich bei meiner Zeit nicht werde großen Dank von etlichen erlangen, welchen ihr Bauch lieber ist als das Himmelreich, so haben doch meine Schriften ihre Gaben und stehen zu seiner Zeit, denn sie haben gar eine teure ernstliche Geburt und Herkommen. Und so ich mich in meiner geringen, niedrigen, ungelehrten und einfältigen Person besinne, wohl höher verwundere als eben mein Gegensatz.

8. Weil ich aber in Kraft und Licht erkenne, daß es eine lautbare Gabe von Gott ist, welcher mir noch also einen treibenden Willen dazu gibt, daß ich schreiben muß, was ich sehe und erkenne, so soll ich Gott mehr gehorsam sein als den Menschen, damit mein Bistum nicht wieder von mir genommen und einem andern gegeben werde, welches mich wohl sollte ewig reuen.

9. Weil denn euer Gestrengen eine Lust gewonnen, dasselbe zu lesen, als ich denn gewiß hoffe: aus Gottes Schikkung, so will ich euch nicht verbergen, sintemal Gott der höchste Herr euch hat zu dem ernsten Werk berufen, dasselbe zu publizieren durch seinen wunderlichen Rat. Da ich dachte, der Treiber hätte es verschlungen, so grünete es als ein grünes Zweiglein, mir ganz unbewußt. Und so ich doch nichts von

35 für   36 nachdem, zumal

mir weiß, was Gott endlich tun wird und mir sein Rat verborgen, auch sein Weg, den er gehen will; (ich) kann auch von mir nichts sagen, so möchte mir's doch der Treiber für eine unzeitige Hoffart zumessen, daß ich also mit meiner wenigen Gabe, so ich doch aus Gnaden hätte, stolzieren wollte und also meines Herzen Gedanken sehen lassen, mir zu einem Ruhm.

10. So sage ich doch vor Gott und bezeuge es vor seinem Gerichte, da alles erscheinen wird und ein jeder von seinem Tun soll Rechenschaft geben, daß ich selber nicht weiß, wie mir damit geschieht, ohne daß ich den treibenden Willen habe, weiß auch nichts, was ich schreiben soll. Denn so ich schreibe, diktieret mirs der Geist in großer wunderlicher Erkenntnis, daß ich oft nicht weiß, ob ich nach meinem Geiste in dieser Welt bin, und mich des hoch erfreue. Da mir dann die stete und gewisse Erkenntnis wird mitgegeben. Und je mehr ich suche, je mehr finde ich, und immer tiefer, daß ich oft meine sündige Person zu wenig und unwürdig achte, solches Geheimnis anzutasten, da mir dann der Geist mein Panier aufschlägt und saget: Siehe, du sollst ewig darinnen leben und damit gekrönet werden; was entsetzest du dich?

11. Darum, edler Herr, füge ich euch mit wenigen den Grund und Ursachen, auch des Willens und Suchens meiner Schriften. Geliebet euch nun, etwas darinnen zu lesen, das stelle ich zu euerem Wohlgefallen. Ich übersende euch mit, was in verschiener[37] Zeit, als ich bei euch war, ist gemacht worden, als vom Anfange des 22. Kapitels bis zum Ende (De Tribus Principiis)[38], da denn wahrhaftig der edle Perlenbaum offenstehet. Und mein Gemüte zeiget mirs, daß es euch wird wohlgefallen und wird auch ein Perlchen hierin erlangen, sofern euer Gestrengen ihr Gemüte wird in Gott setzen. Das andere, als etliche dreißig Bogen, hat unser guter bewußter Freund, der wirds zustellen. Es sind gar hohe tiefe Dinge in

---

37 früherer   38 Böhmes Schrift: *Von den drei Prinzipien*

denselben, und wären wohl wert, daß sie nicht umkämen. Es solls euer Gestrengen auch bekommen, so es euch gefällig wäre, etwas zu lesen.

12. Und wiewohl es ist, daß ich mich pflege, etwas stille damit zu halten, so ists doch offenbar und ist mir vor Ohren, wie es von stolzen Leuten wird begehret, bei welchen der Feind möchte als ein Verwüster mit zum Ende eilen. Denn ich weiß, was ich für einen Feind als den Teufel gegen mich habe zu einem Gegensatz. Darum bitte ich, weislich damit zu (ver)fahren. Ich wills schon, so ich es bedarf, abfordern; und wird noch, wills Gott, was mehrers und höheres gemacht werden als über Moses und die Propheten und dann endlich über den ganzen Baum des Lebens in dem Wesen aller Wesen, wie sich alles urkundet[39] und endet, und zu waserlei[40] Wesen ein jedes in dieser Welt erscheinet und an Tag kommt.

13. Da ich dann verhoffe, die schöne von Gott verheißene Lilie grünen soll im Perlenbaum in seinem eigenen Geist in den Kindern Gottes der Liebe in Christo. Denn wir befinden noch gar ein edel Perlchen grünend; – tue euch der holdseligen Liebe Gottes empfehlen. J. B.

3. Sendbrief
24. Oktober Anno 1619.

Meinen Gruß durch Gott mit Wünschung des Lichts der göttlichen Freudenreich in unserem Emanuel[41] bevor!

2. Euer an mich getanes Schreiben samt meinen Schriften habe ich von Zeigern richtig empfangen und alsobald zuversiegelt Herrn C(arl) von E(nder) mit Herrn Fabian, welcher eben bei mir war, geschickt. Wollte ihm dies, weil es schon versiegelt und mit meinem Schreiben, welches innen lieget,

---

39 anfängt   40 welchem   41 Christus

versehen war, schicken. Nun verstehe ich in meinem Gemüte, weil sichs eben also zuträget, daß ihr danach geschikket, daß es also mag eine Schickung Gottes sein. Übersende euchs hiermit, wolltes erwägen. Es ist gar ein edel Kleinod darinne, welches Gott seit eurem Abschiede hat gegeben; und füge euch dies, daß gar eine liebliche Pforte ist aufgangen, da wir, so Gott will, als es denn hoch erscheinet, wollen eingehen, daß ich doch nichts von sagen kann, denn es ist nicht meines äußerlichen Menschen. Aber als sich alle Gewächse der Erden erfreuen, so die Sonne aufgehet und sie anblicket mit ihrer Kraft, also auch meine Seele in den schönen Wunderblumen, indem der Herr also süße und freundlich ist, verhoffe mich des(sen) wohl zu ergötzen, welches ihr in diesem letzten Teil dieses Buches werdet wohl vermerken, so euch Gott die Porten in seinem Geiste eröffnet.

3. Ich kann euch jetzt nicht schreiben, denn es ist wunderlich; verhoffe, Gott will euch euer Herze auftun, daß ihr auch möget etwas davon schmecken. Ihr begehret zu wissen, ob ich etwas hätte mit dem bewußten Herren konversieret.[42] So füge ich euch zu wissen, daß ich nicht habe können zu ihnen kommen, denn ich habe in einem anderen Lande, da ich zwar mit meinem äußern Menschen nicht daheim bin, viel zu tun gehabt, und bin also auf diesmal noch verhindert mit meiner Reise auf Prag auf sieben Tage. Alsdann soll geschehen, was Gott will, wiewohl mir auf jetzo eine tiefe Porte offen stehet; werde derowegen tun, was Gott will.

4. Ich übersende euch die Vollendung dieses Buches (De Tribus Principiis)[43] versiegelt. Und so ihr Gelegenheit haben werdet, entweder Herrn N. oder mir mit der Schrift zuschikken. Denn es war schon auf der Bahn zu Herrn N. Weil aber der Bote kam, hielt ichs für gut also zugepackt zu schicken; und füge euch hoch und wohl zu merken, daß gar ein hoch-

---

42 gesprochen   43 Jakob Böhme: *Von den drei Prinzipien*

löblich Werk ist im Geiste erkannt worden; verhoffe, Gott wirds uns gönnen. Ihr möget ferner darnach forschen. In kurzem soll es euch geschickt werden. Und tue euch in der göttlichen Freude reich des ewigen Quellbrunnes empfehlen.

J. B.

4. Sendbrief
An Christian Bernhard, vom 14. November 1619.

Gottes Heil und Licht im Leben Jesu Christi erleuchte euch und gebe euch ferner zu erkennen seinen Willen!

2. Mein freundlicher, gar guter Herr und Freund! Daß ihr euer Leben habt gegeben zu einem Gewächse Gottes und also grünet im Leibe Jesu Christi des Sohnes Gottes, welcher uns hat wiedergeboren zu einer lebendigen Kreatur in sich selber und seinem Vater dargestellet als ein liebliches Gewächse in seinem paradeisischen Lustgarten zu seiner Freude und Wundertat, dessen erfreue ich mich neben euch und befinde auch, so ich mich recht entsinne, daß ihr nicht alleine ein Gewächse Gottes für euch selber alleine seid, sondern als ein liebliches Kraut und Blume seine Kraft nicht alleine in sich hält, sondern läßt seine Kraft von sich ausgehen allen lebendigen Essentien zu einem Schmack und beut[44] sich freiwillig allen Kreaturen dar, wie es ihm auch darüber ergehen möchte, da es seiner gar nicht schonet, sondern gebieret ohn Unterlaß seine Kraft und Ruch.

3. Also befinde ich auch, sei der Seelen des Menschen, welche ohn Unterlaß grünet und ihre Kraft von sich freiwillig gibt zu einem Geschmacke dem, der dessen Schmack begehret, welcher derselben Kraft fähig ist, es sei zu Liebe oder Zorn, zum Leben Gottes in Christo oder zum Leben der

---

44 bietet

Hoffart ins endliche Treiben des Elends, welches im Ausgange erfolget denen, so da nicht sind in Gott gewachsen.

4. Lob, Preis und Ehre aber denen, so in Christo wiedergeboren werden, welche, ob sie gleich allhie ihr Leben verlieren und vor den Stacheln des Dorngewächses erscheinen als ein alberes[45] Kraut, welches mit Füßen getreten wird, oder wie ein Kraut, welches abgehauen wird, da man nichts mehr siehet, und die Vernunft spreche: es ist aus, aber seine Wurzel in der Erden hat und wieder hervorgrünet – also auch die Seele der Heiligen ist eingepfropft in das heilige Leben Jesu Christi und stehet in Gott seinem Vater und grünet wieder durch den Tod.

5. Dessen wir, weil wir solches erkannt haben, uns hoch erfreuen, und achten derowegen das Leben dieser Welt, welches stehet in den Sternen und Elementen Qual[46], für das wenigste, und freuen uns dessen, daß wir Gottes Kinder sind.

6. So wir dann wissen, daß Gott wahrhaftig in uns ist und doch unserm irdischen Leben verborgen, so wissen wir, daß unsere Seele in Gott ist und grünet in Gott und der Leib im Regiment der Sterne und Elemente nach dem Quall dieser Welt.

7. Also sind wir Gottes Bild und Gleichnis, welcher selber alles ist. Sollen wir uns denn nicht freuen? Wer will uns von Gott scheiden, so die Seele in Gott stehet, da kein Tod noch Zerbrechen ist?

8. Darum, mein gar lieber, treuer Freund und Bruder in Christo, achte ichs mir für eine große Freude, daß ich also habe an euch funden ein edel Gewächse Gottes, von welchem meine Seele auch hat gerochen, davon sie wieder stark ward, als sie der Treiber[47] wollte reißen aus dem Lande der Lebendigen, da sie lag unter den Treibern und sie der Antichrist im Dornengewächse wollte verschlingen.

---

45 gewöhnliches   46 unter dem Naturgesetz   47 Widersacher

9. Aber wie Gott seinen Zweiglein, so in ihm stehen, zu Hilfe kommt mit seiner Kraft, daß sie nicht verderben, ob gleich der Teufel und der Tod einst drüber herrauschet, dennoch müssen sie wieder durch den Tod und Grimm des Zorns und Stachel des Todes grünen. Und sollte Gott alle seine edelsten Kräfte seines Gewächses dransetzen, so muß sein Wille bestehen. Was in ihm gesäet wird, muß in ihm wachsen.

10. Welches uns erkenntlich ist, indem er sein Herze als sein edelstes Gewächse in ihm hat lassen einen Menschen werden, uns zu einem starken Geruche der Wiedergeburt in ihm, auf daß, so wir im Tode stünden, wieder mit und durch ihn aus dem Tode grüneten in Gott seinem Vater, und brächten Früchte des Paradeises.

11. So wir denn solches wissen, daß wir Gewächse Gottes sind, sollen wir uns vor nichts fürchten, sondern ohne Unterlaß grünen im Leben Gottes, und Früchte bringen zu Gottes Ehren und Wundertat, welcher wir ewig werden genießen.

12. Und so wir dann auch wissen, wie unser edel Leben also in großer Gefahr stehet zwischen Himmel- und Höllenreich in dieser Zeit des Lebens, von beiden gefangen, so sollen wir vorsichtig wandeln, daß nicht unsere Perle zerbrochen werde, sollen nicht den Ruch des Grimmes in uns lassen, daß er uns verderbe, dadurch die edle Frucht im Gewächse verhindert wird und Gott über uns klagen muß, er sei wie ein Weingärtner, der da nachlieset und wollte doch auch gerne der edlen Trauben genießen.

13. So lasset uns munter sein, zu widerstreben dem Fürsten des Grimmes, auf daß die edlen Trauben und Gottes Früchte in uns wachsen, daran Gott einen guten Schmack und Ruch hat, auf daß wir ihm ein lieblicher Ruch in Christo[48] sind.

14. Wir werden dessen wohl genießen. So wir der Eitel-

---

48 Eph. 5,2

keit[49] des Lebens loswerden, so werden wir alsdann leben und grünen in Gott und essen vom reinen Leben Gottes ohne Makel. Und er wird unsere Speise sein und wir seine, daß es also sei ein liebliches Gewächse ineinander: wir in Gott und Gott in uns, ein ewiger Quall des Hl. Lebens im Gewächse Gottes, darinnen eitel Vollkommenheit in der Liebe stehet.

15. Um welches willen wir jetzo also arbeiten, und lassen uns die Welt narren und verachten, daß, dieweil unser irdisch Leben im Tod grünet, unser himmlisch Leben durch den Tod ausgrüne, daß also das irdische Leben als ein Spott vor dem himmlischen erscheine, welches nicht wert ist, daß es ein Leben genennet wird gegen das himmlische.

16. Darum leiden wir geduldig im irdischen Leben und freuen uns im himmlischen auf Hoffnung, daß wir der Eitelkeit loswerden. Da wollen wir uns wohl ergötzen. Was wir allhier haben müssen in Trübsal säen, wollen wir in großer Freude ernten.

17. Darum, mein gar guter lieber Bruder, im Leben Gottes, in welchem ihr stehet, sollt ihr mir desto lieber sein, weil ihr mich habet aus dem Schlafe erwecket, auf daß ich hinführo[50] möge Frucht bringen im Leben Gottes, und möge mich hernach mit den Kindern Gottes derselben freuen.

18. Also füge ich euch, daß mir ist gegeben worden ein gar starker Geruch im Leben Gottes, nachdem ich bin wieder erwacht; verhoffe darinnen Frucht zu bringen und auch zu erwecken die Schlafenden, als mich mein Gott hat wiedererwecket aus dem Schlafe, darinnen ich lag.

19. Und bitte euch um des Hl. Lebens Gottes in Christo willen, ihr wollet ferner nicht laß[51] sein, sondern euer Leben in Christo ermuntern, auf daß unsere Geister möchten gegeneinander ergriffen und verstanden werden, welches außer der göttlichen Kraft nicht sein kann.

---

49 Vergänglichkeit   50 hinfort   51 lässig

20. Denn ein jeder redet aus seinen Essentien in den Wundern Gottes, wie sein Leben in Gott entzündet ist; und kann uns niemand zum Verstande bringen als der einige Geist aus Gott, welcher aller Völker Zungen am Pfingsttage in der Apostel Munde in eins verwandelte, daß aller Völker Sprachen der Apostel Zungen verstanden, da sie doch nur aus einer Zunge redeten, ihnen aber den Zuhörern ihr Herz und Geist eröffnet ward in Gott, daß sie alle dieselben Sprachen, ein jeder in seiner, verstanden, als redeten die Apostel mit seiner Zungen.

21. Also ists allein in Gott möglich, daß ein Geist den andern verstehe und begreift. Denn ich fürchte wohl, ich werde an vielen Enden meiner Schriften schwer sein, aber in Gott bin ich dem Leser gar leicht, so seine Seele nur in Gott gegründet ist, aus welcher Erkenntnis ich alleine schreibe.

22. Denn aus der historischen Kunst dieser Welt habe ich wenig, und schreibe nicht um derselben Hoffart ihrer Kunst willen, denn ich bin nicht von ihrer Kunst erboren, sondern aus dem Leben Gottes, auf daß ich Frucht bringe im paradeisischen Rosengarten Gottes.

23. Und nicht allein für mich, sondern auch für meine Brüder und Schwestern, auf daß wir werden ein Hl. Leib in Christo, Gott unserm Vater, welcher uns geliebet und in Christo versehen[52] hat, ehe der Welt Grund geleget ward.

24. Darum wie Christus seines Lebens nicht geschonet noch auch seine Jünger, sondern frei das Reich Gottes verkündiget, ob sie gleich in dieser Welt Spott und Tod darüber erlitten, nur um des Himmlischen willen, also sollen wir uns vor dem zeitlichen Spott und Tod nicht zu sehr entsetzen um des himmlischen Lebens willen und also beten, daß uns Gott wolle von allem Übel erlösen und uns geben Einträchtigkeit in einem Sinne.

---

52 vorherbestimmt, erwählt

25. Daß ich euch aber in etlichen Punkten schwer verständlich bin in meinen Schriften, ist mir leid und wünschte, ich könnte meine Seele mit euch teilen, daß ihr möchtet meinen Sinn ergreifen.

26. Denn ich verstehe, es trifft die tiefsten Punkte an, daran am meisten liegt, da ich mich etlicher lateinischer Wörter gebrauche. Aber mein Sinn ruhet in Wahrheit nicht bloß in der lateinischen Zungen, sondern vielmehr in der Natursprache.

27. Denn mir ist auch etwas aufgeschlossen worden, die Geister der Buchstaben zu gründen von ihrem Urkunde[53], und wollte euch herzlich gerne derselben Wörter, so ich gebraucht habe, an welchen ihr ein Mißverstand habet, verständigen. Weil aber ein Raum dazu gehöret und jetzo in Eil nicht sein mag, bin ich erbötig, solches euch ganz klar zu verständigen in gar kurzer Frist.

28. Denn ich also mit Reisen und andern Geschäften bin beladen gewesen, daß ich euch nicht habe können willfahren, bitte noch, ein Kleines zu warten.

29. Denn ich habe noch wegen meines verstorbenen Bruders hinterlassen Töchterleins also viel zu tun, daß ich alle Wochen muß zu Dorfe laufen, auch habe ich müssen zwei schwere Reisen verbringen, mit welchen die Zeit ist hingeflossen.

30. Wollte Gott, ich könnte derselben Mühe mit dem Reisen überhoben sein. Ich verhoffete, es sollte mancher armen Seelen in ihrem Hunger wohl dienen. Jedoch geschieht, was Gott will. Wiewohl es ist, daß manch Gräselein verdirbet, so der Himmel nicht Regen gibt, also verhindern auch die weltlichen Geschäfte das Reich Gottes.

31. Ich weiß aber auf diesmal keinen andern Rat, den irdischen Leib mit Weib und Kind zu ernähren, will mich

---

53 Ursprung

derowegen befleißen und das Himmlische vor alles setzen, soviel mir möglich ist, soll auch euch, so ihr Lust habet, etwas mit mir in meinen einfältigen Schriften zu lesen treulich mitgeteilet werden, wiewohl es ist, daß ich auch gerne wollte von den Kindern Gottes lernen und mich ihrer Schriften ergötzen.

32. Denn ich achte, ich sei der Einfältigste unter ihnen; habe also nur ein wenig für mich zu einer Erinnerung und steter Übung Gottes geschrieben. Weil es euch aber also wohlgefället zu lesen, (ver)berge ichs euch billig nicht.

33. Denn ich erkenne eure große Mühe daran, so ihr drauf wendet, und danke meinem Gott, der mir doch einen Menschen in dieser Welt zugeschicket hat, mit welchem ich von Gottes Reich reden darf, dieweil sonst fast alles blind und toll sein will, daß ich auch nicht darf mein Maul auftun.

34. Ich höre Spötter, welche mit unterlaufen, nach welchen ich wohl wenig frage, denn ich weiß, wes Geistes Kinder die sind, und wünschte ihnen meine Erkenntnis. Wenn sie sie hätten, sie würden das Spotten lassen bleiben.

35. Anlangend des N. N. Nachschreibens[54] meiner künftigen Schriften, weiß ich mich nicht zum besten mit ihm zu verwahren, denn er schweiget nicht. Und höre oft von liederlichen Leuten von meinen jetzigen Schriften deuten, welches ich erachte, von ihm auskommt, denn ich sie sonst keinem gewiesen. So er denn fast[55] weltlich und nur von der Schule dieser Welt geboren ist, möchten wir schlecht verwahret sein.

36. Man soll auch die Perlen erstmal, so doch dieselben teuer sind, nicht auf den Weg streuen, sondern einer andern Zeit erwarten bis sie gemein[56] werden, damit nicht der Treiber sie verschlucke.

37. Es möchte ihnen wohl gegeben werden nachzuschrei-

54 Abschrift 55 sehr 56 allgemein für wert geachtet

ben, aber nicht erstmal, sondern nachdem es einmal abgeschrieben wäre, damit es der Treiber nicht möge zerbrechen.

38. Anlangend euer Begehren wegen der Prager Sachen, da ich eben am Einzuge des neuen Königs[57] inne gewesen bin, werdet ihr den Einzug zu Sagan wohl erfahren haben, daß er geschehen ist. Er ist hinten zum Schlosse auf Retschin[58] von Schlan hineinkommen und mit großer Zierde aller drei Stände angenommen worden, wie vormals auch bei allen Königen bräuchlich gewesen.

39. Ich erinnere euch, daß ihr wollet acht haben, was der Prophet Ezechiel 38. und 39. Kap. hat geschrieben, ob nicht die Zeit des großen Zugs wird da sein auf die Berge Israels in Babel, sonderlich wegen des Siebenbürgers, welcher wird Hilfe vom Türken erlangen und leichthin bis an (den) Rheinstrom kommen.

40. Da dann die große Niederlage der Kinder in Babel geschehen mag, da zwei große Ruten von Gott erscheinen werden, eine durch Krieg, die andere durch Sterben, in dem Babel soll zerbrochen werden, zeiget der Geist des Herrn in den Alten, so vor uns haben gedeutet.

41. Wiewohl ichs achte, die Wahl mit einem rechten deutschen Kaiser noch muß ein wenig verzogen werden und unterdes großer Krieg und Streit, auch Zerbrechung vieler Städte, Schlösser und mächtiger Länder wird erfolgen, soferne jetzo die Zeit sei, davon der Geist deutet, welches wir so genau nicht verstehen.

42. Denn vor Gott ist tausend Jahr als ein Tag. Der Geist siehet alles nahe, so vermeinet der siderische[59] Mensch, es sei bald, ist aber im Rat Gottes.

43. Ohne daß wir gewiß erkennen, wie gar nahe die Zerbrechung der Stadt Babel, und scheinet vor uns, als sei die

---

57 Kurfürst Friedrich V. von der Pfalz   58 Hradschin   59 irdische

Zeit alsobald vorhanden, da wir doch den Rat Gottes nicht können genug ergreifen; sondern als ein Gast, der einen Tag in einem Lande ist, nicht alles erlernen mag, also gehet es uns auch.

44. Denn Gott hält ihm Tag und Stunde bevor und deutet aber die Wunder durch seinen Geist, welche künftig sind.

45. Sonst füge ich euch zu, daß Herr N. hat Herrn N. gedinget, ihm meine beiden Bücher abzuschreiben, und trachtet jetzo danach, daß er das rechte Original der ersten (Aurora) möchte selber zu Handen bekommen, welches, wie ich vernehme, geschehen werde; kann am allerfüglichsten durch Herrn Carl von Ender herausgebracht werden.

46. Wiewohl es ist, daß der neue Antichrist im Gewächse des Alten jetzo trefflich triumphieret und brennet als ein Feuer im Wacholder, vermeinet, es sei Freude, da es doch im Leide ist, und Babel angebrannt stehet, möchte Verhinderung vorfallen. Aber Gott der Höchste tut, was er will.

47. Ich habe auch jetzo in der Eil nicht Zeit, daß ich euch mehrers schreiben kann, denn es ist noch nichts weiters[60] angefangen, denn ich verhoffe alsobald nahend anzufahen, wie mir mein Gemüte im treibenden Willen immer zeiget, wills euch an benannten Ort treulich schicken.

48. Und tue euch der Sanftmut Jesu Christi treulich empfehlen. J. B.

5. Sendbrief
An Herrn Carl von Ender, Freitag vorm Advent 1619.

Die Liebe im Herzen Gottes des Vaters und das Licht seiner Kraft im Leben Jesu Christi sei unsere Erquickung, erleuchte uns und helfe uns zur neuen Wiedergeburt, auf daß erscheine

---

60 keine neuen Schriften

das rechte Bildnis zu Gottes Ehren und Wundertat, und lasse in uns wachsen das schöne Zweiglein seiner Lilien im Paradeisgärtlein Jesu Christi.

2. Edler, gestrenger, ehrenfester, hochbenamter Herr, demselben sind meine demütigen, ganz willigen Dienste nebst Wünschung aller zeitlichen und ewigen Wohlfahrt bevor. Ich habe von Zeiger, eurem Gesinde, einen Scheffel Korns empfangen, welchen mir Euer Gestrengen geschicket, tue mich dessen zum freundlichsten bedanken und bitte Gott den Höchsten, der wirds euch vielfältig erstatten.

3. Dieweil ihr so ein demütiger Herr seid und nicht sehet auf das, worauf die Welt siehet, auch nicht achtet der Klugheit der Hohen, sondern nach dem trachtet, was der Herr vom Himmel bauet, wiewohl es in dieser Welt närrisch erscheinet, aber vor ihm also wohlgefällt, seine Werke in geringen, kindischen, albern Leuten zu treiben, auf daß er alleine sei hoch und sich niemand rühmen darf, so sollt ihr auch gewiß derselben Erkenntnis gehoffen, welche schöner ist denn aller Welt Pracht und Reichtum. Denn alles Zeitliche verläßt den Menschen, aber das Ehrenkränzlein Christi verläßt auch den Menschen im Tode nicht, sondern bringet ihn zur himmlischen Freudenschar in sein rechtes ewiges Vaterland.

4. So wir denn wissen und gar hoch erkennen, daß wir in dieser Welt nur Gäste und in einer fremden Herberge, in gar großer Gefahr, in schwerer Gefängnis[61] gefangen liegen und immer des Todes fürchten müssen, so tut Euer Gestrengen gar wohl und handelt weislicher denn die Klugen dieser Welt, daß sie sich umsehen und trachten nach dem ewigen Vaterland und nicht nach Macht und Pracht wie die Welt und sonst insgemein die so hohen Leute tun. Mir zweifelt nicht, es wird Euer Gestrengen noch wohl ein gar schönes Kränzlein von der Jungfrauen der ewigen Weisheit Gottes dafür erlangen,

---

61 Gefangenschaft

welches, so es geschiehet, E. G.⁶² lieber sein wird als alles zeitliche Gut und diese ganze Welt mit ihrem ganzen Wesen und Glanz, davon ich, so ich dessen keine Erkenntnis hätte, nicht schreiben wollte.

5. Denn ich doch sonst bei den Weisen dieser Welt, welche ihnen⁶³ allein Erkenntnis und Wissenschaft aus eigener Hoffart ohne Gottes Geist zumessen, schlechten Dank, ja nur Spott habe, welches ich mich doch nur höchlich erfreue um des Namens und der Erkenntnis Gottes willen Schmach zu tragen. Denn wäre meine Erkenntnis aus ihren Schulen geboren, so würden sie das Ihre lieben. Weil sie aber aus einer anderen Schule ist, so kennen sie das nicht, verachtens derowegen wie sie allen Propheten, auch Christo und seinen Aposteln taten. Ich will mich das nicht irren lassen, sondern wie ich angefangen, an meinem Gott und Schöpfer nur mit desto größerem Ernste hangen und mich dem ergeben, er mache in mir, was er will.

6. Ich schreibe mir keine Klugheit zu, verlasse mich auch auf keinen Fürsatz der Vernunft, denn ich sehe und befinde gar hell und klar, daß Gott gar viel eine andere Bahn gehet.

7. Darum so wir kindisch⁶⁴ fahren und nicht in unserer Vernunft, sondern hangen ihm nur mit Begierde und rechtem Ernste an und setzen all unser Vertrauen in ihn, so erlangen wir eher die edle Jungfrau seiner Weisheit als in unserm scharfen Dichten. Denn sie bringet mit, wenn sie kommt, rechte Weisheit und himmlischen Verstand; und ohne dieselbe weiß ich nichts.

8. Dieweil aber E. G. solche und dergleichen Schriften von dem höchsten Wesen Lust haben zu lesen, als es dann, wie ich hoffe, Gottes Schickung ist, will ich dasjenige, was mir von dem höchsten Gut vertrauet ist, E. G. nicht bergen, sondern in Kurzem etwas reichers und mehrers schicken.

---

62 Euer Gestrengen   63 sich   64 kindlich

9. Denn es ist gar ein wunderschön Büchlein »Von des Menschen Leben« (De Triplici Vita Hominis) angefangen worden, welches, so der Herr will und seine Hand ob mir hält, wird klar eröffnen, was der Mensch sei und was ihm zu tun sei, daß er erlange das höchste Gut. Denn es gehet ganz klar durch die drei Principia und zeiget allen Grund, daß ein Mensch, er wollte denn selber blind sein, kann Gott und Himmelreich sowohl sich selbst erkennen, auch unsern elenden Fall sowohl die Wiederbringung im Leben Jesu Christi; und wird sonderlich handeln von der schönen Lilien, welche Gott der letzten Welt[65] gönnen will, welches sehr anmutig zu lesen sein wird.

10. Und ob ich noch wohl nicht allen Grund, was es sein wird, genugsam erkenne, so sehe ichs doch in einer großen Tiefe; verhoffe, Gott verleihe nur Gnade, so will ich davon nicht lassen, es sei denn vollendet, auch künftig die verheißenen[66] Schriften, welche wegen des Treibers[67] aufgehalten worden, vollziehen, – auch über Moses, da dann die großen Wunder Gottes werden klar am Tageslicht erscheinen. Welches Gott der letzten Welt gönnen will; wiewohl es ist, daß jetzt und fast alles in Babel ist; und wird ein großer Riß geschehen. Aber dennoch soll niemand verzagen. Gleichwie Gott dem Volk Israel in dem babylonischen Gefängnis mit Trost zu Hilfe kam und schickte ihnen Propheten, also auch jetzt werden Lilien mitten unter den Dornen wachsen, und das ist wunderlich.

11. Auch darf niemand denken, daß jetzt die Zeit der ganzen Zerbrechung der Stadt Babel ergehen werde. Es wird wohl ein sehr großer Riß werden, welches man jetzt nicht glaubet, denn der Antichrist ist noch nicht ganz offenbar, obgleich etwas. Man wird auch meinen, man habe ihn nun ausgerottet, und wird nach etlicher Trübsal große Freude erfolgen; und (sie) werden also Gesetze und Bündnisse auch

---

65 d. h. in der Endzeit   66 angekündigten   67 Widersachers

mit schweren und scharfen Artikeln der Religion machen, aber meistenteils zu Aufsteigung ihrer Ehren und Macht. Und man wird meinen, der Hl. Geist rede vom Himmel und sei nun eine güldne Welt, aber sie steckt voll Zornes Gottes und ist noch in Babel, und ist das wahre Wesen des rechten Lebens in Christo noch nicht drinnen. Auch wird der Reiter auf dem fahlen Pferde[68] hernach kommen und mit seiner Sense viel abhauen.

12. Aber unterdessen grünet die Lilie im Wunder, wider welche der letzte Antichrist Verfolgung erreget, da dann sein Ende kommt. Denn die Erscheinung des Herrn erstickt ihn. Da dann Babel im Eifer und Zorne Gottes verbrennet, und es ist wunderlich, davon ich keine Macht habe, deutlicher zu schreiben. Doch werden meine Schriften zur selben Zeit wohl dienen. Denn es kommt eine Zeit vom Herrn, die nicht aus dem gestirnten Himmel ist.

13. Wohl dem, der den Herrn mit ganzem Ernst suchet, denn in der Historia wird er sich nicht finden lassen, sondern im rechten Vertrauen und in der rechten Anneiglichkeit[69] ins Leben und in die Lehre Christi. Darinnen wird der Hl. Geist erscheinen mit Wundern und Kräften, welches Babel in ihren Gedichten[70] jetzt nicht glaubet, aber doch gewiß kommt und schon auf der Bahn ist, aber der Welt verborgen.

14. Ich habe E. G. nähest mit Herrn Fabian das ganze Werk des andern Buches (De Tribus Principiis) zugeschickt; weiß nicht, obs E. G. empfangen habe, denn ich seit der Zeit mit Herrn Fabian nicht geredet wegen meiner verbrachten Reise; wo nicht, so wäre es bei ihm zu fordern. Und tue E. G. der sanften Liebe im Leben Jesu Christi des Sohnes Gottes empfehlen. (Gegeben in Eil, Görlitz vor Advent.) – Der Name des Herrn ist eine feste Burg; der Gerechte laufet dahin und wird erhöhet. J. B.

---

68 Offb. 6,8   69 Hinwendung   70 Machwerken

6. Sendbrief
An Herrn Carl von Ender, 4. Mai 1620.

Licht, Heil und ewige Kraft aus dem Brunnquell des Herzens Jesu Christi sei unsere Erquickung!

Edel, gestrenger, ehrenfester, hochbenamter Herr! Neben Wünschung göttlichen Heils und darinnen aller heilsamen Wohlfahrt kann ich nicht unterlassen E. G. mit diesem Brieflein zu ersuchen: Demnach E. G. mildes Herz mich mit einem Scheffel Korns verehret hat, welchen ich willig empfangen und tue mich dessen höchlich bedanken, will auch Gott den Schöpfer und Erhalter aller Dinge, in welches Kraft alle Dinge sind, bitten, daß er E. G. viel und reichen Segen dafür gebe.

2. Und wiewohl ichs nicht um E. G. verdienet habe und auch gleich als ein Fremder gegen E. G. bin, so erkenne ich E. G. mildes Herz hierinnen gegen die Kinder Gottes. Weil aber E. G. so viel demütig und solches alles um Gottes und seines Reiches willen ist und sich aus ihrer Hoheit dieser Welt mit ihrer Gunst und Liebe in die albere[71] Demut der Kinder Gottes mitten einwirft, so erkenne ich solches für eine Gottesfurcht und Begierde nach der Gemeinschaft der Kinder Gottes, in welcher wir in Christo in Gott alle ein Leib sind in vielen Gliedern und Geschäften. Also sollen wir uns dessen nicht allein hoch erfreuen, sondern auch also zu Gott beten und uns ihm in einer Liebe ergeben, auf daß seine Kraft in uns völlig werde und sein Reich in uns erboren werde und wir in einer Erkenntnis seines Wesens teilhaftig werden.

3. Und ist uns nicht allein in Hl. Schrift, sondern auch im Licht der Natur hoch erkenntlich, daß, so ein Mensch dem andern was Gutes tut, sonderlich so das aus angeneigtem Herzen und gutem Willen geschiehet, sich dessen Herz, Geist

---

[71] niedrige

und Gemüt, der Gutes empfangen hat, hinwieder gegen seinem zu ihm angeneigten Freunde mit Gunst und Liebe anneiget und ihm alles Gute wünschet. Und indem er sein eigen Anliegen vor Gott träget, auch seines treuen Freundes in seinem Willen und Gemüt mit ihm zugleich in seiner Liebe vor und in Gott bringet, welches dann dem milden Herzen in Gottes Kraft viel und reichen Segen schaffet, nicht allein zum irdischen Leben, sondern es wird ihm auch zugleich hiermit eine Bahn und Weg gemacht in Gottes Reich, daß, so er zu Gott sich wendet und seine Liebe und Gnade begehret, gleich auch seines Freundes Liebe, welche zuvorhin ihn schon hat in Gott eingeworfen, auch mit ihm hilft, diesmal vor Gott zu dringen und mit der verderbten Sucht, in welcher uns der Teufel gefangenhält mit der Turba[72] ringen und das Ziel oder den Behalter des Zorns zerbrechen helfen, welches ich meinesteils nicht allein schuldig, sondern auch ganz begierig und willig zu tun bin.

4. Dieweil mir denn auch Gott aus seiner milden Gnade eine tiefe und hohe Erkenntnis seines Willens und Wesens gegeben, so bin ich auch erbötig, neben meinem Gebete für E. G. gegen Gott auch mit derselben, was etwa möchte in Schriften davon gefasset werden, hinwieder ganz willig zu dienen, soferne E. G. erkennen mag, daß solches von Gott sei, als mir denn anders nicht bewußt und eine Lust dieselben zu lesen hätte. So wollte ich E. G. dieselben nicht bergen, auch mündlichen Gesprächs mich nicht äußern, auch so E. G. etwa einen Mißverstand darin fände, dessen genug Bericht geben, oder (wenn) etliche Dinge zu schwer sein wollten, gerne in einen leichtern Verstand bringen.

5. Auch so E. G. geliebten, etwas Höhers hierinnen zu fragen, verhoffe ich zu Gott, es werde mir verliehen werden zu offenbaren, welches Willen ich alles heimstelle; und

---

72 Zorn; Widerwärtigkeit in der Natur

wollte mich in alle Wege befleißen[73] und Gott darum bitten, daß ich E. G. hinwieder könnte und möchte in Liebe-Diensten, so E. G. annehmlich wären, erscheinen, welches ich zu Gott hoffe, er mich nicht versagen wird, als dann mein Herze sich ganz darein ergeben und nur dahin arbeitet, daß es möge einen treuen Arbeiter im Weinberge Gottes geben und also in Gott erkannt werden und wachsen eine Frucht in Gottes Reich. Wie denn ein jeder Baum dahin arbeitet und seinen Saft seinen Zweigen und Ästen gibt, daß er endlich an seiner Frucht, so auf seinen Zweigen wächst, erkannt wird, welches wir alle zu tun schuldig sind und ich auch dazu fast[74] begierig bin. Und tue E. G. der sanften Liebe Gottes empfehlen.
Datum[75] Görlitz, ut supra.[76]
E. G. dienstw(illig) allezeit   J. B.

7. Sendbrief
Herrn Dr. Balthasar Walther, vom 7. Juni 1620.

Mein Schreiben ist an euch, und tue euch aus hohem Bedenken christlicher guter Meinung erinnern, daß ihr doch meine Schriften nicht einem jeden wollet in die Hände geben, denn sie sind nicht jedermanns Speise.

2. Auch muß man die Perle auf den Weg nicht werfen, daß dieselbe mit Füßen vertreten werde, dadurch der würdige Name Gottes möchte gelästert werden. Denn ich erkenne gar wohl, was der Satan im Sinn hat. Aber mir ist gezeigt, wie sein Fürnehmen muß zu scheitern gehen.

3. Wiewohl eine schwere Finsternis zu fürchten ist, in welcher Zeit das Licht in der Menschen Herzen erst recht grünen wird, wenn sie in großer Trübsal und Verlassenheit

---

73 in jeder Hinsicht bemühen   74 sehr   75 Gegeben zu
76 wie oben angegeben

werden stehen. Alsdann werden sie den Herrn suchen und er wird sich finden lassen.

4. Meine Schriften dienen nicht für den vollen Bauch, sondern für den hungrigen Magen. Sie gehören den Kindern des Geheimnisses, zumal in denselben viel edle Perlen verschlossen und auch offenbar liegen.

5. Ich habe dieselbe auch nicht geschrieben für die Idioten oder für die Klugen, sondern für mich selbsten und für denjenigen, an welchen Gott dieselbe wird in Verstand geben.

6. Dasselbe Gewächs stehet in Gottes Macht. Darum erkenne ichs auch nicht für ein Werk meiner Vernunft, sondern für eine Offenbarung Gottes, und muß mir hierinnen ganz nichts zugeschrieben werden. Deswegen behöret[77] auch niemand nach meiner Person zu trachten, um ein Wunder daran zu sehen. Er wird nichts anders sehen als einen gar schlechten[78] und einfältigen Mann, denn meine Wissenschaft stehet in Gott verborgen.

7. Und ob ich viel weiß und mir eine große Offenbarung ist gegeben, so weiß ich doch auch wohl, daß ich all denjenigen, so nicht aus Gott geboren sind, stumm bin. Darum bitte ich, mit meinen Schriften weislich zu handeln, auch meinen Namen zu verschweigen, bis daß endlich die finstere Nacht kommt, wie mir ist gezeiget. Alsdann soll das Perllein gefunden werden. Denn solang mein Geliebter satt ist, schlummert er und liegt in dem Schlaf von dieser Welt. Aber wenn ihn der Herr mit dem Sturmwind wird aufwecken und daß sie in Ängsten stehen, alsdann schreien sie ängstlich zu dem Herrn und ermuntern von dem Schlafe. Dann sollen diese Schriften stehen und in denselben die Perle gesucht werden.

8. (Ich) bitte und begehre auch, daß von wegen des Druckens außer meinem Willen sich niemand bemühe, denn dasselbige geschiehet erst nach dem Ungewitter.

77 soll 78 schlichten

9. Wollet solches allein in die Herzen der Weisen offenbaren, die ihr erkennet, daß sie Gott liebhaben. An den andern ist es jetzo noch kein nütze. Denn mancher suchet nichts anders als Böses und Hoffärtigkeit, dazu falsche Klugheit, daß er sich mag sehen lassen. Darum bitte ich weislich zu handeln. Mancher nimmt solches wohl mit Freuden an, aber er hat eine böse Wurzel. Er vermeinet fromm zu werden, aber er lässet sich den Teufel halten und wird hernach ein Spötter solcher Offenbarungen. Solches sage ich euch wohlmeinend, nicht aus eigenem Wahn, sondern aus gegenwärtiger wahrer Erkenntnis.

10. Es ist wohl was sehr Hohes angefangen mit einem neuen Buche (De triplici Vita Hominis)[79], doch mir ist gewaltig vom Fürsten des Grimmes Widerstand getan. Also ist dasselbige bis auf dato verhindert; (ich) verhoffe, daß es innerhalb kurzer Zeit solle geschrieben werden, denn es ist ein Kraut, welches dem Teufel nicht schmecken wird. Doch des Herrn Wille muß bestehen.

11. Ich hoffe, daß ihr selbst werdet zu mir kommen. Alsdann wollen wir uns ergötzen. Die Gnade Jesu Christi sei unser Gruß und stete Erquickung!

8. Sendbrief
An Herrn Paul Kaym, kaiserlicher Zolleinnehmer zu Liegnitz, vom 14. August 1620[80].

Licht, Heil und ewige Kraft aus dem Brunnquell des Herzens Jesu Christi sei unsere Erquickung!

Ehrenfester, wohlgeachteter Herr und guter Freund, in

---

79 *Vom dreifachen Leben des Menschen* (1619/20)
80 Dieser Sendbrief stellt den I. Teil des Traktats *Unterricht von den letzten Zeiten* (Informatorium Novissimorum) dar.

Erleuchtung des Hl. Geistes und in der Liebe unsers Herrn Jesu Christi geliebter Bruder!

Euer datiertes, unterm 20. Juli an mich getanes Schreiben samt der Beilage der zwei Büchlein habe ich von Herrn Carl von Ender empfangen und darinnen vernommen, wie ihr etlicher meiner geschriebenen Büchlein von der Weisheit Gottes empfangen und gelesen habet und wie ihr berichtet, euch derselben erfreuet, gleichsam auch große Begierde und Lust dazu traget und in dergleichen Übung der Weisheit Gottes seid.

2. Welches mich meinesteils auch erfreuet, daß nunmehr die Zeit vorhanden, daß der rechte göttliche Verstand in Zion wieder grünet und daß das zerbrochene Jerusalem wieder soll erbauet werden und sich wieder das rechte Menschenbild, welches in Adam verblich, in Zion mit rechter menschlicher Stimme merken lässet, und daß Gott seinen Geist in uns ausgeußet, daß die edle Perle in des Hl. Geistes Kraft und Licht wieder erkannt, gesucht und gefunden wird.

3. Da wir dann klar sehen und erkennen, in welcher Blindheit wir also eine lange Zeit sind in Babel irregegangen auf fleischlichen Wegen, da wir dann das rechte Jerusalem verlassen und unsers Vaters Erbe schändlich verpranget[81], auch unser schönes englisches Ehrenkränzlein des schönen Bildnisses leicht geachtet und in Teufels Schlamme gesuhlet[82] und unter dem Schein göttlichen Gehorsams mit der Schlangen gespielt und in lauter Irrwegen gewandelt.

4. Welches uns jetzt das göttliche Licht unter Augen stellet und uns vermahnet, mit dem verlornen Sohne[83] wieder umzukehren und in das rechte Zion einzugehen, nicht mit Wähnen der Historia, als hätten wir es ergriffen und verstünden das wohl. Das ist nicht Zion, sondern Babel, die mit dem Munde Gott bekennet und im Herzen an der großen babylo-

---

81 vergeudet   82 gewälzt   83 Luk. 15

nischen Hure, am Drachen der eigenen Hoffart, Geiz und Wollust hanget, die sich will sehen lassen, als wäre sie Jungfrau.

5. Nein, dieses ist nicht die Jungfrauschaft in Zion. Es muß Ernst sein. Wir müssen in Zion aus Gott geboren werden und seinen Willen erkennen und auch tun. Gottes Geist muß Zeugnis geben unserm Geist, daß wir Gottes Kinder sind, nicht alleine im Munde der Wissenschaft[84], sondern im Herzen, im Tun, nicht auf einem gleißnerischen Wege ohne Kraft, welches der Teufel spottet. Sondern wir müssen den Helm der Gerechtigkeit und der Liebe, auch der Keuschheit und Reinigkeit anziehen, wollen wir mit dem Fürsten dieser Welt in Streit ziehen. Er giebet auf einen äußerlichen Glanz nichts. Kraft muß ihn überwinden, auch soll die Kraft in Wohltätigkeit leuchten. Also können wir um das Ritterkränzlein streiten, denn wir haben einen gewaltigen Kriegsmann wider uns. Er greifet uns in Leib und Seele und schläget uns bald zu Boden, und mag anders nicht überwunden werden als mit Kraft in Demut. Die kann ihm sein giftig Feuer löschen, damit er gegen uns und in uns wider das edle Bild streitet.

6. Darum, mein geliebter Herr und Bruder in Christo, weil ihr euch zu der göttlichen Weisheit bekennet und in Arbeit derselben stehet, so ists billig und recht, daß wir uns untereinander ermahnen, daß wir wacker werden, dem Teufel zu widerstehen und uns den Weg, den wir wandeln sollen, stets unter Augen stellen und auch darauf treten. Denn anders richten wir nichts aus. Haben wir die Erkenntnis, daß die Welt in Babel blind sei und irregehe, so sollen wir die ersten sein, die wir mit der Tat aus Babel ausgehen, auf daß die Welt sehe, daß es ernst sei.

7. Es ist nicht genug, daß wir Babel offenbaren[85] und tun

84 bloßen Wissens 85 entlarven

eben das, was Babel tut, damit bezeugen wir, so wir also tun, daß uns Gott zwar sein Licht lässet leuchten, das wir sehen, aber wir wollen nur die Werke der Finsternis machen. Und wird dasselbe Licht, das uns im Verstande leuchtet, ein Zeugnis über uns sein, daß uns der Herr hat gerufen und hat uns den Weg gezeiget. Aber wir haben den nicht wollen wandeln.

8. Es ist wohl gut, daß wir Babel offenbaren. Wir sollen aber auch sehen, mit was Geiste und Gemüte und in welcher Erkenntnis das geschiehet. Es ist wohl gut eifern[86], aber das Herze muß in Gott gerichtet sein und die Erkenntnis muß aus Gott sein. Gottes Geist muß uns Zeugnis geben und unsere Gewißheit sein, sonst laufen wir ungesandt und sind doch von Gott in unserm Laufen nicht erkannt worden. So spottet nur der Teufel unser und führt uns in Irrwege. Dazu beweiset die Schrift, daß uns unsere Werke und Worte sollen nachfolgen, Apok. 14,14.

9. Darum ist uns ernstlich zu betrachten, in was Geist und Erkenntnis wir die hohen Geheimnisse angreifen. Denn der ein Böses will zerbrechen, soll ein Bessers an die Stelle setzen, sonst ist er kein Baumeister Gottes, arbeitet auch nicht in Christi Weinberg. Denn es ist nicht gut zerbrechen, so man nicht weiß, wie das Gebäu(de) wieder in eine bessere Form zu machen ist. Denn Gott ist alleine der Baumeister der Welt. Wir sind nur Knechte. Wir müssen eben zusehen, wie wir arbeiten, wollen wir Lohn empfahen und auch daß wir sein Werk in seiner Schule gelernet haben und nicht laufen ungesandt, da wir noch seines Werks nicht fähig sind, sonst werden wir unnütze Knechte erfunden – (so) rede ich gutherzig und in ganzen Treuen, uns zu vermahnen, was wir tun sollen, daß unsere Arbeit Gott angenehm sei.

10. Denn die dunklen Geheimnisse sind uns anders gar nicht zu erkennen als im Hl. Geiste. Wir können nicht

---

86 aktiv sein

Schlüsse über verborgene Dinge machen. Wir haben das denn in wahrer Erkenntnis und befinden in Erleuchtung Gottes, daß es die Wahrheit und Gottes Wille sei, auch daß es seinem Worte ähnlich sei und im Licht der Natur gegründet.

11. Denn ohne das Licht der Natur ist kein Verstand von göttlichen Geheimnissen. Der große Bau Gottes stehet im Lichte der Natur offenbar. Darum, wem Gottes Licht scheinet, mag alle Dinge erkennen, wiewohl die Erkenntnis nicht einerlei ist, denn Gottes Wunder und Werke sind ohne Ziel, auch ungemessen, und werden einem jeglichen offenbaret nach seinen Gaben. Denn dem das Licht scheinet, hat eitel Freude an Gottes Werken.

12. Auch so ist das Alte vor tausend Jahren im Lichte so nahe und leicht zu erkennen, als das heute geschiehet. Denn vor Gott ist tausend Jahr kaum als für uns eine Minute oder Augenblick. Darum ist seinem Geiste alles nahe und offenbar, beides das Geschehene und Zukünftige.

13. Und so wir dann in seinem Lichte sehen, so sollen wir seine Wunder verkündigen und seinen herrlichen Namen offenbaren und preisen, und nicht unser Pfund in die Erde vergraben, denn wir sollens unserm Herrn mit Wucher darstellen. Er will Rechenschaft von uns fordern, wie wir damit sind umgegangen. Und ohne Erkenntnis soll keiner im großen Mysterio richten, denn es ist ihnen nicht befohlen, sondern er soll also dahin arbeiten, daß er das wahre Licht erreiche, so arbeitet er recht in Gottes Schule.

14. Denn es finden sich viel Richter, die da wollen im Mysterio richten[87], aber sie sind von Gott nicht (an)erkannt. Darum heißet ihre Schule Babel, eine Mutter der Hurerei auf Erden, die mit Gott und auch dem Teufel buhlen, und nennen sich doch Christi Hirten, und sind doch nicht gesandt, viel weniger von Gott erkannt, sondern tun es um des Bauchs und

---

87 urteilen

Ehren willen. Und erlangeten sie das nicht in ihrem Hurenlauf, sie liefen nicht. Das rechte und hochteure Mysterium Gottes haben sie zu einem Ministerium[88] ihrer Hurerei und Wollust gemacht. Darum nennet es der Geist Babel, eine Verwirrung, da man einen heuchlerischen Gottesdienst treibet und Gott mit der Zungen bekennet und mit der Kraft verleugnet, da man mit dem Munde Gott heuchelt und mit dem Herzen mit dem Drachen in der Offenbarung Jesu Christi buhlet.

15. Solche sollen wir nicht sein, wollen wir das göttliche Mysterium erreichen und des Lichtes fähig sein, sondern unsern Weg gänzlich in Gott richten und uns ihm ergeben, daß Gottes Licht in uns leuchte, daß er sei unser Wissen, Erkennen, Wollen und auch Tun. Wir müssen seine Kinder sein, wollen wir von seinem Wesen reden und darinnen arbeiten. Denn keinem Fremden, der sein Werk nicht lernet, giebet er sein Werk zu treiben.

16. Euer Büchlein habe ich überlesen und darinnen befunden euren großen Fleiß mit viel Arbeit, indem ihr die Sprüche der Hl. Schrift mit großer Menge zusammengetragen. Verstehe auch, daß euch das ein großer Ernst sei und wollet gleich hiermit die dunklen Terminos[89] und Örter von der letzten Zeit, auch von der ersten Auferstehung der Toten und dann den tausendjährigen Sabbat damit bewähren und darstellen, auch die Zerbrechung Babels und das neue Gebäu(de) in Zion, davon die Schrift an vielen Orten redet, offenbaren und an Tag stellen.[90]

17. Was anlanget Babel, wie die gewachsen und wie sie wieder soll zerbrechen, ist mehr am Tage, und ist der Zerbrecher schon lange auf der Bahn. Er hat schon lange angefangen, ohne daß mans sehen will. Man schreiet Mordio und ist

---

88 Dienst   89 Zeitangaben
90 Paul Kaym gab eine Auslegung der Johannes-Offenbarung.

doch kein fremder Feind, sondern es ist nur die Turba[91], die mitten in Babel in ihren Lastern und Ungerechtigkeiten gewachsen ist. Die hat das Ziel funden. Und zerbricht nur das, was lange nichts getauget hat, was man hätte sollen zu allen Zeiten verwerfen.

18. Da man hätte sollen Gott lieben und ehren und seinen Nähesten als sich selber, so hat man den schändlichen Geiz, List und falschen Trug unter einem gleißenden Scheine an Gottes Stelle gesetzet und den Falsch für Gott geliebet und aus dem Mysterio eine lästliche Laster-Babel gemacht, da man uns mit süßem Geschwätze und mit blinden Augen gefangen geführet. Alles nur im Trug zu der großen Huren Herrlichkeit, daß sie hat damit ihren Hurenbalg gemästet und über unsern Leib und Seele, auch Hab und Gut geherrschet.

19. Dieses Hurenkind ist nun mit ihm selbst uneins worden über dem großen Raube und Ausbeute, und entdecket selber seine Laster und große Schande, daß wir doch sehen mögen, was Gutes in ihr ist je gewesen, denn das große Laster plaget sie, die sie hat getrieben und nichts Fremdes. Da siehet man jetzt, wie ihre Hurerei mancherlei ist gewesen und wie uns der Teufel hat mit mancherlei Netzen gestellet gehabt, und wie eine Hurerei wider die andere läufet und sich feindet, beißet und tötet. Denn das große Wehe ist angekommen und solle jetzt das große Übel gebären, das sie in sich ist schwanger worden. Darum schreiet sie, denn das Wehe ist ankommen. Sie redet von dem Kinde, das sie gebären soll als von Mord, Geiz und Tyrannei. Sie (ent)blößet jetzt ihre schöne Gestalt, wie sie im Herzen sei. Wer sie nun nicht kennen will, dem ist kein Rat.

20. Die Offenbarung saget: Gehet aus von ihr, mein Volk, daß ihr nicht ihrer Plage teilhaftig werdet, denn sie hat in

---

91 Verwirrung, Zorn

ihren Becher Greuel ihrer Hurerei in Gottes Zorn eingeschenket. Den soll sie aussaufen; davon muß sie selber zerbersten, Apok. 18,4. Und das ists, das ich sage von Babel, daß sie eine Hure ist und soll nahend zerbrechen. Sie soll sich selber zerbrechen, und kein Fremder soll es tun. Der Geist ihres eigenen Lügenmundes ersticket sie. Ihre eigene Turba zerbricht sie. Sie schreiet Rache und Mordio über Ketzerei, und ist ihr doch nicht um Gott zu tun, sondern um ihren Hurenbalg.

21. Wäre es ihr um Gott zu tun, so träte sie in sein Gebot und Willen von der Liebe, da Christus saget: Liebet einander; dabei wird man erkennen, daß ihr meine Jünger seid, Joh. 13,35. – Nicht in Krieg und Lästern stehet Gottes Reich oder in äußerlichem Glanz in guten Tagen. Gottes Kinder finden sich darinnen nicht, sondern in Liebe, in Geduld, in Hoffnung, im Glauben unterm Kreuz Christi. Da wächset Gottes Kirche in Ternarium Sanctum[92], ein neuer englischer Mensch im alten verborgen. Das ist meine gewisse Erkenntnis von diesem Artikel kurz gefasset. In meinen Schriften werdet ihrs sehen.

22. Zum anderen: Von Zion sage ich auch nach meiner Erkenntnis, wie mir es der Geist zeiget, daß ja eine Änderung des Trugs kommen soll und Zion soll gefunden werden, allein von den Kindern des Glaubens, nicht in gemein, daß kein Gottloser sollte bleiben, denn der Treiber wird eine Ursache müssen werden, daß Zion geboren wird. Wenn man sehen wird, wie Babel eine Hure ist, so werden sich viel Kinder in Zion finden und den Herrn suchen. Aber der Treiber wird hinter ihnen her sein und sie für Ketzer ausschreien, auch verfolgen und töten und ihren Glauben üben. Und wo einer getötet wird, da werden ihrer zehn, ja hundert aufkommen an dessen Statt.

---

92 Hl. Dreieinigkeit

23. Aber das allgemeine Zion erscheinet erst in dem größesten Elende. Wenn Babel zerbricht, so wird es wüste und elend stehen. So sagen dann die Kinder Zion: Wie hat uns der Herr verlassen! Kommet doch und lasset uns sein Antlitz suchen, lasset uns doch ausgehen vom Streite, haben wir doch unser Land verwüstet, ist doch aller Vorrat hinweg; sind wir doch Brüder, warum streiten wir? Wir wollen in eine Liebe treten und den Herrn suchen und nicht mehr streiten und uns verderben. Wir wollen uns lassen genügen, sind wir doch allhier nur fremde Gäste und suchen unser rechtes Vaterland.

24. In dieser Zeit wird ja ein Zion erfunden[93], und wird der Himmel seinen Tau, die Erde ihre Fettigkeit geben, aber nicht dergestalt, als würde die Bosheit ganz ab sein. Denn es soll triefen bis ans Ende, davon Christus saget: Meinest du, daß Glauben werde auf Erden sein, wenn der Menschensohn kommen wird? Und ob den Kindern Zion wohl wird eine feurige Rettung geschehen, daß sie werden bleiben ohne des Teufels Willen, auch daß Gott wird große Dinge wirken als bei der Apostel Zeit, so währets doch nicht ans Ende. Denn wie es war zur Zeit Noahs, als der in die Arche ging, also soll auch sein die Zukunft des Menschensohnes, wie geschrieben stehet Luk. 17, 26 f.

25. Daß aber der Hl. Geist in der Gläubigen Herzen werde in Zion sein, bekenne ich und weiß es, denn Zion wird nicht von außen sein, sondern im neuen Menschen. Es ist schon geboren. Wer das suchen mag, der suche sich nur selber und gehe von dem alten Adam aus in ein neu Leben, er wirds finden, ob Jesus in ihm geboren sei. Findet er das nicht, so gehe er nur in sich, so wird er Babel und ihre Wirkung in sich finden. Die muß er zerbrechen und in Gottes Bund treten. So wird Zion in ihm offenbar werden und wird mit Christo im

---

93 gefunden, in Erscheinung treten

finstern Stalle geboren werden, nicht in Jerusalem, wie die Vernunft gerne wollte, daß Christus in dem alten Esel geboren würde. Er soll Knecht werden und dem neuen Menschen in Zion dienen.

26. Daß aber in den vierhundert Jahren werden eitel güldene Wesen sein[94], davon weiß ich nichts, ist mir nicht offenbaret. Auch so ist mir das Ziel der Welt Ende nicht offenbaret und kann von keinen vierhundert Jahren sagen, denn der Herr hat mirs nicht befohlen zu lehren. Ich stelle es seiner Macht heim und lasse es denen, so es Gott möchte offenbaren. Dieweil ich solches noch nicht habe ergriffen, so lasse ich mir an meiner Gabe genügen, verachte aber niemand, so jemand eine Erkenntnis oder Befehl hätte, also zu lehren.

27. Denn das vierte Buch Esras ist mir vor meinen Augen hiermit nicht genug, das zu ergreifen. Ich warte aber meines Heilandes und freue mich dessen, daß ich mag meinen Herrn finden. Wenn ich den habe, so verhoffe ich, nach Absterben meines alten Adams mich in der stillen Ruhe Zions wohl zu ergötzen und in meinem Gott zu harren, was der mit mir tun will in seinem und meinem Zion. Denn wenn ich nur den habe, so bin ich mit und in ihm im ewigen Sabbat, da kein Streit der Gottlosen mehr wider mich in meinen neuen Menschen gehen kann. Das freue ich mich unterdessen in diesem elenden Hüttentale.

28. Die erste Auferstehung der Toten zum tausendjährigen Sabbat, davon in (der) Apokalypse stehet, Apok. 20,4. 5, ist mir auch nicht genug erkannt, wie daß es damit bewandt sein mag, weil sonst die Schrift nichts davon meldet und Christus sowohl seine Apostel dessen in andere Wege nicht gedacht als nur Johannes in seiner Offenbarung. Ob das tausend solarische[95] Jahr sein werden oder wie es damit bewandt sei? Weil

---

94 Böhme geht auf Kayms Vorstellungen ein.   95 Sonnen-

ichs aber nicht habe ergriffen, so lasse ichs meinem Gott und denen, so etwa Gott solches möchte zu erkennen geben, bis mir die Augen dessen Wesens, so es Gott gefiele, möchten eröffnet werden. Denn es sind Geheimnisse, und ist dem Menschen ohne Gottes Befehl und Licht nicht damit zu schließen. So aber jemand dessen von Gott Erkenntnis und Erleuchtung hätte, möchte ich mich wohl lehren lassen, so ich dessen im Lichte der Natur möchte Grund haben.

29. Weil mir aber gebühret, meine Erkenntnis, soviel ich im Lichte der Natur ergriffen, nicht zu bergen, so will ich etliche Meinungen, die mir bedenklich sind, darsetzen, nicht schließen, sondern zu erwägen geben. Weil solches auch schöne Lehren giebet und dem Menschen also zu forschen nützlich ist, will ichs (in) guter Meinung tun, ob man könnte etwas näher kommen und vielleicht dadurch möchte irgendein Mensch, dem Gott die Gabe hätte gegeben, erwecket werden, klarer zu schreiben.

30. Als erstlich, obs auch gewiß sei, daß die Welt siebentausend Jahr müsse stehen und tausend Jahr ein eitel Sabbat sein, sintemal[96] Gott in sechs Tagen alles geschaffen und am sechsten Tage gegen Abend die Ruhe angegangen, davon die Juden ihren Sabbat am Freitage zu Abend anfangen und auch Elias saget, daß die Welt sollte nur sechstausend Jahr stehen, und aber Christus saget, daß die Tage um der Auserwählten willen sollen verkürzet werden, sonst würde kein Mensch selig, Matth. 24,22, welches ihr zwar zum Fall Babels ziehet und zur Zeit Zions.

31. Es lässet sich aber ansehen, als redet Christus vom Fall der Juden und von der Welt Ende, und zeiget an ein Böses Ende. Dazu saget Christus, es soll zur Zeit seiner Zukunft zum Gerichte sein als zur Zeit Noahs, da man werde freien und sich freien lassen. So wissen wir ja wohl, wie es die

---

96 nachdem

Schrift bezeuget, was zur Zeit Noahs ist für eine böse Welt gewesen, daß auch die Sündflut mußte kommen und sie verderben. Dieses wollte nun einen schlechten Sabbat anzeigen. Und ob man aber die Worte Christi von seiner Zukunft wollte anders deuten, so würde es doch nicht genug zu bewähren sein, sintemal uns auch die Jünger Christi nur immer das Ende nahe malen und Paulus saget, daß das Ende kommen soll, nachdem der Antichrist würde offenbaret werden, II. Thess. 2,1-3.

32. Daß aber die Auferstehung der Toten und das Jüngste Gericht sollten von zweien verstanden werden, als daß die Gerechten sollten zum tausendjährigen Sabbat aufstehen und darunter auch etliche Gottlose, und daß Gog und Magog[97] erst sollten wider die Heiligen streiten am Ende des tausendjährigen Sabbats, scheinet fast wider das Licht der Natur zu laufen.

33. Denn erstlich wüßte ich nicht, wie die erste Auferstehung geschehen müßte, sintemal den Heiligen ihre Werke sollen nachfolgen vermöge der Worte Christi. So wissen wir ja gar wohl, daß alle unsere Werke ins große Mysterium eingesäet sind, daß sie erstlich in die vier Elementa gehen und dann in das Mysterium und werden zum Gerichte Gottes behalten, da alles soll durchs Feuer verzehret werden und die Figur dem Centro der Natur als der finstern Ewigkeit heimfallen.

34. Sollen aber dem Menschen seine Werke in der ersten Auferstehung folgen, wie ihr berichtet, so müßte ja Gott das Mysterium bewegen; das ist: er müßte sich selber bewegen, welches das Jüngste Gericht andeutet, denn Gott hat sich von Ewigkeit nicht mehr als zweimal beweget: eines in der Schöpfung dieser Welt und zum andern in der Menschwerdung Christi nach seinem Herzen. So stehet die erste Bewegung

---

97 Offb. 20,8

dem Vater aller Wesen zu und die andere dem Sohne nach Gottes Herzen.

35. Nun stehet noch offen die dritte Bewegung des Hl. Geistes, beides: in Liebe und Zorn nach allen dreien Prinzipien, da alles soll in der Bewegung des Hl. Geistes herwiederbracht werden, was je verdorben ist, und einem jeden sein Behalter gegeben werden. Wie mögen dann die Toten in ihren Werken aufstehen ohne Bewegung des Hl. Geistes, beides: in Liebe und Zorn, da doch des Lebens Wiederkunft alleine in ihm stehet?

36. Dazu wüßte ich nicht, wie die erste Auferstehung geschehen sollte, ob sie in dem zweifachen Menschen, welches doch der Verstand nicht anders leiden kann, geschehen sollte als im Bösen und Guten. Was könnten wir aber in dem für einen vollkommenen Sabbat halten? Könnte doch Adam nicht also bestehen, sollte dann der neue Mensch allein aufstehen, so wäre er nicht in den vier Elementen in dieser Welt. Auch (be)darf der neue Leib in Christo keiner Auferstehung. Er lebet ewig ohne Not und Tod in Christo und wartet nur, wann Gott wird das Mysterium bewegen, da er dann soll die Krone seiner Wunder und Werke anziehen.

37. Die Auferstehung ist also getan, daß das Mysterium soll wiedergeben, was es verschlungen hat. Die Werke sollen den Menschen angetan werden, und er soll damit durchs Feuer gehen und bewähret werden, was im Feuer bestehe oder nicht.

38. Nun wüßte ich nicht, wie das sollte zugehen mit der Wohnung auf Erden. Sollte es auf paradeisische Art geschehen, daß der Mensch sollte aufstehen mit den Wundern, so möchte es ohne Bewegung des großen Mysterii nicht geschehen, denn euer Schreiben lautet, daß auch etliche Gottlose sollten mit aufstehen. Das deutet an, daß das Mysterium müßte beweget werden, und in der Bewegung ist ja die Anzündung.

39. So nun das Mysterium beweget wird, so wirds nicht nur etliche regen, auch nicht nur in einer Qual, sintemal auch etliche Gottlose sollten mit aufstehen.

40. Daneben zeigt ihr an, sie sollen am Ende des sechstausenden Jahres alle sterben, so müßte eine Wohnung auf Erden sein, da sich die gottlosen Auferstandenen wieder freieten und baueten, deren nicht nur etliche nach eurer Meinung, sondern nach der Schrift soviel als Sand am Meer sein sollen. Wo wollten sonst Gog und Magog herkommen, oder wie wollten sie doch wider die Paradeiskinder streiten? Denn in den Paradeiskindern ist kein Streit, auch so wäre es nicht not, daß sie am Ende des sechstausenden Jahres stürben, so sie sollten im zweifachen Leibe aufstehen, wie wir jetzt sind.

41. Sollen sie dann im neuen Leibe aufstehen, so kann kein Gottloser denselben weder sehen noch greifen, gleichwie wir jetzt das Paradeis nicht sehen. Also ist auch der neue Leib; wider den mag kein Gottloser streiten. Oder warum wollen sie streiten? Sind die Heiligen im Paradeis, so brauchen sie nicht der äußeren Elemente, sondern nur des innern Elements, da alle vier in einem liegen, so haben sie um nichts zu kämpfen, sondern sind in der Qual[98] geschieden.

42. Sollen dann die Gottlosen sterben und sollen auch wieder in den vier Elementen aufstehen, das siehet viel wunderlicher. Sollen sie aber im geistlichen Leibe aufstehen, so kann der nicht die vier Elementa begreifen, sondern den Abgrund, und wären doch geschieden als Licht und Finsternis. Was hätte Gott für einen Gefallen daran, daß er die Allerheiligsten wollte wieder in den Streit und in die Qual der vier Elemente einführen, deren sie doch abgestorben sind? Und sollten erst mit den Gottlosen in Streit ziehen; vielmehr täten die andern billiger, die hier auf Erden um Christi willen

---

98 Qualität

nichts gelitten haben, als die allhier auf Erden um Christi willen ihr Leben haben verloren.

43. Und ob man sagen wollte, sie werden nicht streiten, sondern der Herr für sie. Was hätte aber Gott für einen Gefallen daran, daß er die Heiligsten aufweckte und den Gottlosen wieder unter die Augen stellete? Oder möchte die Freude in Abrahams Schoß nicht größer sein als diese in den vier Elementen, da von Natur Streit ist? Sollen sie aber im Paradeis wohnen außer den vier Elementen, so kann sie kein Streit rühren, auch kein Gottloser.

44. Dazu, was wären die Gottlosen nütze auf Erden, so da ein Sabbat sein soll? Ist doch ihre Qual nicht in den vier Elementen, sondern im Abgrunde, wo ihre Seele hingehet, wenn der Leib stirbt. Dazu sollten nur diese im Sabbat wohnen, die um Christi willen wären gestorben, deren doch keine solche Zahl sein mag, wie in (der) Apokalypse stehet, daß sie die Erde bewohneten; und sollten die Gottlosen auch auf Erden wohnen und sollten den höllischen Sabbat halten, welches alles wider das Licht der Natur läufet.[99]

45. Dazu saget Christus: Sie werden freien und sich freien lassen wie zu Noahs Zeit, auch sollen ihrer zwei in einer Mühle mahlen und ihrer zwei in einem Bette schlafen, und soll eines angenommen und das andere verlassen werden, wenn der Jüngste Tag kommet, Matth. 24,39-42. Dazu sagt auch Christus, daß, wenn er kommen werde, die Welt zu richten, werden ihn alle Geschlechter sehen und vor ihm erschrecken, und die Gottlosen werden weinen und heulen und zu den klugen Jungfrauen sagen, gebet uns von eurem Öle, Matth. 25,8.

46. Dieses alles zeiget an ein allgemein Warten des Jüngsten Gerichtes. Dann sollen zur letzten Posaune ihrer zwei in einem Bette liegen, als ein Heiliges und Gottloses, das zeiget

---

99 d. h. sinnlos wäre

keinen Unterschied an. Sollen sich die Heiligen mit den Gottlosen mengen, so soll es wohl ein schlechter Sabbat sein. Wenn man die Worte Christi und seiner Apostel ansiehet, so wollen sie sich nun gar nicht dazu schicken, obgleich ein tausendjähriger Sabbat in (der) Apokalypse stehet; der ist uns aber verborgen, und wissen nicht, wann der mag angehen oder angegangen ist.

47. Ist die erste Auferstehung paradeisisch, so könnte es wohl ohne unsern Bewußt geschehen sein. Sie würden unter uns nicht wohnen, auch sich nicht freien lassen, denn wir sterben einmal dem Manne und Weibe ab.[100] Wir werden nicht wieder (als) ein Mann oder Weib auferstehen, sondern in Engelsgestalt sollen wir im Paradeis leben, Matth. 13,43; 22,30.

48. Dazu sollen die Gottlosen die Klugen um Öl des Glaubens in der Erscheinung seiner Zukunft bitten. Und ihr schreibt, das Feuer Gottes, als der Zorn und höllische Qual, soll in ihnen sein und sollen auf Erden in den vier Elementen gequälet werden im Zorn Gottes, da doch der Zorn Gottes in den vier Elementen nicht offenbar ist, denn es ist Böses und Gutes untereinander.

49. Wie wird aber der, der dem Guten einmal abgestorben ist und keine guten Gedanken haben kann, erst den (die) Heiligen um Glauben und Trost bitten? Das zeiget vielmehr an, daß, wenn Christus kommen wird, die Welt zu richten, sie noch alle im Fleische in den vier Elementen werden untereinander wohnen, da eines wird angenommen werden und das andere verlassen und dem Gottlosen seine Sünden werden, unter Augen treten in der Erscheinung des ernsten Angesichtes Gottes im Feuereifer des ersten Principii, daß er wird erschrecken, und dann erst wollen fromm werden.

50. Und ob ihr gleich meldet, sie sollen nur aufwachen und

---

100 Die Geschlechtlichkeit hört auf.

nicht aufstehen, so müßte man die Unverwesenen verstehen. So meldet ihr doch, sie sollen auf Erden wohnen in den reinen Elementen und die Heiligen im Paradeis. Wenn das (so) ist, so geschieht kein Streit mehr, sondern (sie) sind ewig geschieden.

51. Sollen aber die Heiligen auf Erden im Paradeis wohnen wie Adam vor dem Falle, und sollen die Gottlosen gegen sie stehen, so ist Gefahr bei ihnen wie bei Adam, daß sie möchten wieder von irdischer Frucht essen, davon sie noch einmal stürben.

52. Sollen sie aber den Gottlosen tausend Jahr verborgen sein und auch den vier Elementen, warum sollen sie dann erst am Ende in den vier Elementen offenbaret werden? Daß Gog und Magog erst sollte mit den Paradeiskindern streiten, das vergleicht sich weder mit der Schrift noch mit der Vernunft.

53. Die erste Epistel an die Korinther am 15. lehret zwar von Christi und unserer Auferstehung, aber nicht von dreien, sondern von Christi und dann von unserer, denn, so saget er:[101] Der Erstling ist Christus und danach wir, die wir Christum angehören. Das ist die allgemeine Auferstehung. Und ob er gleich saget: danach das Ende, so meldet er keine Auferstehung an mit dem Ende, sondern das Ende ist unsere Auferstehung. Das ist vielmehr zu verstehen, als daß er mit dem Ende eine andere Auferstehung oder Zeit meinete, denn nach unserer Auferstehung kommet erst das Ende dieser Welt (I. Kor. 15, 22, 26).

54. Die Toten sollen von ehe vors Gerichte treten, ehe das Ende dieser Welt und der vier Elemente kommt, denn das Ende ist die Anzündung des Feuers und das Letzte.

55. Auch haben uns Christi Apostel und alle Lehrer von Gott immer das Ende nahe vorgemalet. Denn Johannes in seiner Epistel I. Joh. 2, 18 saget selber, daß wir am Ende sind.

---

101 Paulus

Er saget wohl von der letzten Stunde; sollte aber der Gottlose gewiß sein, daß er noch vierhundert Jahr hätte zum Ende, wie sollte er auf seiner Kinder Reichtum trachten?

56. Auch ist uns wohl nachdenklich des Endes, denn diese Welt ist eingeschlossen in den Anfang der Schöpfung und dann ins Ende. Da die Schöpfung hat aufgehöret, das ist alles im sechsten Tage vollendet worden. Und in einer solchen Zeit soll vollendet werden das Geheimnis des Reiches Gottes. Und vor Gott sind tausend Jahr wie ein Tag.

57. Was aber anlanget den siebten Ruhetag, ob die Welt solle noch tausend Jahr zur Ruhe stehen, ist uns Menschen verborgen. Wir können nicht gewiß schließen. Wir müssens seiner Macht stehenlassen. Ich habe auch dessen keine Erkenntnis, weil es die Schrift nicht klar giebet, wann die tausend Jahr anheben oder was es für Jahre sind oder wie es damit bewandt sei. So lasse ich es in seinem Wert, will aber niemand gewehret haben, so er dessen eine gewisse Erkenntnis oder Befehl hätte, damit zu handeln, füge ich's euch nachzusinnen (in) guter Meinung.

58. Was aber mehrers darauf zu antworten wäre, findet ihr in meinen Schriften genug. Wiewohl ich wohl eine ausführliche Antwort möchte stellen, so deuchte mich[102] es doch nicht genug zu sein, weil mir diese Erkenntnis nicht ist gegeben worden; (ich) lasse es derowegen stehen, denn ich weiß, daß ich soll von meinen Dingen Rechenschaft geben. Und übersende euch mit Zeiger[103] eure zwei Bücher wieder und tue mich dessen bedanken.

59. Anlangend das Ziel mit Babel, daß Babel sollte innerhalb des 1630. Jahres ganz zerbrechen nach eurer Rechnung und wiewohl andere mehr dergleichen schreiben, ist mir nicht genug erkenntlich. Mir ist zwar gegeben worden zu erkennen, daß die Zeit nahe sei und nunmehr vorhanden,

102 scheint mir   103 Name eines Briefboten

aber Jahr und Tag weiß ich nicht, lasse es derowegen dem Rate Gottes und denen es Gott will offenbaren. Ich kann ohne ein gewiß Wissen nichts schließen, sonst würde ich vor Gott ein Lügner erfunden.

60. Ich warte aber meines Heilandes, was der tun will. Will er, daß ich es soll wissen, so will ichs wissen, so nicht, so will ichs auch nicht wissen. Ich habe meinen Willen, Erkenntnis und Wissen in ihn gestellet. Ohne ihn will ich nichts wissen. Er soll meine Erkenntnis, Wissen, Wollen und Tun sein, denn außer ihm ist eitel Fährlichkeit.[104] Der Mensch trifft (schon) das schwerlich, das er vor Augen hat, viel weniger das Verborgene, es sei denn, daß Gott sein Licht sei. Gebe ich euch wohlmeinende Antwort zu erwägen, wiewohl ich ein schlechter einfältiger Mann bin und von keiner Kunst[105] dieser Welt erboren; was ich aber habe, das ist Gottes Gabe. Ich habe es nicht von Kunst oder Studieren, sondern vom Licht der Gnaden, welches ich alleine gesuchet habe. Und ob mein Anfang zwar einfältig gewesen wegen meines kindischen Verstandes, so hat doch Gott seit der Zeit in seinem Lichte etwas in mir gewirket und mir meine kindischen Augen eröffnet.

61. Anlangend das Buch »Morgenröte«, welches das erste ist, wäre an manchen Orten nötig besser zu erklären, denn der ganze Begriff war noch zu der Zeit nicht in mir geboren. Denn als[106] ein Platzregen vorübergehet, was der trifft, das trifft er – also ging es auch mit dem feurigen Trieb, wiewohl mein Vorhaben gar nicht war, daß es jemand lesen sollte. Ich schrieb allein die Wunder Gottes, so mir gezeiget worden, für mich zu einem Memorial. Und es ist auch ohne meinen Willen ausgangen und ist mir gewaltsam entzogen[107] und

---

104 totale Ungewißheit 105 wissenschaftlicher Bildung 106 wie
107 Vgl. Gerhard Wehr: *Jakob Böhme in Selbstzeugnissen und Bilddokumenten.* Reinbek 1971 (rm 179).

ohne meinen Bewußt publizieret worden. Denn ich gedachte es mein Leben bei mir zu behalten und hatte keinen Vorsatz damit, unter so hohen Leuten, wie geschehen, bekannt zu werden. Aber der Höchste, in dessen Händen und Gewalt alles stehet, hatte ein ander Vorhaben damit, wie es jetzt am Tage ist, daß es, wie ich berichtet worden, soll in vielen Städten und Landen bekannt sein, welches mich zwar wundert und doch auch nicht wundert, denn der Herr richtet sein Werk wunderlich und eilend aus, über alle Vernunft. Und sollte er einen Hirten darzu brauchen, dieweil ihm die Kunst und äußere Vernunft nicht will Statt und Raum geben, so muß sein Vorsatz doch bestehen wider alles Wüten des Teufels.

62. Und wiewohl es ist, daß ich mir damit nicht viel guter Tage erschöpfet habe, so soll ich doch auch seinem Willen nicht widerstehen. Ich habe allein geschrieben nach der Form, wie mirs ist gegeben worden, nicht nach andern Meistern oder Schriften. Und dazu ist mein Vorhaben je nur gewesen für mich. Ob mirs wohl der Geist gezeiget hat, wie es ergehen werde, so hat doch mein Herze nichts gewollt, sondern ihm das heimgestellet, was er wollte. Ich bin auch damit nicht ohne Ruf gelaufen, und mich (hat) niemand bekannt gemacht, denn ich auch mit Wahrheit wohl sage, daß es meine Bekannten zum wenigsten wissen. Was ich aber jemanden gewiesen[108], das ist auf seine Bitte und emsiges Begehren geschehen.

63. Und dann ferner füge ich euch, dieweil ihr meine Schriften in Händen habet zu lesen, daß ihr sie nicht wollet ansehen als eines großen Meisters, denn Kunst ist nicht darinnen zu sehen, sondern großer Ernst eines eifrigen Gemütes, das nach Gott dürstet, in dem der Durst große Dinge empfangen, wie der Erleuchtete wohl sehen wird und ohne

---

108 d. h. Manuskripte gezeigt

das Licht keinem recht kenntlich oder begreiflich sein wird, wie es der Leser in der Tat also empfinden wird, und hat doch auch leichter oder dem Verstande näher nicht mögen geschrieben werden, wiewohl ich vermeine, sie sind helle und einfältig genug in einer solchen Tiefe. So aber etwas wäre, das zu schwer sein wollte, könnte ichs wohl etwas einfältiger fürbilden[109], wenn mir das angemeldet würde.

64. Es sind auch noch andere Büchlein mehr geschrieben worden von der Weisheit Gottes, gar eines scharfen Sinnes, von der großen Tiefe der Wunder Gottes, welche ich jetzt nicht beihanden[110] habe.

65. Daß ich euch aber nicht eine ausführliche Antwort meines Bedenkens wegen eurer Büchlein über den tausendjährigen Sabbat, auch der vierhundertjährigen Zeit in Zion gebe, welches ihr mit vielen Zeugnissen der Hl. Schrift vermeinet zu erweisen, ist dies mein Bedenken, daß ich nicht gründlich weiß, ob sich auch dieselben Sprüche dahin ziehen[111]. Denn es sind auch viel Sprüche der Schrift, die sehen, als wollten sie nicht mehr als eine allgemeine Auferstehung der Toten andeuten, und sind fast[112] helle, sonderlich in den Worten Christi in den vier Evangelien, welche ich für die gewissesten halte.

66. Desgleichen hält sichs auch mit Zion, denn die Bosheit soll triefen bis ans Ende, Dan. 9, 27. Und obwohl ein Zion sein wird, so ists doch nicht allgemein. Es wird nur Babel zerbrechen und eine andere Gestalt bekommen. Aber es werden nicht alle Kinder Gottes sein, welche sich Kinder in Zion nennen.

67. Auch so habe ich des tausendjährigen Sabbats keine Erkenntnis, weiß es auch mit der Schrift nicht genug zu gründen, denn man findet allezeit das Widerspiel[113]. Man

---

109 darstellen   110 zur Hand   111 darauf beziehen   112 sehr
113 Gegenteiliges

kann die Schrift deuten, als man will. So ich dann dessen keinen Befehl von Gott habe, lasse ichs stehen und lasse einem jeden seine Meinung auf sein Verantworten, füge ich euch treuherzig wohlmeinend und bin euch sonst in der Liebe Christi in Treuen verwandt.

68. Im 42. und 43. Blatte, als ihr vom Mysterio der abgeschiedenen Seelen etc. schreibet, ziehet ihr Theophrasti[114] und anderer Meinung in einem Verdacht, als hätten sie nicht recht vom Mysterio geschrieben. Das wäre besser gewesen, es wäre übergangen worden, dieweil ihr derer Meinung nicht verstanden, wie ihr berichtet, und auch fast also lautet. Ihr werdet in meinem Büchlein der »Vierzig Fragen«[115] vom Jüngsten Gerichte und auch in andern Fragen genugsam Ausführung finden. Wenn dieselben gelesen und recht verstanden würden, es dürfte fast keines tiefen Suchens. Es ist darinnen helle genug, was das Mysterium sei, das Leib und Seele begreifet, und wie es mit den abgeschiedenen Seelen eine Gelegenheit habe[116], beides mit ihrem Warten des endlichen Gerichtes und auch ihrer Wohnung unterdessen sowohl ihrer Qual und Unterscheid. Ich hätte vermeinet, es wäre also tief und hoch gegründet, daß des Menschen Gemüt solle ruhen. Und so ihr aber kein Gründlichers habet noch könnet darstellen, so bliebe es billig in seinem Ort. Der tausendjährige Sabbat, auch die vierhundertjährige Zeit wills meistern und in Verdacht ziehen.

69. Aber könnten viel Einreden gefallen, mit welchem wir nichts gedienet, auch so ist der Welt an der Offenbarung des tausendjährigen Sabbats nicht viel gelegen. Weil wir dessen nicht genug Grund haben, so beruhete es billig in göttlicher Allmacht, denn wir haben genug am Sabbat der neuen Wie-

---

114 Paracelsus
115 Jakob Böhme: *Vierzig Fragen von der Seelen* (Psychologia vera, 1620)
116 d. h., wie es sich verhält

dergeburt, denn welche Seele denselben Sabbat erlanget, die wird nach Absterben des irdischen Leibes Sabbats genug im Paradeis haben. Wir können das andere wohl göttlicher Allmacht befehlen, was der mit uns tun will, wenn wir in ihm und er in uns sein wird. Denn ich vermeinte, es sollte in Gott ein besserer Sabbat sein als in dieser Welt. Auch so die Menschen sollten auf Erden im Paradies wohnen, so müßte Gott herwiederbringen, was in seinem Fluche ist ins göttliche Mysterium getreten, wie bei den »Vierzig Fragen« zu sehen ist.

70. Daß ihr aber vermeinet, die Gerechten werden nicht vors Gerichte gestellet werden mit ihren Werken, das läufet wider Christi Worte, der da sagte, es soll alles durchs Feuer bewähret werden. Ich sage nicht: ins Gerichte, denn das Gerichte ist in den Gottlosen; verstehet: das Zorngerichte, davon die Schrift saget: Der Gerechte, oder wie Christus saget: wer an mich glaubet, kommt nicht ins Gericht, Joh. 5, 24. Er verstehet hiermit des Gerichts Qual. Seine Worte lauten, daß sie alle sollen vors Gerichte treten und ein jeder seine Sentenz[117] hören; als die Gottlosen: gehet hin, und die Frommen: kommet her, Matth. 25, 34, 41.

71. Auch so soll ein jeder im Mysterio seiner eigenen Werke dastehen und soll nach den Werken gerichtet werden. So wisset ihr ja wohl, daß unsere Werke in dieser Welt sind in Böse und Gut geschöpfet worden und sollen im Feuer Gottes bewähret und geschieden werden. Wie werden sie dann den Heiligen in der Auferstehung zum Sabbat ohne Entschieden nachfolgen und sie darinnen Sabbat halten? Sollen sie ihnen aber nachfolgen, so müssen sie im Feuer probieret und geschieden werden. Alsdann dürfen[118] sie nicht mehr vor das Gericht. Sollen sie aber ohne ihre Werke Sabbat halten, so sind sie nicht vollkommen.

117 Richterspruch   118 brauchen

72. Wenn wir wollen vom Paradeis reden und das ergreifen, so müssen wir scharfe Augen haben, das zu sehen, denn die innere Welt des Paradeises und die äußere Welt hangen aneinander. Wir haben uns nur aus der innern in die äußere gewendet und wirken also in zwo Welten. Der Tod kann unsere Werke nicht scheiden. Es muß es nur das Feuer Gottes tun, denn sie bleiben in einem Mysterio bis ins Gerichte Gottes.

73. Ein jeder Mensch soll zur Stunde der Auferstehung in seinem eigenen Mysterio dastehen und seine Werke im Mysterio vor ihm[119] sehen und in ihm fühlen. Es heißet nicht, mit Worten sich verantworten, denn das Reich Gottes stehet in Kraft. Und obwohl der Gottlose wird über seine Greuel und seine Verführer wehe schreien, so stehet doch einem jeden sein Werk in Kraft dar, das ihn auch wird erfreuen oder quälen.

74. So ist aber der alte Leib dieser Welt das Principium dieser Welt und der neue Leib das Mysterium der göttlichen Lichtwelt. Und die Seele ist das Mysterium Gottes des Vaters. Und die Erde mit den Elementen haben auch beide Mysteria, die soll(en) beweget werden durchs Principium des Vaters. Allda werden alle Türen der Geheimnis(se) aufgehen und wird ein jedes seine Figur geben, welche es verschlungen hat, und darstellen. Denn das Principium der Seelen muß mit beiden Mysterien vor Gerichte stehen.

75. Wohl dem nun, der Christi Leib im Mysterio der Grimmigkeit wird haben. Dem stehet das Seelenfeuer oder das Principium des Vaters mit der Lichtwelt als mit dem andern Principio umgeben und mit der Majestät durchleuchtet. Die werden keine Qual noch Übel fühlen. Sie gehen ohne Fühlen durchs Feuer, da dann das äußere oder dritte Principium soll probieret werden und alles Irdische oder Falsche im

---

119 sich

Feuer bleiben und aber die Werke im Feuer renovieret werden, da sie der irdischen Qual und Dunkelheit erledigt werden. Da bleibet das irdische Mysterium im Feuer und ist eine Speise des Feuers, daraus das Licht urständet, und verlieret der Gerechte nichts. Denn die Werke der Liebe, so im neuen Leibe, sind erboren worden, die gehen mit dem Seelengeiste durchs Feuer und bleiben in dem göttlichen Bildnis im Lichtquall und die vom dritten Principio als von dieser Welt in der Seelen Feuerqual.

76. Was aber ganz böse im dritten Principio gemacht ist worden und aber in dieser Welt nicht ist renovieret worden durch ernste Buße und Vertrag gegen seinen Bruder, das fället dem Centro der Natur als der Wurzel oder der finstern Welt heim.

77. Aber der Gottlosen Werke werden im Feuer gar nicht können bleiben, denn das Feuer schlinget die in sich ins finstere Centrum als in Urstand der Natur, darinnen die Teufel wohnen. Und also dahinein gehet auch ihr Seelenfeuer als das Principium des Vaters, denn dasselbe Seelenfeuer wird keine Materiam zum rechten Feuerbrennen haben, sondern wird als ein erloschen, finster, ängstlich Qualfeuer sein, nur als eine Angst zum Feuer. Das heißet Gottes Grimm und nicht Principium, ein Sterben oder sterbende Qual.

78. Denn das Principium des Vaters, da die rechte Seele inne stehet, ist ein angezündet Feuer, das da Licht giebet, da im Lichte das edle Bildnis Gottes stehet. Denn dasselbige Licht sänftiget das brennende Feuer mit der Liebe Wesenheit, daß es nur ein Wohltun und Ursachen der Natur und des Lebens ist.

79. Darum sage ich euch, daß ihr euch nicht sollet wundern oder das in einen Mißverstand ziehen, wenn ich oder ein anderer, es sei gleich Theophrastus[120] oder wer es sei, schrei-

---

120 vgl. 68

ben, daß der Mensch soll in seinem hier gehabten Leibe vor Gerichte stehen.

80. Ich merke gar wohl, daß ihr meine Schriften noch nicht habet verstanden. Im Buche »Vom dreifachen Leben« und dann im Buche »Von der Menschwerdung (Jesu) Christi«[121] und im andern Teil von der »Menschwerdung«, das da handelt von Christi Leiden, Sterben und Auferstehen, wie wir in Christi Tode müssen eingehen und aus seinem Tode auferstehen; – in denselben Büchern werdet ihrs scharf genug erkläret und ausgeführet haben. Weil ihr die noch nicht in Händen habet, wollet ihr euch gedulden, möget sie vielleicht zu lesen bekommen. Alsdann werdet ihr eures Kummers und tiefen Forschens auf solche Weise wohl ledig werden.

81. Denn sie gründen alle gar viel tiefer, als euer Begriff in diesem ist. Leset sie nur recht, ihr werdet wohl finden, was Mysterium ist, was der magische Grund und Ungrund ist, auch was das Wesen aller Wesen ist. Es (be)darf keines Ratschlagens von einem oder dem andern. Wer das große Mysterium verstehet, daraus alle Wesen sind gangen und noch gehen, der lässet sich um solche Weiterung unbekümmert.

82. Ihr habet euch eine ganz harte Arbeit fürgenommen, welche nur euer Leben bekümmert, frisset und verzehret. Es (be)dürfte es gar nicht. Wer Mysterium Magnum findet, der findet alles darinnen. Es (be)darf keines Buchstabenbeweises. Es lieget Gott, Christus und die Ewigkeit mit allen Wundern darinnen. Der Hl. Geist ist der Schlüssel dazu. Seid ihr in der neuen Geburt, wie ihr meldet, so (be)darfs keines so schweren Suchens mit solcher schweren Arbeit. Suchet nur Christum in der Krippen, im finstern Stalle. Wenn ihr den findet, so werdet ihr wohl finden, wo er zur Rechten Gottes sitzet.

---

121 vgl. die Textausgabe des Insel Verlags, Frankfurt/M. 1991.

83. Forschen allein tut es nicht. Lapis Philosophorum[122] ist gar ein schwarzer, unansehnlicher Stein mit grauer Farbe. Aber es lieget die höchste Tinktur darinnen. Wollet ihr Mysterium Magnum forschen, so nehmet nur die Erde mit ihren Metallen vor euch, so werdet ihr wohl den kabbalistischen Grund finden.

84. Und die tiefen Zahlen der Verborgenheit, welche sonst kein Mensch ergründen mag, liegen alle im Mysterio. Aber der es findet, forschet nicht nach Zahlen, er nimmt Gott für Erden und tut als einer, der einen köstlichen Schatz an einem dunkelen Orte liegen hat. Die Krippen und Windeln Christi sind ihm viel lieber als die ganze Welt mit ihrer Figur. Er verbirget die Zahlen selber, denn das äußere Reich soll seine Wunder verbringen.

85. Warum soll das irdische Mysterium vor der Zeit bloß stehen? Forschet von den Magis[123], welche Magiam himmlisch und irdisch verstanden haben, warum sie haben die Tinktur verborgen gehalten und nicht offenbaret. Anders ist keine Ursache, als daß ihr die Welt nicht wert ist. Darum hat sie uns Gott verborgen, auf daß das irdische Mysterium alle seine Wunder in uns verbringe und daß alle Schalen des Zornes Gottes in uns ausgegossen werden. Wie wollte sich denn ein Mensch unterwinden[124], solche Geheimnisse zu offenbaren, ohne des Mysterii Einwilligung? Wahrlich, er gehet um das Mysterium von außen, kommet er aber hinein, so hat er auch des Mysterii Willen.

86. Der äußere Trieb zum Mysterio zu offenbaren kommet vom Gestirne, denn es wollte der Eitelkeit[125] gerne los sein, und treibet mächtig in den magischen Kindern zur Offenbarung. Darum sollen wir den Trieb prüfen, ob er aus Gottes Licht von Gottes Geist sei oder vom Sternenregiment.

---

122 Stein der Weisen   123 den Weisen   124 wagen
125 Vergänglichkeit

87. Denn der Geist Gottes redet bloß von seinem Mysterio. Er zeiget nur die Turbam[126] an und lässet die Zahlen stehen. Er hat das Mysterium mit der Macht des ersten Principii in den sieben Gestalten der Natur[127] einmal bezeichnet zu den Wundern Gottes. Und das andere Mal hat ers in der Liebe in der Menschwerdung Christi bezeichnet mit den sieben güldenen Leuchtern und Fackeln. Dabei bleibet es bis ins Gerichte.

88. Es offenbaret sich eine jegliche Zahl selber in seinem Saeculo[128]. Es hat keine Kreatur Gewalt darüber, sie zu offenbaren, denn auch der sie hat, darf nicht, er tritt sonst aus der magischen Ordnung und wird dem Mysterio ein Ekel.

89. Darum haben die Propheten und auch Christus alle in Gleichnissen geredet, Matth. 13,10 auf magische Art, und darf noch heute keiner, der des Mysterii fähig ist, anders reden, es sei denn ein sonderlicher Vorsatz Gottes, da die Zahl muß offen stehen, als Daniel, der die Zeit Christi mit seiner Zahl klar deutet; der hatte es[129] Befehl.

90. Solches melde ich gutherzig und ganz vertraulich, auch in rechter christlicher Liebe gegen euch, nicht aus Verachtung, sondern aus meiner Erkenntnis und Gabe. Dieweil ihr solches von mir begehret, habe ich euch eine kurze Andeutung gegeben, was in dem zu tun sei, und bitte, wollet es brüderlich vermerken. Was ich euch aber mit meinen wenigen Gaben dienen mag, so ihr dies ferner würdet begehren, soll willfertig geschehen, so ich aber würde vermerken, daß euch die Sache ernst sein würde und daß solches zu Gottes Ehren und menschlichem Heil dienen würde, und tue euch in die Liebe Jesu Christi empfehlen, Datum Görlitz, ut supra[130].

---

126 Zorn Gottes 127 sieben Naturgeister 128 zu ihrer Zeit
129 dazu 130 wie eingangs vermerkt

9. Sendbrief
An Christian Bernhard – Vom 12. September 1620.

Licht, Heil und ewige Kraft aus dem Brunnquell des Herzens Jesu Christi sei unsere Erquickung!

Ehrenfester, wohlbenamter Herr, in Christo geliebter Bruder! Euer an mich getanes Schreiben samt dem darinnen liegenden Reichsthaler habe ich empfangen; tue mich dessen bedanken. Gott wird solches vermöge seines Worts reichlich erstatten. Wiewohl die Gaben Gottes um kein Geld und Gut zu kaufen sind, so befind ich auch bei euch vermöge eures Schreibens einen ernsten Fleiß, indem ihr der Studien der göttlichen Weisheit begierig seid und dasjenige, was mir Gott aus Gnaden gegeben, selbst emsig nachzuschreiben einen Eifer bezeuget, und erkenne, daß es aus Dankbarkeit und Gehorsam gegen Gott geschehen, derowegen ich es auch willig angenommen.

2. Und ermahne euch brüderlich in Christo, euren angefangenen Lauf zu beherzigen und nachzukommen und als ein standhafter Ritter wider die eigne äußerliche Vernunft im Fleisch und Blute auch wider den Teufel und gleißnerische böse Art mit starkem Vertrauen in Gott im eiferigen Geiste und Gemüte und in einem stillen Leben zu streiten, damit ihr möget erlangen des edle Ritterkränzlein, welches einem gottesfürchtigen jungen Gesellen sonderlich wohl anstehet und vor Gott und seinen Engeln gar lieb ist, welches, so euch das einmal aufgesetzet wird, ihr wohl innewerdet, was Gott ist und vermag; werdet auch hernach nicht viel von anderen lernen dürfen[131], so der rechte Lehrer in euch selber ist, der alle Menschen lehret und sie bestätiget zu Gottes Kindern, der aus dem Menschen lehret. Denn das Reich Gottes ist im Menschen, so der aber in Christo wiedererboren ist.

---

131 müssen

3. Wie ihr denn solches in meinen Schriften genugsam beschrieben findet, welche nicht aus Tand oder Meinung entsprungen oder herkommen sind, sondern durch einen solchen Weg, wie sie selber anzeigen und lauten: als von dem ritterlichen Kampf, und was ich damit erlanget und überkommen habe, hab ich mir solches zu einem Memorial und Indenk[132] aufgeschrieben, auch um derer willen, die Gott damit heimsuchen will und auch mit diesem Kränzlein krönen. Wie mir denn solches zu erkennen gegeben worden, um welches willen ich nach den hohen Gaben im Licht Gottes geschrieben habe und die äußere Vernunft als eine Närrin niedergeschlagen, auch meines äußern Lebens und Ehren hiermit nicht geschonet noch mich geschämet, indem mir viel Spott und Verfolgung zu Lohn worden, ohne das, was mir noch mag zuhandenstehen[133].

4. Ich lasse mir aber genügen. So ich mein Kränzlein mag von dieser Welt mit in mein recht Vaterland heimbringen, so hab ich Ehre, auch Reichtums genug. Die Schlange muß doch des Weibes Samen in diesem Leben immer in die Ferse stechen[134]. Im Kreuz und Trübsal müssen wir neu geboren werden. Denn wollen wir mit Gott leben, so müssen wir auch mit ihm verfolget werden und mit ihm sterben und in ihm begraben werden, auch in ihm aufstehen und ewig in ihm leben, seinem Bilde ganz ähnlich werden und allein unter seinen Purpurmantel zu ihm kommen. Er muß uns nur verdecken, sonst sind wir in des Teufels und Antichrist Netze und stehen mit der babylonischen Hure ganz nackend und beschämet vor Gottes Angesicht.

5. Weil euch denn Gott allbereit euer Herz aufgetan, daß ihr mit andern Augen sehet, so ist es hoch vonnöten fortzufahren und beständig zu bleiben. Denn der euch krönen will, ist schon auf dem Wege, aber ihr müßt die Anfechtung

132 Andenken   133 bevorstehen   134 I. Mose 3,15

erdulden und bestehen und der fleischlichen Vernunft nicht Raum geben, denn der Teufel setzet dem Senfkörnlein, welches vom Hl. Geiste gesäet wird, heftig zu. Er will es immer wieder verderben.

6. Es gehet mit einem neugebornen Kinde Christi wie mit einem jungen Baume, welcher leichtlich verdirbet. Wenn er aber wächset und stark wird, alsdann kann er bestehen. Und ob ihm gleich manchmal ein Ast vom Sturmwinde abgeworfen wird, noch bestehet der Stamm und bringet andere Äste.

7. Es muß Ernst sein, mit dem Teufel zu streiten und den Zorn Gottes zu überwinden. Die eigne Vernunft muß sich nur ertäuben und ertöten und in Gott ergeben, auf daß Gott im Verstande des Menschen lebe, daß er sein Wille und Tun sei. Anders ist kein Finden in göttlicher Weisheit; der Geist Gottes muß sich nur im Menschen finden, daß das rechte Bildnis sein Werk und Wunder sei.

8. Denn alles, was von Gott lehret oder redet ohne Gottes Geist, das ist nur Babel, es gleiße, wie es wolle. Gottes Geist muß aus uns reden, soll unsere Rede vor Gott tüchtig sein.

9. Denn er vertritt uns selbst vor Gott, das ist: vor und in ihm selber. Er führet unsern Willen-Geist mit und in sich selber in Gott und vereiniget uns mit Gott und in Gott und bestätiget uns zu seinen Kindern in Christo. Er ist es, der uns findet. Wir können ihn nicht finden.

10. Aber sein Wille stehet gegen uns. Er hat in Christo beide Arme am Kreuze ausgebreitet, uns zu empfangen. Wir sollen uns ihm nur einwerfen und aus der Vernunft und Bosheit ausgehen; so wir das tun, so fallen wir in Christi Arme. Allda suchet und findet er uns in ihm. Allda werden wir sein Eigentum und sein Wohnhaus.

11. Allda führet er auf unsern Willen-Geist und ist uns untertan. Und alles, was wir dann machen und tun, das ist ihm lieb. Und alle dieselben Werke folgen uns nach und sind unser ewiger Ruhm und werden uns angezogen als ein Kleid

zu Gottes Ehren und Wundertaten, um welches willen sich Gott zur Schöpfung des Menschen beweget hat und um welches willen Gott Mensch ward, daß er uns erlösete vom Übel.

12. Weil ihr denn meine Schriften in Händen habet, so gebe ich euch zu verstehen, daß ihr dieselben nur wollet kindisch[135] und einfältig betrachten. So möget ihr dann das Perllein darinnen finden, denn scharf[136] Suchen alleine tut es allhier nicht, sondern Wohlwollen und Wohltun, denn das Perllein lieget nicht im Buchstaben, sondern wie obgemeldt[137].

13. In diesem mitgesandten Buche (De Triplici Vita Hominis)[138], welches auch aus dieser Schule erboren worden von diesem Autor, werdet ihr weitern Grund finden. So euch aber im Verstande etwas zu schwer ist, wollt ich, so ihr mir das aufzeichnet, leichtern und erklären, wiewohl ich verhoffe, eines mit euch selber mit hierin zu besprechen. So es möchte Gelegenheit geben.

14. Wegen der zwei andern Büchlein, als das Neue Testament und (den) dritten Teil »Gnothi seauton«[139], wollet euch ein wenig gedulden, denn man hat sie jetzt nicht bei uns, bis nach der Leipziger Messe habe ich Vertröstung. So sollen sie auch geschicket werden. – Und tue euch in die brüderliche Liebe in Christo empfehlen.

Der Name des Herrn ist eine feste Burg. Der Gerechte läuft dahin und wird erhöhet.
J. B.

---

135 kindlich, unvoreingenommen
136 kritisches 137 oben gesagt
138 Jakob Böhme: *Vom dreifachen Leben des Menschen*
139 Eine gleichnamige Schrift von Valentin Weigel (1571) erschien 1615 und 1618 im Druck. Bei dem von Böhme gemeinten »dritten Teil« dürfte es sich jedoch um eine sogenannte pseudoweigelsche Schrift handeln; vgl. Winfried Zeller: *Der frühe Weigelianismus*, in: *Theologie und Frömmigkeit*. Marburg 1971, 53 ff.

10. Sendbrief
An Herrn Abraham von Sommerfeld und Falkenheim auf Wartha – 1620.

Licht, Heil und ewige Kraft aus dem Brunnquell des Herzens Jesu Christi sei unsere Erquickung!

Edel-gestrenger, ehrenfester Herr, neben Wünschung göttlicher Gnaden und aller heilsamen Wohlfahrt gebe ich E. G.[140] zur Antwort: Nachdem mich E. G. Schreiber berichtet hat, wasmaßen[141] E. G. einen Wohlgefallen an meinen noch bishero unerkannten Schriften trage, daß mir solchs in meinem Geiste noch viel ein größer Wohlgefallen und Freude ist, so ich vernehme, daß Gott auch in so hohen Menschen sein Werk treibet und führet, welches doch sonst in der Welt nicht gemein[142] erfunden wird, denn die zeitliche Ehre und Wollust dieses Lebens eine Verhinderung ist.

2. Ich kann aber das gar wohl verstehen, wasmaßen ja Gottes Geist euer adeliges Herze müsse rühren, indem ihr also Kosten und Mühe auf dieses Werk[143] geleget habt, welches doch gar von einer einfältigen Hand geschrieben ist, mit keiner Kunst oder großem Verstande, sondern nur in Erkenntnis der Gaben Gottes, auch von dem Autore nicht also vermeinet worden, daß es so hohen Leuten solle zu Händen kommen, dieweil er es nur für sich selber zu einem Memorial und zu einer Aufrichtung des finstern Schlafs in Fleisch und Blut geschrieben hatte; dazu mit keinem Fürsatze, ein solches Werk zu machen.

3. Es war wohl ein feuriger Trieb allda, aber ohne Vorwissen dieses Werkes, welcher im Autor verborgen gelegen als ein Mysterium, welches Gottes Geist gerühret, davon eine solche Lust und Begierde zu schreiben entstanden; und da

---

140 Euer Gestrengen 141 welchermaßen
142 allgemein 143 Jakob Böhme: *Aurora*

doch keine Kunst noch Geschicklichkeit im Autor nach dem äußeren Menschen dazu war. Er suchte alleine das Herze Gottes, sich darein zu verbergen vor dem Ungewitter des Teufels, und betrachtete die böse Natur und deren Einflüsse und öfters des Teufels Trug und Gottes Zorn, und dann Gottes Liebe und Barmherzigkeit; da dann ja mancher Sturm wider die Vernunft, auch wider Fleisch und Blut und den Teufel ist gehalten worden und alles im gewaltigen Trieb des Geistes, bis ihm ist zur Zeit gar ein edles Kränzlein aufgesetzt worden, das diese Hand jetzt nicht (be)schreiben kann; wünsche vielmehr, daß es dem Leser dieses Briefes auch geschehe. So würde er erkennen, was Gottes Süßigkeit sei, und sich nicht so hart verwundern, daß ein Laie darf solche Dinge (an)rühren.

4. Also sage ich, als es dahin gelangte und das edle Senfkorn gesät ward, so kam dieses Werk vor zu schreiben, welches dann gleich gar tief als in einem Mysterio gesehen ward, aber mit gar großen Freuden, wohl nicht genug begreiflich, als es denn das erste Buch[144] ausweiset, da die großen Geheimnisse noch gar einfältiger und nicht genug ausführlich, auch noch in vielen Mängeln geschrieben worden sind und nur als ein Regen vorübergehet. Was der trifft, das trifft er, also auch der Geist der Wunder, sintemal[145] der Autor ein ungelehrter und wenig verständiger Mann war, dazu fast wie kindisch in den Geheimnissen gegen(über) die Erfahrenen und Gelehrten, welcher auch den Weg noch nicht verstand, wie es gehen sollte, ohne was ihm der Geist zeigete; da er ihm dann selber seine Verfolgung und Schmach, so ihm würde zuhanden stoßen, mit aufgeschrieben hat, ehe die Vernunft noch etwas gewußt.

5. Und es geschah also klar, als stünde es vor Augen, wie im Buche »Morgenröte« als im ersten Teil seiner Schriften zu

---

144 *Aurora oder Morgenröte im Aufgang*   145 zumal

sehen, welches alles vor der Verfolgung[146] gemacht worden, und mir jetzt gleich einen Trost giebet, daß mir es der Geist Gottes zuvor hat gezeiget, daß ich erkenne, was sein Rat in seinem Wege ist, da ich mich dann auch ganz geduldig unter das Kreuze gegeben und meine Sachen Gott befohlen, ihm auch gar viel geflehet, daß er solches, wo es nicht aus seinem Rat herkomme, wollte von mir nehmen und mich nichts auf solchem Wege erkennen lassen.

6. Hatte mich auch nach der Verfolgung verwogen[147], nichts mehr zu machen, sondern als ein Gehorsamer Gott stillezuhalten und den Teufel lassen mit seinem Spotte also über mich hinrauschen, indem dann so mancher Sturm gegen ihn ist ergangen, und was ich gelitten, (ich) nicht wohl sagen kann.

7. Aber es ging mit mir, gleich als wenn ein Korn in die Erde gesäet wird, so wächst das hervor in allem Sturm und Ungewitter, wider alle Vernunft, da im Winter alles wie tot ist, und die Vernunft spricht: Es ist nun alles hin. – Also grünete das edle Senfkorn wieder hervor in allem Sturm, unter Schmach und Spott, als eine Lilie und kam wieder mit hundertfältiger Frucht, dazu mit fast[148] tiefer und eigentlicher Erkenntnis und mit feurigem Trieb.

8. Aber mein äußerer Mensch wollte nicht mehr aufschreiben, sondern war etwas blöde[149], bis es auch dahin kam, daß der innere den äußeren gefangennahm, da dann das größte Mysterium erschien. Da verstand ich Gottes Rat und warf mich derowegen in Gottes Willen, wollte auch nichts denken oder dichten aus der Vernunft. Auch ließ ich der Vernunft keinen Raum mehr und stellete meinen Willen in Gottes Willen, also daß meine Vernunft sollte sein als tot. Und er, der Geist Gottes, sollte machen, was er wollte. Ich wollte in

---

146 durch den lutherischen Oberpfarrer von Görlitz
147 entschlossen   148 sehr   149 schwach

der Vernunft[150] nichts sein, auf daß sein sei das Wollen und das Tun.

9. Und als dies geschah, so ward der innere Mensch gewappnet und kriegte gar einen teuren Führer. Dem habe ich meine Vernunft ganz heimgestellt, auch nichts gesonnen oder der Vernunft zugelassen, was ich doch schreiben wollte, ohne das, daß mir es der Geist gleich als in einer großen Tiefe im Mysterio auf einem Haufen immer zeigete, aber ohne meinen genugsamen Begriff. Denn die Kreatur ist nicht als Gott, der alles in seiner Weisheit auf einmal fasset und tut.

10. Und also ist wieder fürgenommen worden, etwas zu schreiben, und sind innerhalben dreiviertel Jahr drei Bücher gemachet worden: eins »Von den dreien Prinzipien göttlichen Wesens«, das ist: von dem Wesen aller Wesen, da dann das große Mysterium sich etwas hat eröffnet, und sind gar feine Sachen darinnen, gar weit her als in diesem[151] begriffen, welches das erste ist und mir E. G. mit hierher geschicket zu übersehen[152], etwa 100 Bogen.

11. Und nach diesem ist eines etwa von 60 Bogen gemacht worden, welches handelt »Vom dreifachen Leben des Menschen« und von der ganzen Kreation, eine große offene Pforte des Mysterii und wohl ein Wunder über alle Vernunft, dessen ich mich selber in meiner Vernunft verwundere, was doch Gott tun will, daß er so ein gar schlechtes Werkzeug zu solchen wichtigen Dingen brauchet. Denn es ist darinnen eröffnet das Geheimnis, um welches die Welt seit des schweren Falles Adams hat gezanket und immer gesuchet. Aber es ist kein solcher Grund ans Licht kommen, welches doch nicht der Welt wird verstanden sein, sondern den Kindern Gottes, wie erkannt worden.

12. Und dann zum dritten wurden mit 40 Fragen von

---

150 d. h. menschlich gesehen   151 d. h. in der Aurora
152 zu überprüfen (ob die Abschrift stimmt)

einem trefflichen Gelehrten[153] und Verständigen, auch Liebhaber des Mysterii und einem großen Verwandten desselben geschickt, und ward vermahnet, ihm ja nach diesen Gaben und Geiste darauf zu antworten, welches zwar die allerhöchsten Fragen von dem Urstand der Seelen und aller Heimlichkeit des Mysterii sind, von vielen großen und tiefen Geheimnissen (Psychologia vera)[154]. Darüber ist eine solche Antwort erboren worden, dessen sich wohl billig die Welt sollte erfreuen, wenn des Teufels Zorn und Bosheit nicht das verhinderte, wiewohl der Rat Gottes bestehen muß.

13. Weil ich denn vernehme, daß E. G. adeliges Herze und Gemüte einen sonderlichen Durst und Hunger nach solchem Geheimnis haben und nicht auf die Welt sehen und solche Geheimnisse (nicht) verachten, so erkenne ich hierinnen den Rat Gottes; und soll E. G. billig mitgeteilet werden. Denn den Kindern soll man das Brot geben, die es wert sind, und die Perlen nicht vor die Säue werfen. Denn mein Geist und Gemüte mir wohl zeigt, daß E. G. nicht nur nach Vorwitz also danach trachtet, sondern aus Geistes Anregen, der öfters Petrum zum Cornelio[155] führet, daß er ihm Worte des ewigen Lebens sage, begierig ist.

14. Und ob ich wohl ein fremder Mann bin, dazu ganz einfältig, dennoch macht mich E. G. Begehren und Willen kühn, an E. G. zu schreiben, wiewohl mit einer einfältigen Hand. Aber Gottes Gaben sind nicht an Kunst gebunden, vorab weil ich erkenne, daß euer adeliges Herze also viel demütig erscheinet und zu mir schicket, der ich doch alber[156] bin.

15. Dieweil aber dem also (ist), so hat euer adeliges Herze auch von Gottes Geist gewiß zu hoffen, daß er werde der

---

153 Dr. Balthasar Walther, vgl. 7. Sendbrief
154 Jakob Böhme: *Vierzig Fragen von der Seelen* (Frühjahr 1620)
155 Apostelgeschichte 10   156 gering

Seelen Tür und Tor der Geheimnisse auftun und einen rechten Verstand geben, seine Wundergaben zu ergreifen und zu erkennen, welches ich euch denn von Herzen hiermit wünsche.

16. Es wird auch E. G. etwas wunderlich vorkommen, denn es eifert an etlichen Worten fast hart, sonderlich über Babel und den Antichrist, der von Gott ist erkannt worden in seinem Zorn. So sage ich doch, daß ich anders nicht habe können noch dürfen schreiben, als mir es gegeben worden.

17. Ich habe dem Geist immer nachgeschrieben, wie er es diktiert hat, und der Vernunft keine Stätte gelassen; und erkenne es nicht für ein Werk meiner Vernunft, welche allzu schwach wäre. Sondern es ist Gottes Werk; der hat gezeiget, was er vorhat und was geschehen soll und geschehen ist, denn er gehet aus dem Ungrunde in Grund und durchsuchet alles. Er prüfet Herzen und Nieren und probieret der Menschen Gedanken.

18. Auch zeiget er hiermit an das endliche Gericht, daß er alle Wesen will durch das Feuer probieren; und habe gar nicht können oder mögen schreiben gleich auch im feurigen Trieb, ich setzte es denn, nachdem es der Geist entwarf. Habe es derowegen für mich zu einem Memorial gemacht und habe weiter keinen Fürsatz[157] damit.

19. Weil aber E. G. beliebet, dasselbe zu lesen, so soll es gefolget[158] werden mit der Bitte, daß es E. G. wolle wieder schicken, denn ich will es für ein Memorial behalten. Und bin dessen gewiß, daß, so euer adeliges Gemüte will Gott die Ehre geben und fleißig lesen und diesen Weg ins Herz fassen mit einer Begierde, den zu erkennen, daß euch Gott wird die Türe seiner Liebe im Mysterio auftun und das schöne Kränzlein seiner Weisheit aufsetzen, welches edler ist als der geschaffene Himmel und diese Welt.

157 Absicht   158 übersandt

20. Denn es lieget der edle Stein Lapis philosophorum[159], der Grund aller Heimlichkeit darinnen: und ist dasselbe Kränzlein mit diesem Stein (be)setzt, welches die Seele anziehet als ein Kleid, als einen neuen Leib in Gottes Reich, darinnen sie Gottes Kind ist, mit welchem sie kann im Feuer Gottes Zorns unverletzt bestehen; und kann darinnen den Teufel, Tod und die Welt überwinden. Auch kann sie darinnen über das Gestirne und äußerliche Leben herrschen, welches sonst der Vernunft nicht möglich ist.

21. Denn es giebet Erkenntnis eines Dinges, das keiner Kunst möglich zu erforschen. Es siehet durch Himmel und Erden und nimmt, da es nicht gesäet hat. Es fraget nicht: Ist es wahr? Es hat das Zeichen der Wahrheit und Gerechtigkeit in sich. Es hat alle Tugend so in der Hoffnung liegen. Es ist keine Furcht des Zornes Gottes darinnen, sondern giebet gar eine fröhliche Hoffnung und gewissert[160] die und bestätiget die Seele zu Gottes Kind.

22. Dieses Kränzlein ist eine Jungfrau und eine Zucht und Zierat Gottes, eine Freude des Lebens. Es erfreuet das Gemüte in Trübsal und gehet mit dem Menschen in Tod. Aber es hat kein Sterben in sich. Es lebet von Ewigkeit und ist eine Führerin der Himmel und eine Freude der Engel. Sein Geschmack ist köstlicher und lieblicher als alle Freude der Welt. Und wer es einmal bekommt, der achtet es höher als aller Welt Gut. Sein ist nichts gleich als nur die Gottheit.

23. Aber es lieget in einem finstern Tale verborgen. Die Welt kennet das nicht. Der Teufel rauschet darüber her als ein Sturm. Er bedecket das, daß es öfters die Vernunft nicht kennet. Aber es grünet zu seiner Zeit wieder hervor als eine schöne Lilie mit vielfältiger Frucht. Es wächst in Trübsal, säet mit Tränen und erntet mit großen Freuden. Es wird von

---

159 Stein der Weisen   160 bekräftigt

Vernunft verachtet, aber der es kriegt, hält es für seinen besten Schatz.

24. Ein solches Kränzlein wird dem aufgesetzt, der es mit Ernst suchet und sich ihm ergiebet und nicht seiner Vernunft in Fleisch und Blut, wie solches meine Schriften anmelden. Denn was darinnen geschrieben ist, hat der Autor selber erkannt. Es ist keine fremde Hand und Geist darinnen. Nicht schreibe ich mir es zum Ruhm, welcher in Gott ist, sondern den Kindern Gottes zur Richtschnur und daß sie wissen, was Gott für Lohn giebet denen, die auf ihn vertrauen und der Welt Spott nichts achten.

25. Mich wundert auch gleich, wie E. G. und andere mehr in Schlesien meine Schriften bekommen haben, denn mir derselben keiner bekannt ist. Und halte mich doch auch also stille damit, daß die Bürgerschaft allhier[161] nichts davon weiß, ohne daß sie den ersten Teil (Aurora), welcher mir gewaltsam entzogen ward und aus Mißgunst verfolget von einer Person im Ministerio zu Babel[162] habe hören für ketzerisch ausschreien. Und ist ihnen doch nicht gegeben worden zu lesen, auch nie erörtert worden nach Gebühr, wiewohl ich keines Menschen Ratschlag darüber begehret habe, auch noch nicht, sondern Gott befohlen[163].

26. Nun erkenne ich doch hiermit Gottes Weg und verstehe, daß es nicht allein in Schlesien, sondern auch in andern Ländern ist bekannt worden, ohne Vorwissen des Autoris. Und muß eben sagen, daß der es hat verfolget, der hat es also damit publiziert, denn mein Rat war, solches mein Leben lang bei mir alleine zu behalten, und habe es auch nur für mich geschrieben.

27. Was aber Gott in seinem Rate hat fürgenommen, steht jetzt im Lichte und wird viel heller erscheinen, wenn die

---

161 in Görlitz 162 der Oberpfarrer von Görlitz, Gregor Richter
163 anheimgestellt

letzten zwei Bücher werden gelesen werden, darüber ich mich dann mit dem äußern Menschen selber hoch wundere, was doch Gott hiermit meinet und tun will.

28. Sintemal ich mich ganz unwürdig und unverständig erkenne, und aber doch dem inneren Menschen die größten und höchsten Geheimnisse geöffnet werden, gebe ich E. G. und andern Liebhabern Gottes in Demut nachzudenken. Denn ich ja nicht sagen kann, daß es meines Verstandes und der Vernunft Werk sei, sondern erkenne es für ein Wunder, darinnen Gott will große Dinge offenbaren. Da dann meine Vernunft gleich auch mit zusiehet und sich immer mit verwundert, denn ich habe diese Geheimnisse mein Leben lang nicht studieret, auch fast nichts davon gewußt. Denn ich bin ein Laie und soll nun solche Dinge ans Licht bringen, das allen hohen Schulen ist zu mächtig gewesen, gegen welche ich doch ein Kind bin und weder Kunst noch ihre Weisheit habe, und muß schlechts aus einer andern Schule[164] schreiben.

29. Und das noch größer ist, ist mir die Natursprache eröffnet worden, daß ich kann in meiner Muttersprache die allergrößten Geheimnisse verstehen. Und wiewohl ich nicht sagen kann, ich habe es ergriffen und gelernet, sondern also lange als die Hand Gottes über mir hält, so verstehe ich es. So sie sich aber verbirget, so kenne ich auch meine eigene Arbeit nicht und bin meiner Hände Werk fremd geworden, damit ich doch sehen möge, wie gar unmöglich es sei, Gottes Geheimnis ohne seinen Geist zu erforschen und zu halten.

30. Darum ich mir denn auch nichts zuschreibe. Es ist nicht mein Werk. Ich begehre auch keine menschliche Ehre. Darum ich bin nur ein schlechtes, einfältiges Werkzeug. Gott tue und mache, was er will, das will ich auch. Und was er nicht will, das will ich auch nicht. Will er, daß ich es soll wissen, so will ich es wissen. Will er aber nicht, so will ich auch nicht.

---

164 aufgrund anderer Kompetenz

Ich will nichts und tot sein, auf daß er in mir lebe und wirke, was er will.

31. Ich habe mich in ihn geworfen, auf daß ich vor dem Teufel sicher sei. Und ob ich der Welt muß den äußeren Leib und das Leben lassen, damit zu tun, was sie will, und muß dem Teufel gestatten, über mich herzurauschen, so will ich doch meinen inneren Menschen weder der Welt noch dem Teufel vertrauen, auch nach dem inneren Menschen nicht tun, was die Welt will. Und ob wohl mein äußerer Mensch der Welt verpflichtet ist, – und der soll auch in seiner Pflicht aller weltlichen Ordnung gehorsam sein und tun, was die äußere Pflicht antrifft, – aber mein innerer Mensch soll alleine Gott gehorsam sein und nicht der Welt, denn er ist nicht in der Welt, sondern hat sich gleich als tot gemacht, daß Gott in ihm lebe, sei sein Tun und auch das Wollen.

32. Wiewohl ich nicht genugsam sagen kann, daß es möglich sei, also zu leben, so ist doch mein Wille also gerichtet. Den soll mir weder Welt noch Teufel brechen. Und sollte mir mein äußer Leben verschmachten, so will ich doch am Willen hangen. Und ob öfters gleich die Vernunft spricht lauter Nein, und die Versuchung mit Haufen, auch mit Schrecken und Drohen des äußeren Lebens erscheinet, daß sich der Geist verbirget, als wäre alles tot und weg, so bringet es doch allezeit neue Frucht, und dazu vielfältig.

33. Solches habe ich aus der Ursache also nach der Länge vermeldet, daß E. G. mögen erkennen und wissen, was ich für ein Mann sei und was der Anfang und Ursachen meines Schreibens sei, auch aus welcher Kunst und Geiste es sei erboren worden und zu waserlei Ende, als nämlich nur für mich selber. Weil ich aber sehe, daß fromme Herzen einen Durst danach tragen, so soll ich ihnen christlicher und brüderlicher Art nach solches nicht (ver)bergen, sondern Gott befehlen, daß er in ihnen wirke und tue, was er will, als wir denn solches zu tun schuldig sind.

34. Endlich bitte ich, meines Namens bei den Gelehrten zu schweigen, denn ich weiß wohl, daß ein alber[165] Mann vor der Kunst spöttlich gehalten und verachtet wird. Und wiewohl Gott seine Kinder auch unter ihnen hat, so achte ich es doch nicht, daß es sollte nach meinem Namen genannt sein, denn Gott gehöret die Ehre, der der Geber ist. Ich suche mir damit keinen Namen noch Ruhm, sondern Christus ist mein Ruhm und mein Lohn, und gedenke dessen in jenem Leben vor Menschen und Engeln Ruhm zu haben und mich in Christo mit den Heiligen darinnen zu freuen, wie solches meine Schriften genugsam darstellen.

35. Anlangend das Buch »Morgenröte«, so mir E. G. hiemit geschicket zu übersehen[166], habe ich ein wenig durchlaufen und befinde, daß es mein Werk ist und auch recht nachgeschrieben, allein daß etliche Silben ausgelassen worden um Kürze willen, und aber doch dem Verstande nichts genommen worden; und bin, soviel ich des[167] in Eil durchgeblättert und einzeln gelesen, weil ich keinen Zusatz befunden, wohl damit zufrieden.

36. Aber die großen Geheimnisse stecken darinnen noch sehr tief im Mysterio, sind vom Autore wohl erkannt worden, aber es war auf das erste Mal nicht wohl möglich der Vernunft zu fassen. Ob es gleich in der Tiefe erkannt ward, so war doch der Autor dieses noch gar ungewohnet. So ihm die himmlische Freude entgegnete, so ward schlecht[168] dem Geist nachgegangen. Aber die wilde Art ist nicht alsobald neugeboren. Es wird gesäet ein Korn, daraus wächset ein Baum. So die Kunst groß ist, so wächst der Baum desto eher und wird desto eher erkannt.

37. In den andern drei Büchern[169] werdet ihr die Geheim-

---

165 schlichter
166 d. h. eine Abschrift auf ihre Richtigkeit zu überprüfen
167 davon 168 einfach 169 Vgl. 10, 10-12

nisse was heller haben und also immer höher, ein jedes vom ersten an ist zehnmal höher gegründet, und also das vierte ein fast heller Spiegel, da man das große Mysterium genug sichtlich erkennt, alleine[170] desselben Kinder. Die Vernunft wird wohl blind daran bleiben, denn Gottes Geist wohnet nicht im äußeren Principio, sondern im innern und gehet vom inneren aus ins äußere, aber das äußere ergreift ihn nicht.

38. Ich bescheide aber E. G., daß das Buch »Morgenröte« nicht ist vollendet worden, denn der Teufel gedachte Feierabend damit zu machen, weil er sah, daß der Tag wollte darinnen anbrechen. Auch hat der Tag die Morgenröte schon übereilet, daß es fast[171] licht ist worden. Es gehörten noch wohl dreißig Bogen dazu. Weil es aber der Sturm hat abgebrochen, so ists nicht vollendet worden, und ist unterdessen Tag worden, daß die Morgenröte ist verloschen. Und ist seit der Zeit am Tage gearbeitet worden; soll auch also bleiben stehen zu einem ewigen Gedächtnis. Weil der Mangel in den andern ist erstattet worden, so ist der Mangel an diesem dem Feinde Schuld zu geben.

39. Wiewohl ich niemanden will darunter geschätzet haben als den Falsch des Teufels, welcher ein Feind alles Guten ist, der verwirret auch wohl Könige. Wie will denn ein alberer Mensch in solcher Arbeit alsobald erkannt werden, so man des gewiß ist, daß er ein Laie ist, dazu ungelehret.

40. Es mag sich auch wohl der Allerklügste also an einer solchen Einfalt ärgern, so er höret von solchen Wundern in so schlechter Einfalt reden, so denket er, es ist aufgerafft Wesen[172]. Denn er verstehet nicht Gottes Gaben, weil man niemand kann ins Herze sehen.

41. Will derowegen niemand turbieret[173] haben, sondern erkenne, daß Gottes Schickung also sei, sonst wäre dieses Buch wohl noch im Winkel. Also ist es über meinen Be-

---

170 jedoch nur 171 sehr 172 Willkür 173 ärgern, verwirren

wußt[174] und willen publizieret worden und dazu von den Verfolgern selber, welches ich für eine Gottesschickung erkenne. Denn die Leute, so es haben, habe ich nie erkannt. Dazu habe ich es selber nicht, und ist mir doch nun schon zum viertenmal ganz nachgeschrieben, zu Augenschein und in die Hände kommen, und sehe, daß es andere Leute publizieren, welches ich für Wunder achte, daß das Korn wächst wider des Feindes Willen. Aber was von Gott gesäet wird, kann niemand halten noch erwehren.

42. Was aber E. G. und andere Leute mehr etwa im Buche »Morgenröte« in Mißverstand ziehen und ihnen unrecht vorkommet, dazu eine Erklärung gehöret, wird im dritten (De tripici vita) und im vierten Buche (Psychologia vera) genug erkläret. Da dann eine offene Pforte der Geheimnisse aller Wesen erscheinet. Und ist nichts in der Natur, das nicht möchte auf diesem Wege gegründet werden, denn es zeiget und öffnet den Stein der Weisen zu allen Geheimnissen, beides: im göttlichen und irdischen Mysterio. Es können alle Metallen der Erden mit diesem Verstande in den höchsten Grad gebracht werden, aber nur von den Kindern der Magiae Gottes, welchen es wird geöffnet werden.

43. Ich sehe wohl dasselbe, aber mir gebühret nicht dasselbe anzurühren, habe auch keine Kunst noch Handgriffe[175] dazu, sondern stelle nur ein offen Mysterium dar. Gott wird ihm schon seine Arbeiter erwecken. Bei mir suche niemand das Werk. Und ob es etwas heller könnte geöffnet werden und auch heller ist erkannt worden, so habe ich doch meinen Willen gebrochen und will nichts schreiben, als nur wie es mir gegeben wird, auf daß es nicht mein Werk sei und ich (nicht) der Turbae[176] heimfiele.

---

174 ohne mein Wissen
175 d. h. keine praktische Erfahrung in der Alchymie
176 Zorn Gottes

44. Und so E. G. etwas wollte lassen aus den allhie mitgeschickten Schriften abschreiben, so tut dem Schreiber not, daß er ein gelehrter, verständiger Mann sei, denn die Silben sind nicht alle genug ausgestrichen, auch nicht nach der Grammatica. Es mögen auch wohl in vielen Worten Buchstaben fehlen, auch öfter ein gemein[177] Buchstab für einen Versal gesetzet sein, denn die Kunst hat hier nicht geschrieben. Es hat auch keine Zeit gehabt zu bedenken nach dem rechten Verstande des Buchstabens, sondern alles nach dem Geiste gerichtet, welcher öfters ist in Eil gegangen, daß dem Schreiber die Hände wegen der Ungewohnheit gezittert.

45. Und ob ich wohl könnte etwas zierlicher und verständiger schreiben, so ist dies die Ursache, daß das brennende Feuer öfters zu geschwinde treibet. Dem muß die Hand und Feder nacheilen, denn es gehet als ein Platzregen. Was es trifft, das trifft es. Wäre es möglich, alles zu ergreifen und zu schreiben, so würde es wohl dreimal mehr und tiefer gegründet. Aber es kann nicht sein. Und darum werden mehr als ein Buch gemacht, mehr als eine Philosophie, und immer tiefer, also daß dasjenige, was in einer nicht hat mögen ergriffen werden, in der andern gefunden werde.

46. Und wäre gut, daß endlich aus allen nur eines gemachet würde, und würden die andern alle weggetan, denn die Vielheit macht Streit und Widerwärtigkeit wegen des zähen Begriffs der Leser, welche nicht wissen, den Geist zu unterscheiden, der also wunderliche Sprache führt, da die Vernunft oft meinet, es sei ihr widerwärtig, und ist doch in der Tiefe nicht widerwärtig.

47. Aus welchem Mißverstande die große Babel auf Erden ist geboren worden, da man nur um Worte zanket und lässet den Geist des Verstandes im Mysterio liegen, welcher Ende und Zahl gefunden und der Turba heimgestellet worden ist.

---

177 kleiner

Denn der Anfang hat das Ziel funden, und ist kein Aufhalten mehr. Es mags auch keine Gewalt mehr dämpfen.

48. Nicht rede ich von mir, sondern von dem, was der Geist zeuget, dem niemand widerstehen kann. Denn es stehet in seiner Allmacht und lieget nicht an unserm Wähnen oder Willen, wie das vierte Buch[178] dieser Schriften hoch anzeiget, welches gewaltig im Lichte der Natur gegründet ist, und an allen Dingen kann erwiesen werden.

49. Ferner bescheide ich E. G. das allhier in den mitgesandten Schreiben, daß, da sich der Autor, wenn er von sich redet ›Wir‹ als zweifach zu nennen und dann auch öfters Ich, daß in dem ›Wir‹ der Geist verstanden wird, und in dem einfachen ›Ich‹ verstehet der Autor sich selbst, zur Nachrichtung um Argwohns willen eröffnet.

50. Und übersende E. G. hiermit den vierten Teil, als die »Vierzig Fragen«. Da kann sich E. G. darinnen ersehen; und will künftig E. G. den andern und dritten Teil auch schicken, so E. G. das wird begehren; und bitte mir dasselbige ehester Gelegenheit wieder zu(zu)schicken, denn ich soll es demjenigen[179], so die Fragen gestellet hat, übersenden.

51. Und tue E. G. der göttlichen Liebe empfehlen neben Wünschung, daß Gott euer adeliges Herze wolle erleuchten und des Autoris Sinn und Gemüte recht im innern Principio lasse erkennen, auch alle zeitliche und ewige Wohlfahrt hiermit geben.

Datum Görlitz, ut supra[180].   J. B.

---

178 *Vierzig Fragen von der Seelen*   179 Balthasar Walther
180 wie oben

11. Sendbrief
An Herrn Paul Kaym, kaiserlicher Zolleinnehmer zu Liegnitz, vom 19. November 1620[181].

Unser Heil in Christo Jesu!

Ehrenfester, wohlbenamter Herr, in Christo geliebter Bruder! Euer jüngst an mich getanes Schreiben habe ich empfangen und abermals darinnen vernommen euer entzündetes Gemüte in eurem vorhabenden und hart[182] eingenommenen Studio, daneben auch zweitens die ängstliche Begierde nach dem Lichte der wahren Erkenntnis derselben, und dann zum dritten den großen Durst nach dem Brünnlein Christi, in welchem das Gemüte gelabet, gesänftiget und befriediget wird. Weil ich denn nicht weniger auch ein Schuldner meiner Brüder in der Liebe Christi bin, so soll ich euch in derselben Liebe dartun, was ich erkenne und mir gegeben ist, weil auch solches eure Begierde erfordert.

2. Christus spricht: Ich bin der Weinstock, ihr seid die Reben, wer in mir bleibet, der wird viel Früchte bringen, denn ohne mich könnet ihr nichts tun. Item: Wer an mir bleibet und meine Worte in ihm, der bringet viel Früchte. Joh. 15, 5. 7.

3. In diesem lieget der ganze Grund und ist die einzige Wurzel zu dem Brünnlein, daraus der göttliche Verstand fleußt[183]. Kein anderer Grund ist zu der wahren und rechten Erkenntnis in der Weisheit Gottes. Es hilft kein ander Suchen, Studieren oder Forschen, denn ein jeder Geist forschet nur seine eigene Tiefe und dasjenige, darinnen er sich entzündet. Und wiewohl es ist, daß er in seiner Entzündung forschet, so findet er doch nicht mehr als des Dinges Vorbild,

---

181 Dieser 11. Sendbrief ist der II. Teil des Traktats *Unterricht von den letzten Dingen* (Informatorium Novissimorum), vgl. Sendbrief 8.
182 ernsthaft   183 fließt

gleich einem Schatten oder Traum. Das Wesen mag er nicht schauen, denn so er das Wesen schauen will, so muß er in dem Wesen sein und das Wesen in ihm, auf daß er dessen fähig sei und in dem Wesen selber sehe.

4. So es aber denn nun ist, daß wir in Adam sind der göttlichen Wesenheit abgestorben und gleich als blind und fremd worden, so ist kein Vermögen in uns. Wir wissen in unserer Vernunft nichts von Gott als nur die Historie, daß ein Gott sei. Denn seine Kraft fühlen wir nicht, und sein Licht sehen wir nicht. Es sei denn, daß wir umkehren und werden wie die Kinder, die nichts wissen, welche sich lassen pflegen und regieren, und wie ein Kind auf seine Mutter siehet und sich nach ihr sehnet, welche es auch nähret und aufziehet, also muß die äußere Vernunft ganz geblendet, niedergeschlagen und gedämpfet werden und muß sich die Begierde in Gottes Gnade und Liebe einwerfen, nichts achten das Widerfechten[184] der äußern Vernunft, die da spricht: Es ist nicht wahr; Gott ist ferne; du mußt ihn ersinnen; du mußt nach seinem Willen forschen, wie er sich hat offenbaret, also und nicht anders will er erkannt sein.

5. Also richtet die äußere, gestirnete Vernunft, welche auch die ganze Welt regieret, bis auf ein kleines Häuflein der Kinder Gottes. Christus sprach: Ihr müsset in mir bleiben, denn ohne mich könnet ihr nichts tun, nichts von Gott wissen, nichts Wahrhaftiges forschen; denn wer zu mir kommet, den will ich nicht hinausstoßen; in mir werdet ihr viel Früchte bringen. – Nun wächset ein jeder Zweig aus seinem Baume und hat des Baumes Saft, Kraft und Eigenschaft und bringet Frucht nach des Baumes Eigenschaft.

6. So muß nun ein jeder, der da will von Gott gelehret sein und will göttliche Erkenntnis haben, in dem Baume, darein uns Gott durch die Wiedergeburt gepflanzet hat, stehen; und

---

184 Widerstand

er muß desselben Baumes Saft und Kraft haben, sonst bringet er fremde, wilde Früchte, die nicht den Schmack des guten Baumes haben. Wir müssen werden als ein Kind, das nichts verstehet, sondern kennet nur seine Mutter und sehnet sich nach der. Wir müssen von der neuen Milch der Menschwerdung Christi trinken, daß wir seines Fleisches und Geistes teilhaftig werden. Seine Kraft und Saft muß unser Saft und Kraft werden. Wir müssen in göttlichem Essen und Trinken Gottes Kinder werden.

7. Nikodemus sprach: Wie mag das zugehen, daß ein Mensch mag im Alter anders geboren werden? Joh. 3, 4. – Ja, lieber Nikodemus und liebe äußere irdische Vernunft, wie mochte es zugehen, daß Adam, der doch ein vollkommen Bildnis Gottes war, in seiner Vollkommenheit verdarb und irdisch war? Geschah es nicht durch Imagination[185], daß er seine Sucht und Lust in das äußere gestirnte und elementische irdische Reich einführete, da er dann auch alsobald in seiner Begierde, Lust und Einbildung geschwängert und irdisch ward, davon er in Schlaf der äußeren Magiae fiel.

8. Also gehet es auch zu mit der Wiedergeburt. Durch die Imagination und ernstliche Begierde werden wir wieder der Gottheit schwanger und empfahen den neuen Leib im alten. Nicht mischet sich der neue mit dem alten, gleichwie das Gold im groben Steine ein gar viel ander Ding ist, hat auch einen andern Geist und Tinktur als das Grobe im Steine. Also ist auch der neue Mensch im alten. Der grobe Stein weiß nichts vom Golde. Also auch weiß der irdische Adam nichts vom göttlichen himmlischen Adam.

9. Darum ist der Streit im Menschen und ist ihm[186] der Mensch selber widerwärtig. Der irdische Adam will sehen, fühlen und schmecken, aber er empfähet nur einen Strahl und Vorbild vom inneren Menschen, der ja zu Zeiten etwas

185 hier: Begierde, Verlangen 186 sich

schmecket, aber nicht essentialisch, sondern gleichwie der Sonne Licht die traurige Finsternis verschlinget, da es scheinet, als wäre keine Finsternis mehr da, und da die Finsternis doch wahrhaftig im Lichte verborgen bleibet, welches offenbar wird, wenn der Sonne Licht weichet.

10. Also verschlinget oft der neue Mensch in göttlicher Kraft den alten, daß der alte meinet, er habe die Gottheit ergriffen. Aber er ist derselben in seiner Essenz nicht fähig, sondern der Geist Gottes durchgehet den alten als den neuen. Und so der wieder in sein Mysterium tritt, so weiß der alte nicht wie ihm geschehen ist, suchet Wege zu Gott, forschet nach Gottes Vorsatz und Willen, und er findet nur Tand und Meinungen, eifert in seiner Meinung, und weiß nicht, was er tut. Er findet die Wurzel nicht, denn er ist nicht fähig noch würdig. Das bewähret sein Sterben und Verwesen.

11. Aber der neue Mensch, welcher im ernsten Willen und Vorsatze durch Imagination[187] urständet, der bleibet in der Ruhe Christi in dem Baume, welchen Gott der Vater durch seine Bewegung, als er sich zum andernmal nach seinem Herzen – das ist: mit der Geburt und Menschwerdung seines Sohnes – bewegte, in die menschliche Seele pflanzete, steht und grünet im Leben Gottes. Er wächset in der Kraft und im Safte der Weisheit Gottes in Gottes Leibe, der empfähet göttliche Erkenntnis und Wissenschaft, nicht nach dem Maß des äußern Willens, was der äußere (Mensch) wissen will, sondern nach dem Maß des innern Himmels.

12. Der innere Himmel zündet den äußern an, daß der Verstand das Äußere ergreifet und verstehet. Denn mit der äußern Welt hat sich Gott, der da ist ein Geist und auch ein Wesen, im Gleichnis geoffenbaret, auf daß sich der Geist im Wesen schaue, und nicht allein das, sondern auch daß die Kreatur Gottes Wesen in der Figur[188] schaue und erkenne.

---

187 d. h. wie ihn Gott will 188 Geistgestalt

Denn Gottes Wesen mag keine Kreatur außer sich selber schauen.

13. Der Geist schauet Gott im Wesen und im Glanz der Majestät, und das an sich und seinesgleichen, denn Gott ist selber der Geist aller Wesen, verstehet aber: der himmlischen. So wir die göttliche Kreatur sehen, so sehen wir ein Bild aus Gottes Wesen. Und so wir derselben Willen und Tun sehen, so sehen wir Gottes Willen und Tun.

14. Also ist auch der neue Mensch aus Gott geboren. Was der will und tut, das ist Gottes Willen und Tun. Sein Wissen ist Gottes Wissen, denn ohne Gottes Geist wissen wir nichts von Gott. Das Äußere kann nicht das Innere schauen. Aber so das Innere das Äußere mit einem Blick in sich zeucht[189], so ergreift das äußere des innern Spiegel zu einer Andeutung, daß die äußere Welt aus der innern urständet und daß uns unsere Werke sollen im Mysterio nachfolgen und durch die Scheidung des Gerichtes Gottes durchs Feuer des Principii ins Ewige gestellet werden, zu welchem Ende Gott die Engel und Menschen erschaffen als zu seiner Wundertat, daß erscheine die Weisheit der göttlichen Kraft und daß sich Gott in Bildnissen der Kreaturen schaue und seine Freude in sich selber mit dem Geschöpfe aus seiner Weisheit habe.

15. Also, mein geliebter Herr und Bruder, veraget mir nicht, daß ich scharf mit euch rede. Ihr beklaget euch, daß ihr die göttlichen Geheimnisse nicht möget allemal fassen und behalten, und meldet daneben an, daß ihr oft einen Blick davon erlanget, auch daß euch meine Schriften schwer zu verstehen sind.

16. Ich will es euch, nachdem ich von Gott Macht empfangen habe, dartun, wie das Wesen eurer Heimlichkeit sei, welches ihr selbst auf jetzo nicht verstehen möget.

17. Ihr meinet und wollets gerne in stetem Begriff erhal-

---

189 zieht

ten. Derselbe Wille ist der äußern Welt. Die wollte gerne der Gottheit fähig sein und der Eitelkeit los sein. Es mag aber nicht sein, sondern der Geist der äußern Welt muß in steter Angst und im Suchen stehen, denn im Suchen findet er die Wunder seiner Magiae als das Vorbild der innern Welt.

18. Denn Gott beweget sich nicht immerdar, sondern das Sehnen und Ängsten der Kreatur beweget das Mysterium, auf daß gesuchet und gefunden werde das Bild der göttlichen Weisheit. Darum heißet uns Christus suchen und anklopfen und verheißet uns ferner, das Perllein oder Kleinod im Suchen zu geben. Die äußere Welt ist auch Gottes und aus Gott. Und der Mensch ist darum in die äußere Welt geschaffen, daß er die äußere Figur in die innere einführe, daß er das Ende in den Anfang bringe.

19. Je mehr sich der Mensch nach Gott sehnet und nach ihm ächzet und strebet, je mehr führet er aus dem Ende in Anfang, nicht alleine zu Gottes Wunder, sondern auch zu seinem Selbst-Bau. Denn das Zweiglein am Baume dürstet immer nach des Baumes Kraft und Saft und ängstet sich nach dem Baume, und zeucht den in sich, zeucht sich aber damit selber auf, daß es ein großer Ast im Baume wird. Also auch das ängstliche Suchen im menschlichen Mysterio reißet das Reich Gottes in sich, davon Christus saget: Das Himmelreich leidet Gewalt, und die Gewalt tun, reißen es zu sich.

20. Eine Essenz, die nicht an sich zeucht, mag keinen Leib aufziehen, sondern verhungert selber, wie man siehet, wie das Feuer der Kerze das Fette in sich zeucht und verschlinget das in sich und giebet aber aus dem Verschlingen das scheinende Licht.

21. Also ist es auch mit dem Menschen. Er ist mit seiner ersten (göttlichen) Wesenheit in die Finsternis des Todes eingeschlossen. Die hat Gott der Seelen in Christo wieder aufgeschlossen. Nun ist die arme gefangene Seele dasselbe hungerige magische Feuer. Die zeucht aus der Menschwer-

dung Christi wieder dieselbe aufgeschlossene Wesenheit Gottes in sich, isset also Gottes Wesen, schlinget das in sich und giebet aus demselben Einschlingen oder Zehren einen Leib des Lichtes, der der Gottheit ähnlich oder fähig ist. Also wird die arme Seele mit einem Lichtleibe bekleidet, gleichwie das Feuer in der Kerze. Und in dem Lichtleibe findet sie Ruhe, aber in der Finsternis dieser Welt hat sie Angst.

22. Weil es aber denn nun ist, daß sie ihr[190] mit Adam hat das irdische Bild angezogen, so muß sie das tragen, gleichwie das Feuer der Kerzen muß aus der finstern Kerze brennen. Wäre die Seele mit Adam in Gottes Wesen blieben und hätte nicht das irdische Bild angezogen, so dürfte[191] sie das nicht tragen. Nun träget sie das aus Pflicht, denn St. Paulus spricht: Welchen ihr euch zu Knechten gebet in Gehorsam, des Knechte seid ihr, entweder der Sünde zum Tode oder dem Gehorsam Gottes zur Gerechtigkeit. Röm. 6,16.

23. Hat die Seele das irdische Bild angezogen, welches nur Frucht zum Tode wirket, und sich der Sünde zum Knechte eingegeben, so ist sie nun des Todes und der Sünden Knecht. Warum lüsterte sie nach einem fremden Herrn, der über sie herrschet? Wäre sie Kind blieben und hätte sich nicht lassen des Baumes der Erkenntnis (des) Guten und Bösen zugleich gelüstet, so hätte sie nicht dürfen beider Regiment tragen. Weil sie aber wollte sein, als Gott in Liebe und Zorn ist nach beiden Prinzipien der Ewigkeit, so träget sie auch nun beider Bildnisse und Gewalt und muß das Feuerbrennen dulden bis an den Tag der Scheidung.

24. Darum heißet es ein Kreuztragen, denn das magische Feuer, wenn das urständet, so macht es in der Entzündung eine Kreuzgeburt und quetschet je eine Gestalt der Natur die andere, das ist: eine ist der andern widerwärtig als süß wider sauer und herb wider bitter und Feuer wider die alle.

190 sich   191 brauchte

25. Hätte die Seele den Lichtleib allein lassen Herr sein und hätte nicht in das äußere Reich dieser Welt als in Geist der großen Welt, in die Sterne und Elementa imaginieret[192] und sich lassen der irdischen Frucht gelüstet, so wäre der Grimm in ihr wie verschlungen gewesen. Es wäre keine Fühlung desselben gewesen; weil sie aber ist aus der Sanftmut des Lichts und aus der Liebe Gottes ausgegangen, so fühlet sie nun den Grimm der ewigen Natur.

26. Also muß sie wieder zum Lichte arbeiten, daß sie das wieder erreichet. Und darum stehet das menschliche Leben in solcher Angst, in schmerzlichem Suchen, in steter Abstinenz. Es begehret immer wieder der göttlichen Ruhe, und wird aber vom Grimme der Natur gehalten.

27. Je mehr das Leben vom Grimme begehret zu fliehen, je heftiger wird der Streit im Leben ohne das, was der Teufel in seinem Neste schüret und einführet, durch seine giftige Imagination auch magische Einbildung und Einführung. Er stellet immerdar der armen Seelen das magische Bild der giftigen Schlange vor, daß dieselbe soll darein imaginieren und sich in derselben Gift entzünden, welches dann auch täglich geschiehet. Also wird dann der Seelen Feuer ein böses, giftigbrennend Schwefelfeuer.

28. So aber die Seele von des Teufels Schlangenbildnis ausgehet und verwirft den bösen irdischen Baum, das ist: Hoffart, Geiz, Neid, Zorn, Falschheit, und lässet sich nicht danach lüstern, sondern machet sich in dieser Figur gleich als wäre sie tot und wüßte sie nichts davon, wirft die böse Lust selbst von sich und begehret der Liebe Gottes, ergiebet sich Gott in Gehorsam in seinem Willen und Tun, daß er ihr Wollen und Tun sei, so fähet[193] das göttliche Licht in ihr an zu scheinen, und krieget ein Auge des rechten Sehens, daß sie ihre eigene natürliche Gestalt mag sehen. Alsdann tritt sie in

192 begehrt   193 fängt

die albere[194] Demut. Sie will nichts, begehret auch nichts, sondern wirft sich in ihrer Mutter Schoß als ein junges Kind, das nur seine Mutter begehret und sich danach sehnet. Alle Kunst, Witz und viel Wissen achtet sie nicht. Und ob sie viel weiß, so erhebet sie sich doch nicht in das Wissen, sondern lässet ihrer Mutter Geist das Wissen, Wollen und Tun in ihr sein.

29. Diesem edlen Seelenzweiglein, sage ich nach meiner Erkenntnis, scheußt[195] der Teufel in Kraft Gottes Zornes stets nach der Wurzel als nach den Gestalten zum Feuerleben im ersten Principio, und will den edlen Zweig immer verderben. Er scheußt immer seine bösen Giftstrahlen der Seele in ihr magisch Feuer mit böser Lust und Gedanken und giebet dem Seelenfeuer fremde Materiam zum Brennen, auf daß sie ja nicht möge zum scheinenden Lichte kommen. Er dämpfet und wehret, daß sein Reich nicht erkannt werde. Dawider wehret sich das edle Zweiglein und will nicht der grimmigen finstern Qual. Er scheußt auf und grünet aus als ein Zweig aus der wilden Erden, aber der Teufel schläget immer auf das zu.

30. Und darum, mein geliebter Herr und Freund, ist ein solcher Streit im Menschen. Und darum siehet er zuweilen das göttliche Licht als in einem Spiegel, krieget auch bisweilen einen vollkommenen Anblick. Denn solange das Seelenzweiglein sich mag des Teufels Gift erwehren, also lange hat sie das scheinende Licht. Denn wenn das magische Seelenfeuer göttlicher Wesenheit, das ist Gottes Leib, Christi Fleisch, empfähet, so gehet der Hl. Geist augenblicklich als ein Triumph in der Seelen auf und aus, gleichwie er aus Gott dem Vater durch das Wort oder Mund des Sohnes, als aus dem Herzen der Hl. Dreizahl ausgehet aus göttlichem Wesen, also auch aus dem Wesen des edlen Lilienzweigleins, das aus dem Seelenfeuer auswächset, welches ist das rechte Bild Gottes.

---

194 schlichte   195 schießt

Denn es ist der Seelen neugeborner Geist, der Willengeist Gottes, des Hl. Geistes Brautwagen, darauf er fähret in Ternarium Sanctum[196] in der englischen Welt. Und mit diesem obgemeldten Zweiglein oder Bilde sind wir in Christo außer dieser Welt in der englischen Welt, davon der alte Adam nichts weiß und das auch nicht kennet, gleichwie der grobe Stein nicht das Gold kennet, das doch in ihm wächset.

*Die Porten der wahren Erkenntnis
vom dreifachen Leben des Menschen*

31. Der Mensch ist das wahre Gleichnis nach Gott, wie solches der teure Moses bezeuget, nicht allein ein irdisch Bild, um welches willen Gott nicht wäre Mensch worden und hätte sein Herze und Geist nach dem Fall in das vertäufet[197] und einvermählet, sondern er ist urständig aus dem Wesen aller Wesen, aus allen dreien Welten, als aus der allerinnersten Naturwelt, welche auch das alleräußerste ist und die Finsterniswelt genannt wird, aus welcher urständet das Principium der feuernden Natur, wie in meinem Buche »Vom dreifachen Leben« erkläret worden. Und dann zum andern ist er aus der Licht- oder englischen Welt aus Gottes wahrem Wesen. Und dann zum dritten ist er aus dieser äußern Sonnen-, Sternen- und elementischen Welt ein ganz Bild nach Gott aus dem Wesen aller Wesen.

32. Sein erstes Bildnis stand im Paradeis in der englischen Welt. Er aber ließ sich gelüsten der äußern Welt, als der Sternen- und Elementenwelt. Die hat das edle Bild des innern Himmels in sich verschlungen und verdecket, und herrschet

---

196 Hl. Dreieinigkeit
197 eingetaucht; vgl. Jakob Böhme: *Von der Menschwerdung Jesu Christi*, II. Teil, Kap. 6, 5.

nun in dem Ebenbilde als in seinem Eigentum. Darum heißets: Ihr müsset neu geboren werden oder könnet das Reich Gottes nicht schauen.

33. Und darum ist das Wort oder Herze Gottes in die menschliche Essenz eingegangen, daß wir mit unserer Seelen können wieder einen neuen Zweig oder Bild in Kraft des Wortes oder Herzens Gottes aus unserer Seelen gebären, welcher dem ersten ähnlich ist.

34. Und darum muß das alte Cadaver verfaulen und hinfallen, denn es ist nicht tüchtig ins Reich Gottes. Es führt nur sein Mysterium in seinen ersten Anfang, als seine Wunder und Werke, verstehet: in der Essenz des ersten Principii, welches unsterblich und unvergänglich ist, als das magische Seelenfeuer. Und nicht alleine dieses, sondern es soll auch das Ende in den Anfang einführen und einigen. Denn die äußere Welt ist aus der inneren ausgeboren und in ein greiflich Wesen geschaffen worden. Deren Wunder gehören in (den) Anfang, denn sie sind in der Weisheit Gottes als in der göttlichen Magia von Ewigkeit erkannt worden, wohl nicht im Wesen, aber im Spiegel der jungfräulichen Weisheit Gottes, aus welchem die ewige Natur immer und von Ewigkeit urständet.

35. Und zu dem Ende stehet die arme Seele in dem Gefängnis des Sternen- und elementischen Reiches, daß sie soll ein Arbeiter sein und die Wunder der äußeren Natur mit der Lichtwelt wieder einigen und in den Anfang einführen. Ob sie sich nun muß quetschen und pressen lassen und viel leiden, so ist sie doch der Knecht im Weinberge Gottes, die den göttlichen Wein zurichtet, der in Gottes Reich getrunken wird. Sie ist die einige Ursache des Verstandes, daß die Begierde im Mysterio arbeitet und die verborgenen Wunder Gottes darstellt und hervorbringet, wie solches vor Augen ist, wie der Mensch alle Wunder der Natur erforschet und eröffnet.

36. Darum sollen wir uns nicht entsetzen, wenn oft das edle Bild verdecket wird, daß wir nicht können Erquickung und Trost erlangen, sondern wir sollen wissen, daß alsdann die arme Seele ist in den Weinberg gestellet worden, daß sie soll arbeiten und die Frucht auf Gottes Tisch tragen. Es ist ihr alsdann ein Zweig des Weinstocks oder die wilde Rebe gegeben worden. Die soll sie zurichten, bauen und ins göttliche himmlische Mysterium einpflanzen. Sie soll es mit dem Reiche Gottes einigen. Das ist also zu verstehen:

37. Gleichwie ein Bäumlein gepflanzet wird, das arbeitet also lange, bis es Äste und darnach Frucht bringet. Also muß der Zweig der Seelen, welcher zwar in einem finstern Tale verdecket stehet, immer arbeiten, daß er zu seiner Frucht komme. Das ist die edle und schöne Erkenntnis Gottes. Wenn dieselbe in ihm gewachsen ist, daß die Seele Gott kennet, alsdann giebet sie ihre schöne Frucht. Das sind die guten Lehren, Werke und Tugenden, führet zum Reich Gottes, hilft das Reich Gottes pflanzen und bauen und ist alsdann ein rechter Arbeiter in Christi Weinberge.

38. Und dieses ist es, davon ich lehre, schreibe und rede, daß es in mir gewachsen ist, sonst wüßte ich nichts davon. Ich habe es nicht aus Historien zusammengerafft und Meinungen gemacht, wie die babylonische Schule tut, da man um Worte und Meinungen zanket. Ich habe durch Gottes Gnade selber eigene Augen bekommen und mag in mir selber in Christi Weinberge arbeiten.

39. Ich sage es frei öffentlich, daß alles, was aus Wahn und Meinungen zusammengeflicket wird, darinnen der Mensch nicht selber göttliche Erkenntnis hat, darüber und daraus Schlüsse gemacht werden, das ist Babel, eine Hurerei. Denn nicht Dünkel muß es tun, auch nicht Wahn, sondern Erkenntnis in dem Hl. Geist.

40. Die Kinder Gottes haben geredet, vom Hl. Geist getrieben. Sie haben viel und mancherlei Bäume gepflanzet. Aber

sie stehen alle auf einer Wurzel. Die ist der innere Himmel. Niemand kann sie finden, er stehe denn auch auf derselben Wurzel. Es sind wohl mancherlei Gaben und Unterschied der Gaben, aber sie wachsen alle aus derselben Wurzel. Darum kann sie der äußere Himmel nicht finden oder meistern; und bleiben die Worte der heiligen Kinder Gottes dem irdischen Menschen ein verborgen Mysterium. Und ob sie meinen, sie verstehen sie, so haben sie doch nicht mehr als einen Glast[198] davon.

41. Gleich wie man jetzt um Christi Worte, Lehre und Ehre zanket und streitet um Gottes willen, wie man Gott dienen soll, da ihm doch nicht mit Meinungen gedienet wird, sondern im Geiste Christi und in der Wahrheit dienet man Gott. Es lieget nicht daran, was einer für Zeremonien und Gebärde gebrauche. Ein jeder arbeitet in seinem Werke und Gaben aus seiner Konstellation und Eigenschaft, aber alle aus einem Geiste getrieben und geführt, sonst wäre Gott endlich und meßlich, wenn die Gaben einerlei wären. Aber er ist eitel Wunder. Wer ihn ergreifet, der geht in seinen Wundern einher.

42. Solches füge ich euch treuherzig aus rechtem christlichem Eifer aus meinem Brünnlein, Gaben und Erkenntnis, bitte und vermahne, wollet es mit rechtem Gemüte verstehen, wie es gemeinet sei. Ich werfe mich nicht auf, sondern ich rede brüderlich gegen euer Gemüte, euch zu erwecken und dann zu trösten, daß ihr euch das Joch Christi nicht lasset dünken zu schwer sein, wenn der äußere Mensch oft den inneren verdecket, daß die arme Seele um ihr Bildnis trauert, welches doch also nur in Trübsal geläutert und recht erboren wird.

43. Es gehet mir und einem jeden Christen nicht anders. Lasset euch das nicht wundern. Es ist gar gut, wenn die arme Seele im Streit ist, viel besser, als wenn sie im Gefängnis ein

---

198 Schein

Heuchler ist. Es stehet geschrieben: Denen, die Gott lieben, müssen alle Dinge zum Besten dienen – wenn der Streit der Seelen angehet, daß sie gerne wollte Gott schauen und nicht allemal kann, so wisset, daß sie um das edle Ritterkränzlein streitet, davon der äußere Mensch nichts weiß. Ja Gottes Geist streitet in der natürlichen Seele um das Übernatürliche, daß er die Kreatur in Gott einführe.

44. Er will die Seele immer gerne mit dem edlen Bildnis krönen, wenn ihm nur die blinde Vernunft Raum ließe und ließe den Verstand mitarbeiten. Arbeiten müssen wir und wider die Einwürfe des Teufels streiten, dieselben immer zerbrechen und wegwerfen, den bösen Gedanken und Einflüssen wehren und mächtig in Gottes Barmherzigkeit mit Beten zu ihm flehen, sich einwenden. Also wird das edle Senfkorn gesäet, welches, wenn es verwahret wird, hernach groß wächset als ein Baum. Und auf demselben Baume wachsen hernach die Früchte des Paradieses, davon die Seele isset, wann sie will von Gottes Reich weissagen und reden, wenn sie die göttliche Magia schauet, da sie von Gottes Wundern redet. Denn Gottes Wesen ist nicht also ein abteilig Wesen, das Ort oder Stelle bedürfte, sondern im Geiste des Verstandes fleugt es wie der Sonnen Glanz in der Luft. Es scheußt in das Bildnis als ein Blitz, davon oft der ganze Leib entzündet und erleuchtet wird.

45. Darum wisset, daß wir hier in diesem Leben Arbeiter und nicht Müßiggänger sind, denn die Geburt des Lebens ist ein steter Streit und eine Arbeit. Je mehr wir werden in Gottes Weinberge arbeiten, desto mehr werden wir Früchte erlangen und ewig genießen, und gelangen zu unserem Selbstbau. Denn unsere Arbeit bleibet in unserm Mysterio zu Gottes Wunder und zu unserm selbst ewigen Ruhm und Ehren stehen, wie in meinen Schriften weitläufig gemeldet worden.

46. Anlangend den Sabbat in dieser Welt, davon ihr ge-

schrieben habt und noch in derselben Meinung seid, ist mir davon nichts gegeben worden zu erkennen, weiß auch nicht, wie in dem Qualhause der Sterne und Elemente möchte ein vollkömmliches Wesen sein. Ich habe dessen keine Findung[199] im Mysterio, weil der erste Mensch nicht bestehen konnte, als der himmlische Gubernator[200] in ihm herrschete, sondern ward vom Sternen- und äußeren Elementenreiche bewältiget, so dürfte es Gefahr sein. Wenn man die Möglichkeit und Unmöglichkeit im Mysterio betrachtet, so scheinet es, als wollte in dem ängstlichen Spiegel des göttlichen Wesens kein Sabbat sein, denn der Teufel ist ein Fürst dieser Welt. Sollte er dann gleich tausend Jahr in die finstere Welt gebunden sein, so herrschen doch die grimmigen Sterne in dieser Welt und Hitze und Kälte, und ist diese Welt nur ein Jammertal.

47. Sollte uns aber der Sternen Regiment nicht regen[201], so wären wir nicht in dieser Welt, sondern im Paradeis; da wird wohl kein Gottloser mehr wider uns streiten oder uns sehen, denn im Paradeis sind wir in Gott verschlungen. So wenig als wir mit unsern irdischen Augen die Engel sehen, so wenig wird auch ein gottloser Mensch von dieser Welt einen neuen Menschen in Christo sehen.

48. Wenn wir nun den neuen Menschen in Christo erlangen, so sind wir demselben nach schon im Sabbat und warten auf die Auflösung des bösen irdischen Lebens, denn wir sind samt Christo in Gott. Wir sind mit ihm in seinen Tod gepflanzt, sind in ihm vergraben, stehen mit dem neuen Menschen mit ihm aus dem Grabe auf und leben ewig in seinem Wesen, verstehe: in seiner Leiblichkeit. Wir sind mit und in Christo in Gott und Gott in uns. Wo wollen wir den Sabbat halten? Nicht in dieser Welt, sondern in der englischen Welt, in der Lichtwelt.

---

199 keine diesbezügliche Erkenntnis   200 Regent   201 betreffen

49. Oder so die Gottlosen sollten in dieser Welt tausend Jahr gequälet werden, so müßte ja der Locus[202] in die finstere Welt entzücket sein. Denn in der Sonnenwelt ist noch keine höllische Marter, aber wenn die Sonne weg wäre, so wäre es wohl, so wären die Gottlosen noch weit von den Gerechten geschieden, und wäre eine Kluft eines Principii dazwischen.

50. Auch so ist Gott kein Gott des Bösen, der da Rache oder Qual begehrete, daß er also die Gottlosen wollte aus Rache tausend Jahre vor dem Gerichte quälen. Der Gottlose quälet sich selber in seines Lebens Geburt. Eine Gestalt des Lebens feindet die andere an. Das wird wohl eine höllische Marter sein, an welcher Gott keine Schuld hat.

51. Er hat auch den Fall des Menschen noch nie gewollt, sondern die grimme Natur hat überwunden und der Willengeist des Menschen, der da frei ist als Gott selber, der hat sich selber willig in den Streit begeben, in Meinung zu herrschen.

52. Aus Hoffart fiel der Teufel und auch der Mensch. Wären sie in der Demut blieben, so wäre Gott in ihnen. Sie sind selber beide von Gott ausgegangen. Noch hat Gott des Menschen Bild so hoch geliebet, daß er ist aus Liebe selbst wieder in das Menschenbild eingegangen. Was wollte er dann seine Qual begehren?

53. In Gott ist keine böse Begierde, aber sein Grimm, das ist die finstere Welt, ist eine Begierde des Bösen und Verderbens. Die hat den Teufel und Menschen zu Fall gebracht. Den Teufel die finstere Welt und den Menschen die äußere grimmige Natur, und sind doch beide einander verbunden, welches man würde sehen und fühlen, wäre nur die Sonne hinweg aus dieser Welt.

54. Darum sage ich noch: der Gerechte hält Sabbat in dem Schoß Abrahams, in der Ruhe Christi, denn Christus hat uns den grimmigen Tod, der uns gefangenhielt, zerbrochen. Er

---

202 Ort

hat das Leben aufgeschlossen, daß wir in einem neuen Menschen in ihm grünen, blühen und ruhen. Aber der alte Sternen- und Elementenmensch muß in seinem eigenen Regiment bleiben, in seinem Qualhause, bis er der Erden wird gegeben. Alsdann tritt alles wieder in sein Mysterium, und bleibet die Seele in ihrem Principio bis ins Gerichte Gottes, da sich Gott wird noch eines[203] bewegen und das Mysterium anzünden. Alsdann scheidet sich ein jedes Ding selber in seine Eigenschaft. Eine jede Welt wird das ihre einernten, es sei böse oder gut, es wird sich scheiden wie Licht und Finsternis.

55. (Ich) vermahne euch demnach ganz brüderlich und christlich: Wollet ja zusehen, daß ihr den Sabbat in der Ruhe Christi ergreifet und euch nicht lasset durch des Geistes Entzündung bewegen. Forschet aber im Lichte der Natur, ob ihr das möget gründen. So ihr das im Lichte der ewigen Natur könnet gründen und erreichen, so möget ihr wohl fortfahren. Aber stellet es uns auch dar, daß wir es sehen, sonst kann unser Gemüte nicht darauf ruhen, es finde denn den Grund.

56. Es lässet sich auch nicht mit Schriften, die etwann dazu möchten angezogen werden, bewähren. Sie geben auch das Widerspiel[204] und können gar wohl anders gedeutet werden. So sich mein Gemüte nicht hätte in die Liebe und Ruhe Christi eingewandt, so wollte ich es euch weisen nach Art der jetzigen Zankwelt.

57. Apocalypsis[205] ist geistlich und stecket im Mysterio. Es will ein hocherleuchtet Gemüte und Verstand haben, das da Gewalt hat, in das Mysterium Gottes einzugreifen. Es redet magisch. Es gehöret euch ein magischer Verstand dazu. Auf diese Weise finde ich den magischen Begriff nicht, denn das ist ein historischer[206] Begriff.

58. Wer Magiam himmlisch angreifen will, der muß die

---

203 einmal 204 Gegensatz 205 Johannesoffenbarung
206 hier: irdischer

himmlischen Figuren[207] erkennen von Gestalt des inneren Himmels als das Centrum oder Lebenszirkul[208], davon alle Wesen urständen, davon diese Welt ist erboren. Hat er aber denselben magischen Führer nicht in sich, so lasse er die himmlischen Figuren stehen oder Turba magna[209] hat die Gewalt, daß sie den aus der göttlichen Magia ausspeie.

59. Johannes Evangelista – oder wer Apocalypsis geschrieben – hat die Figuren der Magiae Gottes erkannt. Wiewohl er selber meldet, er sei hineingeführt worden und sei ihm gezeigt worden, sind derowegen dieselbigen Figuren in der göttlichen Magia blieben stehen. Und wiewohl es ist, daß sie selber offenbar werden, so gehöret doch ein solcher Magus dazu, der Thesaurinellam[210] verstehet. Er muß alle drei Principia mit ihren Figuren verstehen. Alsdann hat er Gewalt, sonst fället seine Arbeit der Turbae heim, – rede ich ganz wohlmeinend.

60. So es euch gefället, so leset mein Buch »Vom dreifachen Leben« recht. Allda werdet ihr die Wurzel der Magiae finden, wiewohl noch andere viel tiefere vorhanden sind. So wollte ich doch, daß ihr dasselbige möchtet verstehen, denn es hat Grundes genug. Ihr möchtet die andern sonst nicht ergreifen.

61. Gefället euch dann weiter zu forschen, so könnt ihr sie gar wohl erlangen. Alleine es muß Ernst sein, sonst bleibet es auch stumm. Denn der Grund derselben ist hoch magisch, wie das erleuchtete Gemüte wohl finden wird, so es sich wird darein vertiefen. Apocalypsis ist darinnen gar leicht zu verstehen. Und auf keine andere Art wird sie ganz verstanden werden, als aus dem Mysterio Gottes. Wer sich in das mag vertiefen, der findet alles, was er nur forschet.

62. Wollte demnach gerne, daß ihr eure Entzündung[211]

---

207 Symbole und Gleichnisse   208 Lebensmitte
209 großer Zorn, große Verwirrung   210 den Kern aller Schätze
211 Begeisterung

prüfet, daß ihr möchtet erkennen den Führer von der innern Welt und dann auch den Führer von der äußern Welt, daß euch die magische Schule beider Welten möchte kenntlich sein, so wäre das edle Gemüte vom Wahne frei. Denn im Wahne ist keine Vollkommenheit. Der Geist muß des Mysterii fähig sein, daß Gottes Geist in seinem Sehen der Führer sei, sonst stehet er nur im äußeren Mysterio als in dem äußeren Himmel des Gestirnes, welcher auch oft das menschliche Gemüte heftig entzündet und treibet. Aber er hat nicht die göttliche magische Schule, welche nur bloß in einem einfältigen, kindlichen Gemüte stehet.

63. Der äußere Führer arbeitet und leuchtet nur im Spiegel. Aber der innere leuchtet im Wesen, welches er nicht tun mag, Gottes Geist führe ihn denn. Darum stehet die Wahl bei Gott; welchen die himmlische Schule ergreifet, derselbe wird ein Magus ohne sein hart Laufen. Und ob es ist, daß er muß hart laufen, so ist er aber von Gott ergriffen und wird vom Hl. Geiste getrieben.

64. Darum soll sich ein Mensch prüfen, von welchem Führer er ergriffen sei. Findet er, daß er in seinem Sehen das göttliche Licht scheinend hat, daß ihn sein Führer auf dem Wege der Wahrheit, zur Liebe und Gerechtigkeit in die himmlische Schule einführet, daß er sein Gemüte mit einer göttlichen Gewißheit versichert und bestätigt, so mag er fortfahren; wo aber im Wahn oder Zweifel und doch im feurigen Trieb, so ists der Führer von dieser Welt. Der soll an seinem vorhandenem Willen geprüfet werden, ob er Gottes oder seine eigene Ehre und Ruhm suche. Ob er sich freiwillig unter das Kreuz werfe und nur begehre, in Christi Weinberge zu arbeiten, und seinen Nächsten suche, ob er Gott oder Brot suche. Danach soll ihn der Verstand urteilen und freilassen oder wegwerfen und zähmen, wie es die Not erfordert.

65. Solches habe ich euch zu einer christlichen Vermahnung brüderlich nicht bergen sollen, und bitte, wollet es nicht

anders annehmen als wohlmeinend, wie denn solches meine Pflicht erfordert, sintemal ich in Christo auf euer Begehren in eurem ängstlich suchenden Gemüte euer Schuldner bin als ein Glied dem andern.

66. Anlangend euer ganz christliches Erbieten, erkenne ich und nehme es in der Liebe geschehen an, so ein Glied dem andern in der Not zu Hilfe kommt, sollte in der Liebe verschuldet[212] werden. Wollet mir ferner, was eurem Gemüte annehmlich sei, nicht bergen; will euch, soviel an mir Gott verleihet, nicht verhalten. Anjetzo in die Liebe Jesu empfohlen:

Des Herrn dienstwilliger J. Böhm.

Der Name des Herrn ist eine feste Burg, der Gerechte läufet dahin und wird erhöhet.

12. Sendbrief
An Herrn Kaspar Lindner, Zolleinnehmer zu Beuthen
Am Tage Mariä Himmelfahrt 1621.

Der offene Brunnquell im Herzen Jesu Christi sei unsere Erquickung und führe uns in sich ein, auf daß wir in seiner Kraft leben, uns in ihm erfreuen und in seiner Einigung uns in ihm lieben, erkennen und in einen Willen treten!

2. Ehrenfester, wohlweiser Herr, in der Liebe und Menschheit Jesu Christi geliebter Freund! Neben herzlicher Wünschung von Gott in unserm Emanuel, Leibes und der Seelen Wohlfahrt, füge ich demselben zu wissen, daß ich seine Briefe empfangen und darinnen verstanden, wie der Herr nicht allein ein Sucher und Liebhaber des göttlichen Mysterii sei, sondern auch allenthalben desgleichen Schriften fleißig nachforsche.

---

212 vergolten

3. Welches mich meines Teils hoch erfreuet, daß Gott seine Kinder also zeucht[213] und führet, wie denn geschrieben stehet: Welche der Geist treibet, die sind Gottes Kinder. Und wie sich ein Ast am Baum des andern freuet und ihm seinen Saft und Kraft giebet, also auch die Kinder Gottes in ihrem Baume Jesu Christo, welches meine einfältige Person hoch erfreuet, daß uns Gott in seinem Brunnquell als einfältige Kinder zu sich, zu unserer rechten Mutter Brüste ziehet, daß wir uns nach ihm sehnen als ein Kind nach seiner Mutter.

4. Weil ich denn, mein geliebter Herr und Bruder in der Liebe Christi, verspüre, daß ihr einen Durst nach dem offenen Brünnlein Christi traget und nach der Nießung eurer Brüder fraget und euch in ihnen als ein Zweig im Baume begehret zu ersättigen, also ist mir solches lieb, meinen Saft und Geist in meiner mir von Gott gegebenen Erkenntnis meinen Brüdern und Gliedern als meinen Mitästen im Baume Jesu Christi mitzuteilen und mich in ihnen zu ergötzen[214] als in ihrem Saft, Kraft und Geiste. Denn solches ist meiner Seelen eine angenehme Speise, ich vernehme, wie meine Mitäste und Glieder im Paradeis Gottes grünen.

5. Ich soll euch aber nicht bergen des einfältigen Kinderweges, den ich in Christo wandele. Denn ich kann von mir nicht anders schreiben als von einem Kinde, das nichts weiß und verstehet, auch niemals gelernet hat, als nur dieses, was der Herr in mir wissen will nach dem Maß, so er sich in mir offenbaret.

6. Denn von dem göttlichen Mysterio etwas zu wissen, habe ich niemals begehret, viel weniger verstanden, wie ich es suchen oder finden möchte; wußte auch nichts davon, als der Laien Art in ihrer Einfalt ist. Ich suchte allein das Herze Jesu Christi, mich darinnen zu verbergen vor dem grimmigen Zorn Gottes und den Angriffen des Teufels, und bat Gott

213 erzieht   214 freuen

ernstlich um seinen Hl. Geist und Gnade, daß er mich in ihm wollte segnen und führen und das von mir nehmen, was mich von ihm (ab)wendete und mich ihm gänzlich zu ergeben, auf daß ich nicht meinem, sondern seinem Willen lebete und er mich allein führete und ich sein Kind in seinem Sohne Jesu Christo sein möchte.

7. In solchem meinem gar ernstlichen Suchen und Begehren, darinnen ich heftige Anstöße erlitten, mich aber ehe des Lebens verwegen[215] als davon[216] ausgehen und ablassen wollte, – ist mir die Pforte eröffnet worden, daß ich in einer Viertelstunde mehr gesehen und gewußt habe, als wenn ich wäre viel Jahr auf hohen Schulen gewesen, dessen ich mich hoch verwunderte. (Ich) wußte nicht, wie mir geschah, und darüber mein Herz ins Lob Gottes wendete.

8. Denn ich sah und erkannte das Wesen aller Wesen, den Grund und Ungrund; item[217] die Geburt der Hl. Dreifaltigkeit, das Herkommen und den Urstand dieser Welt und aller Kreaturen durch die göttliche Weisheit. Ich erkannte und sah in mir selber alle drei Welten, als (1.) die göttliche englische oder paradeisische, und dann (2.) die finstere Welt als den Urstand der Natur zum Feuer, und zum (3.) diese äußere sichtbare Welt als ein Geschöpf und Ausgeburt oder als ein ausgesprochen Wesen aus den beiden inneren geistlichen Welten. Ich sah und erkannte das ganze Wesen in Bösem und Gutem, wie eines von dem andern urständete und wie die Mutter der Gebärerin wäre, daß ich mich nicht allein hoch verwunderte, sondern auch erfreuete.

9. Und fiel mir zuhand also stark in mein Gemüte, mir solches für ein Memorial aufzuschreiben. Wiewohl ich es in meinem äußern Menschen gar schwerlich ergreifen und in die Feder bringen konnte. Ich mußte gleich anfangen in diesem

---

215 das Leben daran wagen; vgl. 18,6   216 vom Suchen
217 desgleichen

sehr großen Geheimnis zu arbeiten, als ein Kind, das zur Schule gehet. Im Innern sah ich es wohl als in einer großen Tiefe, denn ich sah hindurch als in ein Chaos, da alles innen lieget, aber seine Auswickelung war mir (un)möglich.

10. Es eröffnete sich aber von Zeit zu Zeit in mir als in einem Gewächse, wiewohl ich 12 Jahr damit umging und dessen in mir schwanger war und einen heftigen Trieb in mir befand, ehe ich es konnte in das Äußere bringen, bis es mich hernach überfiel als ein Platzregen. Was der trifft, das trifft er. Also ging es mir auch. Was ich konnte ergreifen, in das Äußere zu bringen, das schrieb ich auf.

11. Wiewohl mir die Sonne nachmals ziemliche Zeit geschienen hat, aber nicht immer beharrlich. Wenn sich diese hat verborgen, so habe ich wohl auch meine eigene Arbeit kaum verstanden, und solches darum, auf daß der Mensch erkenne, daß das Wissen nicht sein, sondern Gottes sei, daß Gott in der Seelen des Menschen wisse, was und wie er will.

12. Solche meine Schriften gedachte ich mein Leben lang bei mir zu behalten und keinem Menschen zu geben. Aber es fügete sich nach Schickung des Höchsten, daß ich einem Menschen etwas davon vertrauete, durch welchen es ohne mein Vorwissen offenbar wurde, darauf mir das erste Buch[218] entzogen ward und weil darinnen gar wunderliche Sachen eröffnet, so dem menschlichen Gemüte nicht bald begreiflich waren, habe ich darum müssen von den Vernunft-Weisen[219] viel ausstehen.

13. Sah auch dasselbe erste Buch in drei Jahren nicht mehr, vermeinete, es wäre längst tot und dahin, bis mir Abschriften von gelehrten Leuten zugeschicket wurden, mich vermahnend, mein Talent zu offenbaren, welches die äußere Vernunft nirgends tun wollte, dieweil sie vorhin also viel hatte

218 *Aurora*
219 etwa: Rationalisten, gemeint sind Böhmes theologische Gegner

müssen erleiden. So war die Vernunft sehr schwach und zaghaftig, denn mir auch zugleich das Gnadenlicht eine ziemliche Zeit entzogen ward und glomm in mir als ein verborgen Feuer, daß also nichts denn Angst in mir war: von außen Spott, von innen ein feuriger Trieb. Und mochte es doch nicht ergreifen, bis mir der Höchste mit seinem Odem wieder zu Hilfe kam und ein neues Leben in mir erweckete. Allda erlangete ich einen bessern Stilum[220] zu schreiben und auf eine tiefere und gründlichere Erkenntnis, konnte alles besser in das Äußere bringen, wie es denn das Buch »Vom dreifachen Leben« durch die drei Principia ausweiset und der göttliche Liebhaber, so ihm sein Herz mag aufgetan werden, sehen wird.

14. Also habe ich nun geschrieben, nicht von Menschenlehre oder Wissenschaft aus Bücherlernen, sondern aus meinem eigenen Buche, das in mir eröffnet ward. Als das edle Gleichnis Gottes, das Buch des edlen Bildnisses – zu verstehen: das Ebenbild Gottes – war mir vergönnet zu lesen, und darin habe ich mein Studieren gefunden als ein Kind in seiner Mutter Hause, das da siehet, was der Vater machet und demselben in seinem Kinderspiel nachspielet. Ich darf[221] kein ander Buch dazu.

15. Mein Buch hat nur drei Blätter. Das sind die drei Principia der Ewigkeit. Darinnen kann ich alles finden, was Moses und die Propheten, sowohl Christus und die Apostel geredet haben. Ich kann der Welt Grund und alle Heimlichkeit darinnen finden. Doch nicht ich, sondern der Geist des Herrn tut es nach dem Maß, wie er will.

16. Denn ich habe ihm viel hundertmal geflehet, so mein Wissen nicht zu seinen Ehren und meinen Brüdern zur Besserung möchte dienen, er wollte solches von mir nehmen und mich nur in seiner Liebe erhalten. Aber ich habe befunden,

220 Stil   221 brauche

daß ich mit meinem Flehen nur habe das Feuer in mir heftiger entzündet. Und in solchem Entzünden und Erkenntnis habe ich meine Schriften gemacht.

17. Ich habe aber damit nicht vermeinet, bei solchen Leuten, als ich jetzt sehe, bekannt zu werden; vermeinete noch immer, ich schriebe für mich, wiewohl der Geist Gottes in der Verborgenheit in meinem Geist solches genugsam zeigete, zu was Ende es wäre. Noch war die äußere Vernunft immer das Contrarium[222], als nur zu Zeiten, wenn der Morgenstern aufging, da ward die Vernunft mit entzündet und tanzte mit, als hätte sie es ergriffen. Aber es ist weit davon.

18. Gott wohnet in dem edlen Bildnis und nicht im Sternen- und Elementengeiste. Er besitzet nichts als nur sich selber in seinesgleichen. Und ob er wohl etwas besitzet, als er dann alles besitzet, so ergreifet ihn doch nichts als nur das, so von ihm entsprungen und herkommen ist, als die Seele in der Gleichheit Gottes.

19. Darum ist mein ganzes Schreiben als eines Schülers, der zur Schule gehet. Gott hat meine Seele in eine wunderliche Schule geführt, und ich kann mir in Wahrheit nichts zuweisen, daß meine Ichheit etwas wäre oder verstände.

20. Es soll keiner höher von mir halten, als er hier siehet. Denn das Werk in meiner Arbeit ist nicht mein. Ich habe es nur nach dem Maß, als mir es vom Herrn vergönnet wird. Ich bin nur sein Werkzeug, mit dem er tut, was er will. Solches melde ich euch, mein geliebter Herr, zur Nachricht, daß nicht jemand einen andern bei mir suche, der ich nicht bin, als einen von Kunst und hoher Vernunft, sondern ich lebe in Schwachheit und Kindheit in der Einfalt Christi, in seinem mir gegebenen Kinderwerke. Darinnen habe ich mein Spiel und ist mein Zeitvertreiben. Darinnen habe ich meine Freude als in einem Lustgarten, da viel edle Blumen innen

---

222 Gegenteil, Widerpart

stehen. Mit denen will ich mich dieweil ergötzen, bis ich werde wiederum die Paradeisblumen im neuen Menschen erlangen.

21. Weil aber, mein lieber Herr und Freund, ich sehe und vermerke, daß ihr auch auf diesem Wege seid und suchet, so schreibe ich euch meinen Kinderweg mit Fleiß. Denn ich verstehe, daß ihr euch mancherlei Schriften brauchet[223], von welchen ihr ein Judicium[224] von mir begehret, so euch als meinem Mitgliede, soviel mir Gott zu erkennen gegeben, auch widerfahren soll, und solches nur kurz und summarisch. In meinem Buch »Vom dreifachen Leben« findet ihr es weitläufig nach allen Umständen.

22. Gebt euch demnach dieses zur Antwort, daß die eigene Vernunft, welche ohne Gottes Geist nur bloß vom Buchstaben gelehret ist, alles tadelt und verachtet, was nicht schnurrecht nach dem Gesetze der hohen Schule eintrifft[225]. Wundert mich aber gar nichts, denn sie ist von außen und Gottes Geist von innen. Sie ist gut und böse. Sie fähret dahin als ein Wind und lässet sich wägen und treiben. Sie achtet auf Menschenurteil. Und was das hohe Ansehen dieser Welt richtet, danach richtet sie auch. Sie erkennet nicht des Herrn Sinn, denn er ist nicht in ihr. Ihr Verstand ist vom Gestirne und ist nur ein Spiegel gegen(über) der göttlichen Weisheit.

23. Wie mag der die göttlichen Sachen richten[226], in dem nicht der Geist des Herrn ist? Der Geist des Herrn prüfet und richtet allein alle Dinge. Denn ihm allein ist alles bewußt und offenbar. Die Vernunft aber richtet von außen, und richtet je eine Vernunft nach der andern: der Kleine nach dem Großen, der Laie nach dem Doktor, und ergreifet keiner die Wahrheit und des Herrn Sinn, ohne den Geist Gottes, welcher im

223 benützt   224 Urteil   225 übereinstimmt
226 beurteilen

Menschen richtet und niemands Person ansiehet; der Laie ist ihm als[227] der Doktor.

24. Daß aber die Kinder Gottes so mancherlei Gaben haben zu schreiben, reden und richten, und nicht alle einen Stilum führen, daraus die eigene Vernunft hernach das ihre aussauget und eine Babel[228] machet, daraus so viele Meinung ist entstanden, daß man hat aus ihren Schriften Meinungen und Wege zu Gott erdichtet, welche Wege man gehen sollte, und also ein solcher Zank daher entstanden ist, daß anjetzo der Mensch nur bloß auf den Streit siehet, welcher den andern mit Buchstabenwechseln überwindet – das ist alles Babel, eine Mutter der geistlichen Hurerei, da die Vernunft nicht zur Türe Christi durch Christi Geist in die Gelassenheit zu Gott eindringet, sondern sie dringet aus sich selber, aus eigener Macht und Hoffart in einen andern Menschen und will gerne immer das schönste Kind im Hause sein. Man solle sie ehren und anbeten.

25. Die Kinder Gottes haben mancherlei Gaben nach der Regel des Apostels: Gott giebet einem jeden auszusprechen, wieviel er will. Die Gaben der Menschen geschehen alle nach dem unerforschlichen Willen Gottes, und quellen alle aus einer Wurzel. Die ist die Mutter der drei Prinzipien. Wie eines jeden seelischer Geist in der Mutter konstelliert wird, also ist auch seine Offenbarung und Erkenntnis.

26. Denn Gott führt keinen neuen oder fremden Geist in uns, sondern er eröffnet mit seinem Geist unsern Geist als das Verborgene der Weisheit Gottes, welche in jedem Menschen lieget nach dem Maß und auf die Art seiner innerlichen verborgenen Konstellation. Denn Christus sprach: Mein Vater wirket, und ich wirke auch, Joh. 5,17. So wirket nun der Vater in der Essenz des Ebenbildes Gottes als in der göttlichen Gleichheit.

---

227 wie   228 Verwirrung

27. Die seelische Eigenschaft ist des Vaters, denn Christus sprach: Vater, die Menschen waren dein, und du hast sie mir gegeben, und ich gebe ihnen das ewige Leben, Joh. 17,6. So aber die seelische Eigenschaft aus dem Vater von Ewigkeit ist, so hat er auch von Ewigkeit in der gewirket und wirket noch bis in Ewigkeit in demselben Bildnis zum Licht und Finsternis, wo sich der Wille der seelischen Eigenschaft hinneiget.

28. So denn des Vaters Eigenschaft un(er)meßlich ist und er die Weisheit selber wirket, und aber alle Dinge durch seine Weisheit urständen, so sind die Seelen mancherlei konstelliert, wohl aus einer Essenz gurständet, aber die Wirkung ist mancherlei, alles nach Gottes Weisheit. So eröffnet nun der Geist Christi einer jeden Seelen ihre Eigenschaft, daß eine jede aus ihrer Eigenschaft redet von den Wundern der Weisheit Gottes.

29. Denn Gottes Geist machet nichts Neues im Menschen, sondern er redet von den Wundern in der Weisheit Gottes aus dem Menschen. Und solches nicht allein aus der ewigen, sondern aus der äußern Konstellation als durch den Geist der äußern Welt. Er öffnet im Menschen die innere seelische Konstellation, daß er muß weissagen, was der äußere Himmel wirket. Item: Er muß durch Turbam magnam[229] reden, als die Propheten oft geredet und dem Volke die Strafe angedeutet haben, welche ihnen durch Turbam magnam, aus Gottes Verhängnis, um ihrer Sünde willen widerfahren sollte.

30. So redet nun der Geist Gottes oft etwa in einem durch die innere ewige Konstellation der Seelen als von ewiger Straf oder Belohnung, und ein anderer durch die äußere Konstellation von Glück und Unglück dieser Welt, vom Aufsteigen aller Macht und auch der Zerbrechung Land und Städte, item: von wunderlicher Veränderung der Welt.

31. Und wiewohl es ist, daß der Geist der äußern Welt auch

---

229 den großen Zorn

oft sein Spiel im Menschen vollbringet und aus seiner eigenen Macht sich im menschlichen Geist einflicht und seine wunderliche Figur andeutet, so bei denen statt hat, welche nur bloß in der Vernunft in hoffärtigem eigenem Willen laufen, daraus oft falsche Propheten entstehen. Darum sage ich nun, daß ein jeder aus seiner Konstellation – einer durch die Offenbarung des Geistes Gottes wahrhaftig, der andere durch die Eröffnung des äußern Sterngeistes redet, jedoch aus derselben Konstellation. Der aber aus eines andern Munde vom Geheimnis redet und richtet ohne eigne Erkenntnis, das ist Babel und Wahn, ein Ding, das das Herze nicht erfähret, obs wahr sei.

32. Und (ich) sage ferner, daß alle die teuren von Gott erleuchteten Männer, deren Schriften ihr teils in Händen möget haben, aus ihrer Eröffnung[230] geredet haben, ein jeder nach seinem Begriff. Das Zentrum aber ist die Seele, und das Licht ist Gott. Die Offenbarung geschiehet durch Eröffnung des Geistes Gottes, durch die Konstellation der Seelen.

33. Von Anfang der Welt her haben alle Propheten von Christo geweissaget, einer so, der andere anders. Sie haben nicht alle einerlei Rede in einerlei Forma geführt, sondern ein jeder, wie ihm der Geist Gottes in seiner seelischen, ewigen Konstellation eröffnet hat, aber aus einem Centro haben sie alle geredet. Also geschiehet es noch heute. Die Kinder Gottes reden alle aus Eröffnung des Geistes Christi, welcher ist Gottes, ein jeder nach seinem Begriff. (Ich) will euch derowegen freundlich erinnert haben, euch nicht an die Vernunftgeschwätze und stolzen Gerichte zu stoßen und derowegen jemands Gaben zu verachten, denn der solches tut, der verachtet den Geist Gottes.

34. Diese angedeuteten Autores, über welche ihr ein Gutachten von mir begehret, habe ich nicht alle, jedoch zum Teil

---

230 Erfahrung

gelesen. Ich begehre sie nicht zu richten. Es sei ferne von mir, ob sie gleich nicht alle einen Stilum haben gehabt zu schreiben, denn die Erkenntnis ist mancherlei. So gehöret mir aber aus meinen Gaben, ihre Herzen und Willen zu prüfen. Wenn ich aber befinde, daß ihre Herzen und der Geist aus einem Centro, als aus Christi Geist entsprießen, so lasse ich mir am Centro genügen und befehle das Aussprechen der höchsten Zungen, als dem Geist der Weisheit Gottes, der durch die Weisheit eröffnet einem jeden nach dem Maß, als er will.

35. Ich richte niemand, und ist das Verdammen ein falsches Geschwätz. Der Geist Gottes richtet selber alle Dinge. Ist derselbe in uns, was fragen wir dann lange nach dem Geschwätze? Ich erfreue mich aber vielmehr der Gaben meiner Brüder. Ist es aber, daß sie eine andere Gabe auszusprechen gehabt haben als ich, soll ich sie darum richten?

36. Spricht auch ein Kraut, Blume, Baum zum andern: Du bist sauer und dunkel, ich mag nicht neben dir stehen? Haben sie nicht alle eine Mutter, daraus sie wachsen? Also auch alle Seelen aus einer, alle Menschen aus einem. Warum rühmen wir uns Kinder Gottes, so wir doch unverständiger sind als die Blumen und das Kraut auf dem Felde? Ist nicht auch also mit uns, daß Gott seine Weisheit in uns offenbaret, gleichwie er die Tinktur[231] der Verborgenheit in der Erde durch die Erde mit schönen Gewächsen offenbaret. Der aber richtet und verdammet auf dem gottlosen Wege, welcher nur in Hoffart läuft, sich sehen zu lassen, der ist der Treiber zu Babel und ein drehend Rad, das nur Zank aufbläset.

37. Die rechte Proba der Kinder Gottes ist diese, da man mag sicher nachfolgen: Ein demütiges Herz, das sich nicht selber suchet noch ehret, sondern suchet immerdar seinen Bruder in der Liebe, das nicht Eigennutz und Ehre suchet,

---

231 Wesensgestalt

sondern Gerechtigkeit und Gottesfurcht. Der rechte und schlechte[232] Weg zu Gott zu kommen ist dieser, soviel mir dessen erkenntlich ist, nämlich daß der Mensch aus seinen begangenen Sünden ausgehe und ihm einen ernsten Vorsatz mache, nimmermehr wieder darein einzugehen, und in seinem Ausgehen nicht zweifele.

38. Und ob freilich die Vernunft zweifelt, davor der Sünder erschricket und sich vor Gottes Zorn entsetzet, daß sich der Wille nur schlecht und recht in die Barmherzigkeit Gottes, in Christi Leiden und Tod einsenket und sich durch Christus in Gott ergiebet als ein Kind in seiner Mutter Schoß, das selber nichts will als nur, was die Mutter will. Es jammert nur die Mutter an und hoffet immer das Beste von der Mutter. Es sehnet sich nur allein nach der Mutter Brüsten. Also muß unsere Begierde nur allein schlecht in unsere erste Mutter wieder eingerichtet werden, von welcher wir mit Adam sind ausgegangen in ein eigenes.

39. Daher saget Christus: Wo ihr nicht umkehrt und werdet wie die Kinder, sollt ihr das Reich Gottes nicht sehen. Matth. 18,3; item: Ihr müsset neugeboren werden, Joh. 3,7, das ist: Wir müssen aus aller Vernunft wieder in die Gelassenheit in unserer Mutter Schoß eingehen und alles Disputieren fahren lassen, auch unsere Vernunft ganz wie tot machen, auf daß der Mutter Geist eine Gestalt in uns bekomme und in uns das göttliche Leben aufblase, daß wir uns in der Mutter Geist in der Wiege finden, wollen wir von Gott gelehret und getrieben sein.

40. Wir müssen uns ihm gänzlich ergeben, daß Gottes Geist in uns das Wollen, Tun und Vollbringen sei, auf daß wir ihm wissen und nicht uns, daß er unser Wissen sei.

41. Wir sollen mitnichten sagen, was wir wissen wollen, sondern nur bloß in die Menschwerdung und Geburt Jesu

---

232 schlichte

Christi, in sein Leiden und Tod eingehen und immer gerne wollen in seine Fußstapfen treten und ihm nachfolgen und gedenken, daß wir auf der Pilgrimstraße sind, da wir durch einen gefährlichen Weg müssen in unser Vaterland, daraus uns Adam führete, wiederum in Christo auf dem schmalen Steige eingehen. Auf diesem einzigen Wege lieget das Perllein Mysterium Magnum. Alles Studieren, Suchen und Forschen außer diesem Wege ist tot und erlanget nicht die jungfräuliche Krone, sondern nur Dornen und Spitzen, welche in die Kinder Gottes stechen.

42. Darum, mein lieber Herr, weiß ich euch, weil ihr mein Bekenntnis begehret, keinen bessern Rat mitzuteilen, als daß ich euch den Weg zeige, den ich selber gehe und darauf mir ist die Tür aufgetan worden, daß ich gelehret bin, ohne zuvorhin Lernen. Denn alle Kunst und Wissen kommet von Gott, der findet alles.

43. Ich habe mit den Kindern Gottes wegen ihrer ungleichen Gabe keinen Zank. Ich kann sie in mir alle einigen. Ich gehe mit ihnen nur aufs Zentrum, so habe ich die Proba[233] aller Dinge. Wollet ihr mir nun nachfolgen, so werdet ihr es erfahren und vielleicht hernach besser verstehen, was ich geschrieben habe.

44. Ein wahrer Christ hat mit niemand Streit, denn er stirbet in der Gelassenheit in Christo allem Streit ab. Er sorget nicht mehr für den Weg zu Gott, sondern er ergiebet sich in die Mutter als in Christi Geist, was der immer mit ihm machet, das gilt ihm gleich. Es sei in dieser Welt Glück oder Unglück, Leben oder Tod. Es ist ihm alles gleich. Es rühret den neuen Menschen kein Unglück, sondern nur den alten von dieser Welt. Da mag die Welt mit ihm tun, was sie will. Derselbe ist der Welt, aber der neue ist Gottes.

45. Mein geliebter Herr, dieses ist mein Weg, darauf ich

---

233 Einsicht in

wandele und darauf ich wissen muß ohne mein Vorwissen. Ich nehme nur keinen Vorsatz zuvorhin, was ich schreiben oder reden will, sondern ergebe mich in Gottes Wissen. Der mag in mir wissen, was er will. Und auf solchem Wege habe ich eine Perle erlanget, welche mir lieber ist als die äußere Welt.

46. Und obs gleich geschiehet, daß oft die Kinder Gottes in der Erkenntnis miteinander anstoßen, so geschiehet doch alles nur durch die Turba[234] der äußeren Vernunft, welche in allen Menschen ist, und verhänget Gott solches darum, daß der Mensch geübet werde und seinen Geist heftiger mit Beten und Eindringen in Gott entzünde. Alsdann gehet der Geist Gottes in der Verborgenheit der Menschheit als ein Feuer, das da brennet, und muß den Kindern Gottes zum besten dienen (Röm. 8,28).

47. Anlangend etliche Personen eurer Nachbarschaft, davon ihr meldet, welche alles zu Geld machen und dem vermeineten Zion zulaufen, hielt ich ratsamer, sie blieben daheim, denn Zion muß in uns geboren werden. Wenn sie werden an die Orte kommen, so ist ihnen sowohl als vorhin, und (sie) müssen gleichwohl unter dem Joch Christi leben.

48. Gott ist im Himmel, und der Himmel ist im Menschen. Will aber der Mensch im Himmel sein, so muß der Himmel im Menschen offenbar werden. Das muß durch ernste Buße und herzliches Einergeben[235] geschehen. Das können sie wohl daheim und an ihren Orten tun. Dem sie gedenken zu entfliehen, darein werden sie laufen. Wenn sie daheim einen göttlichen Weg wandelten, daß andere Leute ein Exempel an ihnen hätten, wäre Gott angenehmer.

49. Denn es hat unter ihnen auch stolze, hoffärtige, spöttische Leute, welche nur verachten und schmähen, und ist in manchem mehr eine angenommene Weise und geistliche

---

234 Treiben   235 Hingabe

Hoffart, als ich denn selbst erfahren habe. Denn ich habe einen unter ihnen wegen eines ausgegangenen Büchleins, darin ich etwas Schweres wider Gott und den Grund der Wahrheit fand, ganz christ- und brüderlich ersuchet und unterwiesen; (ich) verhoffte, er würde sehend werden. Aber er hat ganz stolz und verächtlich, dazu schmählich geantwortet und eine solche Antwort von sich gegeben, darinnen kein Gottesgeist zu spüren ist. Ihre Konfession ist vielmehr eine Meinung als ein rechter Ernst, denn dessen sie sich rühmen, die sind sie nicht. Es mag wohl fromme Herzen unter ihnen haben, aber ihrer viel sind es nur mit dem Namen, und wollen das Ansehen haben, wie ich selbst von einem der Vornehmsten unter ihnen habe erfahren. Sie mögen wohl daheim lernen Leute schmähen. Es ist nicht der kindliche Weg in Gottes Reich. Dazu ist ihr Weg Revoca[236] und von ihnen selbst im Schein. Aber heimlich sind sie wie vorhin.

50. Wollte Gott, es wäre also ein Ernst mit ihnen, wie sie vorgeben, ich wollte es auch loben. Allein Schmähen und Verachten ist nur Babel, dessen ist die Welt vorhin voll. Danach laufe ich nicht.

51. Anlangend den Hans Weyrauch: Soviel ich in dieser Schrift sehe, mag er ein Mensch sein, welcher in Gottes Liebe wallet, wofern sich sein Weg im Herzen so verhält. Daß er aber andere tadelt wegen Erkenntnisses des Lichtes der Natur, darinnen hat er vielleicht nicht Erkenntnis und erstrecken sich seine Gaben dahin nicht, ist darauf nicht zu sehen, weil es seine Gabe nicht ist. Wollet ihn derweil für einen frommen Bruder halten. Denn Gott führet seine Gaben nicht nur in der Einfalt aus, sondern auch in manchem in der Höhe. Denn er ist hoch und tut mit allen seinen Werken, was er will.

52. Also antworte ich auch von den andern angedeuteten Autoribus[237], welche teils hohe Gaben gehabt, aber nicht alles

236 etwa: ein Weg zurück   237 Autoren

mögen genug ergreifen, doch haben sie zu ihrer Zeit genug getan. Weil aber die jetzige Zeit eines andern Arztes bedarf, so befinden sich auch jetziger Zeit andere Erkenner und Wisser zu der Krankheit, alles nach Gottes Liebe und Vorsorge, der nicht will, daß jemand verloren werde, sondern daß allen Menschen geholfen werde.

53. Wenn dieselben Autoren anjetzo lebeten, so würden sie vielleicht in etlichen Punkten haben klarer und in andern Formen geschrieben, wiewohl sie bei ihrer Zeit genug getan und sie darum mitnichten zu verachten sind. Obwohl etliche Punkte zu verbessern wären, so ist doch sonst ihre Lehre von der Vereinigung der Gottheit und Menschheit fast[238] klar, und siehet man, wie auch Gottes Geist in ihnen gewesen. Die Vernunft aber drehet alles ins Ärgste und verkehrets mit falschem Deuten.

54. Beim Schwenckfeld[239] stößet dieser Punkt an, daß er Christum für keine Kreatur hält. Er hat noch nicht die Principia ergriffen; darum (ist) nicht möglich zu unterscheiden, womit er keine Kreatur sei. Was seine Gottheit anlanget, ist er keine Kreatur. Was aber die himmlische Wesenheit anlanget, von welcher er saget, er wäre vom Himmel kommen und wäre im Himmel (Joh. 3, 13), ist er mit derselben in der Menschheit kreatürlich und außer der Menschheit unkreatürlich.

55. Gleichwie wir Menschen in den vier Elementen leben und sind selber der vier Elementen Eigenschaft, in uns sind sie bildlich und außer uns unbildlich, und ist doch ein Ding, also auch in Christi Person.

56. Die ganze englische Welt als das zweite Principium ist sein leiblich Wesen nach der himmlischen Wesenheit, in der Person der Menschheit kreatürlich und außer der Person unkreatürlich. Denn er ist des Vaters Herz und Wort. Und das Herz ist überall im Vater. Also wo sein Herz ist, da ist auch

238 sehr   239 Kaspar Schwenckfeld (1489-1561)

der Himmel und göttliche Wesenheit mit der Fülle der Weisheit umgeben.

57. Anlangend seine Seele, welche er seinem Vater in seine Hände befahl und von welcher er sagte am Ölberge, sie wäre betrübet bis in den Tod, ist dieselbe aus unserer seelischen Eigenschaft. Denn um die Seele war es zu tun, daß Gott Mensch ward, daß er dieselbe wieder in sich brächte und unsern Willen aus der Irdigkeit wieder in sich einführete, die ist eine Kreatur.

58. Und das dritte Principium als das äußere Reich dieser Welt, welches Gott hat durch seine Weisheit aus der Ewigkeit geboren, ist auch kreatürlich in ihm. Denn die ganze Gottheit hat sich im Menschen Christo offenbaret, als gleichwie Gott ist in diesem Geiste alles, daß er in diesem Menschen auch alles sei. Sind wir Menschen doch alle also, sofern wir wieder aus Gott geboren werden. Und wäre dieser Punkt, welcher fast die andern alle treibet, wohl zu raten, so man ihn recht betrachtete. Es (be)dürfte auch nicht viel Streit oder Verdammens. Denn der Geist Gottes fraget nach keinem Streit. Er richtet alles in sich.

59. So will Weigel[240] haben, Maria sei nicht Joachims und Annas Tochter, und Christus habe nichts von uns angenommen, sondern sei eine edle Jungfrau. Ist wohl wahr nach dem Ziel des Bundes, nach der Jungfraue der göttlichen Weisheit. Aber was hülfe mich das? Wo bliebe meine Seele und meine in Adam verblichene Wesenheit als das Paradeisbild, so nicht Christus unsere Seelenessenz hätte in sich genommen und das verblichene Bild wiederum zum Leben erboren, welches ich in meinem Buche »Vom dreifachen Leben« nach der Länge habe ausgeführt.

60. Sonst schreibet auch Weigel von der neuen Geburt und der Einigung der Menschheit in Christo mit uns gar schön,

---

240 Valentin Weigel (1533-1588)

welches, weil ichs in meinen Schriften (et)was klarer beschrieben, allhie beruhen lasse, und lasse sie unverachtet, auch den, der sie lieset.

61. Träget doch eine Biene aus vielen Blumen Honig zusammen, ob manche Blume gleich besser wäre als die andere. Was fraget die Biene danach? Sie nimmt, was ihr dienet. Sollte sie darum ihren Stachel in die Blumen stechen, so sie des Saftes nicht möchte, wie der verächtliche Mensch tut? Man streitet um die Hülsen, und den edlen Saft, der zum Leben dienet, lässet man stehen.

62. Was hilft mich die Wissenschaft, so ich nicht darinnen lebe? Das Wissen muß in mir sein und auch das Wollen und Tun. Der Mantel mit dem Leiden und Genugtuung Christi, den man jetzt dem Menschen umdecket, wird manchem zum Stricke und höllischen Feuer werden, daß man sich also nur will mit Christi Genugtuung kitzeln und den Schalk[241] anbehalten.

63. Es heißet: Ihr müsset neu geboren werden oder sollet Gottes Reich nicht schauen. Ihr müsset werden als ein Kind, wollet ihr Gottes Reich sehen. Nicht allein um die Wissenschaft zanken, sondern ein neuer Mensch werden, der in Gerechtigkeit und Heiligkeit in Gott lebe. Man muß den Schalk austreiben und Christum anziehen, alsdann sind wir in Christo in seinem Tod begraben und stehen mit Christo auf und leben ewig in ihm. Was soll ich denn lange um das zanken, das ich selber bin?

64. Ich habe mit niemand keinen Zank als nur wider den Gottlosen. Den straft der Geist unter Augen. (Das) wollte ich euch nicht bergen und meinte es treulich.

65. Anlangend meine Bücher könnet ihr, wie vernommen, wohl bei euch bekommen, so euch dieselben gelieben[242]. Denn mir wird berichtet: Herr Christian Bernhard, Zöllner

241 alten Menschen   242 gefallen

zu Sagan, wie er derselben habe zwei – als das »Vom dreifachen Leben«, welches fast das vornehmste im Lehren ist, und dann die »Vierzig Fragen von der Seelen« – eurem Weinschenken seinem Bruder geliehen. Könnet euch mit ihm befreunden; wird sie euch nicht versagen. So aber nicht, will ich euch in andere Wege dazu verhelfen. Könnet dieselben auch bei Herrn Christian Bernhard bekommen, so ihr sie ja begehret und nicht mehr haben könnet. Ich will ihm schreiben, daß er euch die wird leihen, denn ich habe meine selten daheim. Jedoch so ihr sie nicht würdet erlangen, wollte ich, sobald ich sie zu Hause bekäme, euch eines nach dem andern leihen.

66. Deren Titel und unterschiedliche Bücher sind diese: I. Die »Aurora«, steiget aus der Kindheit auf und zeiget euch die Schöpfung aller Wesen, aber fast heimlich und nicht genug. Erkläret viel magischen Verstand, denn es sind etliche Geheimnisse darinnen, so noch ergehen[243] sollen.

67. II. Ein großes Buch von 100 Bogen, »Von den drei Prinzipien göttlichen Wesens« und des Wesens aller Wesen. Das ist ein Schlüssel und Alphabet aller derer, so meine Schriften begehren zu verstehen. Das handelt von der Schöpfung. Item: von der ewigen Geburt der Gottheit, von der Buße, der Rechtfertigung des Menschen und seinem Paradeis-Leben und von dem Falle. Item: von der neuen Geburt und Christis Testamenten und vom ganzen menschlichen Heil, sehr nützlich zu lesen, denn es ist ein Auge, zu erkennen die Wunder im Mysterio Gottes.

68. III. Ein »Buch vom dreifachen Leben«, hat 60 Bogen, ist ein Schlüssel von oben und unten zu allen Geheimnissen, wohin sich nur das Herze schwingen möchte. Es zeigt allen Grund der drei Prinzipien und dienet einem jeden nach seiner Eigenschaft. Er mag fast alle Fragen, so die Vernunft ersinnen

---

243 bevorstehen

kann, darinnen gründen. Und ist das nötigste, so euch wohl dienen möchte, ihr würdet der Zankbücher bald überdrüssig werden, so ihr dies ins Gemüte brächtet.

69. IV. »Vierzig Fragen von der Seelen«, hat 28 Bogen, handelt von alledem, was ein Mensch wissen soll.

70. Das V. Buch hat drei Teile. Das erste Teil »Von der Menschwerdung Christi«. Das zweite Teil ist fast sehr tief, von Christi Leiden und Tod, wie wir in Christi Tod müssen eingehen, mit und in Christo sterben und auferstehen, und warum Christus hat müssen sterben; ganz aus dem Centro durch die drei Principia ausgeführt, sehr hoch. Das dritte Teil ist der Baum des christlichen Glaubens, auch durch die drei Principia, sehr nützlich zu lesen.

71. VI. Das sechste Buch oder Teil dieser Schriften sind die »Sechs Theosophische Punkte« der allergrößten Tiefe, wie die drei Principia sich ineinander gebären und vertragen, also daß in der Ewigkeit kein Streit ist und wohl ein jedes in sich selber ist, und wovon Streit und Uneinigkeit herkommen, wovon Böses und Gutes urstände; ganz aus dem Ungrunde als aus Nichts in Etwas als in (den) Grund der Natur eingeführt. Dieses sechste Buch ist ein solches Geheimnis, wiewohl kindisch[244] ans Licht gegeben, daß es keine Vernunft ohne Gottes Licht gründen wird. Es ist ein Schlüssel zu A und O.

72. VII. Ein Büchlein für die Melancholie, für die Angefochtenen geschrieben, wovon Traurigkeit urstände und wie man derselben widerstehen soll (»Von vier Komplexionen«).

73. VIII. Ein sehr tiefes Buch »De signatura rerum – Von der Bezeichnung der Kreation« und was jedes Dinges Anfang, auch Zerbrechung und Heilung sei, gehet ganz in die ewige und dann in die anfängliche, äußerliche Natur und in ihre Gestaltnisse.

74. Dieses sind also meine Bücher, neben etlichen kleinen

---

244 in kindlichem Geist

Traktätlein, die ich hin und wieder gegeben, deren ich keine Kopie behalten, denn ich bedarf ihrer für mich nicht. Ich habe an meinen drei Blättern[245] genug.

75. Und so es meine Gelegenheit giebet, denn ich sonst oft reisen muß wegen meines Werkes[246], so will ich euch sobald das sein mag, daß ich dieser Orte reise, selber ansprechen. Wollte es, als ich nach Ostern zu Weicha war, tun und war mein ganzer Vorsatz; allein Gott wendete es anders, fügete mir einen Mann zu, der mich andere Wege führete zu solchen Menschen, da es nötig war, daß ich hernach erkannte, daß mein Weg vom Herrn wäre.

76. Herr Balthasar Walther hat sich vergangenen Winter und Frühling bei Fürst August von Anhalt zu Pletzka aufgehalten und mir daselbst geschrieben. Anjetzo ist er beim Grafen zu Gleiche, drei Meilen von Erfurt. Sein Medicus hat sich auf ein Jahr bestellen lassen.

77. Am selben Hofe ist auch Ezechiel Meth. Aber sie sind nicht ganz eines Sinnes, wie es Walthers Schreiben ausweiset, welches ich erst vor drei Wochen empfangen. So mir der Herr etwas wollte schreiben und nicht Botschaften anhero[247] hätte, kann er es nur zu Herrn Christian Bernhard, Zöllner zu Sagan, schicken. Da habe ich alle Wochen Gelegenheit. Er ist ein gottesfürchtiger Geselle.

78. So etwas in meinen Schriften zu schwer und unverständlich wollte sein, bitte nur aufzuzeichnen; wills kindisch geben, damit es möchte verstanden werden. Den Klugen und Satten, den Hohen und in sich selbst Wissenden, welche selber gehen können und vorhin reich sind, denen habe ich nichts geschrieben, sondern den Kindern und Unmündigen, welche an der Mutter Brüsten saugen und gehen lernen.

---

245 d. h. an seinem Schauvermögen
246 als Händler und als theosophischer Lehrer
247 hierher

79. Wer es verstehen kann, der verstehe es. Wer aber nicht, der lasse es ungelästert und ungetadelt. Dem habe ich nichts geschrieben. Ich habe für mich geschrieben.

80. So aber ein Bruder durstig wäre und bäte mich um Wasser, dem gebe ich zu trinken. Der wird erfahren, was ich ihm gegeben habe, so ihm der Herr das Trinken wird vergönnen. Und tue mich in des Herrn Gunst und uns alle in die sanfte Liebe Jesu Christi empfehlen!

Datum Görlitz, am Tage Mariä Himmelfahrt.

Der Name des Herrn ist eine feste Burg; der Gerechte läufet dahin und wird erhöhet. J. B.

13. Sendbrief
An Christian Bernhard – 8. Juni 1621.

Der offene Brunnquell im Herzen Jesu Christi sei unsere Erquickung!

Ehrenfester, wohlbenamter Herr, in der Liebe Christi hoher Freund! Neben Wünschung aller heilsamen Wohlfahrt füge ich euch freundlich, daß diese mitgehenden Schriften von vielen gelehrten, auch adeligen Personen mit Lust und Liebe gesuchet und gelesen werden; und sind also sehr ausgebreitet, daß ich mich darob verwundere; und ist ganz ohne mein Wissen geschehen. Man hat sie fast in ganz Schlesien, sowohl in vielen Orten in der Mark, Meißen und Sachsen, wie mir denn täglich Schreiben zuhanden geschicket werden, derselben begehrend; sich auch etliche vornehme Leute anerboten, sie in Druck zu verlegen, welches mir anjetzo, weil Babel brennet, noch nicht gefällig ist, aber doch seine Zeit haben wird.

2. Denn das Aureum Saeculum[248] wird mitten im Feuer zu

248 goldenes Zeitalter

Babel anheben zu grünen. Melde ich euch treuherzig nachzusinnen und euch in der Begierde in unserm Emanuel[249] zu erwecken als einer unter den Erstlingen unter der siebenten Posaunen Schall ergriffen.

3. Suchet, spricht Christus, so werdet ihr finden. Das edle Perllein offenbaret sich selber in denen, so das anjetzo werden suchen. Denn es ist eine angenehme Zeit, beides: im Himmel und Hölle. Beide Türen stehen anjetzo mit ihrer Begierde offen. Es ist eine Zeit, sich selber zu suchen; halte es niemand für Scherz! Oder er fället dem grimmigen Zorn Gottes heim und wird im Rachen des Grimmes ergriffen.

4. Nur demütig unterm Kreuze eine kleine Zeit! Der Maien wird seine Rosen wohl bringen und der Lilienzweig seine Frucht!

5. Wohl dem, der ihn in seinem Herzen hat! Es wird ihm zur höchsten Ehre gereichen, denn dieser Welt Ehre ist nur Kot gegen die göttliche Liebe zu rechnen, melde ich für euch als für meinem Lieben in dem Herrn Jesu Christo treuherzig, euch zu erinnern und zu ermuntern in dem Herrn. Und tue euch der Liebe Jesu Christi empfehlen!

Datum Görlitz, ut supra[250]. J. B.

14. Sendbrief
An Christian Bernhard – Im Juni 1621.

Der offene Brunnquell im Herzen Jesu Christi sei unsere Erquickung!

Mein lieber Herr Christianus, hoher Freund! Euere Wohlfahrt ist mir allezeit lieb. Ich übersende euch hiermit das Buch »De tribus principiis«[251] vollends zum Abschreiben, so euchs gefället, und vermahne euch in der Liebe Christi als ein

---

249 Christus   250 wie oben   251 *Von den drei Prinzipien*

Glied das ander, in dem Studio und im Gebete zu Gott, fleißig zu sein, auf daß unser Glaube und Erkenntnis untereinander wachse und zunehme und wir endlich die Frucht davon einernten und derer genießen.

2\. Seid nur wacker, in Christo zu streiten wider die Vernunft der Welt und des Fleisches Willen, und kämpfet ritterlich. Euer Sieg ist in dem Herrn. Der wird ihn euch aufsetzen, wann's ihm gefället. Die Krone ist euch beigeleget, darum ihr kämpfet. Es wird euch nicht gereuen.

3\. Aber das Malzeichen Christi müsset ihr in dieser Welt tragen und seinem Bilde ähnlich werden, anders erlanget ihr nicht die Kron, füge ich euch brüderlich. Bereitet euch nur fleißig, denn es ist ein großer Sturm vorhanden, auf daß ihr erhalten werdet zum Lobe Gottes und zum Jahr der Lilien, welche grünet. Der Liebe Christi empfohlen!

4\. Bitte mit dem Nachschreiben zu fördern[252], denn es wird begehret. Es finden sich Schüler, denen mans geben soll. J. B.

15. Sendbrief
An Herrn Dr. Johann Daniel Koschowitz – Vom 3. Juli 1621.

Geliebter Herr Doktor, wollet nur Herrn Balthasar Tilke meinen Brief selber zu lesen geben, ohne allein dieses Skriptum[253] nicht, und ihn zu christlicher Demut vermahnen, ob ihm vielleicht möchten die Augen der Seelen aufgetan werden, welches ich ihm wohl gönne. Es wird ihm kein Spott sein, daß er die Wahrheit beliebe. Denn ich merke wohl, was ihn aufhält und im Wege lieget: anders nichts als eigene Liebe, in dem er bisher hat seinen Grund weit ausgesprenget

---

252 eilen
253 Gemeint ist die 2. Apologie wider B. Tilke, vgl. 19. Sendbrief gleichen Datums.

und bei vielen ein Ansehen bekommen; und dieser mein Grund nicht gänzlich mit ihm einstimmet. So treibet ihn die eigene Liebe zum Contrario[254] und da er doch meinen Grund noch nicht begriffen hat und dessen noch ein Kind ist.

2. So ihm aber die Ehre bei Gott und die gliedliche Liebe[255] wollte, gefallen, so hat er in Wahrheit nichts wider mich und meine Schriften. Auch möchten sie ihm noch wohl frommen. Aber ohne geneigten Willen wird er wohl stumm daran bleiben, denn diesen Grund verstehet keine Vernunft ohne[256] die einige Liebe Gottes, darinnen alle Schätze der Weisheit innen liegen. Was aber seine Meinung sei, bitte ich mir doch wieder durch Herrn N. mit einem Sendebrieflein zu melden.

3. Herrn Dr. Staritius ist sein verdeckter Grund hiemit geöffnet. Ich hoffe, er werde auch sehend werden, weil er sonst eine scharfe Vernunft und die Logik wohl studieret hat, so wird er vielleicht weiterforschen. Will er aber nicht, so hebet seine Meinung Gottes Gaben nicht auf. Er kann mir diesen Grund sonderlich die Erklärung der Sprüche mit keiner Schrift umstoßen. Ich meine es treulich mit ihm.

4. Daneben bitte ich euch, ihr wollet mir diese Freundschaft erzeigen und diesen Traktat »Von der Gnadenwahl« Herrn Th. von T(schesch) zu lesen schicken, weil er ein sittsamer Herr ist und auch eben der Disputat dieses Artikels bei ihm vorgelaufen ist, daß es nicht das Ansehen hat, als sei man im Unverstande zu Tode geschlagen worden. Wird es aber die Not erfordern, so will ich mich dermaßen erklären, daß sie sehen sollen, aus was Grunde ich schreibe.

5. Sie geben mir Fragen, wie sie wollen. Sie sind in der Natur, in der Zeit oder in der Ewigkeit. Ich will mich in göttlichen Gnaden nichts vor ihnen scheuen, sondern genug beantworten, allein daß es nur christlich geschehe und nicht

254 Widerspruch   255 als Glied am Leib Christi   256 als

aus Affekten oder Schmähung. Ich will dergleichen gegen jeden handeln.

6. Am nähern in unserer Zusammenkunft war ich gar übel geschickt zu solchem Disputat, denn Wein und köstliche Speise verdecken des Perlleins Grund, zuvoraus, weil ich dessen nicht gewohnet bin und daheim ganz mäßig und nüchtern lebe. Und (es) ist Herrn N. nicht genug geantwortet worden.

7. Ich bin aber erbötig, ihm und allen denen, welche es christlich meinen, zu antworten, sie geben mir nur ihre Fragen schriftlich und erklären ihre Meinung dabei, daß ich sehe, was sie schließen. Ich will ihnen gründlich und ausführlich genug antworten und keines Sektierers oder sektiererischen Namens mich behelfen und nennen lassen mit Grund der Wahrheit, nicht ein Flaccianer[257], wie Herr Dr. Staritius meinet, sondern im Grunde soll ich sehen, denn ich lehre kein eigen Vermögen, außer Christo zur Kindschaft zu kommen, wie Dr. Staritius meinet.

8. Allein mit seiner Meinung bin ich auch nicht genüget, viel weniger aber mit Herrn Balthasar Tilkens, welche ganz wider die Schrift anstößet. Denn ich bin allein Meinungen in mir tot und habe nichts, ohne was mir von Gott zu erkennen gegeben wird. Und gebe es euch allen selber zu richten, wovon ich weiß, was es ist, daß ich als ein Laie und ungeübter Mann mit euch, die ihr von den hohen Schulen geboren seid, zu tun habe und mich wider die gelehrte Kunst setzen muß, und da ich in meiner eigenen Vernunft doch nicht weiß ohne Gottes Wissen, wie ich dazukomme, sondern sehe ihm selber nach, was Gott tut.

9. Aber in dem Grund meiner Gaben weiß ich gar wohl, was ich tue in diesem Vorhaben, und da es doch kein Vorhaben in mir ist, sondern also bringet es die Zeit und also treibet es der, der alles regieret.

---

257 nach dem lutherischen Theologen Flacius Illyricus (1520-1575)

10. Anlangend unsere heimliche Abrede, wie euch bewußt, werdet ihr euch müssen noch ziemliche Weile in dem bewußten Prozeß gedulden, und wird auch in diesem Anfange keinem andern wollen leiden. Es darf wohl erst im siebenten Jahr in diesem Prozesse zu Ende laufen, denn es muß durch alle sechs Eigenschaften des spiritualischen Grundes aufgeschlossen werden. Ob es wohl anjetzo schon durch die Sonne aufgeschlossen ist, so ist doch der Schlüssel kaum im ersten oder andern Grad des Centri der Natur kommen.

11. Denn eine jede Eigenschaft unter den sechs Gestalten des Geistlebens hat eine sonderliche ☉ in sich, von Gewalt und Herkommen des Lichts der Natur als der essentialischen ☉ en, und werden in Ordnung aufgeschlossen, wie ihr Geburt und Urstand ist.

12. (I) Wird ♄ des Saturni Sonne durch den Schlüssel der äußeren ☉ Sonne aufgeschlossen, daß man die Schiedlichkeit[258] der Natur siehet. – (II) des ♃ Jovis oder Jupiters Sonne, daß man die Kräfte als einen blühenden Baum siehet; und bis daher seid ihr gekommen. – (III) Wird ♂ Mars als die feurige Seele aufgeschlossen, so erscheinet Jungfrau ♀ Venus in ihrem weißen Kleide und scherzet mit der Seelen, ob sie dieselbe könnte zur Begierde der Liebe bewegen. Sie gehet mit der Seelen aus und ein, auf und ab, und herzet sich mit ihr, ob sie wollte die flüchtigen Eigenschaften des eigenen Willens, da die Seele ist aus der Temperatur[259] gegangen in das flüchtige Leben des zertrennten Lebens Eigenschaften, wieder in sie einführen, daß Jungfrau Venus wieder geseelet würde und des Feuers Tinktur wieder erlangen möchte, darinnen ihre Freude und ihr Leben stehet.

13. Denn Jungfrau Venus ist der Glast[260] des Weißen in der ☉ Sonnen an diesem Orte verstanden. Aber die Gewalt zum Schein ist nicht ihr eigen; ihr Eigentum ist das geistliche

258 Differenzierung   259 Harmonie   260 Glanz, Strahlung

Wasser ▽, welches ursprünglich aus dem Feuer △ urständet, da die Scheidung in Salniter in ♂ Martis Sonnen angehet, so scheidet sich Jungfrau Venus in sich selber und bedecket sich mit einem kupfernen Röcklein. Denn Mars ♂ will sie für Eigentum haben, aber er besudelt sie sehr in seiner Bosheit und schmeißet Erde und Ruß an sie, denn er mag sie nicht zu ehelichen, er gebe ihr denn seinen eigenen Feuerwillen zum Eigentum, und das will er nicht. Darum streiten sie eine lange Zeit. Sie sind Eheleute, aber sie sind einander treulos worden.

14. So kommt alsdann die ☉ Sonne und schleußt ☿ Mercurii Sonne auf, welches der vierte Schlüssel ist. Da werdet ihr große Wunder sehen, wie Gott Himmel und Erden geschaffen hat, dazu den Grund aller vier Elemente. Und so ihr werdet acht haben, so werdet ihr euren proprium genium[261] ausgewickelt vor euch bloß sehen und sehen, wie das Wort ist Mensch worden als das ausgesprochene Wort in seinem Wiederaussprechen. In der Schiedlichkeit der Kräfte werdet ihr sehen, wie Jungfrau ♀ Venus geteilet wird, wie sie die Gestaltnisse der Natur in sich fassen und mit ihr jämmerlich umgehen und sie in ihre Gewalt nehmen und sich in ihr in Purpurfarbe wandeln. Sie wollen morden, aber sie ist ihre Taufe zum neuen Leben an diesem Ort.

15. Der fünfte Schlüssel ist Jungfrau ♀ Venus selber, da sie ihr Gott als die ☉ Sonne aufschleußt, daß sie ihren Willen und ihr schönes Kränzlein den Mördern giebet, so stehet sie als eine Geschwächte[262]. So meinet der Künstler[263], er habe das neue Kind, ist aber noch weit bis zur Geburt derselben.

16. Der sechste Schlüssel ist ☾ Luna, wenn die Sonne diesen aufschleußt, so muß ♂ Mars, ♃ Jupiter und ♄ Saturnus jeder seinen Willen verlassen und ihre flüchtige Pracht lassen sinken, denn die ☉ Sonne in ☾ Luna nimmt sie in die

---

261 eigenen Geist   262 Mißbrauchte
263 der alchymistische Artifex (Praktiker)

Menschwerdung ein. Da hebet der Künstler an zu trauern und denket, er habe verloren. Aber seine Hoffnung wird nicht zu Schanden, denn der ☾ Mond oder Luna in seiner aufgeschlossenen ☉ Sonnen ist also hungerig nach der rechten ☉ Sonnen, daß er sie mit Gewalt in sich zeucht, davon ♂ Mars in seinem Grimm erschrickt und in seinem eigenen Recht erstirbet. So ergreift ihn Jungfrau ♀ Venus und ersinkt mit ihrer Liebe in ihn ein. Davon wird ♂ Mars im ♃ Jove und ♄ Saturno in dieser Liebe lebendig, eines freudenreichen Lebens, und geben alle sechs Eigenschaften ihren Willen in ♀ Venus, und ♀ Venus giebet ihren Willen der ☉ Sonnen. Allda wird das Leben geboren, das in der Temperatur stehet.

17. Lieber Herr Doktor, der Feder ist nicht zu trauen. Jedoch habt nur acht auf das Werk. Es wird also und gar nicht anders sein. Beweget es nicht, daß sich nicht ☿ Mercurius vor seiner Aufschließung erzürne, denn auswendig ist er böse, aber inwendig ist er gut und das wahre Leben. Jedoch ist ♂ Mars die Ursache zum Leben. Sie gehen auch nicht also schlecht in der Ordnung mit dem Aufschließen, obwohl das Aufschließen in der Ordnung geschiehet, so wendet sich aber das sensualische Rad um und drehet sich hinein, bis Saturnus ♄ in den innern Grund mit seinem Willen kommet, so stehet er in der Temperatur und gebieret nicht mehr Neiglichkeiten[264].

18. Das alles, war ihr jetzo sehet, sind die abdringenden flüchtigen Geister, und prangen mit Jungfrau ♀ Venus, leben aber alle in Hurerei und müssen alle umkehren und sich in Grund einwenden, daß sie fix werden. Das geschiehet also lange, bis Jungfrau ♀ Venus ihr materialisches grobes Wasser verlieret, in welchem die Ehebrecher mit ihr buhlen in falschem Willen, daß sie ganz geistlich wird. Alsdann scheinet die ☉ Sonne in ihr, welche die Natur in Liebe verwandelt.

---

264 Veränderliches

19. Lieber Herr Doktor, das corpus philosophorum ist das spiritualische Wasser vom Feuer und Licht als die Kraft des Feuers und Lichtes, wenn das von der Grobheit geschieden wird durch die Aufschließung aller Eigenschaften der Natur, so ists recht spiritualisch. So nimmt der ☉ solarische Geist keine andere Eigenschaft mehr in sich als nur diese, welche er mag in den aufgeschlossenen Gestalten in ihrer sensualischen ☉ Sonnen erreichen. Denn die Sonne nimmt nichts in sich als nur ihre Gleichheit. Sie nimmt ihren Himmel aus der Erden. Wollet ihr mich recht verstehen, denn es ist ihre Speise. Davon gebieret sie einen jungen Sohn in sich, der auch ☉ heißet. Aber er ist ein Corpus. Darum sage ich euch, haltet euch fleißig und genau zu ihr. Ihr werdet wohl erfreuet werden, lässet euch Gott so lange leben, wo ihr nur den rechten Vater habet, welchem ich nachgesonnen und ihn fast beliebet[265] habe.

20. Ein solches ist mir wohl wissend, denn ich habe neulich gesehn, darob ich mich nicht alleine wundere, sondern darüber erfreuete, darinnen mir viel ist offenbar worden. Und wiewohl ich möchte etwas ausführlicher davon schreiben, so tut es euch doch in diesem Prozeß nicht not. Auch ist der Feder nicht zu trauen; kann ein andermal geschehen, und bitte: Haltet diesen Brief heimlich und in Treuen. Komme ich zu euch, so möchte ich euch wohl etwas vertrauen, das ich neulich empfangen und gesehen habe. Jedoch soll ich gehen, so weit ich darf, giebet Zeit, kann ich wegen Unruhe, welche nahe ist, so komme ich auf Mitfasten auf Breslau, so besuche ich euch im Rückwege.

21. Herr Doktor, seid sehend, leset den Traktat »Von der Gnadenwahl«[266] mit innerlichem Bedacht. Er hat mehr in sich in seinem innern Grund als auswendig, wegen der Sprü-

---

265 sehr geliebt
266 *D. i. Zweite Apologie wider B. Tilken.* Vgl. Anmerkung 292.

che der Schrift, welchen Grund ich nicht den Unweisen geben und auswickeln darf und doch den Weisen wohl geben darf. In den Arcanis[267] seid nur treu und denket, daß ihrer die böse Welt in ihrem Geiz nicht wert ist, was ihr nicht möget parabolisch[268] verstehen. Da tut Fragen not, soll euch wohl etwas mehrers geoffenbaret werden. Jedoch in einer Ordnung allein solches zu tun ist mir zu verweislich[269] vor den Fürsten der Himmel, auf Art der blühenden Erden darf ich wohl. Darum vernehmet der Bienen Art an euch, welche von vielen Honig machet. Öfter Schreiben möchte euch dienen, doch was ihr wollet, Gott nimmt Gott, Not nimmt Not. J. B.

16. Sendbrief
An Herrn Christian Steinberg, D. – Vom 3. Juli 1621.

Edler, achtbarer, hochgelehrter Herr! Nebenst Wünschung der göttlichen Liebe und Freudenreich in unserm Emanuel, in seiner wundersüßen Kraft, auch aller Leibes- und zeitlichen Wohlfahrt, füge ich demselben freundlich, daß ich mich wegen des Gespräches, so am nähesten geschehen, erinnert habe. Und nachdem ich den Herrn einen sehr eiferigen Liebhaber der Wahrheit und göttlicher Geheimnisse vermerket, habe ich nicht wollen unterlassen, ihn mit diesem Schreiben zu besuchen, weil es Gelegenheit hat gegeben, etwas auf den Artikel »Von der Gnadenwahl Gottes« – weil mich auch eine andere Person deswegen hat angefochten – zu antworten, dasselbe, was ich geantwortet, habe dem Herrn zu überlesen mitgeschicket. (Ich) bin bereit und erbötig, soferne mit dem wenigen das Gemüte sich nicht könnte beruhigen, so es begehret würde, ein solches zu schreiben und aus dem

267 Geheimnissen 268 gleichnishaft 269 verboten

Centro[270] auszuführen, darauf das Herz sich möchte verlassen und beruhen.

2. Wiewohl ich vermeinete, ein Christ sollte in diesem wenigen so viel finden, daß er zur Ruhe wegen dieses und anderer Artikel käme. Weil es aber nicht weniger, daß dieser Artikel hat viele Leute bekümmert und darauf solche Meinung geschlossen worden, welche der Welt eine offene Pforte zu aller Bosheit geben, so ist mir es leid.

3. Sintemal[271] mir vom Höchsten ist zu erkennen gegeben worden, daß dieser Artikel noch nie aus'm Grunde verstanden worden, daß wir einander nicht dürften also fremd ansehen als Menschen und Teufel gegeneinander, sondern als liebe Brüder und Christi ingeborne und teuer erworbene Kinder, daß wir doch möchten in einer rechten Liebe untereinander wandeln. Welches in solchem Wahn, daß Gott einen erwählet und den andern nicht, nimmermehr geschehen kann. So ich aber meinen Bruder ansehe als mein Fleisch und Geist, so mags wohl geschehen, welches uns die Schrift, auch der Urstand menschlichen Geschlechts gewaltig bezeuget. Und noch viel mehr überzeugt mich mein Gewissen im Geist des Herrn, indem ich meinen Bruder soll lieben als mein eigen Leben oder als meinen Gott.

4. Was soll mir Gott wollen gebieten, einen verdammten Teufel zu lieben? Nein, sondern meines Leibes Gliedmaß[272]. Darum um dessen willen habe ich mir Ursach genommen, dem Herrn zu schreiben und ihn christlich zu ersuchen und zu vermahnen, diesem Artikel besser nachzudenken und in der Betrachtung ja nicht anders ihm lassen einräumen als den holdseligen Namen Jesus, der da in die Welt ist kommen und sich in unserer Menschheit geoffenbaret, uns arme am Reich Gottes gestorbene und verlorne Menschen zu suchen und

270 Von Grund auf   271 Nachdem
272 mein eigen Fleisch und Blut

selig zu machen und das wiederzubringen, was in Adam ward verloren.

5. Nicht schreibe ich dem Herrn darum, ihn zu meistern, sondern brüderlicherweise mich mit ihm zu ersuchen und zu ergötzen, auf daß unser Glaube und Zuversicht gegen Gott in dem Herrn gestärket werde. Denn wir sind allerseits nur Menschen und halten uns billig in Lehren und Leben gegeneinander als Glieder, denn wer seinen Bruder im Geiste Christi findet, der findet sich selber.

6. Die vielen der Disputaten[273] ist kein nütze. Sie machen nur Verwirrung. Gehet mit mir in meinen Schriften aufs Centrum aller Wesen, so werdet ihr den Verstand in Gutem und Bösem sehen und aller dieser Irrtümer erlöset werden. Denn ihr werdet viel in meinen Schriften finden, daß dem Gemüte wird Genüge geschehen. Sofern das Centrum aller Wesen ergriffen wird, so gehet eine solche Freude im Gemüte auf, welche aller Welt Freude übertrifft. Denn es lieget der edle Stein der Weisen darinnen, und wer ihn findet, achtet ihn höher als die äußere Welt mit aller ihrer Herrlichkeit.

7. Sollte das nicht Freude sein, Gott finden und erkennen, da man in sich selber kann alles finden und sehen, was in viel tausend Büchern kaum ist entworfen worden, und in einem jedem Dinge zu erkennen.

8. Mit wem soll ich um die Religion zanken, so dieselbe in meinem Herzen offenbar wird, daß ich alles mag in seiner Wurzel und Urstand schauen? Nicht rede ichs mir zum Ruhm, der ich ein Nichts bin und Gott in mir alles, sondern darum, obs einem lüsterte zu suchen, daß er es auch möchte suchen und erlangen.

9. Wiewohl ichs nicht also suchte, auch nicht verstand, wußte auch nichts davon: Ich suchte allein das liebreiche Herz Jesu Christi, mich darin zu verbergen vor dem grimmi-

---

273 vieles Disputieren

gen Zorne Gottes[274] und dem bösen Feinde, dem Teufel. So ward mir aber mehr offenbaret, als ich suchte und verstand. Und daraus habe ich geschrieben, auch nicht vermeinet, damit bei so hohen Leuten bekannt zu werden. Denn ich gedachte, ich schriebe allein für mich, und gedachte, es bei mir bis ans Ende zu behalten. Nun ists doch offenbar und in vieler Menschen Hände kommen ohne mein Wissen und Laufen. Derowegen ich verursachet werde, euch und ihnen zu fliehen und sie des[275] zu erinnern, daß man doch nicht wolle auf die Einfalt des Autoris sehen, noch sich wegen der Person ärgern.

10. Denn es gefällt dem Höchsten wohl, seinen Rat durch törichte Leute zu offenbaren, welche vor der Welt ein Nichts geachtet sind, auf daß es erkannt werde, daß es von seiner Hand komme. Darum, so dem Herrn meine geschriebenen Schriften in die Hände kommen, wolle er sie nur ansehen als eines Kindes, in welchem der Höchste sein Werk getrieben, denn es lieget so viel darinnen, das keine Vernunft verstehen oder ergreifen mag. Aber den Erleuchteten ists kindisch und gar leicht.

11. Es wird von der Vernunft nicht ergriffen werden. Es sei denn, daß die Vernunft werde mit Gottes Licht angezündet, außerdem ist kein Finden; (das) wollte ich den Herrn und alle, die sie lesen, freundlich erinnern. Christus sprach: Suchet, so werdet ihr finden, klopfet an, so wird euch aufgetan, Matth. 7,7. – Mein Vater will den Hl. Geist geben denen, die ihn darum bitten, Luk. 11,13.

12. Allhierinnen lieget das Perllein geschlossen. Wer es haben will, muß es also erlangen. Anders ist kein Finden als nur ein halb blind Wissen gleich einem Spiegelfechten. Im Perllein lieget eine lebendige Wissenschaft, da man nimmer darf fragen, obs wahr sei. Denn es stehet geschrieben: Sie werden von Gott gelehret sein, Joh. 6,45. Item: Wir wollen

274 Vgl. 12,6   275 daran

zu euch kommen und Wohnung bei euch machen, Joh. 14,23. Item: Wer Christi Geist nicht hat, ist nicht sein, Röm. 8,9. Darum saget Christus: Trachtet am ersten nach dem Reich Gottes und nach seiner Gerechtigkeit, so wird euch das andere alles zufallen, Matth. 6,33.

13. Er heißet uns danach trachten und nicht stille sitzen und auf Wahl warten, sondern zu ihm kommen, Matth. 11,28, und in seinem Weinberg arbeiten, nicht warten auf (An)treiben, sondern willig kommen.

14. Weil ich denn am Herrn ein weises Herz gespüret, so bin ich desto kühner gewesen, ihm zu schreiben; verhoffe, er werde es weislich richten[276]. So nun etwas dem Herrn in meinen Schriften wollte unverstanden vorkommen, bitte ichs aufzumerken und mir mit Gelegenheit zu schicken. Ich wills kindlicher geben und erklären. Und tue den Herrn samt den Seinigen auch mit ihnen in der brüderlichen Einigung in die sanfte Liebe Jesu Christi empfehlen. Datum ut supra.   J. B.

17. Sendbrief
An C. v. H. V. A. J. S. – 3. Juli 1621.

Edler Herr! Nebst Wünschung der göttlichen Liebe und Freudenreich in unserm Emanuel, in seiner süßen Kraft, auch aller Leibes und zeitlichen Wohlfahrt, füge ich demselben freundlich, nachdem ich jetzt Gelegenheit gehabt, daß ich mich des Gespräches, so am nähern geschehen, erinnert zu wissen: Nachdem ich aber euch und andere mehr, so dabei gewesen, in hohem göttlichem Eifer als Liebhaber Gottes uns seiner Wahrheit vermerket, welche mit Ernst dem Mysterio und Grund aller Wesen begehren nachzuforschen und ins Licht zu kommen, so habe ich nicht unterlassen wollen, denen

---

276 richtig beurteilen

zu schreiben und sie zu erinnern und in solchem eiferigen Suchen mehr Ursache zu geben und dazu tun, wie das Perllein zu suchen und endlich zu finden sei, sintemal ich auch einer unter den Suchern bin und mir am höchsten anlieget, dasjenige, was mir von Gott vertrauet ist, nicht zu vergraben, sondern darzutun, auf daß Gottes Wille in uns möchte erkannt werden und sein Reich in unser Suchen und Begehren kommen und offenbar werden, und wie wir uns untereinander als Kinder des Höchsten finden möchten und uns untereinander erkennen als Glieder und Brüder und nicht als Fremdlinge oder als Teufel und Unmenschen gegeneinander, welches der Artikel von der Wahl[277], wie es bisher von etlichen traktieret worden, nicht viel anders geben und leiden würde.

2. Und ob es ist, daß wir in schweren Fall Adams sind im Zorn ergriffen worden, daß uns ja sein Zorn hat zu Kindern der Verdammnis erwählet, so hat aber doch Gott sein liebes Herz als das Centrum der Gottheit daran gewandt, und hat es in der Menschheit offenbaret, auf daß er uns in ihm wieder neu gebäre und das Leben in uns wieder offenbarete.

3. Und wie der schwere Fall von einem kam auf alle und drang auf alle, also auch die Gnade kam von einem und drang auf alle. Und der Apostel saget: Daß Jesus Christus in diese Welt gekommen sei, zu suchen und selig zu machen, was verloren sei, Matth. 18,11, als den armen, verlornen, verdammten, im Zorn Gottes ergriffenen und zur Verdammnis erwähleten Sünder, und nicht den Gerechten, der mit Abel, Seth, Henoch, Noah, Sem, Abraham, Isaak und Jakob in der Liebe ergriffen ist, sondern den Armen vom Zorne Gottes gefangenen sündigen Menschen, als Kain, Ismael und Esau und dergleichen, dieselben zu suchen und zu rufen, ob sie sich wollten bekehren, wie Gott zu Kain sagte: Herrsche über die Sünde und laß ihr nicht die Gewalt. So das Kain nicht hätte

---

277 Vgl. u. a. Brief 5 5,4

tun können, so hätte es ihm Gott nicht geheißen. Auch so es nicht wäre möglich gewesen, daß Adam hätte können bestehen, so hätte er ihm den Baum nicht verboten.

4. Wiewohl man also nicht schließen kann und dem Gemüte also nicht Genüge geschieht, denn es forschet weiter nach Gottes Allmacht, so tut ein ander Studium nötig, daß man lerne erkennen, das Centrum aller Wesen zu Liebe und Zorn, was da sei die ewige Liebe Gottes und was da sei der ewige Zorn Gottes, der den Menschen verstocket und verschlinget und zum Kinde des ewigen Todes machet, und wie ein Mensch könne und möge in dieser Zeit aus solchem Gefängnis erlediget werden.

5. Weil ichs aber habe in meinen Büchern dermaßen erkläret und ausgeführet, daß ich vermeine, dem Gemüte sollte genug geschehen – sonderlich im Buch »Vom dreifachen Leben« und in den drei Büchern »Von der Menschwerdung Christi« und noch vielmehr und höher im Büchlein »Von den sechs Punkten de mysterio magno«, von der ewigen Geburt der Gottheit und »Von den drei Prinzipien« der drei Welten, wie sie ineinanderstehen als eine und wie ein ewiger Friede gegeneinander sei, und wie eine die andere gebäre und eine die andere begehret, auch eine ohne die andere nicht wäre –, so vermeinete ich, dem Gemüte sollte allda sein genug geschehen, sintemal man solches an allen Wesen und Dingen erweisen kann.

6. Weil Herr D. K.[278] derselben Schriften teils in Händen hat, wiewohl nicht alle, so kann E. G.[279] nach denselben forschen, so sie Lust danach haben. Sie werden nicht allein dieses Artikels von der Gnadenwahl Grund finden, sondern alle Artikel und fast alles, wo sich des Menschen Gemüt hinwendet, so man dem Grunde, so eröffnet ist, nachgehet.

---

278 Vgl. 15. Sendbrief an D(oktor) K(oschowitz)
279 Euer Gestrengen

7. Mein edles Herz, nehmet es doch nicht für Scherz, was uns Gott aus seiner Liebe offenbaret. Sehet nicht auf die Einfalt des Menschen, durch welche er solches tut. Es ist also vor ihm wohlgefällig, daß er seine Macht an den Schwachen und Törichten, wie sie die Welt achtet, offenbaret. Es geschiehet der Welt zur Lehre, dieweil alles im Zank lebet und will sich seinen Geist nicht ziehen lassen, daß sie erkenneten, daß das Reich Gottes in uns ist. So wird ihnen auch noch das Centrum seines Wesens und aller Wesen offenbaret. Das geschiehet alles aus seiner Liebe gegen uns, daß wir doch möchten von dem elenden Streite und Zank ausgehen und in eine brüderliche und kindliche Liebe treten.

8. So wollte ich E. G., dieweil ich fast ein sehendes Gemüte gespüret, nicht bergen, daß es ein Ernst sein wird, und sage: Wohl denen, die mit unter der Posaunen Schall ergriffen werden, welche schon geposaunet hat. Denn es kommt ein solcher Ernst hernach, daß Babel und Streit, samt aller Hoffart und Ehrgeiz, auch Falschheit und Ungerechtigkeit soll einen ernsten Trunk trinken. Und eben den, sie hat eingeschenket, soll sie austrinken. Bitte um ewiges Heils willen, solchem nachzusinnen, es ist erkannt worden.

9. Ich bin erbötig, soferne das Gemüte nicht möchte Grundes genug haben in meinen Schriften, daß es möchte ruhen, so mir dasselbe nur aufgezeichnet übersendet wird, dermaßen zu erklären und aus dem Centro aller Wesen auszuführen, daß ich verhoffe, dem Gemüte solle Genüge geschehen, wiewohl es nicht eben am Forschen[280] lieget. Denn keine Forschung ergreifet das Perllein ohne Gottes Licht. Es gehöret ein bußfertig, demütig Gemüt dazu, das sich in Gottes Gnaden ganz eingiebet und lässet, das nichts forschet noch will als nur Gottes Liebe und Barmherzigkeit. In dem gehet endlich der helle Morgenstern auf, daß das Gemüte ein sol-

---

280 Streben

ches Perllein findet, darinnen sich Seele und Leib erfreuet. Und wenn dieses gefunden wird, so darf es weder Forschens noch Lehrens, denn es stehet geschrieben. Sie werden von Gott gelehret sein, Joh. 6,45. Ein solches eröffnet der siebenten Posaunen Schall in vieler Menschen Gemüte, die es nur werden mit Ernst in einem demütigen, in Gott gelassenen Willen suchen.

10. Darum, mein edles Herze, wollte ich euch solches nicht bergen, viel Disputieren und Grübeln in eigener Vernunft findet das Perllein nicht. Aber ein ernster, bußfertiger Wille findet dasselbe, welches köstlicher ist als die Welt. Und der es findet, der gebe es nicht um aller Welt Reichtum, denn es giebet ihm zeitliche und ewige Freude, daß er mitten im Kerker der Finsternis mag fröhlich sein und dieser Welt gute Tage für Kot achtet.

11. Christus sprach: Suchet, so werdet ihr finden, klopfet an, so wird euch aufgetan, Matth. 7,7. Item: Mein Vater will den Hl. Geist geben denen, die ihn darum bitten, Luk. 11,13. Hierinnen lieget der Grund. Es sage ja niemand, mein Herze ist verschlossen, ich kann nicht bitten. Und wenn mein Herze spräche lauter Nein, so werfe ich mich doch in Christi Leiden und Tod. Er werfe mich in Himmel oder Hölle, so will ich in seinem Tode sein. Der ist mir ein ewig Leben worden. So heißet es alsdann: Meine Schäflein kann mir niemand aus meinen Händen reißen, Joh. 10,28.

12. Der Weg zum edlen Perllein, dasselbe zu suchen und zu erkennen, ist im Buch »Vom dreifachen Leben« fast genug eröffnet, sonst wollte ich etwas haben davon gemeldet. Und tue mich in euern Gunsten und uns alle in die sanfte Liebe Jesu Christi befehlen.

Datum ut supra. J. B.

18. Sendbrief
An Herrn Hans Sigmund von Schweinichen –
Vom 3. Juli 1621.

Der offene Brunnquell im Herzen Jesu Christi sei unsere Erquickung!

Edler, ehrenfester, hochbenamter Herr! Nebst Wünschung der göttlichen Liebe und Freudenreich in unserm Emanuel, in seiner wundersüßen Kraft, auch alle zeitliche Wohlfahrt des Leibes, wollte ich dem Herrn nicht bergen, wie mir ist zu wissen gemacht, daß der Herr ein besonderer Liebhaber der Fontis Sapientiae[281] sei, auch etliche meiner Schriften lese und eine große Begierde nach dem Brünnlein Christi und der edlen Weisheit trage, welches mich bewogen, dem Herrn zu schreiben, sintemal er etlicher meiner Schriften sich gebrauchet.

2. Und aber sich Leute finden, welche aus Mißgunst mit Unbegriff derselben aus Unverstand dawider prahlen, wie aus diesem angehängten Zettel zu ersehen, wie der arme, hoffärtige Mensch prahlet, und hat doch nicht das wenigste am Verstande, woraus meine Schriften herfließen, zeucht sie noch ganz falsch[282] aus fremdem Verstande an, nur seine elende Meinung damit zu bestätigen, dieweil er etliche Schriften ausgesprenget von der Wahl[283] Gottes über uns, und uns also gedenket einen Strick der Verzweiflung an den Hals zu werfen und eine Tür der Leichtfertigkeit aufzutun, so schmecket ihm aber das offene Brünnlein Christi in meinen Schriften nicht[284]

3. Als habe ich eine kurze Erklärung über seine angehängte Zettel gemacht und dem Leser meines Buches zu erwägen gegeben nur summarisch, weil der Grund sonst genug in

---

281 Quelle der Weisheit 282 zitiert sie falsch
283 Vorherbestimmung 284 Böhme spricht von Balthasar Tilke.

meinen Schriften zu finden ist, daß man doch sehe, wie uns der Zettelanhänger gedenket auf eine Schuppen zu stellen[285] und uns den Schatz zu rauben, daran unser ewig Heil lieget, und solches mit klugen Worten mit Anziehung[286] der Schrift. Gleichwie eine Kröte aus Honig Gift sauget, also zeucht er mit Haaren die Schrift herzu, wie bei Beschneidung von der Jungfrauen Maria zu sehen (ist) und von dem verheißenen Weibessamen, wie er die Schrift verfälschet und verbittert, darauf er die Gnadenwahl setzet.

4. Welches mich in meinem Herzen trefflich jammert, daß der Mensch also beschweret ist und mit einer solchen Meinung eingenommen, welche Last schwer ist, und er daraus nicht mag entrinnen, er lerne denn das Centrum aller Wesen verstehen, wovon Böses und Gutes urständet, was Gottes Liebe und Zorn sei, und lerne die drei Principia verstehen, sonst wird er davon nicht erlöset.

5. Wiewohl michs nicht wundert, daß ihm meine Schriften fremd vorkommen, denn es ist ein Neues und ein Fahren über die Vernunft aus. Sie haben einen andern Verstand als seine, eine andere Wurzel, daraus sie quellen. Denn ich habe sie nicht von Buchstaben zusammengetragen oder gelernet. Ich war ein unverständiges Kind daran, als der Laien Art ist, wußte auch nichts von solchen Dingen, suchete es auch also nicht. Ich suchete allein das Herze und offene Brünnlein Jesu Christi, mich darinnen zu verbergen[287] vor dem Ungewitter des Zornes Gottes und vor dem Gegensatze des Teufels, daß ich möchte einen Leiter und Führer kriegen, der mein Leben führete und regierete.

6. Als mir dieses also hart anlag und mein Gemüte sich also hart im Streit wider die Sünde und Tod und gegen die Barmherzigkeit Gottes einzwängete, auch eher das Leben zu lassen, denn davon abzustehen, so ist mir ein solches Kränzlein

285 bloßzustellen   286 Zitaten   287 Vgl. 12,6; 16,9

aufgesetzet worden, des ich mich gedenke in Ewigkeit zu erfreuen, dazu ich keine Feder habe, solches zu beschreiben, viel weniger mit dem Munde zu reden. Und daraus ist mir meine Erkenntnis kommen und die Begierde, solche aufzuschreiben, nur für mich zu einem Memorial; gedachte es bis an mein letztes Ende zu behalten. Und wie es damit ist zugangen, ist dem Herrn wohl bewußt durch Herrn N.

7. Weil es aber durch Gottes Schickung ist zu dem Ende geraten, daß der Herr samt seinem Herrn Bruder David von S. sind als Erstlinge dazu berufen, durch welche es ist fortgepflanzet worden, so vermahne und bitte ich denselben um ewiges Heils willen, das Perllein, das uns Gott gönnet, in acht zu nehmen.

8. Denn es wird eine Zeit kommen, daß es wird gesuchet werden und angenehm sei, sich nicht lassen einen Sturmwind treiben, sondern nur recht anschauen und Gott den Höchsten bitten, daß er wolle die Tür der Erkenntnis auftun, ohne welches niemand meine Schriften wird verstehen.

9. Denn sie gehen über die Vernunft aus. Sie begreifen und ergreifen die göttliche Geburt. Darum muß auch ein ebengleicher[288] Geist sein, der sie will recht verstehen. Kein Spekulieren erreichet sie, das Gemüte sei denn von Gott erleuchtet, zu welcher Findung dem suchenden Leser der Weg ganz treulich ist gewiesen worden.

10. Und melde mit guter Wahrheit vor Gott und Menschen, appelliere auch damit vor Gottes Gerichte und sage, daß an keinem Disputat ohne Gottes Licht und Geist etwas Gutes sei, auch nichts Beständiges und Gottgefälliges dadurch möge entstehen.

11. Darum, wer den Weg zu Gott will lernen im Grund verstehen, der gehe nur aus aller seiner Vernunft und trete in ein bußfertiges, demütiges, in Gott gelassenes Kinderleben

288 kongenialer

und suche nur kindisch, so wird er himmlische Kraft und Witz erlangen und wird Christi Kindergeist anziehen. Der wird ihn in alle Wahrheit leiten. Anders ist gar kein gerechter Weg als nur dieser einzige. Wird es zu dem Ende kommen, daß ihm das jungfräuliche Kränzlein mag aufgesetzet werden, so wird er nicht mehr sagen dürfen: lehre mich. Denn es stehet geschrieben: Sie werden alle von Gott gelehret sein. – Anders habe ich weder Wissen noch Kunst.

12. Ich bin in meinen Schriften gangen, als ein Schüler zur Schulen gehet, oder wie ein Platzregen, der vorübergehet; was er trifft, das trifft er. Also ist auch mein Begriff gewesen bis auf heute.

13. Das Buch »Aurora oder Morgenröte« war mein kindlicher Anfang, schrieb also im Widerschein ohne Vernunft, bloß nach dem Schauen, fast auf magische Art. Ich verstand das wohl, aber es ist nicht genug ausgeführet. Es (be)dürfte Erklärung und besserer Ausführung. Denn ich gedachte es bei mir zu behalten, ward mir aber ohne meinen Willen entzogen und publiziert, wie dem Herrn bewußt ist. Und tue mich in des Herrn Gunst und uns alle in die sanfte Liebe Jesu Christi befehlen. J. B.

19. Sendbrief
Herrn Johann Daniel Koschowitz,
Dr. med. und Practicus zu Striegau – vom 3. Juli 1621.

Ehrbarer, ehrenfester, hochgelehrter Herr und geliebter Bruder im Leben Jesu Christi! Neben Wünschung von unserem Immanuel, seiner Gnade, Liebe und Barmherzigkeit, auch aller zeitlichen Leibeswohlfahrt, soll ich dem Herrn nicht bergen, daß ich das Buch mit den Zetteln[289] gelesen und

---

289 von B. Tilke, vgl. Brief 18, 2 ff.

Gegensatzes Verstand, Begriff und Meinung in der Liebe und Gottesfurcht betrachtet und fast[290] genug verstanden, in was Erkenntnis der Mensch laufe und wie er meine Schriften noch niemals mit dem wenigsten verstanden habe.

2. Auch jammert mich gar sehr des Menschen, daß er sich hat also in eine solche Gruft mit der Wahl Gottes vertiefet, daraus er gewiß nicht kommen mag, er lerne denn das Centrum aller Wesen verstehen. Auch gehet er jämmerlich irre wegen Christi Menschheit und seiner Mutter Maria, welches Meinung unserm christlichen Glauben, darauf unsere Wiederbringung[291] stehet, ganz zuwider ist.

3. Wünsche aber von Herzen, daß der Mensch möchte sehend werden, denn er ist ein Eiferer. So würde doch sein Eifer nützlich sein. Allein dieser Weg, den er jetzt läuft, ist nur eine offene Türe zu aller Leichtfertigkeit und Verzweiflung, und wird schwere Rechenschaft dazu gehören, den Menschen also in Verzweiflung und Leichtfertigkeit einzuführen.

4. Ich wünschte, daß ihm möchte geraten werden, daß er sehend würde, daß er doch möchte das freundliche Liebe-Herz Jesu Christi erkennen, das sich in unsere Menschheit hat offenbaret, uns arme verlorne Menschen zu suchen und selig zu machen. Denn solcher leichtfertige Spott, den er treibet gegen seinen Bruder, ist gar kein christlicher Weg. Er wird nicht Zion erbauen, sondern zerstören. Will er mit unter der siebenten Posaunen[292] Schall ergriffen und ein Erstling sein, so muß er nur das brüderliche Liebe-Herz suchen, sonst ists alles Babel und Fabel, Greinen und Zanken und nimmer ans Ziel unserer Ruhe in Christo zu kommen.

5. Ich habe mirs und den andern Lesern meiner Schriften ein wenig entworfen, dem nachzudenken, dieweil ich gesehen, daß nicht allein mein Gegensatz, sondern auch andere,

---

290 gut   291 ewiges Leben   292 des Endgerichts

mehrenteils hohen Standes, mit solchem Wahn wegen der Wahl Gottes bekümmert sind, ob manchem der beschwerte Irrtum möchte aus dem Gemüte gebracht werden.

6. Ich bin aber bedacht, ein ganz Buch[293] davon zu schreiben, sofern ich werde vernehmen, daß man mir nicht wird also giftig widerstreben ohne Erkenntnis, wes Geistes Kind ich sei.

7. Solches zu bedenken, stelle ich euch als hochgelehrten und erfahrnen Leuten anheim und bitte, es nur recht zu betrachten, wovon mir möge meine Erkenntnis und Wissenschaft kommen. Denn ihr sehet und wisset es, daß ichs nie gelernet habe, viel weniger zuvor bedacht oder verstanden als der albern[294], einfältigen Laien Art; habe es auch also nicht gesuchet oder etwas mit dem wenigsten davon verstanden; ist mir aber aus Gnaden des Höchsten gegeben worden, indem ich sein liebes Herze gesuchet, mich darein zu verbergen vor dem grausamen Zorn Gottes und der Feindschaft des Teufels[295].

8. Darum vermahne und bitte ich euch in der Liebe Christi, dem nachzusinnen und recht gegen der Heiligen Schrift Geiste zu halten und es recht auf die Probe zu setzen mit einem rechten christlichen Gemüte. So werden euch die Augen aufgetan werden, daß ihr es werdet sehen und erkennen.

9. Wiewohl mir an des Herrn Person gar nicht zweifelt, denn ich ihn gar für einen frommen Liebhaber Gottes und der Wahrheit angesehen; verhoffe auch, mein Gemüte[296], welches trefflich sehr zu dem Herrn in Liebe geneiget, werde mich nicht betrogen haben.

10. Denn ich wohl vermeine, solches auch in meinem Gebete gegen Gott getragen, daß dem Herrn noch wohl mag das schöne Kränzlein der göttlichen Ehren in der Erkenntnis

---

293 *Von der Gnadenwahl*; Neuausgabe des Insel Verlags, Frankfurt 1995.
294 törichten   295 Vgl. 12,6; 16,9; 18,5   296 Sympathie

der Weisheit aufgesetzt werden, daß er weder meiner noch anderer Schrift wird (be)dürfen zur Erkenntnis Gottes gebrauchen, sondern den Herrn in sich selber erkennen, wie mir denn auch also geschehen, daraus ich schreibe und sonst nichts anders dazu brauche. Denn es stehet geschrieben: Sie sollen alle von Gott gelehret sein und den Herrn erkennen, Joh. 6,45. – Ich will meinen Geist ausgießen über alles Fleisch; item: Ihre Söhne und ihre Töchter sollen weissagen, und ihre Jünglinge sollen Gesichte haben, Apg. 2,17,18.

11. Warum will man das dann verspotten, so Gott seinen Geist über so einen einfältigen Mann ausgießet, daß er muß schreiben über aller Menschen Vernunft, höher als dieser Welt Grund ist.

12. Liebe Herren, so geschiehet aus Gottes Liebe gegen euch, daß ihr doch möget eures Schulenstreits Grund und Wurzel sehen. Denn viele haben gesuchet, aber nicht am rechten Ziel. Davon ist ihnen der Streit worden, welcher die Welt erfüllet, und hat fast alle brüderliche Liebe zerstört.

13. Darum rufet euch Gott nun mit einer höhern Stimme, daß ihr doch sehet, wovon alles Böse und Gute urständet und herkomme, darum daß ihr sollet vom Streite aufhören und ihn am höchsten erkennen, welches von der Zeit der Welt bis daher verborgen gewesen und nur den Kindern der Heiligen geoffenbaret.

14. Weil mir aber bewußt, wie der Herr sein Herze zur Weisheit geneiget, so rede ich gegen ihn kühnlich und verhoffe, er werde es in rechter Liebe annehmen und recht wie es gemeinet ist, verstehen.

15. Ich wünschte, daß ich ihm möchte den halben Geist meiner Erkenntnis geben, so (be)dürfte er keines Schreibens, wiewohl ich ihn für weise halte. So wollte ich euch aber doch eines mit diesem Schreiben brüderlich ersuchen, ehe der rauhe Winter der Trübsal kommet, welcher auf der Bahn ist.

16. So dem Herrn meine Schriften belieben, so bitte ich

ihn, sie nur fleißig zu lesen und vor allen Dingen sich auf das Centrum aller Wesen zu legen, so werden ihm die drei Principia gar leicht sein. Ich weiß und bin gewiß, daß so der Herr das Centrum im Geist ergreifet, daß er wird eine solche Freude darob haben, welche aller Welt Freude übertrifft, denn der edle Stein der Weisen lieget darin. Er giebet Gewißheit aller Dinge. Er erlöset den Menschen von allem Kummer in dem Religionsstreit und eröffnet ihm seine höchste Heimlichkeit, so in ihm selber lieget. Sein Werk, wozu er von Natur erkoren, bringet er zur höchsten Vollkommenheit und mag allen Dingen ins Herze sehen. Mag das nicht ein Kleinod über alle Köstlichkeit der Welt sein?

17. So den Herrn möchte in meinen Schriften entgegnen, was unverstanden und zu hoch sein wollte, bitte ich nur anzumerken und mir schriftlich zu schicken. Ich wills kindischer[297] geben. Weil ich aber einen feinen, hohen Verstand davon beim Herrn gemerket, so vermahne und bitte ich in rechter Meinung, so vor Gott gestellet wird, man wolle doch auch also in ein solches Leben treten und in der Erkenntnis leben und wandeln, auf daß wir werden erfunden als berufene Erstlinge in dem Herrn in Zion.

18. Denn es eröffnet sich eine Zeit, die ist wunderlich, welche in meinen Schriften genug angedeutet. Sie kommet gewiß, darum ist Ernst zu gebrauchen nötig.

19. Dem Herrn N. zu N., so die Herren in eine Konversation kämen, bitte ich aus des Herrn Gaben zu berichten, denn er ist eiferig und ein großer Sucher. Gott gebe ihm, daß ers finde! Bitte auch ferner das inliegende Schreiben an ihn mit ehester Gelegenheit ihm zu senden, daran ihm und mir ein Wohlgefallen geschiehet, auch dem edlen Herrn N. dies mit zu übersenden oder ja mit zu N. zu schicken, daß er es hinbefördere.

---

[297] verständlicher

20. Wegen des giftigen Pasquilles[298] des unverständigen Eiferers habe ich 23 Bogen zur Antwort gegeben[299], habe aber die Antwort bis daher aufgeschoben, den Menschen nicht zu beschämen; verhoffe, er werde etwa durch guter Leute Unterweisung sehend werden. Habe sie auch noch verboten auszugehen, ob es möglich sein wollte, daß er von seiner Bosheit abließe, sonst, so die Antwort soll am Tag kommen, so wird er schlechten Ruhm, wie er wohl verhoffet, davonbringen; (ich) gebe dieweil dies wenige zu erwägen.

21. Genüget ihm nicht also in brüderlicher Liebe zu handeln; so glaube er gewiß, daß, wo Gottes Liebe ist, auch sein Zorn ist. Daß ihm solches möchte gewiesen werden, daß er sich dessen würde schämen und wünschen, er hätte es nicht angefangen, will er aber zufrieden sein, so mag die Antwort am bekannten Orte ruhen. Er mag es sicher glauben, daß ich weiter sehe als er verstehet.

22. Allein um Glimpfs[300] und göttlicher Ehre willen habe ich bewußter Person freundlich geantwortet, denn mir lieget mehr an Gottes Kindern als an Rechtfertigung. Denn um der Wahrheit und Christi Ehren willen leide ich gerne Schmach, denn es ist das Kennzeichen Christ, füge ich dem Herrn freundlich und tue ihn, samt allen denen, die Jesum lieb haben, in die Gnade Jesu Christi empfehlen[301].

---

298 Schmähschrift von B. Tilke
299 Böhmes *Erste Schutzschrift wider B. Tilke*   300 Nachsicht
301 Dieser Brief geht der *Zweiten Schutzschrift wider Balthasar Tilke* voraus. Sie wird gelegentlich als Traktat *Von der Gnadenwahl* bezeichnet (vgl. Brief 15). Mit der gleichnamigen Schrift Böhmes (vgl. Anmerkung 1 S. 219 ist sie jedoch nicht zu verwechseln.

20. Sendbrief
An Herrn Gottfried Freudenhammer von Freudenheim,
Dr. med. zu Großen-Glogau – Vom 17. Oktober 1621.

Der offenbare Brunnquell Gottes im Herzen Jesu Christi sei unsere Erquickung und stetes Licht!

Ehrenfester, achtbarer und hochgelehrter Herr! Ich wünsche dem Herrn einzig und allein, was meine Seele von Gott begehret, als die rechte wahre göttliche Erkenntnis in der Liebe Jesu Christi, daß Gott das Centrum seiner Seelen möchte aufschließen, damit der paradeisische Lilienzweig in Christi Rosengärtlein möchte grünen, wachsen, blühen und Frucht tragen und der Strom aus Christi Brünnlein von ihm ausfließen, und er von Gott möge gelehret werden, daß ihn sein Hl. Geist allein treibe und regiere, wie geschrieben stehet: Welche der Geist Gottes treibet, die sind Gottes Kinder.

2. Des Herrn Schreiben habe ich empfangen und daraus verstanden, daß er meine Schriften gelesen und ihm dieselben belieben[302] lasse, von Herzen wünschend, daß deroselben Sinn und rechter Verstand möge ergriffen werden, so dürfte er keines weitern Fragens oder Forschens.

3. Denn das Buch, da alle Heimlichkeit innen lieget, ist der Mensch selber. Er ist selber das Buch des Wesens aller Wesen, dieweilen er die Gleichheit der Gottheit ist. Das große Arcanum lieget in ihm. Allein das Offenbaren gehöret dem Geiste Gottes.

4. So aber die Lilie in Christi Menschheit in der neuen Wiedergeburt aus der Seelen ausgrünet, so gehet aus derselben Lilien der Geist Gottes als aus seinem eigenen Urstand und Grunde aus. Derselbe suchet und findet alle Verborgenheit in der göttlichen Weisheit.

---

302 gefallen

5. Denn der Lilienzweig, welcher in der neuen Geburt aus Christi Menschheit ausgrünet – verstehet: den neugeborenen Geist aus der seelischen Essenz in Christi Kraft – der ist ein wahrhaftiger Zweig aus und in Gottes Baum instehend.

6. Gleich als eine Mutter ein Kind gebieret, also wird der neue Mensch in und aus Gott geboren, also und gar nicht anders ist er Gottes Kind und Erbe, ein Kind des Himmels und Paradeises.

7. Denn es gilt nicht eine zugerechnete Gerechtigkeit[303], sondern eine eingeborne Gerechtigkeit aus Gottes Wesenheit als aus Gottes Wasser und Geist, wie uns Christus saget: Wir müssen werden als die Kinder in Gottes Essenz ausgrünen und ausgeboren werden auf Art, wie eine schöne Blume aus der wilden Erden oder wie ein köstlich schön Gold im groben Steine wächset. Anders können wir Gottes Reich weder schauen noch erben.

8. Denn was die innere geistliche Welt ererben will, muß aus derselben erboren werden. Das irdische Fleisch aus den vier Elementen kann Gottes Reich nicht erben, Joh. 6,63; I. Kor. 15,50.

9. Das fünfte Wesen aber, als das hl. Element, daraus die vier Elemente erboren werden, das ist Paradeis. Das muß herrschen über die vier Elementa auf Art, wie das Licht die Finsternis in sich gleich als verschlungen hält und da sie doch wahrhaftig in sich ist. Also muß es auch mit dem Menschen werden.

10. Alleine diese Zeit des irdischen Lebens mags mit dem äußeren Menschen nicht sein, denn die äußere Welt herrschet über den äußern Menschen, dieweil sie in Adam ist offenbar worden, welches sein Fall ist.

11. Darum muß der Mensch zerbrechen, gleich als die äußere Welt zerbricht. Und darum mags in dieser Zeit mit

---

303 von außen her

keinem Menschen zur Vollkommenheit kommen, sondern der rechte Mensch muß im Streite bleiben wider das irdische verderbte Leben, welches sein Gegensatz ist, da Ewigkeit und Zeit widereinander streiten.

12. Denn durch den Streit wird das große Arcanum eröffnet und die ewigen Wunder in Gottes Weisheit aus der seelischen Essenz offenbar.

13. Gleichwie sich der ewige Gott hat mit der Zeit geoffenbaret und führete seine ewigen Wunder mit der Zeit in Streit und Widerwärtigkeit, auf daß durch den Streit das Verborgene sich eröffne, also muß auch das große Mysterium im Menschen im Streite, da Gottes Zorn und Liebe, gleichwie Feuer und Licht im Streite ist, offenbar werden.

14. Denn in der Seelen, welche aus dem ewigen Feuer aus des Vaters Eigenschaft als aus der ewigen unanfänglichen Natur aus der Finsternis urständet, muß das Licht, welches in Adam verloschen, in Christi Eingehung wieder erboren werden. Alsdann ist ihm Christus und Gottes Reich aus Gnaden geschenket.

15. Denn kein Mensch kann ihm[304] das nehmen, (es sei denn) Gottes Liebe dringet aus Gnaden wieder in das Centrum der Seelen ein und führt den Willen Gottes in himmlische Wesenheit als einen neuen Zweig oder neues Ebenbild aus dem Seelenfeuer aus, gleichwie das Licht aus dem Feuer scheinet.

16. Darum es alles ein Ungrund ist, was Babel von der äußern zugerechneten Gerechtigkeit und von außen angenommener Kindschaft lehret. Christus sprach: Ihr müsset von neuem geboren werden, anders sollet ihr Gottes Reich nicht sehen, Joh. 3, 3.

17. Es hilfet kein heuchlerisch Trösten mit Christi Tod, sondern in Christi Tod eingehen und in ihm ausgrünen, in

---

304 sich

ihm und mit ihm aufstehen und im neuen Menschen Christus werden.

18. Gleichwie Christus hat die Welt, auch seines Vaters Zorn als das Centrum der ewigen Natur in der seelischen Eigenschaft mit seiner Liebe als mit dem neu eingeführten Liebesfeuer in die seelische Essenz – in welche zuvor der Teufel seine Begierde eingeführet hatte – ertötet, gelöschet und überwunden. Also müssen wir in und mit Christi Geist den irdischen Adam in Gottes Zorn ersäufen und mit Gottes Liebe ertöten, daß der neue Mensch ausgrüne. Anders ist kein Sündenvergeben, auch weder Kindschaft noch Gerechtigkeit.

19. Das Reich Gottes muß inwendig in uns geboren werden. Anders können wir nicht mit dem Auge der Ewigkeit in die englische Welt sehen.

20. Es ist alles Dichten und Trachten, Lernen und Studieren umsonst. Es erlanget weder Kunst noch Vernunft. Wir müssen nur durch die Türe, die uns Gott in Christo hat aufgetan, eingehen und in Gottes Reich ausgrünen und dem irdischen Willen absterben, also daß er uns nur hintennach anhange. Des Weibes Same muß immerdar in uns der Schlange den Kopf zertreten[305].

21. Die Eigenvernunft kann kein Kind Gottes machen, denn es lieget nicht an unserem Wollen, Laufen und Rennen, wie Paulus saget, sondern an Gottes Erbarmen, Röm. 9,16.

22. Meine Ichheit kann es nicht erreichen. Meine Ichheit muß in Christi Tode sterben und dem Nichts heimfallen. Alsdann fället meine Ichheit in Gottes Erbarmen und ist am Ziel des ersten Menschen, und stehet wieder im Verbo Fiat[306]. Da machet Gottes Erbarmen in Christi Eingehen in unsere Menschheit den neuen Menschen aus Gnaden.

23. Darum muß der verderbte irdische Wille durch rechte

---

[305] I. Mose 3,15
[306] Es werde, d. h. in der urbildlichen Schöpfung

wahre Buße sterben und in die Gelassenheit eingehen als in das Nichts, seiner Vernunft Willen ganz in den Tod ergeben und sich selber nicht mehr wollen noch wissen, sondern an Gottes Erbarmen hängen.

24. So heißets alsdann, wie Gott im Propheten spricht: Mein Herz bricht mir, daß ich mich seiner erbarmen muß. Kann auch eine Mutter ihres Kindes vergessen, daß sie sich nicht erbarmet über den Sohn ihres Leibes? Und ob sie schon des (Sohns) vergäße, so will ich doch dein nicht vergessen. Siehe in meine Hände habe ich dich gezeichnet[307].

25. In dem, als in Gottes Erbarmen, stehet der neue Mensch auf und grünet im Himmelreich und Paradeis, obgleich der irdische Leib in dieser Welt ist.

26. Darum St. Paulus saget: Unser Wandel ist im Himmel, Phil. 3,20. Also wandelt der neue Mensch im Himmel und der alte in dieser Welt, denn der Himmel, da Gott innen wohnet, ist im neuen Menschen.

27. Also, mein geliebter Herr und Bruder, und auf keine andere Weise habe ich das Mysterium funden. Ich habe es nicht studieret oder gelernet. So euch oder einen andern danach dürstet, dem bin ich brüderlich geneiget, den Weg zu zeigen, wie es mir entgegen ist, wie ich das in meinen Schriften, sonderlich im Buch »Vom dreifachen Leben des Menschen« und im Buch der »Drei Prinzipien göttlichen Wesens« nach der Länge geschrieben habe.

28. Zwar für mich selbst als zu einer geistlichen Übung in der Erkenntnis Gottes. Weil es aber durch Gottes Schickung dahin geraten, daß es gelesen wird, so gönne ich einem jeden, der es in Ernst begehret zu verstehen und wünsche von Herzen, daß es dem Leser dieses und einem jeden in ihm selber möchte offenbar und erkannt sein, so dürfte es keines Forschens mehr.

---

307 Jes. 49,15

29. Weil es aber Gott durch die Propheten hat verheißen, sonderlich im Joel 3,1, daß er seinen Geist will ausgießen zur letzten Zeit über alles Fleisch, so ist die Zeit in acht zu nehmen.

30. Ich sage, als ich es habe erkannt. Wer ihm anjetzo will selber sterben, den will der Geist des Herrn nach Joels Deutung ergreifen und seine Wunder durch ihn offenbaren. Darum ist jemandem ein Ernst, so wird ers erfahren.

31. Aber ich will einen jeden treulich gewarnet haben, obs geschehe, daß Gottes Licht in ihm aufginge, daß er ja in großer Demut in der Gelassenheit stehen bleibe als im Tode Christi.

32. Denn der Himmel soll jetzo sein langgewirktes Egest[308] vom Gestirne, das er in menschlicher Eigenschaft mitgewirket, ausschütten, damit er nicht vom gestirnten Himmel ergriffen werde und über das Ziel aus der Gelassenheit ausfahre.

33. Wie an den Methisten[309] zu sehen ist, welche sind kommen bis in die Tore der Tiefe und sind vom gestirnten Himmel wieder ergriffen worden, in sich selber wieder eingegangen, sich erhoben und vom Streite wider die Schlange aus und also in ein Eigenes eingegangen, vermeinend, sie wären ganz in Gott transmutieret, und haben also die äußere Welt mit der innern vermischet.

34. Welches ein Ungrund und sich ja wohl vorzusehen ist, daß man in höchster Demut gegen Gott bleibe stehen, bis aus dem eingesäeten Körnlein ein Baum wachse und zur Blüte komme, und der Geist Gottes eine Gestalt in ihm gewinne.

35. Denn aus der Blüte gehet der Morgenstern auf, daß sich der Mensch selber lernet kennen, was er ist und was Gott und die Zeit ist.

36. Ich füge dem Herrn wohlmeinend zu wissen, daß die

---

308 Abschaum
309 Anhänger von Böhmes Zeitgenossen und Gegner Ezechiel Meth.

jetzige Zeit wohl in acht zu nehmen ist, denn der siebente Engel in (der) Apokalypse hat seine Posaune gerichtet[310]. Es stehen des Himmels Kräfte in sonderlicher Bewegung, dazu beide Türen offen und in großer Begierde, Licht und Finsternis. Wie ein jedes wird ergriffen werden, also wird es eingehen. Wessen sich einer hoch wird erfreuen, das wird ein anderer verspotten. Darauf ergehet das schwere und strenge Gericht über Babel.

37. Und tue hiemit den Herrn samt den Seinigen in die sanfte Liebe Jesu Christi befehlen. J. B.

21. Sendbrief
An Herrn Christian Bernhard – Vom 29. Oktober 1621.

Emanuel!

Ehrenfester, in Christo vielgeliebter hoher Freund! Ich wünsche euch einig und alleine, was meine Seele stets von Gott wünschet und begehret, als rechte wahre Erkenntnis Gottes in der Liebe Jesu Christi, daß euch der schöne Morgenstern möchte stets aufgehen und in euch leuchten durch dieses Jammermeer zur ewigen Freude. Und vermahne euch in der Liebe Christi aus meinem herzlichen Wohlmeinen, ja auf angefangenem Wege in Christi Ritterschaft fortzufahren und beständig zu bleiben, daß das Paradeisbäumlein möge wachsen und zunehmen. Ihr werdet eure edle Frucht hernach wohl sehen und ewig genießen und euch genugsam damit ergötzen. Ob sie gleich eine Zeitlang mit dem irdischen Acker verdecket wird, so wächset doch das edle Gold ohne alles Aufhalten.

2. Wie es eurem Bruder zu Beuthen, dem ihr habet diese Schriften geliehen, gehe und was er vor ein Judicium[311] geschöpfet hat, wäre mir lieb zu wissen. Denn es hat sonst mehr

310 Offb. 11,15 ff.   311 Urteil

Leute zu Beuthen, welche auch etwas davon haben und die andern heftig begehren, und würdet ihr eurem lieben Bruder und andern einen Dienst daran erzeigen, soferne sie was würden mehr begehren zu leihen, ich will in kurzem was mehrers schicken, das euch noch mangelt.

3. Herr Kaspar Lindner[312], Zöllner zu Beuthen und des Rates, ist auch ein Liebhaber. So er etwas würde begehren, so tut ihr wohl, daß ihr ihm was leihet. Er pfleget es nicht lange aufzuhalten. Diese Schriften sind weit und ferne in vielen Ländern, bei Hohen und Niedrigen, auch teils hochgelehrten Leuten bekannt und erschollen. Gott richte sie zu seinen Ehren!

4. Ich übersende euch mit Zeigern[313] drei Säcke zu dem Korn, so Herr Rudolf schicken will. Ich bitte, habet doch so viel Mühe und nehmet es zu euch. Wenn Specht oder der andere von der Rausche wird hinüberkommen, so ihr ihn sehet, saget ihm es doch und (wollet) ihms anmelden. Er wird mir wohl bringen. Ich wills wieder freundlich verschulden. Und befehle euch in die Liebe Jesu Christi. Datum ut supra.

Euer dienstw(illiger) Freund und Br(uder) J. B.

22. Sendbrief
An Herrn Hans von Schellendorf – Vom 1. Januar 1622.

Vorbemerkung: Diese Epistel erkläret die Magia[314], welche von der verstorbenen Frau des Herrn Hans von Schellendorf, eines Vornehmen vom Adel im Liegnitzischen, durch den Leichenstein in die Augen an dem Bild gedrungen, daß man sie gemeiniglich naß, als wenn sie geweinet (hätte) gefunden.

Hans Dietrich von Tschesch

---

312 Vgl. 12. Sendbrief   313 Name des Boten
314 etwa ein Psi-Phänomen

Die Frage anlangend, ist dieselbe dunkel im Verstande und (be)dürfte eines Josef, der es erklärete, denn es ist ein magisch Ding und fast wunderlich, darauf gar übel zu antworten ist, denn es gehet aus der Magia.

2. Jedoch E. G.[315] mein Bedenken darüber zu eröffnen, nicht, daß ich darüber wollte schließen und ein gewisses Urteil fällen, will ich mein Bedenken kurz summarisch anzeigen und E. G. und andern von Gott erleuchteten Männern ihr Bedenken auch lassen. Hätte mir es aber Gott gegeben zu prüfen, das stelle ich zu E. G. Judicio[316], welche die Gelegenheit[317] der bewußten Person mehr weiß als ich, denn alle Dinge gehen nach der Zeit, Maß und Ziel desselben Dinges.

3. Ein harter grober Mauerstein hat kein Leben, das beweglich wäre, denn das elementische, vegetabilische Leben stehet darinnen stille und ist mit der ersten Impression eingeschlossen, aber nicht dergestalt, daß es ein Nichts sei. Es ist kein Ding in dieser Welt, da nicht das Elementische, sowohl das siderische[318] Regiment innen läge. Aber in einem mehr beweglich und wirkend als im andern, und können doch auch nicht sagen, daß die vier Elemente samt dem Gestirne nicht ihre Wirkung täglich in allen Dingen hätten.

4. Weil aber dieses ein harter Stein ist, so ist das Mirakel fast[319] über dem gewöhnlichen Lauf der Natur. So kann man gar nicht sagen, daß es eine natürliche Ursache im Steine habe, daß die Wirkung des Steines solches errege, sondern es ist eine magische Bewegnis, von dem Geiste, dessen Bildnis in dem Steine ausgehauen und abgemodelt worden.

5. Denn ein Stein stehet in dreien Dingen, wie denn auch alle Wesen in diesen dreien Dingen stehen. Aber in zweierlei eingeschlossen, als in einem Geistlichen und einem Leib-

315 Euer Gestrengen 316 Urteil 317 Sachverhalte
318 geschöpfliche 319 völlig

lichen. Und die drei Dinge, darinnen alles stehet, was in dieser Welt ist, das ist Sulphur, Sal und Mercurius, in zweien Eigenschaften als in einer himmlischen und einer irdischen, gleich wie Gott in der Zeit wohnet und die Zeit in Gott, und ist doch die Zeit nicht Gott, sondern aus Gott als ein Bild der Ewigkeit, mit welchem sich die Ewigkeit abmalet.

6. Also ist auch der Mensch aus der Zeit und auch aus der Ewigkeit, und steht auch in dreien Dingen als in Sulphure, Mercurio und Sale, in zweien Teilen, als eines aus der Zeit, als der äußere Leib und das andere in der Ewigkeit, als die Seele.

7. Weil denn der Mensch und die Zeit sowohl die Ewigkeit in einem Regiment steht im Menschen, so ist auf die Frage jetzt nachzusinnen. Denn der Mensch ist eine kleine Welt aus der großen und hat der ganzen großen Welt Eigenschaft in sich. Also hat er auch der Erden und Steine Eigenschaft in sich. Denn Gott sprach zu ihm nach dem Falle: Du bist Erde und sollst zu Erde werden, das ist: Sulphur, Mercurius und Sal. Darinnen stehet alles in dieser Welt, es sei geistlich oder leiblich, bis auf die Seele, welche in solcher Eigenschaft nach der ewigen Natur Recht[320] stehet, wie ich in meinen Schriften genug dargetan habe.

8. Wenn nun der Mensch stirbet, so verlischet das äußere Licht im äußern Sulphure mit seinem äußerlichen Feuer, darinnen das elementische Leben hat gebrennet. So zerstäubet der äußere Leib und gehet wieder in das, daraus er ist kommen. Die Seele aber, welche aus der ewigen Natur ist erboren und dem Adam von Geiste Gottes eingeführet worden, die kann nicht sterben, denn sie ist nicht aus der Zeit, sondern aus der ewigen Gebärung.

9. Und so es nun ist, daß die Seele hat ihre Begierde etwa in zeitliche Dinge eingeführet und sich damit gepresset[321], so

---

320 Naturgesetz   321 imprägniert

hat sie desselben Dinges Eigenschaft in ihre Begierde geimpresset und hält es magisch, als hätte sie es leiblich. Den Leib kann sie zwar nicht halten, verstehet: den elementischen, aber den siderischen[322] Leib hält sie, bis ihn das Gestirne auch verzehret.

10. Und geschieht oft, daß sich Leute lassen nach ihrem Tode sehen in Häusern mit ihrem eigenen Leibe. Aber der Leib ist kalt, tot und erstarrt. Und der Seelengeist ziehet den nur durch den Sternengeist an sich, also lange bis der Leib faulet. Es wird auch mancher Leib vom Sternengeist also sehr eingenommen durch der Seelenbegierde, daß er langsam verweset.

11. Denn der Seelen Begierde führet den siderischen Geist darein, daß die Elementen gleich wie mit einem Sternenleben geimpresset werden, sonderlich so die Seele noch nicht zur Ruhe kommen ist, und daß sie bei Leben des Leibes hat etwas zu hart eingebildet, und ist ihr der Leib indessen – ehe sie hat ihre Begierde aus dem Dinge wieder ausgeführet – abgestorben, so laufet ihr Wille noch immerdar in derselben Impression und wollte gerne ihre Sache in Recht verwandeln, kann aber nicht. So suchet sie Ursache ihres Haltens und wollte gern in der Ewigkeit in Ruhe sein, aber das geimpreßte Ding mit dem Sternengeist hat sein Treiben, bis es das Gestirn verzehret. Vorzeiten im Papsttume ist etwas davon gehandelt worden, aber nicht mit genugsamem Verstande[323].

12. So kann E. G. diesem nun leicht nachsinnen, wie es zugegangen sei, daß die Leichensteine haben Wasser geweinet. Es ist nicht geschehen aus des Steines Gewalt, sondern aus Gewalt des Geistes, dessen der Stein ist, dessen Bildnis er ist. So ist es auch nicht aus der Seelen eigner Essenz geschehen, sondern magisch durch den Sternengeist. Das Gestirne

---

322 feinstofflichen
323 evtl. Anspielung auf die katholische Lehre vom Fegefeuer

am Seelengeiste hat sich in den siderischen Geist im Steine geimpresset, alles nach der Begierde der Seelen. Sie hat hiemit angedeutet, daß ihr ist etwas Schweres bei Lebezeiten im Gemüte gelegen. Und dieselbe Schwermut ist noch im siderischen Geist in ihr gewesen. Denn Christus sprach: Wo euer Schatz ist, da ist auch euer Herz, Matth. 6,21; item in der Offenbarung Jesu Christi stehet: Es sollen uns unsere Werke nachfolgen, Apok. 14,13.

13. Mein geliebter Herr, allhie weiter zu richten gebühret mir nicht. Bedenket euch, ob nicht gemeldete Person vor ihrem Ende etwas schwer Anliegendes hat in sich gehabt, ob ihr jemand groß Unrecht getan oder ob sie jemand Unrecht getan hat, oder ob die Kümmernis um ihren Ehegemahl oder Kinder sei gewesen; woferne sie eine heilige Person gewesen und aber gesehen, daß die Ihrigen etwa einen bösen Weg gegangen, daß sie möchte also durch Gewalt das siderischen Geistes durch den Stein solche Andeutung zur Besserung haben gegeben. Bedenket auch nur recht, mein edler Herr, ich lasse mich bedünken, ich werde es ziemlich unter diesen obgenannten Dingen einen getroffen haben.

14. Weil ich aber die Person nicht gekannt, auch nichts von ihr weiß, so stelle ich E. G. das Judicium selber anheim. Sie werdens besser wissen als ich, was ihr angelegen sei gewesen. Ich schreibe allein von der Möglichkeit, wie es geschehen kann, und fälle weiter kein Urteil.

15. Daß aber solches möchte verlachet werden, lasse ich mich nichts irren. Ich verstehe – Gott Lob – diesen Grund gar wohl, denn ein solches Wissen habe ich nicht von oder durch Menschen gelernet, sondern es ist mir gegeben worden; und wollte es mir weiterer Erklärung genug gründen, so ich sollte von menschlicher Eigenschaft schreiben, wie ein Mensch im Leben und im Tode sei.

16. Übersende E. G. das Büchlein »Von vierzig Fragen«. Da werdet ihr weiteren Grund sehen, welches doch im Buche

»Vom dreifachen Leben« besser ins Centrum aller Wesen gegründet ist und vielmehr in dem Buche »De signatura rerum«. Benebenst bitte ich mit diesem Gutdünken und Erklärung der Frage bei leichten Leuten nicht viel zu melden, denn einer Kuh gehöret Futter und den Verständigen Verstand. Der Gottlose richtet gottlos, der Verständige prüfet alles, melde ich wohlmeinend. J. B.

Nachwort: Die Frage wegen des weinenden Leidensteins, woher und wie es zugehe, ist unserm seligen Manne Jakob Böhme ohn alle Kondition und Gelegenheit, die es zuvor mit der verstorbenen Edelfrau gehabt, proponiert worden. Hernach aber hat der Proponens selber berichtet, daß gedachte Edelfrau, die eben unter diesem Leichensteine begraben gelegen, bei Lebens einen großen Kummer getragen um ihre zwei Söhne willen, welche wider ihren Willen in den Krieg geritten und gleich zu diesem Mal, als solche Tränen aus des steinernen Bildes Augen hervorgequollen, in Ungarn vor den Türken geblieben. Es ist auch diese Frage auf etliche Universitäten geschicket, aber für Phantasei und Teufelswerk gehalten worden. Die Leichensteine des Vaters und der Mutter sind nebeneinander bei den Gräbern an die Wand aufgerichtet eingemauert, mit dem Gesichte gegen das Morgenlicht gewendet gewesen.

 Ein Magnet zeuchet den andern, ein Licht erkläret das andere; eine Liebe rühret, wecket und reget die andere; ein Geist wirket in dem andern, der Stärkere in dem Schwachen etc.

Danzig, 6. Oktober 1642

            Abraham von Frankenberg

23. Sendbrief
An Herrn Carl von Ender – Vom 14. Februar 1622.

Unser Heil im Leben Jesu Christi in uns!

Edler, in Christo geliebter Herr! Ich wünsche dem Herrn Gottes reichen wirklichen Segen in seiner Kraft, daß ihm möge des Perlleins Grund im Leben Jesu Christi im göttlichen scheinenden Lichte in seinem Lebenslichte in ihm selber offenbaret werden und viel Früchte zu göttlicher Beschaulichkeit und ewiger Freude wirken! Als ich denn den Herrn Allezeit als einen Liebhaber des Studii sapientiae[324] erkannt habe und wünschte anjetzo nichts mehrers, als daß ich ihm zur Dankbarkeit vieler erzeigeter Wohltaten möchte das können geben, was mir unwürdigem armem Menschen der Allerhöchste in kurzer Zeit aus seinem Gnadenbrunnen hat gegeben.

2. Und wiewohl ich damit zu tun nicht Macht habe, so ist mir doch all mein Gemüte in seinem Centro also entzündet, daß ich es herzlich gern wollte meinen Brüdern in Christo mitteilen, als ich denn stets zum Herrn flehe, daß er doch wollte der Menschen Herzen eröffnen, daß sie das möchten verstehen und in ihnen in eine rechte lebendige Wirkung kommen.

3. Und wollte treuer Meinung dem Herrn nicht bergen, daß ich jetzo seit dem neuen Jahr auf Begehren etlicher Gelehrter und auch hoher Standespersonen habe einen Traktat »Von der Gnadenwahl« oder Gottes Willen über die Menschen geschrieben und dem aus einem solchen Grunde ausgeführet, daß man wird können alle Heimlichkeit, bei des der äußeren sichtbaren, elementischen und dann auch der inneren verborgenen, geistlichen Welt sehen und hernach die Sprüche der Hl. Schrift insonderheit darauf gesetzet und

---

[324] Studiums der Weisheit

gegründet, welche von Gottes Willen zur Verstockung und dann von dem Nicht-wollen-verstocken reden und sie miteinander konkordieret[325], daß man kann den rechten Verstand derselbigen sehen und also dargetan, daß ich zu Gott hoffe, es soll eine Ursache geben, den Streit in der Kirche aufzuheben; welches erkannt worden, daß die Zeit nahe und vorhanden sei, daß der Religionsstreit soll in die Temperatur[326] eingehen, aber mit großem Untergang des falschen Reiches zu Babel, das sich hat an Christi Stelle gesetzt, neben andern großen Veränderungen, welches – ob man mir das vielleicht nicht glauben wollte – sich aber in kurzem darstellen wird und ich zum Nachdenken und christlicher Betrachtung solches meinem lieben Herren andeuten wollen.

4. Und ist dies die Ursache, daß ich dem Junker schreibe, daß, ob ihm gefiele der Traktat, welcher von 36 Bogen ist, zu lesen, oder selber nachschreiben zu lassen oder etwas darin zu notieren, welcher, weil es jetzo unter der Feder im Nachschreiben bei Herrn Johann Roth ist und täglich etwa drei Bogen fertig werden in seinem Nachschreiben, daß ich ihm solche wollte übersenden. Er wolle sie nur lassen den Nikkel[327], welcher täglich dem Junker hereinlaufen muß, abfordern, denn ich habe verheißen, diesen Traktat ehestens denselben begehrenden Herren und Personen zu schicken, als sie denn heftig darum bei mir anhalten.

5. So es aber der Junker wollte lassen nachschreiben oder selber für eine Übung vor sich nehmen, so sollte es alsobald gefördert werden. Welches ich in des Junkers Gefallen stelle, ob ihm daran gelegen sei, und übersende diese Materia vom Anfange, sechs Bogen; und werden täglich etwa drei Bogen können geliefert werden.

---

325 harmonieren
326 Ausgleich durch Überwindung der Gegensätze
327 ein Bote oder Fuhrknecht

6. Wo es aber jetzo nicht des Junkers Gelegenheit gibt zu lesen oder lassen nachschreiben, so bitte ich, mir sie wieder zu schicken. Will ers aber nur alleine lesen, so will ichs ihm, ehe ichs wegschicke, übersenden. Denn es ist jetzo fährlich wegzuschicken wegen der Unsicherheit, als ich denn um die 48 Bogen, welche ich Herrn Michael Ender nach Hirschberg auf Begehren Herrn Johann Roth schicken, kommen hin und muß es jetzo lassen anderweit wieder nachschreiben, welches eine solche Materia über Genesis ist, welche manchen wird sehr lieb und nützlich sein.

7. Herr Balthasar Walther hat mir aus Lüneburg, allda er sich jetzo aufhält, geschrieben und anbefohlen, den Junker zu salutieren[328] und nicht für Übel zu vermerken, daß er ihm nicht geschrieben hat, denn die Post war zu eilend gewesen. Ich habe ihm auch wieder geschrieben durch eine zufällige eilende Post nach Magdeburg und meine Sachen mitgeschickt, welche ich ihm habe lassen nachschreiben. Er meldet, daß Herr M. Nagel sei nach Zerbst gezogen und sich allda aufhalte. Und empfehle den Junker der Liebe Jesu Christi.

Des Junkers allezeit dienstw(illiger) Teutonicus.

24. Sendbrief
An Herrn Balthasar Nitschen, Tuchmacher in Troppau
Vom 28. April 1622.

Der offene Brunnquell im Herzen Jesu Christi sei unsere Erquickung und stetes Licht!

Ehrenfester, wohlbenamter, in Christo geliebter Herr und Freund! Neben treuer Wünschung von unserm Heiland Christo, seiner Liebe und Gnade, auch aller zeitlichen Wohlfahrt.

---

328 grüßen

2. Nachdem ich von frommen Leuten erfahren habe, wie der Herr ein großer Liebhaber Gottes und des Studii Sapientiae[329] sei, so habe ich nicht Umgang nehmen mögen, ihn treuherzig, wiewohl unerkannterweise mit diesem Brieflein aus christlichem Gemüte zu ersuchen und Kundschaft[330] mit ihm zu machen.

3. Denn mich erfreuet von Herzen, so ich vernehme, wie Gottes Liebe in seinen Kindern wirket, und erfreue mich mit und in ihnen im Lebensbaume Jesu Christi, in und aus welchem wir gezeuget und neu geboren werden und Äste oder Zweiglein in ihm sind.

4. So hat mich mein Gemüte beweget, mich mit dem Herrn als meinem Mitgliede im Geiste und Liebe Christi zu ersuchen und zu ergötzen[331], wiewohl abwesend, aber im Willengeiste gegenwärtig, zuvorab in dieser trübseligen Zeit, da wir auf allen Seiten mit Feinden umgeben sind und unser Baum in vielen Ästen und Zweigen sehr schwach und dürre ist.

5. Weil uns aber die Gnadensonne Jesus Christus anjetzo mit einem hellen Schein anblicket und seine Tür der Liebe und hohen Erkenntnis in vielen unterschiedenen Gaben auftut, daß wir seine großen Wunder seiner unüberschwenglichen Weisheit erkennen, so vermahnen wir uns billig untereinander in Liebe als Brüder und gehen von Babel, welche im Zornfeuer Gottes angebrannt ist, aus. Denn es ist wahrlich eine Zeit großen Ernstes, da wir uns mögen mit großem Ernste suchen und sehen, wo wir sind.

6. Und wiewohl es ist, daß man anjetzo viel herrlicher, schöner Zweige gleich mit Verwunderung im Baume Christo auch mitten im Feuer Gottes siehet wachsen, welches ich mich hoch erfreue, daß uns die Gnadensonne in Lauterkeit wieder anblicket und daß Gott seine treue Verheißung dennoch hält, indem er in Jesaja saget, er habe uns in seine Hände

---

329 Studium der Weisheit   330 Bekanntschaft   331 erfreuen

eingezeichnet, welches in etlichen Menschen sich anjetzo kräftig erzeiget, wie der Brunnquell Jesu Christi in ihnen kräftig wirket, welches in kurzem noch mächtiger geschehen wird, wie er uns in seinen Propheten verheißen hat; daß er in der letzten Zeit will seinen Geist ausgießen über alles Fleisch, und das Evangelium von Gottes Reich soll in aller Welt geprediget werden zu einem Zeugnis über alle Völker. Und auch nunmehro die Zeit vorhanden ist, da das Tier[332] mitsamt der Hure in der Apokalypse soll zerbrochen werden. So heben wir billig unsere Häupter auf zu den Bergen Gottes und erfreuen uns darum, daß sich unsere Erlösung nahet[333].

7. Dieweil mir denn Gott ein Pfündlein vertrauet hat von seinem edlen Geschenke aus dem Quellbrunne Christi, beides: die himmlische und auch die natürliche Weisheit zu erkennen, so habe ich desto mehr Ergötzlichkeit an den Kindern der Weisheit Christi. Und wiewohl ich dem Herrn möchte unerkannt sein, so soll er mich aber in seinem Gemüte nicht fremd halten, welches ihn als ein Glied in der Liebe Christi dazu verbindet; und bitte, so es ihm gefällig wäre, mich in seine Kundschaft und Freundschaft einzunehmen, bis unser edler Perlenbaum Christus nach Ablegung dieser Hütten[334] in uns offenbar werde und wir in einer brüderlichen Gemeinschaft werden beieinander wohnen. Alsdann wollen wir uns dessen wohl ergötzen, was wir allhier in brüderlicher Einigung angefangen haben, und wollen uns derweilen, wiewohl abwesend des Leibes[335] im Geiste und Vorschmacke desselben untereinander vermahnen und trösten; und bitte, es freundlich zu vermerken.

8. Beim Herrn D. Güller kann der Herr etwas von meinen Gaben sehen, so er Lust hätte, sich in göttlicher Übung in hohen göttlichen Dingen zu beschauen, welche zwar hoch

---

332 der Antichrist   333 Luk. 21,28   334 d. h. nach dem Tode
335 räumlich getrennt

und doch auch in der allerbesten Einfalt geschrieben sind. Weil es mir aber als ein Geschenke Gottes ist vertraut worden, so teile ich es gar gerne treuherzig hungrigen Herzen mit. Und will dem Herrn samt den Seinigen in die sanfte Liebe Jesu Christi empfehlen, und bitte wegen meiner, den Herrn Johann Butovski auch als einen Liebhaber der Wahrheit, sowohl Herrn J. G. B. meinetwegen freundlich zu salutieren.

Datum Görlitz, ut supra. Des Herrn dienstwilliger J. B.

25. Sendbrief
An Herrn Christian Bernhard – Vom 21. Juni 1622.

Das offene Brünnlein Jesu Christi sei unsere Erquickung und stetes Licht!

Mein gar lieber und werter Freund! Ich wünsche euch und den eurigen und allen Kindern Christi im Reiche unserer englischen Bruderschaft Gottes Liebe und Segen, daß der Quellbrunn Christi in uns aufgehe, grüne und viel Früchte trage, in welchem Grünen unsere wahre neue Wiedergeburt stehet; und hoffe gewiß zu Gott, als mir denn gezeiget ist, die Zeit nahe sei und schon vorhanden, da er sehr grünen soll, welches ich mich dann erfreue. Und ob ich schon anjetzo das Feuer in Babel sehe brennen, so soll doch aus dem Feuer ein hellscheinend Licht entstehen, welches die finstere Nacht vertreiben soll. Aber durch eine große ängstliche Geburt wird das geboren werden.

2. Vermahne meine lieben Brüder, sie wollen sich doch in dieselbe ängstliche Geburt einergeben, auf daß sie im Leben Gottes im Lichte mit ausgrünen und nicht in der Turba[336] ergriffen werden, welche grausam anjetzo um sich greifet mit

---

336 Zorn Gottes bzw. Verwirrung der Menschen

ihren Eigenschaften, als mit Geiz, Neid, Zorn und Hoffart, und ihre gewachsene Frucht gewaltig ihrem Feuer zuzeucht, in welchem sie schon an vielen Orten gewaltig brennet.

3. Ich habe auf Begehren und Bitte ein feines Büchlein »Von der Poenitenz und wahrer Buße«[337] neben einer Formula des Gebets, welches alles ganz ernstlich und ein rechter Anfang und Eingang in die Theosophische Schule ist, gemachet; welches ich auf Begehren hiermit Herrn Rudolf von Gersdorf zu Weicha schicke. Bitte, ihm dasselbe zu übersenden und vergönne euch, dasselbe zu eröffnen, und so es euch gefället, bald nachzuschreiben. Allein das Schreiben an Herrn Rudolf bleibet zuversiegelt. Wollet ja nicht, wo es sein mag, über drei oder vier Tage bei euch aufhalten, weil es nicht viel ist. So kann es bald nachgeschrieben und Herrn Rudolf geschicket werden. Auch eures Bruders hierinnen nicht zu vergessen, denn es wird ihm sonder[338] Zweifel lieb und ein rechter Schlüssel sein, welchem ich neben meinem Gruße viel Gutes gönne als meinem eigenen Leben.

4. So ihr dieses Büchlein werdet in die Praxis einführen, so werdet ihr seinen Nutzen bald erfahren. Denn es ist aus einem ängstlichen Zweige durch das Feuer erboren, und ist eben mein eigener Prozeß gewesen und noch, dadurch ich habe das Perllein göttlicher Erkenntnis erlanget. Und ob ich wohl muß in Schwachheit leben als alle anderen Menschen. So ist mir doch dies Perllein lieber als aller Welt Gut. Um welches willen ich alles gerne leide und trage, das ich das nur möge erhalten.

5. Ferner füge ich hiermit, wie daß mir Herr D. Adam Brux, Medicus zu Sprotta, nun zum dritten Mal geschrieben und Freundschaft bei mir gesuchet, auch heftig gebeten, ihm etwas von diesen Schriften zu leihen. Weil ich denn fast nichts von den meinen zu Hause habe, so wollet ihm doch mit

---

337 Text in *Christosophia* 338 ohne

etwas dienen nachzuschreiben und sehen, ob es angeleget sei zu Gottes Ehren. Wo ihr aber vermerket, daß es ein Vorwitz[339] sei, als ich doch nicht hoffe, so werdet ihr ferner wissen zu tun.

6. Bauet und wuchert[340], wie ihr erwuchert seid worden aus göttlicher Gnaden. Ihr werdet wohl einernten, was ihr habt ausgesäet. Wollet ihm doch, sobald ihr könnet, dieses an ihn geschriebene Brief – ein neben einem Traktat eurer Schriften mitschicken und ihm anmelden, daß er es nicht lange, wie etliche tun, aufhalte. Er ist mir zwar gerühmet[341] worden, jedoch kann man es sehen, was Gott tun will.

7. Mit dem hiemit gesandten Büchlein »Von der Buße«, wenn ihr das habt abgeschrieben, möget ihr wohl wuchern, denn es hat eine große Ernte und ist keinem sehr widrig, der aber auch ein Mensch und nicht ein Tier ist. Und tue euch der sanften Liebe Jesu Christi empfehlen. Datum ut supra.
Euer dienstw(illiger) Br(uder) J. B.

26. Sendbrief
An Herrn Christian Bernhard – Im Jahr 1618.

Gottes Gnade, Heil und ewiges Licht sei unsere Erquickung!

Ehrenfester, wohlbenamter Herr, gar guter Freund! Euch sind meine gar willigen und geflissenen Dienste jederzeit, neben Wünschung aller Wohlfahrt bevor.

2. Euer an mich getanes Schreiben im Advent habe ich empfangen, auch verstanden euer gar emsiges und christliches Gemüte und Begehren. Und wiewohl ich euch fremd bin, habe aber aus Herrn Walthers[342] Schreiben genugsamen Bericht eures Wesens und Person. Und noch vielmehr giebet

---

339 bloße Neugierde 340 arbeitet, tragt Frucht 341 empfohlen
342 Dr. Balthasar Walther

mir zu erkennen euer gar sehnliches und emsiges Begehren in eurem an mich getanen Schreiben. Und bin hierinnen nicht allein willig, euch in meine Kundschaft und Freundschaft zu nehmen, sondern erfreue mich des zum höchsten eines solchen Gemütes aus Gott geboren, und vermahne euch christlich, darinnen beständig zu bleiben, so werdet ihr erlangen alles, was euer ehrsam Gemüte wünschet; und werdet mit der Zeit erfahren in euch selber, was das für Schriften sind, so ihr von Herrn Walther, wie ich vernehme, vielleicht wenig habet empfangen. Da ich doch wohl vermeine, ihr das allerwenigste derselben werdet gesehen haben, soll euch aber in gar kurzem, so ihr derselben noch begierig wäret, ein gar trefflich schön Werk zugeschicket werden, welches ihr euch werdet hoch erfreuen[343].

3. Denn wie ich von Herrn Walther und auch euch selber vernehme, so ist der Autor derselben unbekannt. Er mag euch noch wohl bekannt werden, so ihr Lust zu dem edlen Stein Lapis philosophorum[344] geistlich habet, daran ihr dann, so ihr denselben erlanget, werdet die höchste Freude haben. Er wird euch über Gold und aller Welt Reichtum geliebt[345], denn er ist schöner als die Sonne und köstlicher als der Himmel. Und wer den findet, ist reicher als kein Fürst auf Erden. Er hat der ganzen Welt Kunst und Verstand. Und in ihm liegen alle Kräfte Himmels und der Erden verborgen.

4. Ihr habet mit Maria das beste Teil erwählet, daß ihr eure Jugend nicht an weltliche Pracht und Hoffart setzet, sondern Gott aufopfert. Und ob ihr eine kleine Weile also allhier im Finstern damit sitzet, werdet ihr doch davon ewiges Licht erlangen, fügen wir euch freundlich und (ich) meine es treulich. Soll euch künftig wohl eröffnet werden, wer der Autor der Schriften ist, sollen euch auch treulich mitgeteilet wer-

343 Böhmes zweites Buch *Drei Prinzipien göttlichen Wesens*
344 Stein der Weisen   345 wert sein

den, denn ihrer ist ein ziemlich Teil vorhanden. Aber es hat Irrung gegeben, daß ich euch jetzt nichts konnte mitschicken. Ihr sollets in kurzem bekommen, so ihr Lust habet. Ihr werdet gar edle schöne Dinge sehen, so von der Welt her meistenteils sind verborgen gewesen, um welches alle Gelehrten getanzet und gesuchet, etwa gemeinet, sie hätten den edlen Stein. Aber die Zeit ist noch nicht vorhanden gewesen, welches Gott der letzten Welt gönnet. Damit göttlichem Schutz und Gnade empfohlen. Datum ut supra.
Euer Dienstw(illiger) allezeit J. B.

27. Sendbrief
An Herrn Christian Bernhard – Ohne Datum.

Emanuel!

Ehrenfester, wohlbenamter Herr, vertrauter Freund! Euer Heil und Wohlfahrt wäre mir lieb. Ich wollte euch längst gerne mit einem Schreiben ersuchet haben, denn mich verlanget gleich eurem Zustand zu vernehmen, dieweil ihr euch in das Studium sapientiae[346] ergeben, welches mir lieber ist als die Welt, und wünsche, daß ich mich eines möchte mit euch darinnen nach Notdurft[347] besprechen, als ich denn verhoffe, in kurzem in eure Gegend zu reisen, so wollte ich euch zusprechen. Bisher bin ich durch Gottes Verhängnis verhindert worden, denn ich bin sechs Wochen an der von bösen Soldaten zugefügten Krankheit daniedergelegen und kaum wieder zur Gesundheit kommen.

2. Wie es auch unserem Herrn Walther gehe oder wo der sei, so ihr etwas wisset von ihm, bitte ich mir zu melden. Auch wie es euch in eurem Studio gehet, ob euch auch die Gnadentüre mehr eröffnet wird, die hohen göttlichen Ge-

346 Studium der Weisheit Gottes   347 sofern nötig

heimnisse zu ergreifen, wäre mir sehr lieb zu wissen, denn ich verhoffe, so ihr euer Leben dahin gerichtet und die Praktik in Übung gebracht, es sollte euch die Türe aufgetan werden, daß ihr mit dem rechten magischen Auge in magiam divinam[348] sehen sollet.

3. Denn so aufgehet das Gewächse des neuen Menschen, so hat es auch sein Sehen[349]. Sowohl als der äußere Mensch diese äußere Welt sieht, also auch der neue die göttliche Welt, darinnen er wohnt, denn es stehet geschrieben: Des Menschen Geist im Geist Christi forschet alle Dinge, auch die Tiefe der Gottheit[350]. Und wiewohl es nicht am Forschen und Hochfahren gelegen ist, so der Mensch in der Vernunft forschen will, sondern an demütiger Einergebung, daß die Seele nichts begehret als Gottes Liebe, so sie nur dieselbe erreichet, so führet alsbald der freudenreiche Geist Gottes der Seelen Bildnis oder das Gleichnis Gottes in die himmlische, göttliche Schule der edlen und teuren Erkenntnis ein; da sie dann mehr gelehret wird als in der Schule dieser Welt, denn sie studieret in der Schule der göttlichen Weisheit. Der Hl. Geist ist ihr Schulmeister, auch ihr Wissen und Verstand.

4. Es ist kein Wissen von Gott, daß eine Kreatur Gott kennete oder fühlete als nur allein diese, welche in Gott ist. Der Zweig zeucht in sich des Baums Saft. Ist der Mensch mit seinem Willengeiste nicht in Gott gerichtet, sondern in die äußere Vernunft, so ist er an Gott blind.

5. Begehret er aber Gottes mit Ernst, so wird er in seinem Begehren mit Gottes Wesen geschwängert und wird ihm Gottes Wesen zum Eigentum gegeben, darinnen der Geist Gottes regieret. Und er wird Gottes Kind als der Zweig am Baum.

---

348 göttliche Geheimniswelt   349 evtl.: kann gesehen werden
350 I. Kor. 2,10

6. Weil ich denn vom Herrn Walther vernommen, wie daß ihr euer Leben in Gottesfurcht gerichtet und mir auch eure Schriften zeigen, daß ihr eine Begierde nach göttlicher Weisheit und nach dem Brünnlein Christi habet, so bin ich desto kühner, euch zu schreiben und desselben Weges zu erinnern, denn es bringet mir eitel Freude, so ich Gottes Kinder vernehme.

7. Gleichwie sich ein Zweig des Baumes in dem Baume neben dem andern erfreuet mit lieblicher Essenz, also auch die Kinder Christi. So euch aber etwas mißverstanden in meinen Schriften sein wollte, so ihr mir das nur andeutet, soll euch in leichtern Verstand gebracht werden. Oder so es euch zu tief im Sinne wäre, wollte ichs euch kindlicher und einfältiger dartun, damit das Perllein möchte mit Lust gesuchet und gefunden werden, denn es ist nicht vergebens gegeben.

8. Weil ihr aber einer aus den Ersten seid, denen es Gott hat wollen gönnen, so ermahne ich euch in rechter christlicher Liebe, daß ihr wollet fleißig das edle Kleinod suchen. Ihr werdets gewiß erlangen, denn ob sichs gleich anließe, als wollte er nicht, lasset euch das nicht erschrecken und sinket nicht, stehet stille. Will einer Ritter werden, so muß er kämpfen. Wo Gott am nähesten ist, da will ers nicht entdecken. Seine Kinder müssen probieret werden. Wir müssen wider den alten Adam in Streit ziehen und ihn töten, soll ein neuer auswachsen.

9. Werdet ihr das schöne Kränzlein nur einmal aufsetzen, so wirds hernach keines Forschens mehr (be)dürfen. Ihr werdet wohl einen haben, der forschen wird, der sich in euch suchen und finden wird, daß ihr werdet Gott und Himmelreich nach demselben Anblicke schauen, habe ich euch freundlich wollen erinnern.

10. Es lässet sich eine sehr schwere Zeit an, denn das Jahr, sowohl die nachfolgenden werden Jahre großer Trübsal sein,

denn der Huren[351] Krankheit und Tod ist kommen. Aber sie wills nicht merken. Sie spricht noch: Ich bin Jungfrau! Ihre Wunden sind unheilbar.

11. Lieber Freund Christian, lasset uns ja die Augen recht auftun, daß wir sie lernen kennen und vor ihr fliehen, sonst möchten wir ihre Plage und Strafe bekommen. Es ist kein Schimpf. Es kostet Leib und Seele, das höchste Gut. Und tue euch der Liebe Jesu Christi empfehlen! J. B.

Der Name des Herrn ist eine feste Burg; der Gerechte läufet dahin und wird erhöhet!

28. Sendbrief
An Dr. Christian Steinberg, alias Valentin Thirnes
Vom 6. Juli 1622.

Unser Heil im Leben Jesu Christi in uns!

Ehrenfester, hochgelehrter, christlicher lieber Herr und Freund! Neben herzlicher Wünschung göttlicher Liebe und Gnade, daß dem Herrn möge das Brünnlein göttlicher Liebe durch die Sonne des Lebens aufgeschlossen werden, aus welchem das göttliche Wasser ausquillet, als mir denn nicht zweifelt, der Bräutigam[352] habe seine Braut, als die Seele des Herrn zu solchem Brunnquell gerufen, weil ich vernehme, daß ihn Gott ins Kreuz und Trübsal hat gestellet, so ist dasselbe das erste Kennzeichen der edlen Sophien, womit sie ihre Kinder bezeichnet. Denn sie pfleget sich durch die Dornen Gottes Zorns zu offenbaren wie eine schöne Rose auf dem Dornstrauche, sofern nur die Seele ihr Gelöbnis und

---

351 Böhme spricht meist von »Babel«, wenn er die der Erneuerung bedürftige Kirche und Gesellschaft meint.
352 Christus

Treue hält. Denn es muß ein getreues und festes Band zwischen der Seelen und dieser feuerbrennenden Liebe Gottes sein.

2. Der Mensch muß in solchen Vorsatz treten, daß er will in Christi bitteres Leiden und Tod eingehen und seiner Sünde und bösen Eitelkeit[353] darinnen täglich absterben und ernstlich Gott bitten um die Erneuerung seines Gemütes und Sinnens. Er muß vom Hl. Geiste gesalbet und erleuchtet werden und Christus mit seinem Leiden, Tod und Auferstehung anziehen, daß er eine rechte Rebe am Weinstocke Christi sei, in dem Christus selber wirket und herrschet nach dem inwendigen Grunde seines Geistes, welches Geheimnis im Glauben ergriffen wird, da alsdann Gottheit und Menschheit nach demselben inwendigen Grunde beisammen ist, auf Art wie ein Feuer das Eisen durchgehet[354], da das Eisen wohl seine Substanz behält und aber doch in eitel Feuer, solange das Feuer darinnen brennet, verwandelt ist.

3. Nicht daß es die Kreatur in eigener Macht ergreife, sondern sie ist ergriffen, wenn sich der Wille Gott ganz übergiebet. Und in demselben übergebenen Willen herrschet der Geist Gottes. Und der Wille ist der wahre Tempel des Hl. Geistes, darinnen Christus wesentlich wohnt, nicht nach bildlicher, kreatürlicher Art, sondern gleichwie das Feuer im Eisen oder wie die Sonne in einem Kraut, da sich der Sonnen Kraft mit der Tinktur des Krautes bildet und wesentlich machet, also auch im Geiste des Menschen zu verstehen ist, da sich die Kraft Gottes in des Menschen Geiste und Glauben bildet und ein geistliches Wesen wird, welches allein der Glaubensmund der Seelen ergreifet und nicht der irdische Mensch in Fleisch und Blut, welcher tödlich[355] ist. Es ist ein untödliches Wesen, darinnen Christus im Menschen wohnt. Es wird der Himmel Gottes in die kleine Welt eingepräget und ist eine

353 Nichtigkeit 354 durchglüht 355 sterblich

Offenbarung der Stätte Gottes, da das Paradeis wieder grünet und Früchte träget.

4. Deswegen muß der Drache von ehe getötet werden. Ob er wohl dem irdischen Fleische noch anhanget wie die Schale oder Rinde am Baume, so lebet doch der Geist in Gott, wie St. Paulus saget: Unser Wandel ist im Himmel, Phil. 3,20. Und Christus auch sprach: Wer mein Fleisch isset und trinket mein Blut, der bleibet in mir und ich in ihm, Joh. 6,56; item: Ohne mich könnet ihr nichts tun, Joh.15,5.

5. Deswegen sage ich, ist einer ein wahrer Christ, so wird ers in Christo. Er ist in Christi Leben und Geist eingeboren und zeucht die Auferstehung Christi an. Denn also wird ihm die Genugtuung[356] Christi zuteil. Und also überwindet Christus in ihm auch die Sünde, Tod, Teufel und Hölle. Und also wird er in Christo mit Gott versöhnet und vereiniget.

6. Denn die neue Geburt ist nicht eine von außen zugerechnete Gnade, daß wir uns nur mit Christi Bezahlung dürfen trösten und in Heuchelei der Sünden beharren. Nein, sie ist eine kindliche, eingeborne Gnade, daß Gott den bekehrten Menschen Christus mit der Rechtfertigung anzeucht, daß ihn Christus auch in ihm selber von Gottes Zorn in Kraft seiner Offenbarung erlöse. Anders ist keiner ein Christ, er heuchle, wie er wolle.

7. Wegen der Deutung etlicher Wörter und dessen, was der Herr an mich begehret, so in meinem Buche, »Aurora« genannt, angedeutet, welche fast[357] heimliche Deutung haben und mir vom Höchsten zu erkennen gegeben worden sind, füge ich dem Herrn hiermit, daß es jetzo wohl nicht gut in Sendbriefen ausführlicher davon zu schreiben sei, weil die Zeit gefährlich und der Feind Christi grausam wütet und tobet, bis noch eine kleine Zeit vorüber ist. Jedoch will ich ihm eine kurze Andeutung geben, ferner nachzusinnen.

356 Versöhnung   357 sehr

8. Erstlich, von der »mitternächtigen Krone« ist eine zweifache Deutung: Die erste deutet an die Krone des Lebens als den Geist Christi, welcher mitten in der großen Finsternis soll offenbar werden als in der Beängstigung der sinnlichen Natur des Gewissens, da eine sonderliche Bewegung vorhanden. So kommt der Bräutigam als die Kraft Christi inmitten solcher Bewegung.

9. Die andere Deutung ist eine Figur[358] des äußeren Reiches, da die großen Verwirrungen und Streite werden sein und die Völker im Streite stehen. So ist die Figur als der Sieg darunter angedeutet, wie es in der geistlichen Figur stehet, wie es werde gehen, welche Völker endlich siegen werden und unterdessen in solcher trübseligen Zeit werde Christus offenbar und erkannt werden und wie nach und in solcher Zeit der Trübsal werden die großen Geheimnisse offenbar werden, daß man auch in der Natur wird können das große Geheimnis, den verborgenen Gott in Dreifaltigkeit erkennen, in welcher Erkenntnis sich die fremden Völker werden bekehren und Christen werden.

10. Auch ist darunter angedeutet, wie der sektierische Streit in der Religion werde in solcher Offenbarung zugrunde gehen, denn es werden alle Türen aufgetan werden. Und alsdann werden die unnützen Schwätzer, welche jetzt als Riegel vor der Wahrheit liegen, weggetan werden; und sollen alle Christum erkennen, welche Offenbarung die letzte sein wird: Da die Sonne des Lebens soll über alle Völker scheinen. Und alsdann gehet das böse Tier mit der Huren – welches unter den Charakteren[359] RaRa: RPAM RP angedeutet wird – zum Ende, wie in (der) Apokalypse zu sehen ist. Diese ausführliche Deutung darf man anjetzo noch nicht klarer machen. Es wird sich alles selber zeigen. Und dann wird man es

---

358 Symbol
359 d. h. nach Böhmes Sprachverständnis in der sogen. Natursprache

sehen, was es gewesen ist, denn es ist noch gar eine andere Zeit.

11. Wegen der Natursprache berichte ich dem Herrn, daß es sich also verhalte. Aber das, was ich darinnen weiß und verstehe, kann ich keinem andern geben oder lehren. Andeutung kann ich einem wohl geben, wie sie zu verstehen sei. Aber es gehöret ein großer Raum dazu und müßte eine mündliche Unterredung sein. Es lässet sich nicht schreiben.

12. Auch wegen des philosophischen[360] Werks der Tinktur ist nicht also bloß zu gehen, wiewohl ich das nicht in der Praxis habe. Es lieget das Siegel Gottes davon, dessen mit seinem wahren Grunde zu geschweigen bei ewiger Strafe, es wisse denn einer gewiß, daß es nicht mißbrauchet werde; und ist auch keine Macht, dazuzukommen, es sei denn, einer selber von ehe[361] das, was er darinnen suchet. Es hilft keine Wissenschaft, es gebe denn einer dem andern die Tinktur in die Hände, sonst mag er sie nicht präparieren, er stehe denn gewiß in der neuen Geburt.

13. Denn es gehören zwei zentralische Feuer dazu, darinnen die Macht der Dinge stehet, zu welchem gar leicht zu kommen, so der Mensch recht dazu geschicket ist. Der Herr wolle sich darum auf solche angedeutete Weise mit keinem Golde oder Mineralien (nicht) bemühen. Es ist alles falsch. Es muß das allerbeste im Himmel und in der Welt dazu sein, von dem Obern und Untern, welches nahe und weit ist. Die Stätte ist überall, da es anzutreffen ist, aber nicht ein jeglicher ist tüchtig dazu. Es kostet auch gar kein Geld, ohne was auf Zeit und Nahrung des Leibes gehet, sonsten könnte es einer mit 2 Fl bereiten und noch weniger. Die Welt muß zum Himmel und der Himmel zur Welt wieder gemacht werden. Es ist nicht von Erden oder Steinen oder Metall, und doch von dem Grunde aller Metallen. Aber ein geistlich Wesen, wel-

---

360 d. h. alchymistischen   361 d. h. in sich bereits

ches mit den vier Elementen umgeben ist, welches auch die vier Elementa in eines verwandelt, ein gedoppelter Mercurius, jedoch nicht Quecksilber noch ein ander Mineral oder Metall.

14. Der Herr lese den »Wasserstein der Weisen«[362], darinnen ist viel Wahrheit, und dazu klar, welches im Drucke ist. Die Arbeit ist geringe und die Kunst gar einfältig. Es möchte es ein Knabe von zehn Jahren machen, aber die Weisheit darinnen ist groß und das allergrößte Geheimnis. Ein jeder muß das selber suchen. Es gebühret sich nicht, das Siegel Gottes zu brechen, denn es lieget ein feuriger Berg davor, deswegen ich mich davor entsetze und warten muß, ob es Gottes Wille sei. Wie wollte ich denn andere davon ausführlich lehren? Ich kann es noch selber nicht machen. Ob ich schon etwas weiß, so soll doch keiner mehr bei mir suchen als ich habe, doch klar genug angedeutet. Und empfehle euch samt allen Kindern Gottes in die Liebe Jesu Christi. Datum ut supra.   J. B.

29. Sendbrief
An Herrn Christian Bernhard – Vom 8. Juli 1621.

Der offene Brunnquell aus dem Herzen Jesu Christi sei unsere Erquickung!

Ehrenfester, wohlbenamter Herr, hoher Freund! Neben Wünschung aller heilsamen Wohlfahrt füge ich demselben, daß die beigelegten Sachen Herrn Rudolf von Gersdorf zu Weicha gehören, und gelanget meine Bitte, ihr wollet sie doch dahin befördern, wo nicht zufällige Gelegenheit wäre, alsdenn seine Leute alle Sonnabend zu Sagan sind. So wolle er sie doch mit eigenem Boten hinschicken. Inneliegende Pfen-

---

362 Vgl. die Faksimile-Ausgabe des Aurum-Verlags, Freiburg 1977.

nige (sind) zur Beförderung dessen. Würde es nicht reichen, wollte ich, was mangelt, erstatten. Bitte, es doch aufs eheste zu befördern. Ob ihr das Buch »Von den drei Prinzipien« habt von Specht empfangen, weiß ich noch nicht. Bitte, es aufs eheste zu solvieren[363], denn es fällt anjetzo mancherlei vor, daß ichs öfters bedarf wegen guter, frommer Sucher halber, so zu mir kommen.

2. Beineben melde ich ihm auch, sich nur fertig zu machen, denn die heftige Tribulation[364] wird etliche unserer Landschaften heftig rühren. Suchet euch nur fleißig in den Frieden, den uns Christus herwiederbracht hat, einzuschließen und als mit einer Mauer zu verwahren. Denn Babel wird einen ernsten Trunk müssen austrinken, und (zwar) eben den, den sie mit Greueln hat eingeschenket. Alle Ketten und Banden werden zerspringen und nicht halten, und wird sich alles teilen, als es schon also stehet. So kömmet alsdann bald das Zerbrechen. Die Hoheit der Welt ist jetzt selber blind und will es nicht sehen, was sie ihnen selber antun, wird aber in kurzem sehend werden, wenn der Jammer wird über Leib und Seele gehen. Und tue euch in die sanfte Liebe Jesu Christi empfehlen. Geben ut supra. Euer dienstwilliger J. B.

30. Sendbrief
An Herrn Friedrich Krause, Dr. med. zu Goldberge (oder Liegnitz) – Vom 17. Juli 1622.

Der offene Brunnquell im Herzen Jesu Christi sei unsere Erquickung und stetes Licht!

Ehrenfester, wohlgelehrter, günstiger Herr und Freund, in Christo geliebter Bruder! Neben herzlicher Wünschung (von)

---

363 Gemeint ist die baldigste Erledigung einer Abschrift.
364 kriegerische Handlungen

Gottes Liebe, Erleuchtung und Segen; mir ist lieb und erfreue mich eures fleißigen Studierens in göttlicher Weisheit.

2. Und noch vielmehr dessen, daß ich vernehme in eurem Schreiben, daß euch Gott das Herze und Geist zum Verstande aufgetan hat, und wünsche von Herzen, als ich denn gar nicht zweifle, daß das edle Perlenbäumlein der Menschheit Christi in eurem in Adam verblichenen Paradeisbäumlein im Geiste Christi und in seiner zarten Menschheit in uns, des innern Menschen wieder grüne und rechte Früchte auf Gottes Tisch trage.

3. Und daß die edle Rebe an Christi Weinstocke fest eingepfropft sei und daraus ausgrüne und unter der jetzigen Dornenwelt gleich als ein Wunder neben uns ausblühe und den Sommer Christi in seiner Lilienzeit helfe andeuten, inmaßen sich denn jetzo hin und wieder dergleichen Zweiggein auf Christi Rosengärtlein erzeigen und gleich als ein Wunder Gottes mitten im Feuer der Trübsal zu Babel grünen.

4. Daß ihr aber meldet, daß euch meine Schriften hätten etwas Anleitung gegeben, des danken wir billig Gott, der seine Wunder und tiefe verborgene Weisheit auch durch albere[365] ungeübte Menschen offenbaret und gleich als die Kinder in der Wiegen der Welt in ihrem Babel- und Fabelwerke zu einem Lichte darstellet und sie mit der albern Einfalt überzeuget, daß ihr Werk, Willen und Leben vor ihm nur ein Schnitzwerk und selbsterdichteter Tand ist und nicht in ihm gegründet und eingewurzelt stehet.

5. Inmaßen uns denn der Höchste anjetzo vielfältig zu erkennen gegeben, davon in kurzer Zeit seine Wunder in seiner verborgenen Weisheit ans Licht der Welt in Schriften gegeben, darinnen sich unsere Nachkommen und diejenigen, so den Verstand von Gott dazu erlangen, sich nicht allein wundern, sondern auch hoch erfreuen werden.

---

[365] törichte

6. Ich habe von Herrn Walther vernommen, daß der Herr etwas von meinen ersten Schriften habe empfangen, welche er ihm gelieben lässet[366]. Ich wünsche aber, daß er die letzten auch hätte, welche viel heller, klarer und tiefer gegründet, darinnen man den geoffenbarten Gott in allen seinen Wundern und Werken klar erkennen mag.

7. Sie würden euch an eurer Praxis an vielen Enden mehr Eröffnung geben, denn der Natur Grund ist fast helle darinnen entdecket, sowohl auch unser schöner Lustgarten Christi, der neuen Wiedergeburt.

8. Es würde euch, mein lieber Herr Friedrich, viel Nutz zu zeitlicher und ewiger Übung schaffen; hoffe, ihr werdet euch als ein eingepflanzet Zweiglein nicht vom Baume der göttlichen Weisheit abbrechen, denn es wird bald eine Zeit kommen, da es will nütze sein und ihr euch werdet unter den Erstlingen, so aus Babel ausgehen, erfreuen.

9. Wegen der Verehrung[367], welche ich empfangen, sage ich großen Dank, und will es in meinen Willen in das Mysterium des Höchsten zu seiner Belohnung einführen, und soll euch als ein Schatz in ihm wohl aufgehoben sein, und erkenne hieran euer recht eiferiges Herze.

10. Wiewohl das Perllein hierum[368] nicht gegeben wird, sondern umsonst, wie uns Gott in Christo getan hat, und wie ein Glied dem andern schuldig ist. Und empfehle euch der sanften Liebe Jesu Christi und vermahne, das Perllein nur weiter zu suchen. Datum ut supra. J. B.

---

366 leihweise überläßt 367 Geschenk
368 d. h. nicht für materielle Leistungen

31. Sendbrief
An N. N. – Vom 1. November 1622.

Unser Heil in Christo Jesu!

Ehrenfester, wohlbenamter Herr. Ich wünsche demselben durch Gott in Christo Jesu seine Gnade, Erkenntnis und Segen.

Nachdem ich vom Herrn Doktor Kr. berichtet worden, wie der Herr als ein christlicher Mitbruder im Herrn im Zuge des Vaters zu Christo Jesu in herzlicher Begierde inne stehe und in seinem Gemüte dahin arbeitet, wie er möge zu göttlicher Beschaulichkeit in sich selber komme, also habe ich auf Begehren des Herrn Doktors nicht unterlassen wollen, den Herrn mit einem Brieflein zu ersuchen und ihm aus christlicher Liebe wollen den Weg zu göttlicher Beschaulichkeit und Empfindlichkeit aus meinen Gaben ein wenig andeuten und ihm gleich hiermit des Saftes meines kleinen Perlenbäumleins im Geiste und Leben Jesu Christi in brüderlicher Liebe darbieten, als[369] ein Ast oder Zweig am Baume dem andern schuldig ist. Und bitte, es wohl zu verstehen, ob ich ihm vielleicht zu seinem Eifer möchte mehr Ursachen geben.

2. Sintemal[370] der Herr in sich selber wohl empfindet, daß anjetzo der Antichrist in Babel das Regiment in der Christenheit in seiner Eigenheit[371] und Fleischeslust führet und aber uns unser lieber Emanuel[372] treulich davor gewarnet, auch gesaget, daß Fleisch und Blut das Himmelreich nicht erben solle, I. Kor. 15,50. Und aber der Antichrist anders nichts suchet noch begehret, als nur zeitliche Ehre, Macht und Gewalt, in Fleischeslust aufzusteigen, und sich dieser Antichrist jetzo eine lange Zeit also höflich mit Christi Purpurmantel zugedeckt, daß man ihn nicht hat erkannt, sondern für heilig geehret, welches mit in Gnaden des Höchsten

369 wie   370 Nachdem   371 Egoismus   372 Christus

ziemlich wohl offenbar worden. Also wollte ich dem Herrn mit wenigem andeuten, was ein Christ oder was der Antichrist im Menschen sei, zu fernerer Nachdenkung.

3. Christus spricht: Wer nicht verlässet Häuser, Acker, Geld, Gut, Weib, Kinder, Brüder und Schwestern, und verleugnet sich selber und folget mir nach, der ist nicht mein Jünger und Diener, Luk. 14, 26. – Item[373]: Ihr müsset umkehren und werden als die Kinder, oder: aus dem Wasser und Geiste neu geboren werden, sonst sollet ihr das Reich Gottes nicht sehen, Matth. 18, 3. Solches ist nicht angedeutet, daß einer solle von Weib und Kind aus seinem Berufe und Stand in eine öde Wildnis laufen und alles verlassen, sondern den Antichrist als Meinheit, Deinheit, Ichheit.

4. Wer zu göttlicher Beschaulichkeit und Empfindlichkeit[374] in sich selber gelangen will, der muß in seiner Seelen den Antichrist töten und von aller Eigenheit des Willens ausgehen, ja von aller Kreatur, und in der Eigenheit des Gemütes die ärmeste Kreatur werden, daß er nichts mehr zum Eigentum habe, er sei in was Stande er wolle.

5. Und ob er gleich ein König wäre, so soll doch sein Gemüte alle Eigenheit verlassen und sich in seinem Stande, auch Ehren und zeitlichem Gute nichts mehr achten als Gottes Diener, daß er darinnen Gott und seinen Brüdern dienen sollte, und daß alles, das er hat, er nicht zum Naturrecht hat und besitzet, daß er sein sei, sondern daß es seiner Brüder und Glieder sei, daß ihn Gott habe zu einem Amtmann und Verwalter darüber gesetzet, und denken, daß er seinem Herrn darinnen diene, welcher von ihm wollte Rechenschaft fordern.

6. Auch so muß er seinen eigenen Willen, welcher ihn zu solchem Besitz der Eigenheit treibet, in ihm ganz und gar dem Leiden und Sterben in Tod Jesu Christi einergeben und

---

373 Desgleichen   374 Erfahrung

Gott demütiglich in rechter ernster Buße und Umwendung bitten, daß er diesen bösen Willen zur Eigenheit und zeitlichen Lust wolle in dem Tode Jesu Christi töten und seiner Seelen willen in die wahre Kindschaft Gottes einführen, daß er ihm[375] nicht mehr selber wolle und begehre, sondern daß Gottes Wille in ihm sein Wollen und Begehren werde, daß er in seiner Ichheit tot werde nach dem Seelenwillen, und Gott in Christo sein Leben (werde).

7. Er muß seinen Willen in die höchste Demut in Gottes Erbarmen vertäufen[376] und ihm seinen solchen Willen in Gottes Gnadenverheißung schöpfen, daß er *diese* Stunde[377] wolle von aller Eigenheit dieser Welt Wollust ausgehen und nimmermehr wieder darein eingehen, und sollte er gleich aller Welt Narr darinnen sein, und sich ganz in die höchste Niedrigkeit und Unwürdigkeit vor Gott mit der Pönitenz[378] vertäufen, aber in der Seelen die Gnadenverheißung ergreifen und darinnen stehen als ein Kriegesmann vor seinem Feinde, da es Leib und Leben gilt.

8. Wenn dieses geschiehet, so wird sein eigen(er) Wille, als[379] der Antichrist, im Tode Christi ergriffen und getötet, und wird alsobald seine Seele als ein neues unverständiges Kind, das seinen natürlichen Verstand der Selbheit hat verloren, und hebet vor Gott als ein junges Kind vor seiner Mutter an zu flehen, und setzt sein Vertrauen in die Mutter, was ihm die geben will.

9. Und das ist, das Christus sagete: Ihr müsset umkehren und werden als Kinder, Matth. 18,3, – und alles verlassen und mir nachfolgen. – Denn Adam ist von Gottes Willen in einen eigenen Willen getreten und hat in eigener Begierde der Schlangen Sucht und Teufels Willen in sich eingeführet, daß er sich und seine Lebensgesellen, welche in gleicher

---

375 sich   376 eintauchen   377 noch diesen Augenblick
378 Buße   379 nämlich

Konkordanz[380] standen, in einem einigen Willen – der war Gottes – in eine Trennung eingeführet, da sich die Eigenschaften der Natur haben aus der gleichen Konkordanz ausgeführet, eine jede Eigenschaft in ihre Selbheit als eigene Begierde, davon ihm die Lust zu Bös und Gut entstand und zuhand[381] Hitze und Kälte in ihn drang und er des heiligen Lebens in dergleichen Konkordanz – da er in einem einigen Element lebete, da die vier Elementen in gleichem Gewichte in ihm waren – erstarb.

10. Davon ihm Gott sagete: Iß nicht vom Baum (des) Bösen und Guten oder du stirbest, Gen. 2,17. Da meinete er den Tod am Himmelreich als des schönen englischen Bildes, welches zuhand in der falschen eingeführten Schlangenbegierde erstarb und nun soll und muß wieder in Christi Geist neu geboren werden. So muß dieser falsche Schlangenwille von ehe in Christi Tode durch rechte Umwendung[382] sterben, und aus diesem Sterben stehet Christus in seinem Geiste in dem in Adam gestorbenen Himmelsbilde in uns wieder auf und wird der innere Mensch in Christi Geist neu geboren.

11. Dieser neue Geist kommet zu göttlicher Beschaulichkeit in sich selber und höret Gottes Wort, hat göttlichen Verstand und Neiglichkeit und mag Mysterium magnum[383] in göttlichen und natürlichen Geheimnissen in sich schauen. Und ob ihm wohl das irdische Fleisch in seiner Neiglichkeit noch anhänget, so schadets ihm doch alles nichts.

12. Er ist in dieser neuen Geburt wie ein fixes Gold im groben Steine, da des Steines Grobheit das Gold nicht mag zerbrechen, denn sein rechter Wille ist der irdischen Sucht abgestorben und begehret des Fleisches Lust alle Stunden zu töten, tötet es auch ohn Unterlaß. Denn allhie zertritt des

380 Übereinstimmung   381 alsbald
382 Umkehr   383 das große Geheimnis

Weibes Same als der neue Mensch, in Christo geboren, der Schlangen Willen im Fleische als dem Antichrist den Kopf.

13. Und füge euch christlich und brüderlich, mein geliebter Herr, in gar guter Pflicht und Treuen zu wissen, daß wir in unserer vermeinten Religion, da man doch nur immer zanket oder zueinander lästert um die Buchstaben, noch mitten in Babel stehen, und (es) ärger nie gewesen ist, da man sich ja rühmet, man sei aus Babel ausgegangen und habe die wahre Religion, welches ich in seinem Wert lasse.

14. Aber soviel mir im Herrn meinen Gott erkannt ist in meinem mir von Gott gegebenen gar edlen Talent[384], so sage ich, daß man ja hat den Mantel Christi mit seiner Purpurfarbe in Christi Blut eingetauchet und zur Decke umgenommen, aber damit nur das antichristliche Kind des eigenen Willens zugedecket, und hat dem antichristischen Hurenkinde fremde Farbe angestrichen.

15. Denn man heuchelt ihm gar wohl und decket es mit Christi Leiden, Verdienst und Tode zu, und tröstet es, Christus habe für das bezahlet, er soll sich nur des Verdienstes Christi trösten und als Genugtuung im Glauben annehmen, und weiset uns also eine von außen zugerechnete Gerechtigkeit.

16. Aber es hat ein viel ander ABC im Verstande[385]: Es gilt kein Trösten noch Selber-Wollen, Laufen oder Rennen. Das Leiden und der Tod Christi wird nicht dem antichristlichen Tier in der Selbheit gegeben, sondern denen, die da von allen Kreaturen aus der Eigenheit ausgehen und sich in das Leiden und Sterben Jesu Christi ganz einergeben, des eigenen Willens in und mit Christo sterben, mit ihm begraben werden und in ihm eines neuen Willens und Gehorsams aufstehen und der Sünden gram werden, welche Christum in seinem Leiden, Spott und Verfolgung anziehen und sein Kreuze auf

---

384 Böhmes geistige Erkenntnis
385 Es hat eine ganz andere Bedeutung

sich nehmen und unter der Brautfahne ihm nachfolgen. Denen wird es gegeben. Diese ziehen Christus in seinem Prozeß an und werden im innern, geistlichen Menschen Christi Gliedmaß und Tempel Gottes, der in uns wohnt.

17. Keiner hat sich Christi Verdienst zu trösten, er begehre denn Christum in sich ganz anzuziehen. Und ist auch eher kein rechter Christ, er habe ihn denn durch rechte Buß und Einwendung zu ihm mit gänzlicher Ergebung angezogen, daß sich Christus mit ihm vermählet.

18. Welches Anfang im Bunde der Taufe geschiehet, da das Kind unter seiner Blutfahne gelobet und schwöret, welches hernach in Tätlichkeit[386] soll erfolgen; oder ob sich einer hätte abgewandt, soll er sich in solche Umkehrung wieder einwenden. Und sage im Grunde, daß manchem der Mantel Christi, mit dem er den Antichrist zudecket und doch nur ein Tier[387] bleibet, wird zum höllischen Feuer werden.

19. Denn ein Christ muß aus Christo geboren sein und dem adamischen Willen absterben. Er muß Christum in sich haben und eine Rebe an seinem Fleische und Geist sein, nicht nach dem animalischen Tier, sondern nach dem geistlichen Menschen.

20. Denn nicht das Tier besitzet Gottes Geist, aber wohl den Tempel Christi als Christi geistliches Fleisch und Blut in uns. Denn Christus sagte: Wer nicht würde essen das Fleisch des Menschensohns, der hätte kein Leben in sich.

21. Nun muß ja ein rechter Mund dazu sein, der es essen kann, denn dem Tiere wird es nicht gegeben, viel weniger der Schlangen-Enti[388]. Denn ein jeder Geist isset von seiner Mutter, daraus er erstanden ist, welches ich einem jeden Verständigen zu erwägen gebe und allhier nur angedeutet habe, was ein Christ sein müsse.

---

386 in der Tat   387 d. h. unverwandelt
388 der Schlangenwesenheit des Menschen

22. So er sich aber einen Christen rühmet, denn ein Tier ist kein Christ, sondern der mit dem Heiligen Geiste in Christi Tod getaufet wird, – der Christum hat angezogen und in Christi himmlischem Fleische und Blute lebet, welcher das Abendmahl Christi geschmecket hat und mit Christo zu Tische gesessen ist, der ist ein Christ, der in Christi Fußstapfen wandelt und das antichristliche böse Tier im Fleische und Blute, welches einem Christen gleichwohl anhänget, immerdar tötet, anbindet, nicht Gewalt lässet und sich in die Anfechtung geduldig ergiebet, welche ihm viel hundertfältig zu einer Probe und Läuterung gegeben werden.

23. Ein Christ muß das ABC zurücklernen[389] und die Weisheit seiner Vernunft für töricht achten, auf daß Christus in ihm eine Gestalt gewinne und er der himmlischen Weisheit fähig werde.

24. Denn die Weisheit der äußeren Welt ist an Gott blind und siehet ihn nicht, und da doch alles in Gott lebet und webet und er selber durch alles ist und doch kein Ding besitzet, ohne was seines eigenen Willens erstirbet. Das muß er besitzen, und besitzet es gerne, denn es will ohne ihn nichts und ist am Ende der Schöpfung und auch im Anfang.

25. Davon ich dem Herrn wohl melden könnte, so es allhier die Gelegenheit gäbe, welches ich in meinen Schriften gewaltig[390] dargetan und aus dem Centro und Verstand[391] aller Wesen erkläret habe und allhie nur ein wenig in Forma[392] angedeutet, was eines Christen Zustand und Wesen sei, ob dem Herrn lüsterte weiter nachzusinnen und sich in diesem Prozeß zu ergeben, als ich denn hoffe, er sei vorhin[393] darin.

26. Aber zu mehrerer brüderlicher Ergötzlichkeit[394] mit einem kleinen Brieflein wollte (ich) andeuten und mich mit

---

389 rückwärts, der Vernunft entgegen, d. h. in neuer Weise
390 ausführlich 391 bzw. Urstand 392 vergleichsweise
393 bereits 394 Freude

dem Herrn ergötzen, in der Hoffnung und im Glauben, der in uns wirket und ist, bis wir dieser Hütten[395] einst los werden und uns in göttlicher brüderlicher Einigkeit und Beschaulichkeit werden hernach vollkömmlich miteinander ergötzen.

27. Und solches auf Anhalten[396] obgemeldeten Herrn Doktors in guter Pflicht. Und (ich) empfehle den Herrn der sanften Liebe Jesu Christi.

Gegeben ut supra[397]. J. B.

32. Sendbrief
An Herrn Christian Bernhard – Vom 12. November 1622.

Unser Heil im Leben Jesu Christi in uns!

Mein gar lieber Herr und werter Freund, ich wünsche euch viel Freude in Kraft göttlicher Beschaulichkeit, Findlichkeit und Empfindlichkeit, neben leiblicher Wohlfahrt und erfreue mich eurer Standhaftigkeit in göttlicher Übung, welches mir das Zeichen ist ewiger Brüderschaft in göttlicher Essenz; und vermahne euch in Liebe, darinnen in ernster Standhaftigkeit zu bleiben und des ewigen Lohnes zu gewarten, euch nur an der Welt Spott und Affenwerk nichts zu kehren, denn ein rechter Christ muß nicht alleine ein Mundchrist sein, sondern in Christo in seinem Prozeß wandeln und Christum anziehen. Welches ich hoffe, daß es bei euch schon geschehen sei, wollet euch nur nicht lassen des Teufels gleißende Welt-Larve anziehen, denn diese Zeit ist kurz, darauf ewige Belohnung folget; und wollet doch euren Herrn Bruder als auch (den) Mitbrüdern im Herrn wegen meiner salutieren[398].

2. Ich übersende euch allhier zwei Säcke; bitte, wollet doch die Mühe auf euch nehmen und das Korn einsacken und wohl

---

395 des irdischen Leibes 396 Veranlassung
397 Wie oben angegeben 398 von mir grüßen

verwahren, ein wenig vernähen oder versiegeln. In den Säkken ist ein Paket an Herrn Rudolf von Gersdorf und an Herrn Friedrich von Krackwitz, welches alleine soll Herrn Gersdorf zugeschicket werden. Er wird Herrn Krackwitz sein Teil wohl zuschicken. Nehmet doch die Mühe auf euch und (be)fördert es zu Herrn Gersdorf. Könnet ihr nicht zufällige Botschaft haben, so schicket einen eigenen Boten. (Es) wird ihm von Gersdorf wohl gezahlet, oder ich will ihn selber zahlen, da[399] es mangelte. Das Pack möget ihr aufmachen, denn ich habe es eurethalben unversiegelt gelassen. Es lieget bei jedem Briefe ein Traktätlein; welche euch gut sind, die möget aufs schleunigste abschreiben und alsobald ohne weitern Verzug an benannten Ort fördern. Bitte, verpackt doch jedes Trakttätlein wieder zu seinem inneliegenden Briefe und versiegelt es, daß die Traktätlein ja nicht von den rechten Briefen vermenget werden. Bei Herrn Kregwitzens Briefe dürfet[400] ihr nur das geheftete Traktätlein schreiben. Die anderen zwei Bogen, so angeheftet sind, habet ihr bei Herrn Gersdorf; Kregwitz hat den Anfang schon.

3. Wegen des Memorialzettels[401] von Herrn Lindner zu Beuthen berichte ich euch, daß dieselben benannten Bücher alle meine sind, welche in anderthalb Jahren alle gemachet sind, teils auch diesen Sommer. Das ihr jetzt von Gersdorf empfangen habet, wird gewiß eines sein wider die Methisten[402]. Und allhier bei Kregwitzens Schreiben findet ihr auch eines »Von wahrer Gelassenheit«[403]. Die andern sind einesteils groß, sonderlich das Buch »De signatura rerum«, vom Urstande der Creation und seiner Bezeichnung[404], ein treff-

---

399 falls   400 braucht   401 Denkzettels, hier: schriftliche Anfrage
402 Anhänger von Meth
403 Die Schrift findet sich in Jakob Böhme: *Christosophia*. Insel Verlag, Frankfurt/Main 1991.
404 Jakob Böhme: *De signatura rerum, oder Von der Geburt und Bezeichnung aller Wesen* (1622)

liches hohes Werk von 41 Bogen. Die sind hin und wieder nachgeschrieben. Herr Doktor Brux hat auch eines, und Doktor Güller von Troppen (Troppau) hat eines. Wenn ich dieselben werde zu Händen bekommen, so will ich euch ferner eines nach dem anderen schicken. Meldet mir nur, wenn ihr Weile zum Abschreiben habet. So ihr dasjenige, welches ihr jetzo von Gersdorf bekommen habet, wollet nachschreiben, das möget ihr tun, allein schreibet nur erstlich die zwei, so ich euch jetzt mitsende und fördert dieselben fort, und übersendet mir mit dem Korne Herrn Gersdorfs Schreiben.

4. Wegen der Kosaken berichte ich euch, daß sie bei Leutenmeritz in Böhmen liegen, bis an die Leippe, und das Land sehr verderben. Man saget wohl, sie sollen bei uns durchziehen und sich gegen Polen wenden. Aber wir haben nichts Gewisses. Ich halte es dafür, sie werden wohl in Böhmen oder Lausitz bleiben und Polen nicht sehen, denn wir werden in kurzem neue Zeitung[405] haben. Der jetzige Friede ist nichts Beständiges, denn die Krankheit ist zum Tode und größer nie gewesen, wie es die Zeit geben wird.

5. Wie es euch sonst gehet und was euer Zustand sei, möchte ich gern wissen, ob ihr Lust hättet, um Bezahlung nachzuschreiben, so wollte ich euch dazu fördern. Ich weiß Herren genug, die es verlegen wollen zum Nachschreiben; und empfehle euch der Liebe Jesu Christi! J. B.

33. Sendbrief
An Herrn Christian Bernhard – Ohne Datum.

Emanuel!

Lieber, treuer Freund und Bruder in der Liebe Christi, ich wünsche stets in meiner Begierde, daß ihr möget auf ange-

405 Nachricht

fangenem Wege beständig bleiben, daß euer Hunger und Durst nach Christi Brünnlein möchte stets währen, denn es ist der gewisse Zug des Vaters im Geiste Christi zu ihm. Der irdische Adam ist eine Decke davor, daß Christus in dieser irdischen Hütten nicht mag ganz offenbar werden, denn der Hl. David, der Mann Gottes, saget: Sie gehen dahin und säen mit Tränen, und ernten aber mit Freuden, Psalm 126, 5. 6.

2. Ich ermahne euch ganz brüderlich: Lasset euch nicht schrecken, wenn die Sonne mit der Freudenreich in dem alten Adam nicht will scheinen. Es ist Gottes Wille also, denn sie gehöret nicht mit ihrem freudenreichen Glast[406] in den irdischen Menschen, sondern sie giebet nur manchmal dem erstorbenen Mysterio[407], welches in Adam verblich und am jüngsten Tage soll in Kraft aufstehen, also einen freundlichen Anblick, der armen Seele zum Troste und zur Stärkung des neuen Gewächses[408].

3. Allhier muß es nur in eitel[409] Sehnen und Ängsten geboren werden. Es verbirget sich öfters die Sonne, aber sie suchet nur also in der Wurzel, daß sie einen Zweig aus dem Baume gebäre. Ringet nur getrost, das Kränzlein[410] ist euch gewiß beigeleget. Es wird euch wohl aufgesetzet werden nach Maß, wie es Gott gefället. Denn nachdem er einen in dieser Welt will brauchen, nach demselben Maß offenbaret er sich auch in ihm im äußeren Menschen.

4. Aber der rechte Lilienzweig steht nicht in der äußern Welt. Es ist mir eine eitle Freude, wenn ich vernehme, daß ihr euch ängstet nach der Lilien und denket, ihr habet sie nicht. Aber ich sehe es viel besser als ihr, was ihr habet, welches mich oft lüstert[411], nur also mit meinem Vermahnen aufzuwecken, auf daß der Baum wachse und groß werde.

---

406 Schein   407 der ursprünglichen Herrlichkeit des Menschen
408 des neuen Menschen   409 nichts als   410 der Siegeskranz
411 verlangt

Denn ich werde auch noch wohl seiner Frucht genießen, um welches willen ich an euch und an vielen arbeite, nachdem wie ich getrieben werde.

5. Ich übersende euch die »Magische Kugel[412]« mit der Erklärung. Ihr werdet einen feinen Spaziergarten darinnen haben. Schicket mir dieselbe so bald es sein kann wieder. Ich will euch in kurzem was anders schicken. Das kleine Testament konnte ich anjetzo nicht bekommen, ward aber vertröstet, danach zu schreiben.

6. Bitte, schicket, wo ihr jemand von Zölning innen sehet, dieses inliegende Schreiben Herrn M. Weigel; wo nicht, so gebet es doch in sein Haus, so kanns ihm werden. Ich bedanke mich auch wegen der Beförderung des Kornes, wills in Liebe verschulden; habe es richtig empfangen und euren Fleiß gespüret. Wenn mir nur Herr Weigel meine Säcke wieder schickte, ich wäre wohl zufrieden. Aber ich spüre wohl, wie sein Herze ist. Ich habe ihn der babylonischen Jungfrauen erinnert[413] und ihm noch freundlich geschrieben, ob er wollte sehend werden und vom Zipfel des Antichrists abfallen[414] wiewohl michs bedeucht[415], es sind nur Worte mit glattem Schein, wie sie fast alle tun. Denn ich habe in diesem Geschlechte ihrer noch wenig funden, denen es wäre rechter Ernst gewesen, sondern (sie) haben nur die Historie[416] mit Freuden angenommen und vermeinet, es stecke im Wissen als im Buchstaben, sich damit sehen zu lassen. Jedoch kenne ich etliche, denen es ernst ist, da ich den Geist in Kraft gesehen habe, Gott sei Lob! Euren Herrn Bruder, den Herrn Konrektor, wollet meinen Gruß und willige Dienste in Liebe vermelden, uns in die Liebe Jesu Christi empfehlend.

E(uer) l(ieber) F(reund) und Br(uder) in Christo   J. B.

---

412 Auch Philosophische Kugel genannte Graphik der 3 Prinzipien
413 d. h. ermahnt   414 d. h. umkehren
415 wie wohl ich meine   416 die äußere Botschaft

34. Sendbrief
An Herrn N. N. – Vom 10. Dezember 1622.

Unser Heil im Leben Jesu Christi in uns!

Mein gar lieber Herr und christlicher Bruder, neben treuer und begieriger Wünschung meines Geistes, wahren göttlichen Lichtes, Kraft und Erkenntnis, auch inniglicher Freuden in göttlicher Beschaulichkeit und unserer ewigen Brüderschaft im Leben Christi.

2. Euer an mich getanes Schreiben habe ich empfangen und freue mich im Herrn, meinem Gott, der uns seine Gnade also reichlich und überschwenglich mitteilet und unsere Herzen eröffnet, daß wir in Zusammenfügung unserer Gaben seine Weisheit und Wunder begehren zu erforschen.

3. Und soll mir des Herrn seine angebotene Freundschaft lieb und angenehm sein, und erkenne ihn vermöge dieses an mich getanen Schreibens für eine grünende und sehr begierige Rebe am Weinstocke Christi, auch für mein Glied und Mit-Zweiglein an diesem Perlenbaum, und wünsche in Kraft meiner Erkenntnis, daß es rechter, beständiger, unwankelbarer Ernst sei, als ich mir denn keinen Zweifel mache, der edle Perlenzweig der neuen Geburt aus Christi Geist und Weisheit sei in ihm geboren.

4. So wollte ich auch herzlich gerne meinen Mit-Zweigen und Ästen meinen wenigen Saft und Kraft aus Gottes Gaben gerne mitteilen und sie in meiner schwachen Kraft helfen erquicken und ich hinwider des ihrigen genießen, als wir denn aus Gottes Befehl und auch im Naturrechte[417] einander solches zu tun schuldig sind.

5. Dazu ich denn insonderheit in meinen Gaben getrieben werde, um welches willen ich viel Zeit und Mühe, jedoch in großer Begierde und Lust damit zugebracht habe, und

---

417 naturgemäß

immerdar mit Ernst geholfen und in Begierde dahin getrieben, meinen Brüdern im Herrn im Weingärtlein Christi zu dienen.

6. Und wiewohl ich ein einfältiger Mann bin und der hohen Kunst und des Studii unerfahren, ist auch niemals meine Übung gewesen, mich in hoher Meisterschaft zu üben und große Geheimnis(se) in meiner Vernunft zu fassen.

7. Sondern meine Übung ist äußerlich ein gemein Handwerk gewesen, damit ich mich lange Zeit ehrlich ernähret. Daneben ist meine innerliche Übung mit fast[418] strenger Begierde in das Sterben meines angeerbten[419] Menschen gegangen, wie ich meiner Ichheit und Selbst-Wollens möchte im Tode Christi ersterben und in seinem Willen eines neuen Geistes und Willens göttlichen Sinnes aufstehen.

8. Habe mich auch dermaleinst also hart darin verwogen[420], eher das irdische Leben zu verlassen, als von diesem Vorsatze und Streite auszugehen, und was ich darinnen und darüber gelitten, das habe Gott zu erkennen, welcher mich also durch sein Gerichte meiner Sünden geführet, mich aber hernach mit dem schönsten, triumphierenden Anblick seiner göttlichen Freudenreich gekrönt, dazu ich keine Feder zum Schreiben weiß, sondern dem Leser dieses und allen Kindern Gottes gerne gönnen und herzlich wünschen will.

9. Und aus demselben triumphierenden Licht ist mir gegeben worden, das ich bishero etliche Jahre geschrieben habe, denn ich erlangete darin viel Gnade, mein eigen Buch, das ich selber bin – als das Bild Gottes – zu lesen und zu erkennen, dazu auch schauen das Zentrum aller Wesen, und zu verstehen das geformte Wort Gottes, auch den Verstand der kompaktierten und gefasseten oder geformten sensualischen[421] Zunge aller Eigenschaften, sowohl die mentalische[422] unge-

---

418 sehr   419 natürlichen   420 gewagt
421 sinnenhaften/leiblichen   422 geistige

formete, heilige Zunge zu verstehen, darin ich dann gar viel hoher Bücher geschrieben habe, welche einesteils der Vernunft ohne Gottes Licht wollen unergriffen sein.

10. Wiewohl ich als ein schwach irdisch Werkzeug nach dem äußern Menschen dieses hohe Werk anfänglich als ein ungeübter, ungelehrter Mann übel fassen und zum Verstande konnte geben, wie in der »Aurora«[423] zu sehen, welche das erste Teil meiner Schriften ist. (Ich) vermeinte auch mein Leben lang bei keinem Menschen damit bekannt zu werden, sondern schrieb es mir zu einem Memorial der ganz wunderlichen Erkenntnis, Anschauung und Empfindlichkeit[424].

11. Und wiewohl es der Geist deutet, wozu es sollte, so möchte es doch die Vernunft als der äußere Mensch nicht fassen, sondern sah seine Unwürdigkeit und Niedrigkeit an.

12. Behielt auch dieselbe Schrift bei mir, bis ich endlich einem Menschen davon sagete, durch welchen es war vor die Gelehrten[425] kommen, welche alsobald danach getrachtet und angestiftet, daß sie mir entzogen wurde.

13. Da dann der Satan gedachte, Feierabend mit zu machen und meine Person damit zu verunglimpfen, darum ich auch viel gelitten habe um Christi meines Herren willen, ihm in seinem Prozeß[426] recht nachzufolgen. Aber wie es dem Teufel mit Christo ging, also ging es ihm auch mit meinen Schriften.

14. Denn der sie begehrete zu verfolgen, der hat sie publiziert und mich noch in größere und heftigere Übung eingeführt, dadurch ich im Gerichte mehr geübet und den Sturm wider den Teufel im Schlangen-Ente[427] des irdischen Adam und seines Gegensatzes desto mehr bestanden und die Pforten der Tiefe desto mehr zersprenget und an das helle Licht kommen bin.

---

423 Böhmes erstes Buch   424 Erfahrung   425 Gebildeten
426 der Passion Christi   427 Schlangenwesenheit

15. Daß es auch anjetzo so weit damit kommen ist, daß sie weit und ferne von vielen hochgelehrten Doktoren, auch vielen vom Adel hohen und niedrigen Standespersonen mit Lust gelesen und nachgeschrieben worden, ganz ohn meinen Trieb oder Lauf durch Gottes Schickung.

16. Wollte euch auch gerne haben auf diesmal davon was mitgeteilet, habe sie aber nicht bei Handen gehabt, auch auf so eilende Weise nicht mögen erreichen; und ist nicht ohne, es sind etliche Traktate geschrieben worden, daß ich hoffe, es soll manche hungerige Seele dadurch erquicket werden.

17. Denn die letzten Schriften sind alle viel heller und in besserem Verstande als die ersten, welche der Herr mir hat ermeldet[428].

18. Wollte der Herr aber sich soviel bemühen, wie er und in eigener Person zu mir kommen und sich in Gottesfurcht in göttlicher Weisheit mit mir bequemen, das soll mir lieb sein. Er kann seine Gelegenheit bei mir haben nach seinem Gefallen, denn ohne das jetzo in steter Übung mit Schreiben.

19. Habe auch mein Handwerk um deswillen lassen, Gott und meinen Brüdern in diesem Berufe zu dienen und meinen Lohn in dem Himmel zu empfangen, ob ich gleich von Babel und dem Antichrist muß Undank haben.

20. Herrn Magister Nagels Grußes als auch christlichen Mitbruders und jetzt in der Pilgrimschaft Christi, wie ich bin berichtet worden, bedanke ich mich. Und so es des Herrn Gelegenheit in Schriften geben wollte, er ihn wegen meiner wiederum freundlich grüßen wolle.

21. Herr Elias Teichmann ist nicht bei mir kommen, weiß auch nicht, wo er jetzo ist! Herr Bal(tha)sar Walther hat seiner oft in Liebe gedacht. Ich aber kenne ihn nicht, ohne im Geiste, denn ich habe auch von andern seiner hören erwähnen.

428 erwähnt

22. Wegen meines Zustandes berichte ich dem Herrn auf sein Begehren, daß es mir Gott Lob anjetzo noch wohl gehet, sehe mir aber im Geist eine große Verfolgung und Veränderung über Land und Leute, welche nahe ist, wie in meinen Schriften angedeutet. Und wird Zeit sein, von Babel auszugehen und zu fliehen. Darum kann ich auch von keiner Ruhe melden.

23. Denn was großen Jammer und greulichen Raubens, Mordens und unerhörter Teufelei bei der Christenheit die durchreisenden Kosaken durch Schlesien bei unsern Nachbarn anjetzo getrieben, wird euch vielleicht wissend sein, welches eine gewisse Figur[429] des künftigen Gerichts über diese Lande ist.

24. Und tue euch samt allen Gliedern Christi der sanften Liebe Jesu Christi und mich in eure und ihre Liebe und Gunsten empfehlen.

Datum ut supra. Bin wohnhaft zwischen dem Neiß-Tor.

J. B.

35. Sendbrief
An Herrn Johann Butowiski – Vom 13. Dezember 1622.

Unser Heil im Leben: Jesus Christus in uns!

Ehrenfester, wohlbenamter Herr, neben treuer Wünschung göttlichen Heils in heiliger Kraft und aller zeitlichen Wohlfahrt!

2. Euer an mich getanes Schreiben um christlicher Freundschaft und Ergötzung[430] in göttlicher Erkenntnis in göttlicher Begierde und wohlmeinender, herzlicher christlicher Liebe habe ich empfangen, und ist mir lieb und angenehm, erfreue mich auch darob, daß dennoch Gott seine Kinder und kleines

---

429 Beispiel bzw. Zeichen   430 Freude

Häuflein hin und wieder hat, da sonsten anjetzo die Welt im Argen fast[431] ersoffen und im Zorn-Feuer ergriffen ist, welches nahe[432] einen großen Riß in der antichristlichen Christenheit machen wird, wie erkannt worden ist.

3. Und tut der Mensch gar wohl und recht, welcher sich lernet recht erkennen, was er sei, welches nicht durch Vernunft und scharfes Forschen geschehen mag, sondern in dem wahren Prozeß Christi in einer wahren gelassenen Seele, welche die Vernunft und eigene Witze[433] menschlicher Selbheit mit Umwendung des irdischen Weges verlässet und in die höchste Einfalt Christi in wahrer Demut unter das Kreuze Christi eintritt, wie uns Christus treulich gelehret hat und gesaget: Es sei denn, daß ihr umkehret und werdet als Kinder und werdet neugeboren aus dem Wasser und Hl. Geist, sonst sollet ihr das Reich Gottes nicht sehen, Joh. 3, 5.

4. Darzu dann eine wahre Gelassenheit und Verlassenheit der menschlichen Selbheit gehöret, daß sich der Mensch ganz in seinem inwendigen Grund wendet und in seiner Selbheit ganz zunichte machet und durch ernste Buße mit inniglicher Begierde von diesem Weltwesen in Gott wendet und seines Vermögens und eigenen Willens im Tode Christi erstirbet und sich in Gottes Erbarmen ersenket. So mag er vom Hl. Geiste in sich selber in dem inwendigen Grunde ergriffen werden, daß derselbe durch ihn siehet, will und tut, was Gott gefället, welcher alleine das Forschen in göttlicher Erkenntnis ist und der Seelen Licht, in welchem sie Gott schauet und erkennet, und in keinem andern Wege mag man zu göttlicher und natürlicher Erkenntnis und Beschaulichkeit gelangen.

5. Denn der natürliche Vernunft-Mensch verstehet nichts vom Geheimnis des Reiches Gottes, denn er ist außer und nicht in Gott, wie sich das an den Vernunft-Gelehrten bewei-

---

431 ganz   432 bald   433 Klugheit

set, daß sie um Gottes Wesen und Willen streiten und den doch nicht erkennen, denn sie hören nicht Gottes Wort in ihnen[434] im innern Centro der Seelen.

6. Und ist alles tot an Gott, was nicht die lebendige Stimme und das göttliche Gehör der neuen Geburt im Ente[435] Christi in sich hat, daß der Geist Gottes in ihm Zeugnis seines äußeren Hörens und Lehrens giebet, in welchem Gehör und inwendigen Sehen alleine Gott erkannt und sein Wesen verstanden wird, zu welchem das äußere buchstabische Wort nur eine Form und zugerichtetes Instrument ist.

7. Der rechte Verstand aber muß aus dem inwendigen Grunde, aus dem lebendigen Grunde, aus dem lebendigen Worte Gottes, welches im Menschen muß zuvor eröffnet sein, in das buchstabische Wort eingehen, daß es eine Konkordanz[436] sei. Sonst ist alles Lehren vom göttlichen Wesen ein Nichts als nur ein Bau an der großen Babylon irdischer Vernunft und Wunder. Denn ob die Welt schon viel von Gott spricht, so tut sie das doch nur aus Gewohnheit und nimmt ihr Wissen aus der Historie des buchstäblichen Worts, daß also kein wahres Wesen bei ihnen ist. Darum, sage ich, wollen wir recht von Gott sprechen und seinen Willen verstehen, so müssen seine Worte in lebendiger Wirkung in uns bleiben. Alles was aus Wahn und Meinung zusammengeflickt wird, in welchem der Mensch die göttliche Erkenntnis selbst nicht hat, Schlüsse darüber und daraus zu machen, das ist Babel, eine Mutter der großen, stolzen Hurerei der Irrtümer. Denn weder Wahn noch Dünkel mögen es tun, sondern wahrhaftige, lebendige, essentiale Erkenntnis im Hl. Geist. In welchem inwendigen Grunde alle meine Wissenschaft von göttlichem und natürlichem Grunde seinen Anfang und Urstand genommen hat.

---

434 sich   435 Wesenheit
436 Übereinstimmung von Geist und Buchstabe

8. Denn ich bin nicht von der Schule dieser Welt geboren und bin ein einfältiger Mann, aber in göttliche Erkenntnis in hohe natürliche Forschung ohne meinen Vorsatz und Begehren durch Gottes Geist und Willen eingeführet worden.

9. Welche Erkenntnis und Gnadengeschenke ich dann herzlich gerne meinen lieben Brüdern und christlichen Mitgliedern im Lebensbaume Jesu Christi gönnen will, und flehe täglich zu Gott, daß doch ihre Herzen in göttlichem Gehör und Verstande mögen eröffnet werden, daß solche Erkenntnis auch in ihnen erkannt werde und wir aus der streitigen Babylon möchten erlöset und in eine rechte brüderliche Liebe eingeführet werden und in uns hören, was Gottes Wille und Wesen sei.

10. Und füge dem Herrn, daß mir seine Bekanntnis[437] und gesuchte Freundschaft lieb und angenehm ist, wünsche auch, mich mit ihm mündlich von göttlichen Sachen zu unterreden und zu ergötzen, welches wir voneinander sind, nicht wohl füglich und sich doch wohl zutragen mag, als ich mir dann fast in Sinn gefasset, so der Tag ein wenig länger und man des unsteten Wetters besser gesichert ist, ob Gott wollte Gnade und so viel Friedenszeit vergönnen, mich in eigener Person mündlich mit dem Herrn und andern guten Brüdern und Freunden dieser Orten zu bereden, so wollte ich als dann dem Herrn auf seine eingesetzte Punkte mündlich antworten und mich mit ihm davon im Grunde bereden, welches an jetzo in Eil nicht geschehen möchte. Und empfehle den Herrn samt den lieben Seinigen der sanften Liebe Jesu Christi.

Datum ut supra. J. B.

---

437 Bekanntschaft

36. Sendbrief
An Herrn Balthasar Nitsch, Bürger und Tuchmacher
zu Troppau – Vom 13. Dezember 1622.

Unser Heil im Leben Jesu Christi!

Mein gar lieber und werter Herr und guter Freund, ich wünsche euch Gottes reiche Gnade in zeitlichem und ewigem Heil und füge euch zu wissen, daß ich euer Brieflein gar wohl empfangen habe, erfreue mich auch eures noch steten[438] göttlichen Gemütes, welches, wie ich zu Gott hoffe, in göttlicher Erkenntnis noch immerdar mehr wachsen und zunehmen will, darinnen der Herr hiemit in das Bündlein des lebendigen Gottes gefasset und vor der großen Trübsal, welche jetzo daher gehen, mag bewahret werden.

2. Es will Zeit und Ernst sein, sich anjetzo in dem Lebensbaume Jesu Christi zu bewahren, denn das Schwert Gottes Zornes[439] will mächtig grassieren und an Leib und Seele gesetzet werden. Darum wir wohl den Antichrist samt dem Tiere und der Huren[440] aus dem Herzen räumen mögen, denn dasselbe soll und muß fallen; in welchem es aber noch (ge)funden will werden, den wird die Turba[441] mit ergreifen.

3. Künftigen Frühling habe ich mir in meinem Sinn gefasset, ob[442] Gott wollte zulassen und soviel Friede geben, euch in eigener Person zu sehen und mich mit euch etwas zu bequemen[443] über alle Notdürftigkeit, sowohl mit den andern guten Freunden und Brüdern in Christo; und erinnere euch treulich, euch zur Tribulation[444] geschickt zu machen, denn es mag anders nicht sein. Sie ist nahe und gehet gewaltig in Turba magna[445] daher. Die teure Zeit will auch größer werden

---

438 standhaften   439 Vgl. 35,2
440 Gestalten aus der Johannis-Offenbarung, Inbegriff von »Babel«
441 der Zorn des göttlichen Strafgerichts
442 falls   443 besprechen   444 zum Erleiden der Not
445 mit großem Zorn

und in großer Not geführet werden, und mag sich ein jeder nur zum Ernst schicken. Großer Krieg, Aufruhr und Empörung, auch Sterbensnot fället in kurzem mit Macht ein. Füge ich dem Herrn in meiner Erkenntnis zur brüderlichen Nachricht.

4. Ob euch etwas von meinen Schriften lieb zu lesen wäre, so wollet nur bei Herrn Doktor Güller darum anhalten. Ich habe ihm eurethalben geschrieben. Er wird euch damit willfahren. Und empfehle euch der sanften Liebe Jesu Christi!

(Ge)geben in Eil, ut supra. Eu(er) dienstw(illiger)   J. B.

37. Sendbrief
An Herrn Carl von Ender

Unser Heil im Leben Jesu Christi!

Mein gar lieber und werter Herr und von Gott zugefügter Patron, neben Wünschung göttlichen Heils. Ich übersende allhie mit Zeigerin, meiner Frau, dem Junker 10 Thaler für einen Scheffel Korn, weiß aber nicht, was der Junker dafür begehret[446], bitte es (der) Zeigerin zu melden, was der Junker dafür haben will. Tue mich auch gegen den Junker bedanken wegen Verehrung eines Schocks Käse und eines Fasses voll Rüben. Für die zwei Schock habe ich der Anne drei Mark, wie begehret worden, geschicket. Ich hoffe, sie wird es empfangen und dem Junker zugestellet haben. Und wünsche dem Junker von Gott viel reichen Segen, und erkenne ihn als meinen mir zugesandten Patron, dem ich gegen Gott wieder also viel schuldig sei als meiner eigenen Seelen. Will es auch in göttlicher Vermögenheit und wirklicher Kraft in meinem Willen und Begierde stetiglich als mein eigen Leben in meinem Gebete zu Gott einführen und es nicht als ein undank-

---

446 den tatsächlichen Preis

barer Mensch gebrauchen, sondern es soll zu Unterhaltung des Lebens im Bau meines mir von Gott gegebenen Talents angewendet werden. In welcher Arbeit mir anjetzo gar eine wunderliche Tür über die Offenbarung des ersten Buches Mosis offen stehet[447]. Und wiewohl ich weiß, daß der Junker geneigten Willen gegen mich und allen Kindern Gottes träget, so sage ich ihm doch, als ich gewiß erkannt habe, mir aber nicht ganz zu offenbaren stehet, daß ihn ein solches ins Künftige nicht wird reuen, denn seiner wird bei unsern Nachkömmlingen darum nicht alleine zeitlicher Ruhm, sondern als man frommen, gottesfürchtigen Herrn nachsaget, gerühmet werden. Denn dieses Talent hat gar einen wunderlichen Ausgang, ob es gleich jetzo muß in der Presse[448] stehen, so ist mir doch gezeiget, wozu es soll. Und empfehle den Junker der Liebe Jesu Christi.
Des Junkers dienstw(illiger) Teutonicus

P. S.:
Es wolle mir der Junker doch lassen einen Scheffel einsacken und (dem) Zeiger mitgeben.

38. Sendbrief
An einen vom Adel in Schlesien – Vom 19. Februar 1623.

Unser Heil im Leben: Jesus Christus in uns!

Edler, gestrenger, hochbenamter Herr, nebst treuer Wünschung und mitwirkender Begierde, gliedliche Pflicht in unserm Emanuel, göttlichen Lichtes und der Seelen in sich selber innerlicher göttlicher Beschaulichkeit und alles Leibes Wohlfahrt.

---

447 Gemeint ist Böhmes *Mysterium magnum*
448 unter Druck, in Bedrängnis

2. Nachdem ich E. G.[449] einen Liebhaber göttlicher Weisheit und auch einen wachsenden Zweig an dem Lebensbaume Gottes in Christo vermerket, in welchem alle Kinder Gottes gliedlich innestehen, und auch gespüret, wie ihn der Zug des Vaters in eine hungerige Begierde nach dem rechten Safte und göttlicher Kraft hat eingeführet, ihn auch etlichermaßen mit der Erkenntnis desselben Lebensbaumes begabet.

3. So habe ich mir abermals Ursache genommen, in christlicher und gliedlicher Art nach demselben Lebensbaume Christi zu ersuchen und uns untereinander zu ermahnen als Arbeiter, welche in Christi Weinberg eingesetzet und zu dieser Arbeit berufen sind, vornehmlich daß wir uns anjetzo in diesem finstern Tale wohl vorsehen und unsere Augen und Haupt aufheben, indem wir die Finsternis und deren Wirkung vor Augen sehen und uns erinnern, wie uns Christus gelehret hat, daß unsere Erlösung nahe sei; und (daß wir) ja von Babel, welche uns hat lange gefangen gehalten, ausgehen und nicht auf das Geschrei sehen, da man uns güldene Gnadenmäntel verheißet und umdecket und uns mit fremdem Schein tröstet und kitzelt, als ob wir also von außen angenommene Gnadenkinder durch sonderliche Wahl wären.

4. Auch nicht auf unser eigen Verdienst und Kraft sehen, welches alles nicht gilt vor Gott; sondern eine neue Kreatur in Christo, aus Gott geboren, gilt vor Gott. Denn allein Christus ist die Gnade, die vor Gott gilt. Wer nun aus Christo geboren ist und in ihm lebet und wandelt und ihn in seinem Leiden, Sterben und Auferstehung nach seinem inwendigen Menschen anzeucht[450], der ist ein Glied an seinem Leibe, von dem allein fließen Ströme des lebendigen Wassers durch das kräftige Wort Christi, welches in ihm nach dem inneren Grund Mensch wird und sich aus ihm durch die Kreatur im Spiritus mundi[451] des äußeren Menschen ausspricht.

---

449 Euer Gestrengen   450 anzieht   451 Geist der Welt

5. Denn gleichwie Gott das Mysterium magnum[452], darinnen die ganze Creation essentialischer[453] Art ohne Formung gelegen aus der Kraft seines Wortes offenbaret hat und durch das Mysterium magnum ausgesprochen in Schiedlichkeit der geistlichen Formungen, in welchen geistlichen Formungen die Szienz[454] der Kräfte in der Begierde als im Fiat[455] gestanden sind, da sich dann eine jede Szienz in die Begierde zur Offenbarung in ein körperlich leiblich Wesen eingeführet hat.

6. Also auch lieget im Menschen als in Gottes Bilde oder Gleichnis dasselbe Mysterium magnum als das essentialische Wort der Kraft Gottes nach Ewigkeit und Zeit, durch welches Mysterium sich das lebendige Wort Gottes ausspricht, entweder in Liebe oder Zorn oder in der Phantasie, alles nachdem das menschliche Mysterium in einer beweglichen Begierde stehet zu Bösem oder Gutem, wie denn geschrieben stehet: Bei den Heiligen bist du heilig, und bei den Verkehrten bist du verkehrt[456]; item: Welch ein Volk das ist, solchen Gott hat es auch. Denn in was für einer Eigenschaft das Mysterium im Menschen in der Erweckung stehet, ein solches Wort spricht sich auch aus seinen Kräften aus, wie vor Augen ist, daß in den Gottlosen nur Eitelkeit[457] ausgesprochen wird.

7. Wie soll nun ein gutes Aussprechen und Wollen sein, wo das Mysterium zum Sprechen ein falscher Grund und vom Teufel im Grimme der Natur vergiftet ist, welches falsche Mysterium nichts Gutes wollen noch tun kann, das vor Gott angenehm sei, es werde denn zuvorhin mit Gott angezündet, daß es ein göttlich Wollen und Begehren bekomme, aus welchem auch ein göttlich Aussprechen und Wirken des Guten erfolget. Denn Christus saget: Ein böser Baum kann

---

452 das große Geheimnis   453 wesenhafter
454 hier: das Dynamische   455 das Schöpfwort »Es werde«
456 Psalm 18,27   457 Nichtigkeit

nicht gute Früchte tragen, Matth. 7,18, – wie will dann der gute Früchte tragen, da ein falscher Baum unter fremdem Schein stehet?

8. Christi Purpurmantel hat seine Früchte in sich. Was gehet aber das ein falsches Tier an, welches voller Gift ist und sich will mit demselben Mantel decken und für gut halten, und bringet nur höllische Früchte? Oder: was rühmet sich der Maulchrist einen Christen, da er doch außer Christo lebet, wandelt und ist?

9. Keiner ist ein Christ, er sei denn aufs neue mit dem Geist Christi tingieret[458] und aus Christi Liebe entsprossen, daß die Gnade Gottes in Christo in dem Mysterio seines Lebens nach der Seelen offenbar sei und ins Menschenleben mitwirke und wolle. Soll er aber ein solcher werden, so muß er von seiner Bildlichkeit im Spiritu mundi damit die Seele verdecket wird und in irdische Wirkung tritt, umkehren und werden als ein Kind, das sich alleine nach der Mutter sehnet, und der Gnadenmutter Milch in sich einführen, daraus ihm ein neues Ens[459] wächset, in welchem das Gnadenleben urständet. Als[460] die zugerechnete Gnade muß in ihm geboren und Mensch werden nach dem inneren Grunde, außerdem ist er kein Christ, er gleiße, heuchele und tue, was er wolle, so müssen ihm nur seine Sünden durch das göttliche Einsprechen in ihm selber vergeben werden.

10. Denn wenn Christus in dem eingesprochenen Gnadenworte, welches die Seele aus seiner Verheißung in sich einfasset, empfangen wird, so ist der Grund in das verderbte Mysterium zum Kinde Gottes geleget, so gehet die göttliche Schwängerung an, darinnen Christi Menschheit als die wesentliche Weisheit empfangen und geboren wird, welche alleine ein Tempel des Hl. Geistes ist. Und von derselben neuen Geburt isset die feurische Seele Gottes Brot, das vom

458 durchdrungen   459 Sein   460 Wie

Himmel kommet. Und ohne dasselbe hat der Mensch kein Leben in sich, Joh. 6,53.58. Welches kein Heuchler unter Christi Purpurmantel genießen kann, sondern nur der Mensch, der nicht von Fleisch noch Blut noch vom Willen eines Mannes, sondern von Gott neugeboren ist, in welchem Gottes Wort, daraus der erste Mensch geschaffen ward, spricht, regieret, lebet und will.

11. Denn das Leben der Menschen war im Anfang im Worte, Joh. 1,4 da es in das geschaffene Bild eingeblasen ward; als sich das aber vom Sprechen des Wortes in ein eigen Wollen und Sprechen in Bösem und Gutem einwendete, als in eigene Lust, so verdarb der erste gute Wille in der Kreatur zum Wieder-Aussprechen. Nun muß er wieder in das erste sprechende Wort eingehen und mit Gott sprechen, oder er ist ewig außer Gott; welches die jetzige Welt nicht verstehen mag noch will. Denn sie hat sich ganz und gar in ein eigen Sprechen zur Wollust des Fleisches eingewandt und spricht in eigenem Willen nur eitel[461] Irdigkeit und vergängliche Dinge als Ehre, Macht und Gewalt, dazu Hoffart, Geiz, Neid und Bosheit. Nichts, als nur die listige Schlange mit ihren Jungen, spricht sie aus. Und wenn diese ihre Jungen das nicht mit List können erlangen, was der eigene Wille will, so spricht sie aus listiger Bosheit mit dem Gelde durch ihre eigene Gewalt viel tausend Soldaten, die es sollen erhalten, auf daß der eigene Wille, welcher von Gott abgewichen ist, möge recht behalten, wie jetzt vor Augen ist. Durch welches Aussprechen auch dieser eigene Wille zugrunde gehet und sich selber tötet.

12. So wollte ich euch, meinem geliebten Herrn und Mitgliede im Lebensbaume Christi ernstlich ersuchen und erinnern als ein Glied dem andern schuldig ist, und im jetzigen Aussprechen der Welt, da Turba magna[462] ihr Aussprechen

461 nichts als   462 der große Zorn Gottes

mit im Spiel hat und eine große Abwerfung geschehen soll, euch in stetem innerlichen Sprechen der Barmherzigkeit Gottes innezuhalten und stets in euren inwendigen Grund einzugehen und ja mitnichten die Schlange euch lassen bereden zu dem falschen Sprechen des Brudermordes, und euch als ein vornehmer Herr stets in dem Prozeß Christi und in seiner Lehre bespiegeln. Denn das jetzige Sprechen wird im Grimme Gottes durch seinen erweckten Zorn gesprochen, und ist sich übel darein zu mengen mit Einsprechen, zumal, so die Turba soll gesprochen werden, ist gar untreu und frisset ihren Vater und Mutter, die sie gebären, und ist ein Besen des Zornes Gottes.

13. Auch wegen Annehmung der vermeineten Religionen[463], darum man streitet, ist sich wohl vorzusehen und sich nicht etwa einem Part, welcher einmal sieget, anzueignen mit dem Gewissen des Glaubens. Denn es ist kein anderer wahrer Glaube, der selig machet, als alleine *Christus in uns* der alleine tilget die Sünde in uns und zertritt der Schlangen Einbildung den Kopf in uns, und stehet in Gottes Gerechtigkeit, welche er mit seinem Blute in uns erfüllet, vom Schlafe des Todes auf. In unserer armen Seelen muß Christus vom Tode aufstehn als in einer neuen Menschheit, welche mit und in Christo im Himmel wandelt und wohnt, da der Himmel im selben neuen Menschen ist, daraus das Werk der Liebe folget, als Gottes Kindern gebühret.

14. Und obgleich der äußere Mensch in irdischer Schwachheit und Gebrechen lebet, das hebet den Tempel Jesu Christi nicht auf. Denn Christus im inwendigen Grund zertritt stets der Schlange im Fleische den Kopf. So muß auch Christus stets von der Schlangen in die Ferse gestochen werden, bis wir dieses Tieres los werden[464].

15. Also wollte ich meinen lieben Herr christbrüderlich

---

463 der sogenannten Konfessionen   464 Vgl. 1. Mose 3,15

erinnern, die jetzige Zeit in wahrer Furcht Gottes in acht zu nehmen. Will er meinem Wohlmeinen stattgeben, so wird es ihn nimmer gereuen, denn ich rede also, was mir vom Höchsten bewußt ist aus seiner Gnade. Er wolle ihm fleißig nachdenken und den Geist Gottes lassen sein Denken sein.

16. Denn es wird bald eine Zeit kommen, da gute Freunde werden gesichtet und probieret werden, auf daß wir in Christo mögen beständig bleiben, wollte ich mich mit dem Herrn in Liebe vermahnen, denn die Zeit der Erquickung kommet bald hernach, da treue Menschen einander werden lieb haben; nach welcher Liebe mich stets hungert und dürstet, und stets wünschen, daß doch Babel bald ein Ende nehme und Christus in Josaphats Tale komme, daß ihn alle Völker sehen und loben mögen.

17. Ich bitte, der Herr wolle mir doch meine drei Traktätlein als das »Von der Buße«, und zu andern das »Von der neuen Geburt« und das dritte »Von wahrer Gelassenheit«[465], welche ich jüngst dem Herrn mitgegeben, und den Rest mit Herrn Rudolf geschicket zu Herrn Rudolf von Gersdorf schicken. Denn ich habe ihm geschrieben, daß er mir die wird nach Sagan zu Herrn Christian Bernhard schicken, allda ich sie will abfordern lassen. Oder hätte der Herr Gelegenheit[466] nach Sagan, so wollte er mir die nur selber zu Herrn Christian Bernhard, auf dem Markte wohnend, schicken, welcher zuvor für ein Jahr ist Zolleinnehmer gewesen, ein junger Gesell aus der Theosophischen Schule. Allda habe ich alle Woche zufällige Botschaft. Diese Traktätlein werden gar oft von Liebhabern begehret und möchten viel Nutzen schaffen. (Ich) bitte sie doch ehestens zu schicken, denn mir ist nötig daran gelegen. Wenn es dann des Herrn Gelegenheit ist, daß er Muße zum Studieren hat, so will ich ihm was mehrers Höhe-

---

465 Sämtlich enthalten in: *Christosophia*
466 einer Postverbindung

res schicken, denn diesen Herbst und Winter habe ich ohn Unterlaß[467] geschrieben. Und empfehle den Herrn der Liebe Jesu Christi in seine Gnadenbewahrung.
Datum ut supra.
E. G. dienstw(illiger) Teutonicus.

39. Sendbrief
An Herrn Friedrich Krause, Doktor der Medizin zu Liegnitz – Anno 1623.

Unser Heil im Leben: Jesus Christus in uns!

Ehrenfeste, achtbare, hochgelehrte, liebe Herren und Brüder in Christo unserm einigen Leben! Ich wünsche euch allen ein glückseliges anfangendes neues Jahr, daß es in göttlichem Willen, im Zuge des Vaters zu Christo, in euch möge angefangen werden und in wirklicher Kraft Christi Geistes in seinem Weinberge in dieser Zeit vollendet werde und daß in diesem Jahre viel Trauben in Christi Gärtlein in euch wachsen, auch daß euch Gott in dem Bündlein seiner Lebendigen in diesem Jahr, das die Konstellation seines Zornes das Schwert führet, bewahren wolle! Als mir denn nicht zweifelt, ihr werdet euch als wirkende Reben am Weinstocke Christi mit guter, neuer, himmlischer Frucht erzeigen.

2. Denn die Pforte der Gnaden und der Erkenntnis stehet auch in einer sonderlichen Bewegung, daß also Christi Kinder mögen zu einer großen Ernte kommen, so sie nur werden arbeiten und nicht faulenzen und im antichristlichen Schlafe müßig stehen, als mir denn aus Gnaden des Höchsten zu erkennen ist gegeben worden.

3. Ich wollte euch haben am näheren Rückwege gerne

---

467 ohne Unterbrechung

wieder zugesprochen, aber ich ward durch Gottes Schickung einen andern Weg geführet und soll andermal, so es sich füget, daß ich durchziehe, geschehen.

4. Erinnere mich auch unsers Gespräches, als wir beieinander waren, da denn viel Dinge in Fragen gestellet worden, welche mündlich in Eil und auch wegen vieler Einwürfe, welche Irrung machen, nicht nach Notdurft[468] ausgeführet worden.

5. Ich habe anjetzo ein ziemlich Buch »Von der Gnadenwahl«[469] geschrieben auf Begehren der hohen Personen, bei denen ich mich die Weihnachtstage, als ich von euch schied, aufhielt, da denn etliche Hochgelehrte von Jauer und (von) Striega (Striegau) neben gar feinen Männern vom Adel dabei waren. Darinnen sind alle die Fragen und noch viel mehr im tiefsten Grunde ausgeführet worden.

6. Hoffe, sie sollen vielen Streiten ein Ende machen, sonderlich an den Punkten zwischen den genannten lutherischen und reformierten und andern Streiten mehr, da ihnen allen der wahre Grund vor Augen gestellet worden und einen jeden seiner Meinung genug geschehen ist, sie auch als zwei Contraria[470] ganz in ein Corpus geeiniget, wer vor des Teufels Gift wegen irdischer Einbildung wird mögen sehen und erkennen; als mir denn nicht zweifelt, die Zeit sei geboren, da der Streit in eine Wahrheit soll gewandelt werden.

7. Und da doch ohne das bei den wahren Christen und Kindern Gottes unter allen Völkern nie kein Streit ist gewesen, denn in Christo sind wir alle nur ein einiger Baum in vielen Ästen und Zweigen.

8. Und ist der Streit aus dem entstanden, daß die Welt ist in eigene Lust geraten und sich hat von Christo ihrem Stamme,

---

468 wie es notwendig gewesen wäre
469 Neuausgabe Insel Verlag, Frankfurt/Main 1991.
470 Gegensätze

in dem ein Christ innen stehet, in Bilder und Fragen eingewendet.

9. Aus welchen Fragen Streite sind entstanden, da sich des Teufels Hoffart hat in die Fragen eingewickelt und dem Menschen eingemodelt[471], daß sie haben um Bilder gestritten und sich darinnen erhoben und der Demut Christi, da wir sollen in Christo unserer bösen Natur in der Demut ersterben, ganz vergessen, daß wir jetzo vielmehr eine Larve[472] eines Bildes sind als eine lebendige Christenheit im Geiste und in der Kraft.

10. Denn ein Christ soll und muß in Christi Baum im Gewächse des Lebens Christi mit innestehen und mit in Christi Geiste leben und Früchte tragen, in dem Christus nach dem inwendigen Grunde selber lebet und alles ist, der der Schlangen Willen im Fleische stets den Kopf zertritt und des Teufels Werk zunichte machet. Er muß aus Christo wissen, wollen und tun. Ins Tun als ins göttliche Wirken muß er kommen, sonst ist keiner ein Christ.

11. Christus muß den innern Grund der Seelen ganz einnehmen und besitzen, daß der strengen Gerechtigkeit Gottes, die uns im Zorne gefangen hält, mit Christi Liebe-Erfüllung genug geschehe, daß Christus in uns Gottes Zorn mit der Liebe erfülle und des Teufels Willen töte, auch der Natur im Grimme Gottes ihren Willen ganz zunichte mache, daß er in Christi Liebe sterbe und ein neuer Wille in Christi Liebe-Geiste durch die Natur der Seelen geboren werde, welcher in Gott lebet und wandelt, wie St. Paulus saget: Unser Wandel ist im Himmel, Phil. 3, 20.

12. Das Maulgeschwätze hilfet uns nichts. Es machet keinen Christen. Es muß ein Christ durchaus aus Christo geboren sein, sonst ist er kein Christ, es hilft keine von außen zugerechnete Gerechtigkeit und Gnade.

471 eingeprägt   472 Karikatur

13. Alles Trösten, Kitzeln und Heucheln ist umsonst, da man den Purpurmantel Christi über den Menschen der Bosheit[473] decket und will ein von außen angenommenes Gnadenkind sein.

14. Denn keine Hure oder Geschwächte[474] kann Jungfrau werden, ob sie gleich ein jungfräuliches Kränzlein aufsetzet, so mag sie auch kein Fürst durch Begnadung zur Jungfrauen machen.

15. Also auch mit diesem Heucheln und Trösten zu verstehen ist. Es sei denn, daß wir umkehren und werden als[475] Kinder, die an der Mutter Brüsten hangen und empfangen den Ens[476] Christi in uns, der die Hure tötet, daß ein neuer aus Christo in uns geboren werde, welcher Christi Leiden und Tod in sich hat, daß er aus seiner Auferstehung geboren werde und den ganzen Prozeß Christi in sich anziehe als die zugerechnete Gnade in Christo.

16. Er muß aus derselben Gnade geboren werden, daß er ein Christ in Christo sei als ein Zweig im Baume, welcher Christus ist. Alsdann gilt Christi Verdienst und die zugerechnete Gnade, wenn er im Baume innestehet nach dem innern Grunde.

17. Eure Fragen, meine geliebten Herren und Freunde, dürften[477] eine weitläufige Erklärung, und ich habe sie alle in dem Traktat über Genesis[478] ausführlich erkläret. Und ihr werdet Christi Augen und Sehen bekommen, so wirds in so geringen Dingen, welche zwar der Vernunft zu hoch sind, aber in Christo nur kindisch[479] sind, nicht Fragens bedürfen. Ich bescheide euch aber summarisch kurz:

18. Erstlich den Artikel von der Schlangen, welche nach

---

473 den unverwandelten, alten Menschen
474 Geschändete   475 wie   476 das Sein   477 brauchten
478 Böhmes größtes Werk *Mysterium magnum*
479 kinderleicht

dem Fluche hat müssen Erde essen und auf dem Bauche gehen, daß ihre Form also gewesen sei, aber ihr Corpus und Geist in der feurigen Scienz[480] vom Grunde der Natur ist nicht also böse gewesen als nach dem Fluche.

19. Denn es waren beide Tinkturen[481], Böses und Gutes, von dem Urstande des ersten und andern Principii in ihr offenbar. Darum war sie also listig, daß die Natur den Grund der ganzen Creation in ihrem Centro in den Tinkturen schauen mochte.

20. Sie ist in ihrem Grunde vor dem kreatürlichen Urstande, da sie in Mysterio magno in eine Schiedlichkeit zu einer Kreatur einzog, ein schöner Ens, großer Kraft und Tugend gewesen.

21. Aber des Teufels Imagination, als er als ein Thronfürst im Grunde der Natur in großer Gewalt inne saß, hat diesen Ens vergiftet, welcher sich in der Scheidung hat in eine Schlange formieret. Und darum brauchte er sie auch zu seinem Werkzeuge durch derselben List und Gift, darin auch die mächtigste Kraft inne lag, Eva monstrosisch[482] zu machen.

22. Ihr als Medici[483] werdet ohne Zweifel der Schlangen Heimlichkeit auch wohl wissen, was sie unter ihrem Gift verborgen träget, ob man das ihr nimmt oder recht probieret, so habet ihr eine Tinktur vor Gift[484], als keines dergleichen sein mag.

23. Sie war im Ente des Mysterii magni[485] vor ihrer Kreatur eine Jungfrau. Aber im Fluche ward sie eine Hure, magisch zu verstehen.

24. Sie sah in sich den Grund der innern und äußern Welt. Darum mußte einer aus der innern und äußern Welt kommen

---

480 Wesenheit, Triebkraft   481 Prinzipien, Wirkkräfte
482 zu verunstalten durch einen vergänglichen Leib
483 Ärzte   484 eine Art von Gift
485 in der Wesenheit des großen Geheimnisses

und ihr Monstrum, welches sie hat in Eva eingeschmeißet[486], töten. Davon wohl ein ganzes Buch zu schreiben wäre, was des Teufels Begierde durch sie gewirket habe.

25. Als sie aber das Bild Gottes half betrügen, so verfluchte sie Gott, daß sie am innern Grund[487] blind ward und ward auch in den vier Elementen ganz offenbar. So fiel sie der Erden (an)heim, daraus das Corpus war gegangen und dazu nur der Grimm der Erden. Den guten Ens möchte sie nicht mehr erreichen wie andere Tiere. Darum muß sie auch Erde, als die Eigenschaft des Fluches in der Erden, essen.

26. Sie ist ein fliegender Wurm[488] gewesen, sonst hätte ihr die Natur Füße gemacht wie andern Würmern der Erden, denn ihre Behendigkeit und List hat Eva lüstern[489] gemacht.

27. Der andere Punkt: Vom Paradeis und dem Garten Eden. Das Paradeis war die Temperatur[490] im Menschen, als er nicht wußte, was böse und gut war, da das göttliche Licht durch die Natur schiene und alles temperierete, denn das Paradeis wird in Christo in uns nahe dem innern Grunde wieder offenbar.

28. Weil aber Gott sah und wußte, daß er[491] fallen würde, so grünete das Paradeis nicht in der ganzen Welt durch die Erde mit Früchten, ob es gleich überall offenbar war, sondern nur im Garten Eden, da Adam versuchet war, denn das ist der Ort. Paradeis aber ist die Qualität als das Leben Gottes in der Gleichheit.

29. Der dritte Punkt: Ob die Tiere, weil sie im Paradeis gewesen, dazu ganz irdisch, auch paradeisische Früchte (ge)gessen haben. – Meine lieben Herren, ein jeder Geist isset von seiner Mutter. Daraus die Tiere waren, daraus aßen sie auch. Als die Quintessenz der Erden im Spiritu mundi war der Tiere tiefster Grund noch lange nicht dem Menschen

---

486 wie eine Schmeißfliege   487 geistlich gesehen
488 Drache   489 fasziniert   490 Harmonie   491 Adam

gleich, also aßen sie von ihrer Mutter als der Geist vom Spiritu mundi und der Leib von den vier Elementen.

30. Gott wußte wohl, daß der Mensch würde fallen. Was sollte dann den Tieren das Paradeisessen? Zwar in der Quinta essentia[492] lieget eine paradeisische Eigenschaft. Davon essen sie noch heute. Denn es ist eine Kraft in jedem Tiere, welche unzerbrechlich ist, welche der Spiritus mundi in sich zeucht zur Scheidung des letzten Gerichtes.

31. Der vierte Punkt: Ob die Tiere auch so zottig gewesen. – Meine lieben Herren, das Kleid, das Adam vorm Fluch hatte, da er noch nackend war, das stund ihm gar schön an, also auch den Tieren ihr rauhes Fell. Aber im Fluche hat sich alles in den Tieren und Gewächsen der Erden in ein Monstrum gewandelt. Sie haben ihr Kleid wohl also gehabt, aber viel herrlicher in Farbe und Zierde aus der reinen Tinktur.

32. Und bitte, wollet durch diese Frage hindurch ins Mysterium magnum mit Christi Augen sehen, in dem alle Schätze der Weisheit inneliegen, so werdet ihr es im Verstande besser sehen, als ich ihm so eilend und kurz kann schreiben.

Und empfehle euch der Liebe Jesu Christi.

E(uer) d(ienstwilliger) J. B.

40. Sendbrief
An Herrn Friedrich Krause, Doktor der Medizin
Vom 19. Februar 1623.

Unser Heil im Leben Jesus Christus in uns!

Mein vielgeliebter Herr D(oktor), christlich treuer und wahrer Freund. Ich wünsche euch in treuer und wahrer mitwirkender Liebe-Begierde Gottes Licht und wirkliche Wohl-

---

492 das »fünfte Element«, das den vier Elementen übergeordnet ist

fahrt samt allen eurigen und denen, die Jesum begehren und lieb haben.

2. Auf euer und dann Herrn Balthasar Tilkes Begehren habe ich mir vorgenommen, die aufgezeichneten Sprüche, welche Herr Balthasar Tilke aufgezeichnet in seinem mir von euch übergebenen Schreiben, darinnen ich bin vermahnet worden, solche in christlicher Liebe nach meinen Gaben und Verstand zu erklären, sonderlich die Epistel St. Pauli zu den Römern am 9., 10., 11. Kapitel, in welchen die Vernunft anstößet[493]; welches ich nicht allein mit Erklären der angedeuteten Schriftsprüche gerne und willig in christlicher Pflicht und Wohlmeinen getan, sondern habe auch den wahren Grund göttlicher Offenbarung dermaßen dargetan und beschrieben, daß ich der Hoffnung bin, man wird die Wahrheit sehen.

3. Ist aber ein Gemüt vorhanden, das göttlich gesinnet ist und Gott die Ehre geben mag, so hoffe ich, daß es wird nach meinem Begriff und nicht anders gedeutet werden, wie mir vormalen[494] geschehen ist; welches ich an seinen Ort stelle und christliche Liebe demselben vorsetze, als wir in Christo schuldig sein, einander freundlich zu unterweisen in unsern unterschiedlichen Gaben und darinnen Gott die Ehre zu geben und niemanden in göttlichen Gaben zu verachten. Denn wer das tut, der lästert den Hl. Geist, über welchen die Schrift eine harte und strenge Sentenz spricht: Mark. 3,29.

4. Ob nun wohl dieser Traktat »Von der Gnadenwahl«[495] etwas weitläufig ist, daran wolle der Leser keinen Verdruß nehmen. Denn es deuchte mich[496] schwer zu fallen, daß ich eine solche Schrift ohne vollkommenen oder genugsamen Grund sollte probieren und erklären. So habe ich die angedeuteten Sprüche auf den allerinnerlichsten Grund gesetzet

---

493 Anstoß nimmt   494 einstmals   495 Vgl. 39.5
496 es schien mir

und gewiesen, wie sie in ihrem Centro urständen und was deren Sensus und Verstand sei. Denn es ist nicht genug, daß ich einen ganzen Haufen Sprüche der Schrift dagegensetze und den angezogenen[497] widerspreche. Nein, nein, das gilt nicht vor Gott und der Wahrheit nicht, denn es soll nicht vergehen ein einiger Tüttel oder Buchstab des Gesetzes, bis es alles erfüllt werde, saget Christus Luk. 16,17. Die Sprüche der Schrift müssen wahr bleiben und nicht widereinander anstoßen. Und ob sie gleich scheinen widerwärtig[498] zu sein, so ists doch nur bei denen, welchen der Verstand nicht ist gegeben und sie zur Erklärung derselben nicht sind begabet worden.

5. Wer sich aber will darübermachen, dieselben zu erklären, der muß auch den Verstand der Einigung haben, daß er weiß diejenigen, welche scheinen der Vernunft ein Contrarium[499] zu sein, zu konkordieren[500] und solches nicht auf einen Wahn setzen, obs also sei, so er will gewiß davon lehren.

6. Denn aus Wähnen oder Meinung kommet nur Streit und stehet darauf die große Babylon als die geistliche Hoffartshurerei, da einer ein Apostel sein will, und ist aber nicht von Gott gesandt noch erkannt worden, sondern läuft nur im Wahne und Trieb des Spiritus mundi[501].

7. Und obwohl mancher im Zug des Vaters läuft, so ihm aber das wahre Licht des ewigen Lebens im Wort der göttlichen Essenz als ein Aussprechen des h(eiligen) und natürlichen Wortes in seiner Schiedlichkeit, daraus die Creation ist entstanden, daraus Böses und Gutes seinen Urstand hat, nicht scheinet, so wird er noch lange nicht können die vermeinten contraria der Sprüche der Schrift einigen und aus einem Centro aussprechen, daß ihnen in der Einigung kein einiger Tüttel oder Punkt abgehet.

---

497 Zitaten 498 widersprüchlich 499 Widerspruch
500 harmonisieren 501 des Geists dieser Welt

8. Welches ich weder Herrn Balthasar Tilke noch jemanden anderen zum Verdruß setze, sondern nur wegen der lang gewähreten Uneinigkeit der Vernunft, in welcher die Welt irre läufet und die Wahrheit verdecket lieget, da man in diesem Artikel von Gottes Willen also in der Vernunft ohne Grund richtet und läufet.

9. Wo aber Christus im Menschen geboren ist, da höret der Streit auf und spricht Gott der Vater sein Wort in Christo durch die Seele des Menschen aus. Zu solchen Schlüssen muß ein innerlich göttlich Licht sein, welches Gewißheit giebet, anders ist sich nicht in die Vernunft zu gründen.

10. Diesen Traktat werdet ihr bei Herrn Michael von Ender können erlangen, der ihn anjetzo empfangen hat, welcher nach meiner Hand 42 Bogen Papier innenhält[502]. Und ob euch geliebet, solchen Herrn Balthasar Tilke als eurem guten Freunde und Schwager zu kommunizieren, bin ich dessen wohl zufrieden, mit Andeuten, daß er ihn nicht wolle also verstehen, als ob ich darinnen etwas aus Affekten gegen ihn oder andern hätte geschrieben, denn dieselben liegen mir ohne dringende Not nicht so nahe in meiner Seelen.

11. Und ob ich wohl nicht ohne Mängel und Neiglichkeiten bin, so hat mir doch mein Heiland Christus in mir eine solche Gnade erzeiget, daß ich alle feindlichen Gegenwürfe gegen mich durch ein einig Wort, welches aus göttlicher Liebe gegen mich gehet, da ich nur spüre, daß es ein göttlicher Ernst sei, bald kann vergessen und wegwerfen als ein böses Kraut, welches ich nicht gerne in meinem Garten einpflanzen mag, denn daraus wächset nichts als nur wieder böses Kraut.

12. Mehr wird hingegen von Herrn Balthasar Tilke aus christlicher Liebe begehret, weil ich ihm auf sein Begehren habe seine angezogenen[503] Sprüche erkläret nach meinen wenigen Gaben, welche Gott bekannt sind, ob ihm diese

---

502 umfaßt   503 zitierten

meine Erklärungen nicht annehmlich oder genug gründlich nach seiner Meinung wären oder schienen, daß er mir auch wolle so viel zu Gefallen sein und die angedeuteten Sprüche, sonderlich die Epistel St. Pauli an die Römer, das 9. und 10. Kapitel, und eben dieselben, welche ich erkläret habe samt dem ganzen Grund vom göttlichen Willen zum Bösen und Guten, wie dessen Urstand im Menschen und außer dem Menschen sei, erklären und auf sensualische[504] Art ausführen.

13. Und dann begehre ich, daß er mir die eingesprochene Gnadenstimme in des Weibes Samen im Paradeis[505] erkläre und dann die zwei Linien, als: (1) des Reiches der verderbten menschlichen Natur und (2) des Reiches der Gnaden in der eingesprochenen Gnadenstimme. Auch ob ihm meine Erklärung beim Abraham mit Ismael und Isaak sowohl mit Esau und Jakob nicht gefiel, daß er aus christlicher Liebe wollte seine Gaben sehen lassen und deren Grund erklären, daß ich möge seine Gaben und Verstand an selbigen spüren oder vernehmen.

14. Und so ich dann werde sehen, daß ihm Gott hat mehr Verstand dieser hohen Geheimnis(se) geben als mir, so will ichs mit Freuden annehmen und ihn in seinen Gaben lieben und unserm Gott dafür danken und mich mit ihm in seiner Gabe, gliedlicher[506] Art nach im Geiste Christi erfreuen; welche alles unsern Brüdern und christlichen Mitgliedern mehr nutzen und dienen wird, auch mehr göttlich und löblich sein als ein rauhes Contrarium aus Affekten[507] um menschlicher Eigenheit willen.

15. Ich bitte aber meinen Gott in Christo, er wolle ihm sein Herz aufschließen, daß seine Seele möge in den Grund meiner Gaben sehen; denn wahrlich: ich bin ein einfältiger

---

504 sinnliche, anschauliche   505 I. Mose 3,15
506 brüderlicher   507 als emotionaler Widerspruch

Mann und habe dieses hohe Mysterium weder gelernet noch auf solche Art gesuchet oder ichts[508] davon gewußt. Ich habe allein das Herze der Liebe in Christo Jesu gesuchet. Als ich aber dasselbe mit meiner Seelen sehr großen Freude habe erlanget, so ist mir dieser Schatz göttlicher und natürlicher Erkenntnis eröffnet und gegeben worden.

16. Mit welchem ich bishero nicht habe stolzieret[509], sondern von Herzen begehret und zu Gott gerufen, ob die Zeit geboren sei, daß diese Erkenntnis in vieler Herzen möchte offenbar werden, über welches ich auch meine Antwort kräftig erlanget habe, daß ich wohl weiß, was ich oft habe in meinen Schriften angedeutet.

17. Und ob ich gleich darum in der Welt von vielen gehasset werde, so wird mans doch gar nahe sehen, warum Gott einem Laien und albern(en)[510] Menschen Mysterium magnum als den Grund aller Heimlichkeiten eröffnet hat; und ich auch alle Dinge noch nicht offenbaren mag, was mir erkannt ist und doch wohl bei würdigen Menschen geschehen möchte, so ich befinde, daß es Gottes Wille wäre und den Menschen gut, als mir denn vor wenigem[511] gar ein edles Perllein geoffenbaret worden, welches seine Zeit zu wirklicher Nutzbarkeit hat, mir aber in meiner Seelen alle Stunden nütze ist. Und sollet euch so groß nicht ob der Einfalt verwundern, was Gott tut, denn die Zeit des Stolzen ist an das Ende kommen.

18. Mehrers bitte und begehre ich von Herrn Balthasar Tilke, er wolle christlich und in der Liebe mit seinen Gaben freundlich handeln und meinen Namen nicht also wie vormals verunglimpfen, dadurch des Hl. Geistes Gabe gelästert wird. Es soll ihm dergleichen im Glimpfe[512] geantwortet werden.

---

508 etwas   509 angegeben   510 schlichten
511 vor kurzem   512 in ehrbarer Weise

19. Würde solches aber über meine gute Meinung und Hoffen nicht geschehen und ich weiter bei Leuten und mit Schriften verunglimpfet werden, so mir das mit gewissem Grunde zu Ohren und vor Augen käme, so soll er gewiß wissen, daß mirs an Antwort in göttlicher Gabe zum Ernst nicht mangeln wird und er dessen keinen Vorteil noch Ruhm haben soll. Und meine es treulich und vermahne ihn aus christlicher Liebe und Pflicht zur Antwort. Will er die Sprüche nicht auf sensualische[513], ausführliche Antwort erklären, so er nur die Contraria[514], welche scheinen, widereinander zu sein, so wollen wir unsere Gaben gegeneinander wechseln und in einen Grund einführen, unsern Brüdern zuliebe.

20. Und empfehle euch samt den eurigen und allen denen, die das Kindlein Jesum suchen und begehren in die wirkende Liebe Jesu Christi ein, daß es möge in allen empfangen und geboren werden, so hat der Streit ein Ende. Wenn des Weibes Same der Schlangen Kopf zertritt, so kommen wir wieder in die Temperatur[515] und sind in Christo alle nur einer als ein Baum in vielen Ästen und Zweigen. Datum Görlitz, ut supra.

E(uer) L(iebden) d(ienstwilliger) J. B.

41. Sendbrief
An Herrn Abraham von Franckenberg auf Ludwigsdorf
Vom 20. Februar 1623.

Unser Heil im Leben: Jesus Christus in uns.

Edler in Christo geliebter Herr und vornehmer werter Freund, nebst treuer Wünschung göttlichen Lichtes in wirkender göttlicher Wohlfahrt, wollte ich E. G.[516] mit diesem

513 eindeutige   514 Widersprüche
515 Harmonie   516 Euer Gestrengen

Brieflein ersuchen und treuer christlicher Meinung erinnern des Gespräches von Herrn D. Staritio und allerseits wegen des göttlichen Vorsatzes[517] oder Willens über die Menschen.

2. Welchem Herrn Dr. Staritio auf seine Quaestion[518] diesmal nicht genug geantwortet worden ist, weil ich mich dazumal wegen dieses Artikels in göttlicher Beschaulichkeit des innern Grundes durch den äußern Grund auf ihre Schulen-Art nicht geübet hatte und auch das Convivium[519] mit solchem Getränke, so bei mir ungewöhnlich, den subtilen Verstand verdecket. Ich auch wegen ihrer lateinischen Zungen[520] an seinem Grunde, denselben zu erfassen, verhindert ward, also daß er mit seiner eingefaßten Meinung, mit welcher er sich auf die Schrift gründete, damit triumphierete, aber ohne genugsamen Verstand der angezogenen[521] Sprüche der Schrift, auch ohne genugsamen Grund der Vernunft-Schlüsse der Logica, in welcher er zwar trefflich wohl geübet ist auf ihrer Schulen Art.

3. Mit welchem Gespräche ich mich hernach in göttlicher Gnade in den inwendigen Grund göttlicher Beschaulichkeit, dasselbe zu probieren, eingewandt hatte und meinen Gott um wahren Verstand aller dieser Gründe, dieselbe eigentlich und in specie[522] zu verstehen, gebeten habe. Darauf mir ein solches erschienen ist, daran ich genugsame Ursache neben göttlicher Einführung in die Wunderwerke Gottes habe, mich auch gleich eine große Begierde damit überfallen, welchen Grund vom göttlichen Willen und den ewigen Vorsätzen in der Prädestination zu Grund und in ein Buch zu bringen.

4. Welches, weil es auch von Herrn Balthasar Tilke und andern mehr begehret worden, ich daran Ursache nehmen sollen; nicht der Meinung, jemanden in seiner Opinion[523] zu

517 Vorherbestimmung 518 Anforderung 519 Gelage
520 Sprache 521 zitierten 522 im besonderen 523 Meinung

verachten oder etwas Schimpfliches und Unchristliches wider ihn vorzunehmen, sondern in treuer christlicher Wohlmeinung und brüderlicher Mitteilung meines mir von Gott verliehenen Pfundes.

5. Welches Werk dermaßen also hoch und tief gegründet worden ist, daß man nicht allein den Grund dieser Fragen von Gottes Willen gründlich verstehen, sondern auch den verborgenen Gott in seiner Offenbarung an allen sichtbaren Dingen erkennen kann, neben klarer Ausführung, wie der Grund der Mysterii magni als das ewige, ausgesprochene Wort Gottes, darinnen die Weisheit von Ewigkeit gewirket hat und alle Dinge, darinnen in magischer[524] Form ohne Kreatur[525] sind gesehen worden, verstanden werden mag.

6. Auch wie sich dasselbe Mysterium magnum durch das Aussprechen der göttlichen Scienz durch das Wort Gottes im Loco[526] dieser Welt in eine Schiedlichkeit und Faßlichkeit zur Creation eingeführt habe, wie der Urstand des Bösen und Guten in der Schiedlichkeit der göttlichen Scienz im Mysterio magno in den ewigen Principien zu göttlicher Offenbarung und Wirkung sei. Darinnen man nicht allein den verborgenen Gott in seinem Wesen und Willen verstehen kann, sondern auch den ganzen Grund seiner Offenbarung durch sein ausgesprochenes Wort aus den ewigen Kräften des Mysterii magni als der Ewigkeit Wesen, wie das sei in ein sichtbares, greifliches, kreatürliches, äußerliches Wesen kommen und was der Grund aller Verborgenheit sei, wie der genugsam erkenntlich[527] und offenbar sei. Auch ausführlicher Grund des Spiritus mundi, darinnen die Kreation dieser Welt lebet, sowohl auch klarer Grund des innerlichen, geistlichen, englischen und seelischen Lebens. Auch von des Menschen Urstand, Fall und Wiederbringung, sowohl von der Schrift Vor-

524 geistiger   525 ohne Leiblichkeit
526 Ort   527 erkennbar

bildung im Alten Testament des Reichs der Natur und des Reiches der Gnaden, was Gottes Gerechtigkeit und die Wahl oder Vorsätze sind, wie diese zu verstehen.

7. Auch klare Ausführung der Linien im Reiche der Natur von Adam auf seine Kinder und des Reiches der Gnaden-Offenbarung in der eingesprochenen Gnadenstimme der eingeleibten göttlichen Scienz im Worte der Liebe in der Gnaden-Erbärung[528].

8. Und klare Ausführung der Sprüche der Schrift, sonderlich die Epistel St. Pauli an die Römer, das 9., 10. und 11. Kapitel, auf welche sich die Vernunft richtet, allda ein ganzer sensualischer wahrer Grund mit Probierung[529] der Schrift ausgeführt worden ist. Aber nicht auf Art der Logica und der Schulen Sachen, da man einander nur Gegensätze machet und einer des andern Grund und Meinung nicht will sensualischer Art im Verstande probieren, sondern nur Knüttel machet, da man einander mit Schlägen richtet, verdammet, verketzert und lästert, welches nur Babel ist, eine Mutter der stolzen großen Hurerei der Irrtümer, da der Name Gottes gelästert und der Hl. Geist im buchstabischen Worte von der Vernunft gerichtet und geschmähet wird, welches mir in meinem Talent[530] nicht gefallen wollen, also zu fahren, sintemal[531] nicht ein einziger Tüttel[532] des Gesetzes der Schrift vergehen soll, bis es alles erfüllet werde. Und die Sprüche der Schrift samt ihren Bildern alle müssen wahr bleiben und kein Contrarium sein, wie die Vernunft meinet.

9. So habe ich dieselben Sprüche, welche scheinen einander konträr zu sein, als da geschrieben stehet: Gott will, daß allen Menschen geholfen werde, I. Tim. 2,4; und dann: Gott verstocket ihre Herzen, daß sie es nicht verstehen, ob sie das schon sehen, Joh. 12,40, – also erkläret und miteinander

---

528 Gnadenerweisung 529 Bestätigung durch die Bibel
530 geistigen Begabung 531 zumal 532 Punkt

konkordieret[533], daß ich zu Gott und seinen Kindern hoffe, sie werden die göttliche Gnaden-Offenbarung sehen und sich erkennen und von diesem Streite von[534] Gottes Willen und Christi Person ausgehen und die Rechtfertigung des armen Sünders vor Gott sehen und lernen verstehen.

10. Welches ich aus christbrüderlichem Herzen gegen alle in meinen Gaben treulich und fleißig getan mit noch mehr Anerbieten, ob jemand noch im Wahn und Meinung steckete und ihm in seinem Dünken[535] noch nicht wäre genug geschehen, daß er soll christlich und freundlich handeln und seine Meinung samt seinem Schluß[536] zu Papier bringen und mir übersenden, so soll ihm also auf dergleichen Fragen und Einwürfe geantwortet werden, daß er sehen soll, es sei christlich gemeinet und aus göttlicher Gabe entsprossen.

11. Weil denn E. G. samt seinem Herrn Bruder Herrn Hans Sigmund sowohl die hochgelehrten Herrn Doctores als J. S.[537] und Herr Johann Daniel Koschowitz, meine gar lieben Herren, und im Lebensbaume Christi meine Mitglieder und Brüder in Christo sind und ich sie allezeit als gottliebende Herzen, welche Gott mit Verstand und Weisheit begabet und dazu mit christlichen Tugenden gezieret, deren ich mich gliedlicher[538] Art nach neben und mit ihnen freue und sie allezeit als meine günstigen geneigten Herren erkannt habe; so habe ich die Anordnung also getan, daß sie dieses Traktats werden ein Exemplar unter sich bekommen, mit Bitte: es wollen die Herren christbrüderlich gegeneinander handeln und einander kommunizieren[539], sintemal mir das Nachschreiben wegen großer Ursachen meines Talents will hinderlich sein, sonst wollte ich jedem ein Exemplar davon senden.

---

533 harmonisiert 534 über 535 Dafürhalten
536 Urteil 537 Johann Staritius (?) 538 brüderlicher
539 d. h. das eine Exemplar einander ausborgen

12. Jedoch so dieser Traktat möchte verhalten werden und daß ihn E. G. nicht zu Händen bekämen, so will ich ihnen meine eigene Hand(schrift)[540] schicken, und bitte: sie wollen ihn ohne Beschwerde lesen und erwägen. Sie werden also reichen Sinn darinnen finden, daß er ihnen wird zu vielen Dingen, vorab in christlicher Übung der neuen Geburt, nütze sein.

13. Und was ich ihnen sonsten mehr in meinen wenigen Gaben dienen kann, will ich allezeit treulich in christlicher Pflicht auch zur Dankbarkeit ihrer guten Gemüter, Aufrichtigkeit und Wohltaten gegen mich in Bedacht sein zu vollbringen.

14. Und ob ich wohl ein unansehnlicher Mann gegen ihre Hoheiten sowohl gegen die Herren Doktoren bin, so wollen sie aber doch die Vernunft eine Weile einsperren und denken, daß es dem Höchsten also gefalle, seine Wunder durch Einfältige und vor der Welt töricht geachtete Leute zu offenbaren, wie solches von der Welt her zu allen Zeiten, wenn Veränderungen haben sollen kommen, geschehen ist.

15. Und sollen die Herren gewiß wissen, daß es an Antwort auf jemands hohe und tiefsinnige Fragen, soferne sie nur füglich und christlich erkannt werden, nicht mangeln soll. Denn ein solches mir vom Höchsten vertrauet und als ein Gnadengeschenk gegeben ist. Welches ich christlicher Meinung melde, ob jemand noch Skrupel in der Meinung hätte, ob ich ihm in Liebe davon helfen und ihn in die Temperatur des Gemütes bringen möchte, so sollte mich keine Mühe tauren[541], ihm meine Gabe und Sinn zu geben. Und befehle E. G. samt den Seinen in die Liebe Jesu Christi und mich in ihre Gunst!

Datum ut supra.

---

540 das Original   541 reuen

P. S.

1. Die Tribulation und Zerbrechung Babels nahet sich heftig sehr. Das Ungewitter zeucht[542] an allen Orten auf. Es wird sehr wüten. Vergebene Hoffnung betrüget, denn des Baumes Zerbrechung nahet sich, welches ist erkannt worden in den Wundern[543].

2. Das einheimische Feuer schadet seinem Vaterlande.

3. Die Gerechtigkeit und Wahrheit gehet fast[544] zugrunde; groß Trauern und Trübsal windet sich empor!

4. Man wird um eine leere, löcherige alte Hütten trauern, daran in der Seligkeit nicht gelegen ist, und wird sich ergrimmen um das Nest, da ihm der Satan seine Jungen ausgebrütet hat.

5. Der Turm zu Babel ist grundlos worden. Man meinet den mit Stützen zu erhalten, aber ein Wind vom Herrn stößet ihn um.

6. Der Menschen Herzen und Gedanken werden offenbar werden, denn es kommet eine Proba[545] vom Herrn, daß sich der Maulchrist in falschen Herzen und Seelen will offenbaren als ein Rohr, das der Wind beweget, weil sein Herze wankend ist: jetzt hin, jetzt her, auf daß sein falscher Grund offenbar werde.

7. Viel werden sich verraten und um Leib und Gut durch Heuchelei bringen. Die Heuchler und Maulchristen werden verzagen, wenn ihr falscher Grund wird offenbar werden.

8. Das orientalische Tier krieget ein menschlich Herz und Angesichte. Und ehe das geschiehet, so hilft es, den Turm zu Babel mit seinen Klauen umreißen.

9. In der Finsternis der Mitternacht gehet eine Sonne auf, welche ihren Schein aus den sensualischen Eigenschaften der Natur aller Wesen aus dem geformeten, ausgesprochenen

---

542 zieht 543 den außerordentlichen Ereignissen der Zeit
544 ganz 545 Prüfung

und wieder aussprechenden Worte nimmt[546]. Das ist Wunder, dessen sich alle Völker freuen.

10. Ein Adler hat junge Löwen in seinem Neste ausgebrütet und ihnen den Raub zugetragen, bis sie groß worden sind, in Hoffnung, sie werden ihm wieder ihren Raub zutragen. Aber sie haben das vergessen und nehmen dem Adler sein Nest und rupfen ihm seine Federn aus und beißt ihm vor[547] Untreue die Klauen ab, daß er nicht mehr Raub holen kann, ob[548] er möchte verhungern. Sie aber werden um des Adlers Nest uneinig und zerreißen sich im Zorne, bis ihr Zorn ein Feuer wird, welcher das Nest verbrennet und solches vom Herrn aller Wesen.

11. Wenn der Reiche und Gewaltige wüßte, worauf sein Grund stünde, er würde in sich gehen und auf sein Ende sehen.

12. Die Sonne giebet manchem Dinge sein Leben und auch manchem den Tod.

13. Der also stille lieget in eigenem Willen als ein Kind im Mutterleibe und lässet sich seinen inwendigen Grund, daraus der Mensch entsprossen ist, leiten und führen, der ist der Edelste und Reichste auf Erden.

14. Der Postillion aus dem Grunde der Natur kommet und führet ein Schwert über die Erde und hat zum Gehilfen sechs Winde, welche lange Zeit über die Erde regieret haben. Die zerbrechen dem Postillion das Schwert durch die Offenbarung des siebenten Windes, welchen sie allezeit in sich haben verborgen gehalten. Aber wegen der Gewalt des Postillions ihm jetzt müssen rufen und ihn offenbaren.

15. Welcher siebente Wind ein neues Feuer offenbaret, daraus ein groß Licht scheinen wird, und unter dieser Zeit soll der Gnadenbrunn mit lauterem Wasser fließen und der Elende erquicket werden. Amen.

---

546 d. h. die teils sinnlicher, teils übersinnlicher Natur ist
547 aus   548 damit

42. Sendbrief
An Herrn Gottfried Freudenhammer von Freudenheim,
Dr. med. zu Grossen-Glogau
Vom 27. Februar 1623.

Edler, achtbarer, hochgelehrter Herr, neben treuer Wünschung durch die Liebe Christi, mit welcher er uns in ihm durch seine Menschheit in uns liebet, eines seligen in Gott freudenreichen neuen Jahres und aller leiblichen Wohlfahrt!

2. Seine Leibesgesundheit ist mir sehr lieb, und noch viel lieber ist mir es, daß ich vermerke, wie der Zug des Vaters im Geiste Christi einen immerwährenden Hunger nach dem edlen Perllein göttlicher Erkenntnis in ihm wirket.

3. Welches, weil es in dem Baume und Gewächse, darinnen ich auch selber mitgrüne, geschiehet, mir als von meinen Mitzweigen an unserm englischen paradeisischen Perlenbaum, eitel Begierde und angenehmen Willen bringet und mich gleich in meinem Hingedenken erfreuet, daß dennoch der Geist Christi seine Kirche und Tempel mitten unter den Dornen hat, wie es jetzt im Ansehen ist, und wünsche von Herzen mit sehnlicher Begierde, daß sie doch möchte stärker grünen, damit doch Babel und das Reich des Zankes und Streites möchte aufhören und wir in *einer* Liebe als die Kinder Christi möchten untereinander wallen[549].

4. Mir wäre von Herzen lieb, weil der Herr etliche meiner Schriften lieset, daß sie doch möchten nach meinem Begriffe und Sinne verstanden werden. Nicht mir zum zeitlichen Ruhm, welcher in Christo und nicht mein ist, sondern um unserer ewigen Brüderschaft willen, so wir nach diesem Leben insgemein haben werden.

5. Als wollte ich auch gern meinen lieben Brüdern mein mir von Gott gegebenes Perllein mitteilen, auf daß auch

---

549 miteinander Umgang haben

sie neben mir möchten in göttlicher Erkenntnis und Liebe Früchte auf Gottes Tische bringen, welches Wirken mir lieber ist als aller Welt zeitlicher Ruhm, Ehre und Gut.

6. Und wiewohl ich gegen den Herrn zu achten als ein Kind bin, das unverständig ist, so hat mir aber doch mein Heiland seinen Sinn und Verständnis aus seiner Liebe und Gnade eingegossen und durch sich selber eröffnet, daß ich ihn und seinen Willen kräftig erkenne.

7. Welches, ob es wohl vor der Vernunft scheinet töricht zu sein, so ist mir es doch sonnenklar und giebet mir Freude und Begierde, daß ich also in allen Anfechtungen vom Teufel und seinem Anhange mich kecklich darein mag verbergen. Auch wird mir meine Hoffnung darinnen mit Gottes Liebe-Feuer aufgeblasen, und habe gleich einem schönen Rosengarten darinnen, welchen ich meinen Brüdern nicht alleine gerne gönnen will, sondern begehre und wünsche von Herzen, daß ihnen die güldene Rose auch in ihnen blühen möchte.

8. Ich habe verstanden, wie sich der Herr noch in dem Artikel wegen Gottes Willen und seiner Wahl[550] über die Menschen bekümmert, und noch in tiefem Wahne ist wegen des Ratschlages über die Menschen, als wenn Gott etliche nach seinem Vorsatz erwählete und etliche aus seinem Vorsatz nicht erwählete, derowegen sie auch nicht im Geiste Christi zum Vater ziehe oder der Vater sie nicht in Christo ziehe.

9. Welches mich meines Teils sehr oft bekümmert, und in mir wünsche, daß es doch möchte ergriffen werden, wie der Grund in seiner Eigenschaft ist[551].

10. Denn die Worte der Schrift sind gar recht wegen der Wahl, aber sie werden nicht recht verstanden, und daraus kommet das große Übel mit dem Streite.

11. Wenn ich in das Zentrum eingehe, so finde ich allen

---

550 Vorherbestimmung   551 wie es sich tatsächlich verhält

Grund. Es ist nichts so subtile und mag nichts vom göttlichen Willen gefraget werden, es ist sonnenklar darinnen offenbar. Denn ich finde den Urstand alles, des Bösen und des Guten, Gottes Liebe und Zorn, beide Begierden.

12. Die führe ich nur in die Menschheit Christi ein, wie Gott ist Mensch worden, und betrachte, wie die Gestalten menschlicher Eigenschaften sind in der Menschheit Christi ganz ohne Partikular[552] mit der Liebe Gottes in Christo mit dem ewigen Worte oder Halle der Gottheit als mit dem göttlichen Mercurio mit göttlicher Wesenheit als im Blute Christi tingieret und der Grimm, so in menschlicher Eigenschaft mit Adam offenbar ward, ganz ersäufet und in ewigen Tod geschlossen worden. Davon die Schrift nun saget: Tod, wo ist dein Stachel? Hölle, wo ist dein Sieg? I. Kor. 15, 55.

13. Gleichwie der Artista[553] und Philosophus den ♄ Saturnum und ♂ Martem[554] in ☿ Mercurio, welcher im ♄ und ♂, in ihrer eigenen grimmigen Macht eine böse Giftqual ist, in das Universal als in paradeisische Qual und Eigenschaft transmutieret, da weder ♄ noch ♂ oder ☿ in ihrer grimmigen Eigenschaften gespüret wird, sondern aus ihrer grimmigen Bosheit wird ein Aufsteigen der Liebe und Freudenreich.

14. Also gehet es auch nun mit dem bösen Menschen, wenn er sich in das Universal Christum aus seinem grimmigen Willen in Tod Christi in der Gelassenheit einergiebet.

15. Und gleichwie die Sonne am Firmament den Bösen und Frommen scheinet, Matth. 5, 45, also auch stehet die Begierde des Universals Christi als die göttliche Sonne, welche darinnen leuchtet, allen bösen Menschen entgegen. Schlössen sie nur ihren Willen auf und gingen aus der Ichheit aus und setzten ihre Begierde darein, so würde Christus darinnen geboren.

16. Ist doch die Seele, was sie pur allein antrifft, aus dem

---

552 d. h. restlos   553 der Hermetiker bzw. Alchymist   554 Mars

ewigen sprechenden Worte des Vaters, aus der Feuer- und Lichtwelt als aus Gottes eigenem Wesen in das menschliche Corpus eingesprochen oder eingeblasen worden, und hat beide Willen frei: (1) aus dem Feuer als aus des Vaters Zorn, welches ist die ewige Natur, in welcher sie eine Kreatur im geistlichen Sulphure, Mercurio und Sale[555] ist; und (2) aus dem Lichte göttlicher Kraft im göttlichen Halle, in welchem die Seele ein Engel und Gottes Bild ist.

17. Und ob sie gleich das Licht in Adam hat verloren, so hat es doch Christus wiedergebracht und das Zentrum der Liebe wieder rege gemacht, daß sich des Lichtes Leben, so es seine Begierde erhebete, mag in Christi Menschheit, welche von einem auf alle dringet, gleichwie der Zorn von einem auf alle dringet, wieder anzünden, Röm. 5,18.

18. Und ob möchte gesaget werden: Er zündet an, welche er will; – so sage ich teuer und wahr, daß das göttliche Licht nicht einfahrend sei, sondern es ist auch in dem gottlosen Menschen im Centro verborgen, gleichwie sich Gott in der Zeit verbirget. Es ist aufgehend, gleichwie der Schein einer Kerzen aus der Kerzen entstehet.

19. Der Mensch ist nicht also verdorben, daß keine Möglichkeit mehr in ihm sei. Und ob er schon verdorben ist, so hat doch Gott, als er sich des Menschen angenommen, das Zentrum seiner Liebe als die wahre Gottheit, welche sich in der Sünde verbarg, wieder in menschlicher Eigenschaft erreget.

20. Und wie die Sünde und der Grimm von Adam als Einen drang auf alle und in alle, also auch drang die Bewegung der Liebe Gottes in Christi Menschheit und aus Christi Menschheit durch die ganze Menschheit aller Menschen.

21. Christus ward wieder das Herz im menschlichen Baume. Der göttliche Hall, der sich in Christi Menschheit hat im Schalle offenbaret, der schallet durch Christi Menschheit im

---

555 in der geistigen Welt

ganzen menschlichen Baume; und fehlet nur an dem, daß der Zweig, der am Baume stehet, nicht will des Baumes Saft in sich ziehen.

22. Das geschiehet oft, daß die grimme Eigenschaft ♂ Mars zu sehr liebet und in sich zeucht und die Hitze erwecket, dadurch der Zweig verdorret.

23. Also auch ingleichen zeucht[556] der Seelen ♂ Mars den Grimm und Falschheit in sich, damit wird ihr ☿ Mercurius giftig. So wird alsdann der ♄ Saturnus als die Impression des Lebens Eigenschaft ganz dunkel und finster.

24. Und solange der Mercurius des Lebens in solcher Eigenschaft lebet, so mag er nicht von der Liebe Gottes gezogen werden, sondern vom Zorne Gottes, und ist also lang zur Verdammnis erwählet, als er im freien boshaftigen Willen lebet.

25. Gottes Liebe stehet gegen ihn, aber er will deren nicht. Gott begehret sein, aber der Grimm hält ihn, wie Christus sagte: O Jerusalem, Jerusalem, wie oft habe ich deine Kinder wollen versammeln als eine Kluckhenne ihre Küchlein[557] unter ihre Flügel, und du hast nicht gewollt, Matth. 23,37; Luk. 13,34.

26. Das Nicht-Wollen ist im Wege, daß sich der Mensch lässet Gottes Zorn als den Grimm im ausgesprochenen ☿ Mercurio nach des Vaters Feuer-Eigenschaft im Leben halten. Allhier lieget das böse Kind!

27. Liebe Brüder, lernet nur kennen, was Gott in Liebe und Zorne sei und wie der Mensch eben dasselbe Wesen selber und ein Bilde aus dem ewigen Geiste sei.

28. Saget ja nicht, Gott wolle das Böse! Er kann nichts Böses wollen nach der Eigenschaft, soviel er Gott heißet. So ich aber dieselbe Eigenschaft wollte Gott heißen, so hieße ich die Hölle Himmel und die Finsternis Licht und den Teufel einen Engel.

556 zieht 557 Küken

29. Es ist wohl alles Gottes, aber in der Qual[558] der Liebe des Lichts wird allein Gott verstanden. Der Zorn ist in seinem Lichte eine Ursache der Liebe-Begierde und der Freudenreiche.

30. Wenn die Seele ihre Feuer-Begierde aus ihrem selbsteigenen Willen in die Liebe-Begierde Gottes einführet und aus ihrer selbsteigenen Ichheit in Gottes Erbarmen ersinket und wirft sich in Christi Tod ein und will nicht mehr des Feuerqualles, sondern will in ihrem Feuer-Leben in Christi Tode tot sein, so stirbet der Geist des mercurialischen Lebens im Willen der Bosheit, und gehet auf ein neuer Zweig und (ein) Grünen der Liebe-Begierde.

31. Mein lieber Herr und Bruder, wisset, ich schreibe nicht stumm ohne Wissen. Ich habe es selber erfahren. Ich bin in eurem Wahne[559] so tief gewesen als ihr. Aber mein Heiland Jesus hat mir meine Augen aufgetan, daß ich sehe. Nicht in meiner Gewalt sehe ich, sondern in seiner, wie er mich in ihm kennet und wie er in mir sehen will. Und wünsche von Herzen, daß ihr möchtet in mein Sehen einsehen und aus meinem Sehen mit mir sehen. Ich wollte euch mein Herz und Liebe gerne zum Eigentum geben und durch diesen Schein aus euch sehen.

32. Aber ich vermerke, daß ich euch noch sehr stumm bin und bin in meiner mir gegebenen Wissenschaft noch von euch nicht recht erkannt worden, wünsche aber, daß es noch geschehe.

33. Bitte und ermahne euch christlich und in Demut: wollet doch nur so viel tun und die Gegenwürfe[560] soviel ihr vermöget zusammenfassen und mir schriftlich übersenden. Ich will tun nach meinen Gaben, als ein Christ tun soll und dieselben dermaßen erklären, daß ich verhoffe, ihr sollet mich darinnen brüderlich erkennen.

---

558 Qualität bzw. Bewegung   559 der Unwissenheit   560 Einwände

34. Nicht daß ich mir solches zumesse zu tun aus meiner Ichheit, sondern meine Begierde, die in mir als ein Feuer brennet, fordert das von euch. Und ich, der ich der Ich bin, hoffe zu Gott, es werde uns beiden gelingen, daß uns Gott in seiner Liebe-Begierde und Erkenntnis werde einigen.

35. Es soll euch nicht zum Spott oder Verschmähung gereichen, denn ich habe ein Herz, das Heimlichkeit schweigen kann. Und ermahne euch in Liebe zur kindlichen Demut in der wahren Gelassenheit Christi, darinnen vermöget ihr es allein zu ergreifen.

36. Anders ist mein Wohlwollen und Beginnen alles umsonst, denn ich kann euch nichts geben als meinen geneigten Willen. Wollet ihr ihn annehmen, wohl gut; wo nicht, so bezeuge ich vor eurem und Gottes Angesichte, daß ich an euch und in euch mein recht christliches Beginnen gesetzet habe und das meine getan, wie mir es im Gewissen angelegen ist.

37. Ich möchte auch noch wohl im kurzen selber, so es die Unruhe leiden wollte und ich wüßte, daß es zu Gottes Ehren und menschlichem Heil dienlich wäre, aus dieser Ursachen in eure Gegend ankommen und euch besuchen. Denn ich weiß noch gar viel durstige Seelen, mit denen ich mich möchte selber erquicken und sie in mir.

38. Ich habe anjetzo noch gar ein edles Kräutlein gefunden, das euch wohl dienen möchte, nicht allein zur Seelen, sondern auch zum Leibe und euren Patienten Nutzen.

39. So man wollte in Christi Weinberge arbeiten, dürfte uns Gott noch wohl anjetzo einen solchen Sonnenschein geben, der die Apotheken erwärmete, dessen viel fromme Leute lange Zeit begierig gewesen und deren Kinder Christi in ihrem Drangsal und Elende eine Erquickung sein.

40. Aber in Treuen: wird man so gottlos sein, so wird es von ehe grausam regnen und hageln, daß die Erde wird erbeben und viel tausend Seelen im Wasser ersaufen.

41. Ich wollte euch wohl lieber allhie etwas melden, mag aber dieses Mal nicht sein. Wollet nur auf das Ungewitter gegen Morgen[561] achthaben. Das gegen Mitternacht[562] ist nicht weit davon. Im Mittage[563] ist ein großer Rauch, daß er die am Abend[564] in die Augen beißet.

42. Es darf niemand sagen, wann das Ungewitter dahergehet: Dieser oder jener ist vor Gott gerecht, es wird ihm gelingen wegen seiner Religion.

44. Der Allerhöchste kehret einen Besen mit dem andern aus. Aber eine Lilie grünet allen Völkern! Wohl denen, welche sie ergreifen.

45. Die durstige Seele soll mitnichten sagen: Der Herr hat mein vergessen, der Herr hat mich verlassen. – So wenig eine Mutter kann ihre Kinder vergessen; und ob sie des vergäße, so hat doch der Herr seiner armen hochbedrängten Christenheit nicht vergessen. Er hat sie in seine durchgrabene Nägelmale eingezeichnet, Jes. 49, 14.

46. Sein Licht soll scheinen vom Aufgang bis zum Niedergang zu einem Zeugnis über alle Völker.

47. Eine Lilie stehet von Mittag gegen Mitternacht! Welcher dieselbe wird zum Eigentum bekommen, der wird singen das Lied von Gottes Barmherzigkeit. Und in seiner Zeit grünet des Herrn Wort wie Gras auf Erden. Und die Völker singen das Lied von Babel[565] in *einer* Stimme, denn der Anfang hat das Ende funden.

48. Und lasset euch meine dunkele Rede eingedenk sein, denn besser habe ichs auf jetzo nicht vermocht.

49. Weil man nur nach Hoffart und Geiz hat getrachtet und den Zornspiegel verachtet und nicht Buße getan, so wirket Übel mit Übel, bis sich das Übel selber fresse und sich der Grimm Gottes wohl ergötze.

---

561 im Osten   562 Norden   563 Süden   564 Westen
565 d. h. des Weltendes

50. Hier wird menschliche Vernunft wenig hindern mit ihren Ratschlägen, sondern das Feuer nur aufblasen und mehr Anlaß geben.

51. Gott wäre gut für Not. Weil man aber verlässet Gott, so folget Not und Spott.

52. Es hab ein jeder wohl Achtung auf sich selber! Jedoch der sich selber nicht wird suchen und behüten, der wird gesuchet und behütet werden. Und empfehle euch der Liebe Jesu Christi!

Datum Görlitz, ut supra.

Euer in der Liebe Christi dienstwilliger J. B.

43. Sendbrief
An Herrn N. N. – Am Tage der Einreitung Christi[566] 1623.

Unser Heil im Leben: Jesus Christus in uns!

Vielgeliebter Herr und gliederlicher[567] Mitbruder in Christo unserm Heilande. Nebst herzlicher Wünschung und mitwirkender Begierde göttlicher Liebe und Gnade wollte ich dem Herrn in christlicher Liebe nicht bergen, wie daß ich in christlichem Mitleiden seinen Zustand betrachtet und in die Gnaden-Erbarmung des Allerhöchsten eingeführet, was mir derselbe wollte hierinnen zu erkennen geben.

2. Darauf ich dem Herrn dieses melde, daß ich zu solcher Beschaulichkeit in derselben Gnaden-Erbarmung wegen des Herrn Zustandes und Versuchung gelanget bin und dessen Ursache erkannt habe; und will solches dem Herrn kurz zu einer Erinnerung entwerfen, daß er solches bei sich selbst solle erwägen.

3. Die erste Ursache solcher wirklichen Versuchung ist die übernatürliche, unüberschwengliche Liebe Gottes als gött-

---

566 Palmsonntag 567 engverbundener

licher guter Wille und dann der kreatürliche Wille des Menschen gegeneinander, daß sich der menschliche Wille solcher großen Gnaden Gottes, welche ihm aus lauter Liebe angeboten wird, nicht ganz ergeben und vertrauen will, sondern suchet seine Ichheit und Eigenliebe des vergänglichen Wesens, und liebet sich selber und dieser Welt Wesen mehr als Gott.

4. So versuchet den Menschen seine eigene Natur, welche in ihrem Centro außer der Liebe Gottes in eitel[568] Angst, Streit und Widerwärtigkeit stehet, in welche der Teufel seine falsche Begierde einschließt, den Menschen von solcher hohen Gnade und Liebe Gottes abzuführen.

5. Diese Versuchung ist die größte und ist eben der Streit, welchen Christus mit seiner eingegossenen Liebe in des Menschen Natur wider solche Ichheit, auch wider Gottes Zorn, Sünde, Tod, Teufel und Hölle hält, da der menschliche Drache soll mit der Liebe Christi verschlungen und transmutiert werden in ein englisches Bild.

6. Und so euch nicht wäre die Liebe Gottes in Christo eingeflößet worden, so hättet ihr diesen Streit nicht, sondern der Drache als der falsche Teufelswille behielt sein Naturrecht.

7. So geschiehet nun diese ängstliche Anfechtung in der Natur ganz empfindlich von dem Drachen, welcher sich mit seiner eigenen Natur ängstet, wenn solche große Liebe in ihn kommt und ihm sein Naturrecht in einen göttlichen Willen verwandeln will.

8. Denn allhie stehet Christus als der Schlangentreter[569] im Menschen in der Hölle und stürmet dem Teufel sein Raubschloß. Daher kommt solcher Streit, da Christus und Luzifer miteinander um die Seele streiten, wie euch Gott in der ersten Versuchung hat sehen und erkennen lassen.

---

568 nichts als   569 I. Mose 3,15

9. Also zertritt Christus der Schlangen den Kopf, und also sticht die Schlange Christum in die Ferse. Und stehet die arme Seele inmitten in großem Zittern und Trauern und kann hierbei nichts tun, als nur in der Hoffnung stehen, vermag auch ihr Angesicht nicht vor Gott zu erheben und ihr Gebet zu verbringen, denn der Drache wendet ihr das Gesicht gegen diese Welt in Eitelkeit[570] und weiset ihr der Welt Schönheit und Herrlichkeit und spottet ihrer, daß sie will eine andere Kreatur werden, und hält ihr vor das Reich, darinnen sie stehet und ihren natürlichen Grund.

10. Und allhie stehet die Seele mit Christo in der Wüsten in der vierzigtägigen Versuchung, da ihr dieser Welt Macht, Herrlichkeit, Reichtum und Wollust angeboten wird. Sie soll sich nur wieder erheben und in das Selbst-Wollen eingehen.

11. Die andere Versuchung vom Luzifer und eigenen Drachen der Natur ist diese, daß, wenn die Seele hat die göttliche Liebe gefasset und einmal ist erleuchtet worden, so will die Seele dasselbe Licht zum Eigentum haben und in ihrer Habhaftigkeit in eigener Gewalt darinnen wirken, verstehet: die Natur der Seelen, welche außer Gottes Licht ein Drache ist wie Luzifer. Die will es zum Eigentum haben. Aber das Naturrecht will dieser Drache nicht übergeben. Er will ein Macher und Schöpfer der göttlichen Kraft sein und in großer Freude in seiner Feuer-Natur darinnen leben, und das mag nicht sein.

12. Dieser Drache als eine Feuer-Natur mit seinem eigenen Willen soll sich lassen in ein Liebe-Feuer verwandeln und sein Naturrecht verlassen. Er aber will es nicht gerne tun, sondern siehet sich in solcher Verwandelung um nach eigener Macht und findet keine. So hebet er an zu zweifeln an der Gnade, dieweil er siehet, daß er soll in solcher Wirkung seine natürliche Begierde und Willen verlassen, so erzittert er

570 zur Vergänglichkeit hin

immerdar und will nicht des eigenen Naturrechtes in dem göttlichen Lichte ersterben. Er denket immerdar das Gnadenlicht, welches ohne solche Schärfe und Feuersmacht wirket, sei ein falsches Licht.

13. Daher kommt es, daß alsdann der äußeren Vernunft, welche ohne das nichts siehet, immerdar dünket: O wer weiß, wie es mit dir ist, obs auch wahr sei, daß dich Gott erleuchtet habe, daß er in dir ist. Es mag etwa eine solche Einbildung gewesen sein. Du siehst doch nicht dergleichen an anderen Leuten. Sie gedenken gleichwohl selig zu werden als du. Du bist nur der Welt darum zum Narren worden und stehest doch in Furcht und Zittern vor Gottes Zorn, mehr als sie, welche sich alleine der verheißenen Gnade trösten auf die zukünftige Offenbarung.

14. Also kommt es alsdann, daß wohl der inwendige Grund nach der Anzündung und Bewegnis des Lichtes seufzet und gerne wollte haben. Aber die Natur vermag nichts. Ihr ist, als wäre sie ganz von Gott verstoßen, welches auch wahr ist nach dem eigenen Willen, denn Gott hat einen neuen Willen in sie gepflanzet. Sie soll ihres eigenen Willens ersterben und in Gottes Willen gewandelt werden.

15. Und darum, daß allhier der Naturwille sterbe und sein Recht übergeben soll dem Willen Gottes, so sind solche schwere Anfechtungen darinnen. Denn der Teufel will nicht, daß sein Raubschloß einfalle. Denn soll Christus im Menschen leben, so muß der eigene Lust-Geist sterben. Und da er doch nicht ganz stirbet und doch lebet, darum ist solcher Streit, welchen kein Gottloser fühlet, sondern nur diese, welche Christus angezogen haben, in denen Christus mit dem Luzifer streitet.

16. Die dritte Anfechtung steht in den Raubschlössern des Teufels als im Willen und Gemüte, sowohl im Fleisch und Blut, da in dem Menschen liegen die falschen Centra, als da ist: eigener Wille zu hoffärtigem, zeitlichem Leben, zu Flei-

scheslust, zu irdischen Dingen; item: viel Flüche der Menschen, welche ihm sind durch seine Versuchung in Leib und Seele gewünschet worden. Alle Sünden, welche sich haben einzentrieret und im Geistgestirne stehen als ein festes Schloß, in welchem Christus jetzo stürmet und es zerbrechen will, welches Schloß der eigenen Macht, Wollust und Schönheit dieser Welt der menschliche Wille noch immerdar für Eigentum und sein Bestes hält und nicht will übergeben und Christo gehorchen.

17. Darum, mein lieber Herr und christlicher Bruder, füge ich euch und gebe es euch zu erkennen, was mir unser Lieber Herr Jesus Christus in meiner Betrachtung gezeiget hat: Prüfet euch selber, was eure Anfechtung sei. Unser lieber Herr sagete: Wir sollen alles verlassen und ihm nachfolgen, Mark. 10, 21. So wären wir recht geistlich arm.

18. Ist es nun, daß ihr mit eurem Gemüte noch etwas in Eigenlust irdischer Dinge stecket, so habet ihr darinnen als in denselben Centris, welche noch in euch wirken, solche Anfechtung.

19. Wollet ihr aber meinem kindlichen Rat folgen, so füge ich euch dieses, daß, so solche Anfechtungen in euch aufgehn, so sollet ihr euch anders nichts einbilden als das bittere Leiden und Sterben unsers Herrn und seine Schmach und Spott, dazu seine Armseligkeit in dieser Welt, was er für uns arme Menschen hat getan, und eure Begierde und ganzen Willen darein ergeben, daß ihr gerne wollet seinem Bilde ähnlich werden und ihm in seinem Prozeß willig und gerne nachfolgen und alles das, was euch zu leiden aufgeleget wird, um seinetwillen gerne dulden, und nur ihm begehren ähnlich zu werden, um seiner Liebe willen gerne niedrig und im Spott und Elende zu sein, auf daß ihr nur dieselbe in euch erhaltet und euch selber nicht mehr wollet, ohne was Christus durch euch will.

20. Mein lieber Herr, ich fürchte, es wird noch etwas an

euch sein, das Christo zuwider ist, darum der Streit in euch ist. Christus will, daß ihr sollet mit ihm eures Willens in seinem Tode sterben und in seinem Willen aufstehen und mit ihm streitet um eure Seele.

21. Lasset fahren allen irdischen Willen und ergebet euch ihm ganz und gar, und lasset Lieb und Leid in euch alles eines sein. So werdet ihr mit Christo ein Ritter über Welt, Teufel, Tod und Hölle werden und endlich erfahren, was Christus in euch gewesen sei und warum euch ein solches widerfahren ist, welches aller Kinder ihr Prozeß gewesen ist; und (ich) meine es christlich!

Gegeben am Tage der Einreitung Christi zu seinem Leiden und Sterben, ut supra. J. B.

44. Sendbrief
An Herrn Carl von Ender – Vom 7. Mai 1623.

Unser Heil im Leben: Jesus Christus in uns!

Edler, in Christo geliebter Herr. Nebst herzlicher Wünschung göttlichen Lichts in wirklicher Kraft des Hl. Entis[571] in unserem Immanuel, übersende ich dem Junker das Büchlein »Von Christi Testamenten« samt der Vorrede. Es soll in den drei Bögen, da die Vorrede ist, nur ein Bogen als die Vorrede abgeschrieben werden, denn ich wollte das Büchlein umschreiben und hatte das erste Kapitel wieder angefangen, bin aber im Vorhaben, das Büchlein in eine kindlichere[572] Form zu mehrerem Verstande der Einfältigen zum Drucke zu bringen. Der Junker lasse es aber gleichwohl nachschreiben wegen des hohen Sinnes. Weil er und andere geübte Liebhaber diesen Sinn wohl verstehen, so kann man den hohen begabten Sinnen das Hohe geben und den Einfältigen das

---

571 Seins 572 einfachere

Gedruckte, wiewohl sie beide eines Verstandes sein werden, ohne daß in dem gedruckten einfältigere Worte möchten gebrauchet werden.

2. Der von Fürstenauer[573] lässet den Junker salutieren und will mit seinem Pfarrer von Zodel handeln, daß er Herrn Walther soll was abschreiben. So der Junker will dieses »Von Christi Testamenten« lassen schreiben, so könnte man ihm was schicken.

3. Auch füge[574] ich dem Junker dieses, wie daß ich bei dem Herrn Fürstenauer was sonderliches Großes vermerket habe, daß ihn Gott mit einem mächtigen Stahl seiner Gnaden berühret und ihm Seele und Geist zerschellet, welches ich kräftig bei ihm vermerket; (ich) hoffe zu Gott, es werde mit ihm gehen wie mit Herrn Johann Sigmund von Schweinichen, welches ich herzlich wünsche und zu Gott flehe, daß es geschehe, weil ich schon den Prozeß[575] mit Augen gesehen; davon ferner zu seiner Zeit. Bitte, es in geheim zu halten und mit gemeldetem Herrn helfen mit Gebete im Geiste Christi ringen, als uns solches gebühret. Und empfehle den Junker der Liebe Jesu Christi.

Datum Görlitz, den 7. a(nno) C(hristi) 1623.   J. B.

45. Sendbrief
An Herrn Christian Bernhard – Vom 13. Oktober 1623.

Unser Heil im Leben: Jesus Christus in uns!

Vielgeliebter Herr, Bruder Christian, ich wünsche euch Gottes wirkende Kraft, daß der Quellbrunn im Leben Jesu Christi in euch möge quellen reichlich, und eure Seele in demselben möge stets erlabet werden und dieses heiligen

---

573 Kaspar von Fürstenau   574 melde
575 der spirituellen Entwicklung

Wassers trinken, auch darinnen wachsen, grünen und viel gute Früchte tragen, neben leiblicher Wohlfahrt! Und erfreue mich eurer glücklichen Ankunft, daß euch Gott mit Gesundheit wieder zu Hause geholfen.

2. Mich, Gott lob, sollet ihr auch noch in guter Gesundheit und in meinem Talent[576] wirkend wissen, denn mir (hat) Gott seine Gnadentür je mehr und mehr aufgetan, und nicht alleine mir, sondern auch vielen andern, welche diese Schriften zu lesen bekommen, welchen Gott ihre Herzen gerühret, daß sie sind in die Buße und Bekehrung getreten, und sind in sich selber zu innerlicher göttlicher Beschaulichkeit kommen, und begehren das Kleid der Sünden und Unreinigkeit wegzuwerfen und Christo im Leben und Willen nachzufolgen.

3. Wie mir denn vor wenig Tagen ist ein solcher Motus[577] von zweien Personen, (welche doch in der Welt hoch sind und zuvor die Welt geliebet), vorgestellet worden, an denen ich die neue Geburt in großer Kraft und im Triumph göttlicher Erkenntnis in solcher Demut und süßem Aussprechen gesehen habe, daß ich dergleichen von meiner Kindheit an niemals gesehen habe, ohne was Gott an mir armen Menschen selber gewirket hat, welches mir fast unglaublich wäre, so ich solches nicht selber empfindlich[578], auch dergleichen gehabt hätte.

4. Wie sich dann der eine nach seinem irdischen Weltwesen selber verschmähet und seinen gewesenen Wandel vernichtiget, welcher auch also tief ist in die Gelassenheit ersunken und in die Buße, daß er sich zu unwürdig geachtet, sein Gebet vor Gott auszuschütten, sondern als tot und als zu unwürdig geachtet und in Gottes Erbarmen gefallen, was der durch und mit ihm tun wolle, daß er selber durch ihn wolle beten und Buße wirken. Er sei zu solcher Erhebung oder Begehrung zu unwürdig, darauf ihm alsbald die göttliche Sonne eingeschie-

---

576 der geistlichen Wirksamkeit
577 Bewegung, Veränderung   578 erfahren

nen und durch seinen Mund bei drei Stunden anders nicht gesprochen, als nur solche Worte: Gott, Kot, Gott, Kot, und sich vor Gott als Kot geachtet; in welchem Aussprechen ist in ihm die göttliche Sonne der Freudenreich und großen Erkenntnis aufgegangen und ihm sein Herze und Gemüte ganz umgedrehet und verneuert.

5. Darauf ist er zu mir neben einem der gleichen Menschen kommen, da ich dann solchen Motum[579] an ihm gesehen und mich des(sen) hoch erfreuet, dieweil er durch mein Büchlein »Von der Buße«[580] ist dazu gebracht worden. Wie dann an andern mehr in wenig Zeit dergleichen auch geschehen ist, daß ich also mit großer Verwunderung sehe, wie sich die Tür der Gnaden so mächtig beweget und, in denen es ernst ist, eröffnet, wie mir zuvorhin vorlängst ist gezeiget worden.

6. Welches ich euch, mein geliebter Herr Bruder, mit guter Wahrheit vor Gottes Augen darum referiere und andeute, dieweil ihr einer unter den Erstlingen seid, dem dieses Talent ist durch göttliche Schickung zu Händen kommen, welches ihr auch mit Freuden angenommen und viel Mühe damit gehabt, ob euch nicht möchte auch nach einem solchen, wie oben gemeldet von diesen zwei Personen, lüstern und also dahin wirken, von Gott ein solches zu empfangen, welches mir dann eine große Freude in meinem Geiste sein würde, wiewohl ihm ein Mensch nicht soll fürnehmen[581], etwas von Gott zu empfangen nach seinem Willen, sondern sich nur also in Gottes Willen ersenken wie gemeldete Person, daß Gott mit ihm tue, wisse, wolle und ihn also erleuchte und führe, wie er wolle. Und wollte euch aber solches in Liebe erinnern, denn ich weiß wohl, daß sich eure Seele wird neben ihnen und mir damit euch erfreuen.

7. Mehr füge ich euch, daß euch Gott etliche Pharisäer,

579 Veränderung   580 enthalten in dem Buch *Christosophia*
581 erwarten

welche zuvorhin solche waren und mich gelästert, bekehret und zum Lichte bracht hat, daß sie diese Schriften begehren und lesen und nunmehr die neue Geburt und Erneuerung im Geiste Christi lehren und allen Zank für Kot und untüchtig achten und lehren, sondern die Menschen auf das Leben Christi weisen, wie denn auch diese Schriften neulich von hohen Potentaten begehret und nachgeschrieben worden, daß also zu hoffen ist, der Tag werde nahe anbrechen.

8. Denn es finden sich auch jetzo ein Teil unserer Gelehrten dazu und belieben es sehr, mit denen ich viel Konversation habe, melde ich euch zur Nachricht, dieweil mir wohl bewußt ist, daß bei euch auch der Wolf hinter dem Lamm stehet und das fressen will. So seid nur getrost und helfet beten und wirken! Unser Lohn wird uns im Paradeis gegeben werden. Allhie sollen wir nicht Lohn begehren, denn wir sind Christi Reben an seinem Weinstocke, und sollen ihm gute Früchte gebären, welche er selber durch uns wirket.

9. Gott wird uns wohl Bauchfülle[582] geben. Lasset uns nur an wenig(em) genügen. Er wird für uns sorgen, ob sichs gleich oft trübselig anlasset, so wird es doch zum guten Ende kommen. Und ob wir gleich um seiner Erkenntnis willen müssen Schmach und Elend leiden, auch sollten gar das zeitliche Leben darum lassen, so muß doch Gottes Kindern alles zum Besten dienen. Denn es währet allhie nur eine kurze Zeit; darauf folget unsere Einernte dessen, was wir allhie ausgesäet haben.

10. Euren Herrn Bruder, den Konrektor, bitte ich wegen meiner mit dem Gruße unsers Herrn Jesu Christi zu salutieren, sowohl alle, welche mich in Liebe kennen und die Wahrheit lieben, mit denen ihr bekannt seid und zu tun habet. Und empfehle euch samt ihnen der sanften Liebe Jesu Christi.

Euer in der Liebe dienstw(illiger)   J. B.

---

582 das tägliche Brot

46. Sendbrief
An N. N. 1623.

Der Brunnquell des Herzens Jesu Christi sei unsere Erquikkung, Erneuerung und ewiges Leben!

In Christo geliebter Herr und Freund! In gliedlicher Pflicht, als ein Ast am Baume dem andern zu tun schuldig ist, wünsche ich euch in mitwirkender Begierde den offenen Gnadenbrunnquell, welchen Gott in Christo Jesu in unserer Menschheit hat offenbaret, daß derselbe in euch reichlich quelle und die göttliche Sonne ihre Liebe-Strahlen dadurch in die Seele einführe und den großen magnetischen[583] Hunger der Seelen nach Christi Fleisch und Blut als den rechten göttlichen Mund hiemit erwecke und auftue, neben auch leiblicher Wohlfahrt.

2. Nachdem ich zu öftermalen von eurem lieben Freunde Herrn Dr. K. vernommen, wie denn auch also in meiner Gegenwart vermerket, daß ihr im Zuge Gottes des Vaters zu seinem Leben, welches er in Christo Jesu aus seiner höchsten Liebe hat offenbaret, einen sonderlichen Durst und sehnliches Verlangen traget, so habe ich aus gliedlicher Pflicht nicht unterlassen wollen, auf Begehren des Herrn Doktors und dann auch des Herrn selber, den Herrn mit einer kurzen Epistel zu suchen und mich etwas in demselben Brunnquell des Lebens Jesu Christi mit dem Herrn zu erquicken und zu ergötzen[584], sintemal[585] mir eitel[586] Freude giebet, wenn ich vernehme, daß unser paradeisischer Perlenbaum in meinen Mitgliedern grünet und Frucht wirket zu unserer ewigen Ergötzlichkeit.

3. Und will dem Herrn hiemit aus meinen wenigen Gaben und Erkenntnis andeuten, was ein Christ sei und warum er

---

583 wohl: magischen, d. h. geistlichen
584 erfreuen 585 zumal 586 nichts als

ein Christ genannt werde, als nämlich daß der allein ein Christ sei, welcher dieses hohen Titels in ihm selber sei fähig worden, welcher mit dem inwendigen Grunde, Gemüte und Willen sich habe zu der geschenkten Gnade in Christo Jesu eingewandt und sei in seiner Seelen Willen worden als ein junges Kind, das sich alleine nach der Mutter Brüste sehnet, das einen Durst nach der Mutter hat und der Mutter Brüste sauget, davon es lebet.

4. Also auch ist dieser Mensch allein ein Christ, dessen Seele und Gemüte wieder in die erste Mutter, daraus des Menschen Leben entsprossen ist (als in das ewige Wort, welches sich mit der rechten Milch des Heils hat in unserer an Gott blinden Menschheit offenbaret), eingehet und diese Muttermilch in seine hungerige Seele trinket, davon die neue geistliche Menschheit urständet und die feurige Seele aus des Vaters Eigenschaft hiemit die Stätte der Liebe Gottes, in welcher Stätte der Vater seinen Sohn gebieret, erlanget. Darinnen alleine der Tempel des Hl. Geistes, der in uns wohnt, gefunden und auch alleine der geistliche Mund der Seelen, welcher Christi Fleisch isset und sein Blut trinket, hierinnen verstanden wird.

5. Denn das ist alleine ein Christ, in dem Christus wohnet, lebet und ist, in dem Christus nach dem inwendigen Grunde der Seelen und des in Adam verblichenen, himmlischen Wesens ist auferstanden und lebendig geworden, der da Christi Sieg wider Gottes Zorn auch Hölle, Teufel, Tod und Sünde (als Christi Menschheit, Leiden, Sterben und Auferstehung) in seinem inwendigen Grunde hat angezogen, da des Weibes Same als Christus in seiner Überwindung in ihm auch überwindet und der Schlangen im bösen Fleischeswillen täglich den Kopf zertritt und die sündlichen Lüste des Fleisches tötet.

6. Denn in Christo alleine werden wir zur göttlichen Kindschaft und Erben Christi angenommen, nicht durch einen

äußerlichen fremden Schein einer absonderlichen Gnadenannehmung durch einen fremden Verdienst einer zugerechneten Gnade von außen, sondern durch eine kindliche, inwohnende, gliedliche, essentialische Gnade, da der Todesüberwinder, als Christus, mit seinem Leben, Wesen und Kraft in uns von unserm Tode aufstehet und in uns herrschet und wirket als eine Rebe an seinem Weinstocke, wie die Schrift der Apostel durch und durch bezeuget.

7. Nicht ist das ein Christ, der sich allein des Leidens, Sterbens und Genugtuung Christi tröstet und ihm dasselbe als ein Gnadengeschenk zurechnet, und aber ein wildes Tier unwiedergeboren bleibet. Ein solcher Christ ist ein jeder gottloser Mensch. Denn ein jeder will gerne durch eine Gnadenschenkung selig werden. Es wollte auch wohl der Teufel also durch eine von außen angenommene Gnade gerne wieder ein Engel sein.

8. Aber daß er soll umkehren und werden als ein Kind und aus Gottes Gnadenwasser[587] der Liebe und Hl. Geist neugeboren werden. Das schmecket ihm nicht, also auch dem Titel-Christen[588] nicht, der zwar den Gnadenmantel Christi über sich nimmt, aber in die Kindheit und neue Geburt mag er nicht eingehen. So saget aber Christus, er mag anders das Reich Gottes nicht sehen.

9. Denn was vom Fleisch geboren ist, das ist Fleisch, Joh. 3,6, und kann Gottes Reich nicht erben. Fleischlich gesinnet sein ist eine ewige Feindschaft wider Gott. Aber geistlich gesinnet sein ist Leben und Friede. Und der höret alleine Gottes Wort, der aus Gott geboren ist. Denn der Geist der Gnaden in Christo höret allein Gottes Wort.

10. Denn niemand hat Gott je gesehen. Allein der Sohn, welcher in des Vaters un(er)meßlichem Schoße ist, der verkündiget uns Gottes Wort und Willen in uns selber, Joh.

---

587 Taufe   588 Namenschristen, ohne spirituelle Reife

1,18, daß wir seinen Willen und Wohlwollen in uns hören und verstehen und demselben gerne nachfolgen, und werden aber mit dem äußern sündlichen Fleisch oft gehalten, daß die Wirkung derselben göttlichen Kraft nicht allemal in diese äußerliche Figur gehet, und gehet aber in die innerliche Figur in der innern geistlichen Welt, davon St. Paulus saget: Unser Wandel ist im Himmel, Phil. 3,20.

11. Darüber auch alle Heiligen Gottes und sonderlich St. Paulus geklaget haben, daß sie das ernste Wollen haben und mit dem Gemüte des inwendigen Grundes Gott dienen, und aber mit dem Fleische dem Gesetze der Sünden, daß das Fleisch wider den Geist lüstere[589], Röm. 7,25. Welche Lust täglich im Tode Christi durch den inwendigen Grund ersäufet und getötet wird. Aber nur in denen, da Christus vom Tode auferstanden ist. Und bleibet alsdann nichts Verdammliches an denen, die in Christo Jesu sind. Denn der tierische[590] Leib gehöret der Erden, aber der geistliche Leib gehöret Gott. Wer aber den nicht hat, der ist lebendig tot und höret noch vernimmt nichts vom Geiste Gottes. Es ist ihm eine Torheit, nach der Schrift I. Kor. 2,14.

12. Darum ist das alles nicht genugsam verstanden und erkläret, was einig und allein von einer von außen angenommenen Gnade und Vergebung der Sünden redet. Die Vergebung der Sünden und die angenommene Kindschaft in die Gnade besteht in der Rechtfertigung des Blutes und Todes Christi, da Christi himmlisches Blut uns tingierte[591] und den Zorn Gottes in unsere Seelen und inwendigem göttlichen Grunde aus der Ewigkeit Wesen mit der höchsten Liebe der Gottheit in dem Namen Jesu überwandt und wieder in die göttliche Demut und Gehorsam transmutierte[592], da die zerrissene Temperatur[593] unserer menschlichen Eigenschaft des

---

589 aufbegehre   590 physische   591 durchtränkte
592 verwandelte   593 ursprüngliche Harmonie

Gehorsams und Wohlwollens wieder in die Gleichheit oder Einigung der Eigenschaften einging.

13. Allda ward des Vaters Grimm, (welcher war in unsern Lebenseigenschaften aufgewachet und sich zum Regenten in Seele und Leib gemacht, dadurch wir waren des Himmelreichs erstorben und Kinder des Zorns worden), wieder in die einige Liebe und Gleichheit Gottes gewandelt; und starb unser menschlicher Eigenwille im Tode Christi seiner Ichheit und Eigenwollens ab und grünete der erste menschliche Wille, den Gott aus seinem Geiste in Adam eingab, durch die Überwindung der Süßigkeit Gottes in Christi himmlischem Blute wieder aus. Allda ward der Teufel und Hölle, welche den Menschen gefangen hielten, zu Spotte. Denn das war die dürre Rute Aarons, welche in einer Nacht grünete und süße Mandeln trug, andeutend, 4. Mose 17,8; Hebr. 9,4.

14. Nun, gleichwie die Sünde von einem kam und drang von einem auf alle, also auch drang die süße Gnade und Überwindung in Christo von einem auf alle, Röm. 5,18. Es ward in der einigen adamischen Seelen der Tod und der Zorn in Christo zersprenget und eine Möglichkeit zur Gnade, durch die Todeszersprengung, aufgetan. Durch welche zersprengte Pforte sich der seelische Wille mag wieder in die erste Mutter, daraus er im Anfange kam, als in die Kindheit oder neue Geburt eines neuen Lebens und Wollens einwenden. Allda mag er das süße Blut Jesu Christi, welches in Christo in unserer Menschheit die Todespforten zersprengete und den Zorn Gottes in unserer Menschheit in ihm selber in Liebe wandelte, erreichen, darinnen die arme gefangene Seele aus Gottes Brünnlein trinkete und sich in ihrem Feuerodem erlabet, daraus das neue Grünen auswächset, da der Seelenhunger und Begierde im Blute Christi substantialisch und wesentlich wird nach himmlischer Art.

15. Nun gleichwie die Todeszersprengung in Christi Person in unserer Seelen und Menschheit geschehen mußte, daß

also die Ewigkeit in Christo, damit er war vom Himmel kommen und auch zugleich im Himmel war (Joh. 3,13), die Zeit, als der Zeit Leben und Willen überwand und die Zeit mit ihrem Willen in den ewigen Willen der Gottheit wandelte und solches in unserer angenommenen Menschheit geschehen mußte. Also auch imgleichen muß unserer Seelenbegierde denselben ewigen Willen in Christo, da die Zeit und Ewigkeit in der Gleichheit stehet, in sich einnehmen und durch dieselbe Macht sich wieder in die Kindheit als in die Gnade ersenken, auf daß derselbe innere paradeisische Grund, welcher in Adam starb, im Willen des Gehorsams Christi durch sein himmlisches und von uns angenommenes menschliches Blut wieder ausgrüne.

16. In uns selber muß die Versöhnung durch Christi Einmal-Versöhnung offenbar werden, wohl durch das einmal Geschehene in Christi Blut und Tode. Aber dasselbe einmal Geschehene in Christo muß es auch in mir tun. Es muß jetzo nun durch Christi Blutvergießen auch in mir geschehen. Christus vergießet auch sein himmlisches Blut in meiner Glaubensbegierde in meiner armen Seelen und tingieret den Zorn Gottes darinnen, auf daß das erste adamische Bild Gottes wieder erblicket und sehend, hörend, fühlend, schmekkend und riechend wird.

17. Denn dasselbe in Adam gestorbene Bild von der himmlischen Welt-Wesen als das rechte paradeisische, wohnet alsdann nicht in den vier Elementen. Sein Wesen und Leben stehet nicht in dieser Welt, sondern im Himmel, welcher in Christo in uns offenbar wird als in einem reinen hl. Element, daraus die vier Elementen im Anfange der Zeit entsprossen sind. Und derselbe innere, neue, geistliche Mensch isset Christi Fleisch und trinket sein Blut, denn er lebet und ist in Christo. Christus ist sein Stamm, und er ist ein Ast am Stamme.

18. Denn ein jeder Geist isset von dem, daher er seinen

Urstand hat: Als die animalische, sterbliche Seele isset vom Spiritus mundi[594], von Sternen und vier Elementen, vom Reiche dieser Welt. Aber die wahre, ewige Seele, welche aus dem ewigen Worte im Menschen als ein göttlich Leben eingeblasen ward, diese isset aus ihrer Mutter als aus dem heiligen, wesentlichen Worte Gottes.

19. Weil ihr aber dasselbe nach der Abtrennung von Gott in ihrer ausgewandten Eigenschaft nicht möglich war, so kam dasselbe Wort des Lebens als seine wahre Mutter wieder zu der ausgewandten Seelen heraus in dieses Jammertal in das Gefängnis der Höllen und führete sein himmlisches Wesen in unser menschliches als ein Corpus der Seelen und umgab unsre arme gefangene Seele damit und sprengete ihr den toten himmlischen Mund im Zorne Gottes wieder mit der Liebe Tinktur, auf daß die arme Seele wieder kann himmlisch Manna essen. Welches Essen in Christi Person mit unserer angenommenen Menschheit in der Versuchung Christi in der Wüsten wieder in der proba[595] stund, da Adam in Christo wieder vom Paradeis 40 Tage Manna aß.

20. Darum sage ich: Ist einer ein Christ, so ist er es nicht durch einen von außen zugerechneten Gnadenschein. Die Sünde wird ihm nicht durch das einmal geschehene Vonaußen-Wort-Sprechen vergeben, wie ein Herr in dieser Welt einem Mörder das Leben durch eine auswendige, zugerechnete Gnade schenket. Nein, das gilt vor Gott nicht.

21. Es ist keine Gnade, dadurch wir können zur Kindschaft kommen, als bloß im Blute und Tode Christi. Den hat ihm Gott alleine zu einem Gnadenthrone in seiner eigenen Liebe, welche er in dem süßen Namen Jesu aus Jehova in ihn einführete, vorgestellet. Er ist das einige Opfer, das Gott annimmet, das seinen Zorn versöhnen kann.

22. Soll aber nun dasselbe Opfer mir zu gut kommen, so

---

594 Geist der Welt   595 Bewährung

muß es in mir geschehen. Der Vater muß seinen Sohn in meiner Glaubensbegierde gebären oder eingeben, daß ihn mein Glaubenshunger fasset. Und so ihn meiner Seelen Glaubenshunger fasset als in seinem verheißenen Wort, so ziehe ich ihn in seinem ganzen Prozeß der Rechtfertigung in meinem inwendigen Grund an; und gehet zuhand die Tötung des Zornes, Teufels, Todes und der Höllen aus Christi Tode in mir an.

23. Denn ich kann nichts tun, ich bin mir tot. Aber Christus in mir tut es. Wenn der in mir aufstehet, so bin ich mir nach dem wahren Menschen tot, und er ist mein Leben. Und was ich dann lebe, das lebe ich ihm und nicht der Meinheit, denn die Gnade tötet meinen Willen und setzet sich zum Herrn anstatt meiner Ichheit, auf daß ich sei ein Werk Gottes, der damit tut, was er will.

24. Und lebe alsdann in zwein Reichen, als mit dem äußern sterblichen Menschen in der Eitelkeit[596] der Zeit, darinnen das Sündenjoch noch lebet. Das nimmet Christus im inneren Reiche der göttlichen Welt auf sich und hilft es meiner Seelen tragen.

25. Denn das Joch dieser Welt ist Christi Last, die er tragen soll, bis er seinem Vater das Reich, das er ihm gegeben hat, wird wieder überantworten, indem er sagete: Mir ist alle Gewalt im Himmel und auf Erden von meinem Vater gegeben[597]. So ist ihm auch diese Last gegeben, daß er Gottes Zorn, die Hölle, den Tod und alles Übel in uns trage, wie Jesajas saget: Er nahm auf sich unsere Krankheit und lud auf sich unsere Schmerzen; wir aber hielten ihn für den, der von Gott also zerschlagen, gestrafet und gemartert würde[598].

26. Daher muß ein Christ ein Kreuzträger sein. Denn sobald Christus in ihm geboren wird, so gehet der Sturm der Höllen und Zornes Gottes in der ewigen Natur an. So wird

---

596 Vergänglichkeit   597 Matth. 28,18   598 Jes. 53,4

die Hölle im Menschen gestöret und die Schlange getreten, davon die große Unruhe, Verfolgung und Schmach vom Teufel und der verderbeten Welt über den äußern sündlichen Menschen gehet. Da muß sich der äußere sündliche Mensch lassen von Gottes strenger Gerechtigkeit im Zorne von den Kindern des Zornes urteilen und zur Verdammnis richten, dieweil ein anderer Mensch in ihm lebet, welcher dem äußeren, sterblichen nicht ähnlich ist. So führet Gottes Gerechtigkeit im Zorne sein Gerichte über das Sündenhaus, sowohl alle Diener des Zornes Gottes.

27. Allda hilfet Christus das Joch tragen, und wird der Mensch in Christi Prozeß, Verachtung und Spotte in seinem Leiden und Tode der Gerechtigkeit Gottes im Zorne aufgeopfert, und wird Christi Bilde ähnlich.

28. Die Hl. Schrift bezeuget an allen Orten, daß wir durch den Glauben an Christus von der Sünden gerechtfertiget werden, nicht durch die Werke unserer Verdienste, sondern durch das Blut und Tod Christi. Welches zwar von vielen also gelehret, aber von wenigen, die es also lehren, recht verstanden wird.

29. Man lehret uns wohl die zugerechnete Gnade. Aber was der Glaube sei, wie er geboren werde, was er in Essenz und Wesen sei und wie er das Verdienst Christi mit der Gnade ergreife, das ist der meiste Teil stumm und blind daran, und bleibet bei einem historischen Glauben, Jak. 2,17, welcher nur eine Wissenschaft[599] ist, da sich der Mensch der Sünden und des Todes damit kitzelt und tröstet und ihm[600] durch solche Einbildung selber heuchelt[601] und sich einen Christen nennet, aber doch dieses hohen Titels noch nicht fähig oder würdig worden ist und nur ein Titel-Christ ist, mit Christi Purpurmantel von außen bedecket, von denen der Prophet saget: Mit ihren Lippen nahen sie sich zu mir, aber ihr Herz

599 bloßes Wissen   600 sich   601 täuscht

ist fern von mir, Jes. 29,13; Mark. 7,6, und Christus saget: Nicht alle, die da sagen, Herr, Herr, sollen darum auch in das Himmelreich kommen, sondern die den Willen tun meines Vaters im Himmel, Matth. 7,21.

30. Nun ist Christus alleine der Wille des Vaters, darinnen die Annehmung der Gnade und Kindschaft ist. Und niemand kann des Vaters Liebe-Willen tun, als alleine der einige Gnadenthron Christus selber, wie die Schrift saget: Niemand kann Gott einen Herrn heißen, ohne den Hl. Geist in ihm.

31. Denn wir wissen nicht, was wir vor Gott beten, wie sichs geziemet, sondern er, der Hl. Geist in Christo, vertritt uns selber mit unaussprechlichem Seufzen vor Gott in uns selber, wie es Gott gefället, Röm. 8,26. Wir können noch vermögen nichts durch unser Wollen oder Wissen zu erreichen. Er ist uns zu tief verborgen. Denn es liegt nicht an jemandes Wissen, Wollen, Laufen oder Rennen, sondern an Gottes Erbarmen, Röm. 9,16.

32. Nun ist doch kein Erbarmen als allein in Christo. Soll ich nun das Erbarmen erreichen, so muß ich Christus in mir erreichen. Soll meine Sünde in mir getilget werden, so muß ich Christus in mir erreichen. Soll meine Sünde in mir getilget werden, so muß es Christus mit seinem Blut und Tod und mit seiner Überwindung in mir tun. Soll ich glauben, so muß der Geist, die Begierde und der Wille Christi in meiner Begierde und Willen glauben, denn ich kann nicht glauben.

33. Er aber nimmt meinen ihm ergebenen Willen und fasset ihn in seinen Willen ein und führet ihn durch seine Überwindung in Gott ein. Allda vertritt er meiner Seelen Willen in seinem Willen vor Gott, und werde als ein Gnadenkind in seinem Liebe-Willen angenommen.

34. Denn der Vater hat seine Liebe in Christo offenbaret, und Christus offenbaret dieselbe Liebe in meinem ihm er-

gebenen Willen. Christus zeucht⁶⁰² meinen Willen in sich und bekleidet ihn mit seinem Blute und Tode, und tingieret ihn mit der höchsten Tinktur der göttlichen Kraft. Allda wird er in ein englisch Bild transmutieret und krieget ein göttlich Leben.

35. Jetzt hebet dasselbe Leben an, zu hungern nach seinem Corpus, welches Corpus ist die verderbte, feurische Seele, daraus der Wille ist in Christo eingegangen. Also tingieret das neue Leben in Christo nun auch die Seele, daß die Seele in diesem Willen-Geiste einen rechten göttlichen Hunger krieget und der göttlichen Gnaden begierig wird; und hebet an, in diesem göttlichen Willengeist in Christo sich zu besehen, was sie ist, wie sie in ihren Eigenschaften sei von Gott getrennet gewesen und wie sie in Gottes Zorne gefangen liege und erkennet ihre Greuel, auch ihre Ungestalt vor Gottes Engeln. Da hat sie nichts, damit sie sich beschirmen möge. Denn sie siehet, daß sie im Rachen des Todes und der Höllen stehet, mit den bösen Geistern umgeben, welche ihre Begierde stets in sie einführen, sie zu verderben.

36. Alsdann ersinket sie in demselben neugebornen Willen-Geist und vertäufet sich⁶⁰³ in die allerlauterste Demut. So ergreifet sie der Geist Christi und führet sie in diesen neuen Willen-Geist ein, daß ihn die Seele essentialiter empfindet. Allda dann der göttliche Freudenanblick in der Seelen aufgehet als ein neues Auge, darinnen die feurige Seele des göttlichen Lichtes Ens⁶⁰⁴ und Wesen in sich empfähet, davon sie nach Gottes Gnaden hungert und dürstet und in die gewaltige Pönitenz oder Buße eingehet und das Übel, so sie begangen hat, bereuet.

37. Und in diesem Hunger und Durst empfähet sie Christi Fleisch und Blut. Denn der neue Willen-Geist, welcher anfänglich ist in die Gnade eingegangen, welchen Christus in

602 zieht   603 taucht ein   604 Sein

sich hat eingenommen, der wird jetzo durch der Seelen magnetisch Impressen[605] oder Hunger und Begehren substantialisch oder wesentlich.

38. Und diese Wesenheit heißet *Sophia* als die wesentliche Weisheit oder der Leib Christi. Und in diesem stehet der Glaube im Hl. Geiste; allhie glaubet Christus und die Seele in einem Grunde.

39. Denn der rechte Glaube ist nicht ein Gedanke oder Zulassung der Geschichte, daß der Mensch in sich impresset, daß Christus für seine Sünden gestorben sei, sondern er ist ein Nehmen der verheißenen Gnade Christi. Er nimmet Christum in sich ein. Er impresset ihn in seinen Hunger mit seinem himmlischen Fleische und Blute, mit der Gnade, welche Gott in Christo anbeut[606].

40. Christus speiset die Seele mit dem Wesen Sophiae als mit seinem Leibe und Blute, wie er denn also sagete: Wer nicht isset das Fleisch des Menschensohnes, der hat kein Leben in ihm; wer aber dasselbe isset, der bleibet in Christo und Christus in ihm, Joh. 6,53.

41. Und hierinnen bestehen auch Christi Testamenta und der rechte christliche Glaube. Denn ein unwesentlicher Glaube ist wie ein glimmend Feuer oder Moder in einer Nässe, das gerne brennen wollte, und hat keinen rechten Ens dazu. Wenn ihm aber ein rechtes Ens gegeben wird, so mehret sich das kleine Fünklein Feuer, aus welchem ein schönes Licht entstehet, das um sich leuchtet. Alsdann wird ihm offenbar, wie in dem Holze ist ein solches Feuer und schönes Licht verborgen gelegen, welches zuvor nicht erkannt ward.

42. Also auch in einem Kinde Gottes zu verstehen ist: Weil die arme Seele im Grimme Gottes eingewickelt ist, so ist sie wie ein glimmendes Döchtlein, das gerne brennen wollte, und kann aber nicht vor der Eitelkeit der Sünden und des

---

605 Eindruck 606 anbietet

Zornes Gottes. Wenn aber die Seele als das kleine Fünklein göttlichen Feuers Christi Liebe-Ens[607] als Christi Fleisch und Blut in sich bekömmet, so hebet das kleine Fünklein an, ein großes Feuer und Licht zu werden, das um sich scheinet und leuchtet mit schönen Tugenden und guten Werken, und lebet in großer Geduld unter der Eitelkeit[608] der Welt, wächset aber hervor wie eine schöne Blume aus der wilden Erden.

43. Wie wir dessen ein Gleichnis an der Sonnen und der Erden haben, daß, wenn die Sonne nicht die Erde beschiene, so wüchse keine Frucht. Wenn aber die Sonne die Erde anscheinet und sich in der Erden Ens eindringet, so fähet der Erden Ens der Sonnen Kraft in sich, davon ein großer Hunger in der Erden Ente[609] nach der Sonnen Kraft entstehet. Und derselbe Hunger impresset der Sonnen Kraft, und aus demselben Hunger der Erden Entis, der nach der Sonnen-Ens in die Höhe gehet, wird ein Kraut aus der Erden gezogen mit einem Halm, darinnen der Sonnen Ens und Kraft mit im Wachstum in die Höhe gehet und die Sonne mit ihren Lichtstrahlen im Ente der Erden im Halme und der Wurzel wesentlich wird; und siehet man, wie durch Gewalt der Sonnen und des Gestirnes im Spiritu mundis aus dem Halme ein anderer Körper wird, als die Wurzel in der Erden ist, wie sich der Halm in eine(m) Kolbe(n)[610] zu einer schönen Blüte und hernach zur Frucht einführet. Auch siehet man, wie die Sonne hernach dieselbe Frucht von Zeit zu Zeit reifet und ganz lieblich machet.

44. Als auch mit dem Menschen zu verstehen: Der seelische Grund ist der göttliche Acker. Wenn der den göttlichen Sonnenschein in sich empfähet, so gehet ein göttliches Gewächse daraus. Dieses ist die neue Wiedergeburt, davon

---

607 Wesenheit der Liebe Christi 608 Nichtigkeit
609 Wesenheit der Erde 610 Knospe

Christus saget Joh. 3,7. Dieses Gewächse muß nun von oben von der göttlichen Sonnen und vom göttlichen Wasser und vom göttlichen Gestirne als der göttlichen Kraft genähret und aufgezogen werden bis zu einem göttlichen Corpus einer göttlichen und englischen Figur, wie das Corpus auf dem Halme.

45. Und wie das Corpus auf dem Halme muß im Regen, Wind und Ungewitter, in Hitze und Kälte bestehen und sich lassen die Sonne zeitigen, also muß ein Christ in dieser Welt Dornen wachsen und im aufgewachten Zorne Gottes im Reiche des Teufels unter vielen gottlosen Menschen stehen und lassen auf sich schlagen mit Spott und Verachtung, und muß aber seine Hoffnung einig und allein vor aller Kreatur in die göttliche Sonne einwenden und sich dieselbe lassen zeitigen und zu einer himmlischen Frucht gebären.

46. Nicht steinerne Häuser oder Menschen-Satzungen gebären ihn, sondern die göttliche Sonne in dem göttlichen Gestirne der Kräfte des Wortes Gottes in dem Tempel Jesu Christi, daß er eine Rebe am Weinstocke Christi ist und gute Trauben bringet, welche die göttliche Sonne reifet, daß sie Gottes Kinder als seine lieben Mitglieder essen, davon sie auch in und mit ihm ausgrünen, welche Trauben sind gute Lehre, Leben und Tun.

47. Ins Wirken und Fruchtbringen muß es mit einem Menschen kommen, sonst ist die neue Geburt in ihm noch nicht offenbar und der edle Zweig noch nicht geboren. Es hilft kein Kitzeln, Trösten, noch sich eines Glaubens Rühmen, so nicht der Glaube ein gottförmiges Kind und Wesen und Willen wird, der da göttliche Früchte trage.

48. Das alles, darum man jetzt streitet und kämpfet, auch Land und Leute verderbet, ist nur eine leere Hülse ohne Frucht und gehöret der feuernden Welt zur Scheidung. Es ist kein wahrer Verstand in keiner Partei. Sie streiten alle nur um den Namen und Willen Gottes, und keine Partei will ihn

tun. Sie meinen nichts als eigene Ehre und Fleischeslust. Wären sie Christen, so hätten sie keinen Streit.

49. Ein guter Baum träget jedermann gute Früchte. Und ob er gleich leiden muß, daß ihm oft der Wind seine Äste und Früchte abschläget, auch die Sonne sie ausdorret, auch daß sie, wenn sie zeitig worden sind, die Säue fressen oder vertreten werden, noch arbeitet er stets zu anderer guter Frucht.

50. Also auch ein wahrer Christ kann in Christo anders nichts wollen, als was nur Christus in ihm will, ob er gleich leiden muß, daß ihm oft von seinem bösen Fleisch und Blut sowohl von des Teufels Wind, auch der Welt Bosheit, seine guten Früchte, welche aus dem inwendigen Menschen ausgrünen und wachsen, (zer)treten und verderbet werden, noch bleibet der Baum des neuen Gewächses im Leben Christi stehen und grünet durch den äußeren, sterblichen Menschen aus ohn alles Aufhalten, gleichwie die Ewigkeit durch die Zeit grünet und der Zeit Leben und Kraft giebet. Und wie der Tag durch die Nacht ausgrünet und die Nacht in Tag verwandelt, und da doch die Nacht in sich selber bleibet, aber im Tage nicht erkannt wird, also auch grünet der göttliche Tag durch unsere ewige Nacht in uns aus und wandelt die Nacht als Gottes Zorn, die Hölle, Tod, Angst und ewiges Verderben in den göttlichen Tag der Freudenreich, obgleich die finstere Nacht mit der Schlangen Ens und Gift im Fleische und Blute dawider tobet und streitet.

51. Darum, beliebter Herr und christlicher Bruder, ist uns mehr zu trachten nach dem Gewächse des edlen Perlenbaumes und wie wir mögen zu solchem kommen, als daß wir dem unnützen Geschwätze und Tand nachlaufen, da ein Bruder den andern um einer Meinung willen, die er ihm selber hat gemacht, verachtet, schmähet, verketzert und dem Teufel giebet.

52. Ich sage euch in meiner mir von Gott gegebenen Erkenntnis, daß es lauter Trug des Teufels ist, welcher uns arme

Menschen also in Meinungen[611], Verachten und Spotten einführet, daß wir uns um die Hülse zanken und unterdessen die Liebe und den Glauben verlieren und nicht zur neuen Geburt kommen.

53. Unsere ganze Religion ist nur ein Kinderweg, daß wir von unserem eigenen Wissen, Wollen, Laufen und Disputieren ganz ausgehen und uns vornehmen, wie wir wollen auf den Weg treten, der uns wieder in unser verlornes Vaterland einführet, wie wir mögen wieder zu unserer Mutter kommen, die uns im Anfange aus sich geboren hat.

54. So wir nun solches tun wollen, so müssen wir nicht eigenwillig in Pracht und Verachtung ihre Kinder unserer Mitchristen oder Mitglieder zu ihr kommen. Denn wir sind der verlorne Sohn, der ein Säuhirte worden ist, und haben unser väterlich Erbe schändlich mit des Teufels und der Welt Treber-Säuen verprasset[612]. Wir müssen wieder in uns selber eingehen und uns und unsers Vaters Haus wohl betrachten. Und müssen den Spiegel des Gesetzes und Evangeliums vor uns nehmen und sehen, wie weit wir sind von Gottes Gerechtigkeit und Wahrheit, sowohl von der brüderlichen Liebe, abgeschritten und unser Herz wohl prüfen, wozu es geneiget ist.

55. Wenn wir nun dieses tun werden, so werden wir in uns selber viel hundert böse Tiere finden, welche wir haben an Gottes Statt gesetzet, und dieselbe für Gott ehren; und werden erst sehen, was greuliche Tiere in Adam durch die falsche Lust sind offenbar worden und warum Gott zu Adam sagte: Des Weibes Samen soll der Schlangen als den monstrosischen Tieren den Kopf zertreten[613].

56. Als wir erstlich in unserer Begierde sehen den stolzen Luzifer, der von der göttlichen und brüderlichen Demut ist

---

611 orthodoxe Lehrmeinungen, die Streit verursachen
612 Luk. 15,11 ff.   613 I. Mose 3,15

abgewichen und seines Leibes Glieder verachtet und sich über sie zu einem Gott und Herr gesetzet hat, in dem keine göttliche Liebe ist, weder Gott noch seine Brüder zu lieben.

57. Zum andern werden wir ein Tier in unserer Eigenschaft finden. Das ist gleich einer geizigen Sauen, welche alles an sich ziehen und alleine fressen und besitzen will und mehr begehret als es bedarf, damit der stolze Luzifer könne prangen und sich sehen lassen, daß er ein Gott über Wesen sei, der da herrschen könne und Macht und Gewalt über seine Mitäste habe. Und (wir) werden sehen, wie sich dieser stolze Luzifer habe vom Baume des Lebens und von dem Wachstum der Liebe abgebrochen, und wollen ein eigener Baum sein, darum er dann auch an Gott verdorret ist.

58. Zum dritten werden wir die giftige, neidige in unserer Eigenschaft finden, die um sich sticht als ein Gift, als den Neid, welcher niemand so viel gönnet als ihm selber, welcher in anderer Menschen Herzen sticht und reitet und sie mit Worten verleumdet und allein den stolzen Luzifer in ihm lobet und seine Falschheit einen Engel Gottes heißet.

59. Zum vierten werden wir den feurischen Drachen im höllischen Feuer sitzend in unserer Eigenschaft finden als den Zorn, welcher, so es nicht mag der Geiz und Neid bekommen, will mit Fäusten dreinschlagen und mit Gewalt nehmen, und also toll ist, daß er sein Leben vor Bosheit zerberstet und in der feurischen Bosheit zerbricht und gar ein dürrer Ast am Baume ist, der nur zum Feuer taugt.

60. Zum fünften werden wir viel hundert Tiere in unserer Begierde finden, welche die Hoffart vor Gott liebet und ehret, und der Geiz zu einem Schatze an sich zeucht[614], damit die Hoffart pranget als wärens Götter, und entzeucht also dadurch seinem Bruder das Leben, daß er es muß im Elende und Trübsal durch seine Zwänge verzehren.

---

614 zieht

61. Wenn sich nun der Mensch in diesem Spiegel seiner Selbheit also beschauet und wird dieser bösen Tiere gewahr, so mag er sie ihm wohl einbilden und den schweren Fall Adams hiebei betrachten und denken, daß ihm diese Begierden alle miteinander aus dem Monstro[615] der Schlangen durch des Teufels Einführen in unsere ersten Eltern entstanden sind.

62. Denn alle Eigenschaften der Begierden lagen in Adam in der Gleichheit[616], und liebete je eine die andere. Aber durch des Teufels Neid, welcher die falsche Lust in Adam und Eva erweckete, die Ungleichheit zu probieren und zu schmecken, was Böse und Gut sei, zu empfinden Hitze und Kälte und zu probieren die Vielheit der Eigenschaften, sind solche falschen Begierden im Menschen entstanden, daß anjetzo diese Begierden ihresgleichen an sich ziehen und begehren und eine jede Begierde dieser Eigenschaften ein sonderlicher Lebenshunger im Menschen ist, welche sich von der Gleichheit hat abgebrochen und wider die Liebe und Gleichheit seiner Mitäste oder Brüder lästert, ihr Leben und Nahrung an sich zu ziehen und sich zum Herrn darüber zu machen und wollen ein Eigenes sein.

63. Welches wider den göttlichen Willen und Grund und eine Meineidigkeit an Gott ist, auch wider den Lauf der Natur laufet, wie man das an der Erden, Bäumen und allem Gewächse siehet, wie alles lieblich beieinander stehet und wächset und sich in einer Mutter erfreuet und wie ein Ast am Baume dem andern seinen Saft und Kraft einflößet und je einer dem andern dienet.

64. Denn also war auch das menschliche Leben, Joh. 1 aus dem ewigen Worte dem Menschenbilde aus dem Limo der Erden[617] in eine liebliche Gleichheit eingeführet, daß alle Eigenschaften des Lebens in gleichem Gewichte, in der

---

615 Schreckgestalt 616 Harmonie 617 Erdenstoff

Temperatur[618] in einer Liebe stünden und sich selber liebeten.

65. Als aber der Teufel das Gift und falsche Begierden daran schmeißete, so zertrennten sich die Lebenseigenschaften in viel Begierden, davon Streit, Krankheit, Zerbrechen und die Grobheit des Leibes entstanden ist, durch die falsche Begierde und Einführung der viehischen Eigenschaften, dadurch das Bilde Gottes von der himmlischen Welt Wesen verbliche, davon ihnen Gott sagete: Welches Tages du vom Gewächse des Erkenntnisses (des) Bösen und Guten essen wirst, so wirst du des Todes, das ist: an Gottes Reich sterben, wie denn auch also geschehen ist.

66. Und sollen uns gar eben einbilden, daß diese tierische und falsche Begierde im Menschen der Schlangen Monstrum sei und eine Feindschaft wider Gott und Himmelreich, und wir darinnen anders nichts sind als Kinder der Höllen und des Zorns Gottes, und mögen das Reich Gottes darinnen nicht ererben oder besitzen. Auch sogar ist Gott in keiner solchen Begierde offenbar, sondern nur sein Zorn und in der finstern und irdischen Welt Eigenschaft; und leben darinnen nur der Eitelkeit dieser Welt, und stehen damit auf dem Abgrund der finstern Welt des Zornes Gottes als der Höllen, welche alle Stunden ihren Rachen nach dieser Eigenschaften aufsperret und diese Eigenschaften für ihre Furcht und Kinder hält, welche sie soll einernten und ihr auch aus Natur recht gebühren. Denn diese Begierden sind alle aus ihr erstanden und stehen mit der Wurzel im Grunde der Höllen und der Verderbnis, und gar nicht anders.

67. Darum sagete Christus: Es sei denn, daß jemand von neuem geboren werde, sonst soll er das Reich Gottes nicht sehen, Joh. 3, 3. – Alle diese falschen Willen und Begierden sind zur Verdammnis prädestiniert. Will jemand Gott sehen,

---

618 Harmonie

der muß wieder umkehren und werden als ein Kind und durch das Wasser des ewigen Lebens als durch den himmlischen Ens[619], welchen Gott in Christo offenbaret, im Hl. Geiste neugeboren werden, daß der erste, rechte, in Adam gestorbene Mensch von der himmlischen Welt Wesen in Christo wieder ausgrüne und lebendig werde.

68. Alle diese Tiere sind verdammet und müssen in uns sterben. Und ob uns ja derselben Begierde im Fleisch noch etwas anhangend bleibet, so müssen sie aber in dieser Zeit in der Seelen als im innern Grunde alle getötet werden und das innere seelische Leben wieder durch die wahre Tinktur im Blute Christi tingieret werden, daß die Eigenschaften des innern Grundes wieder in der Gleichheit leben, sonst mögen sie in sich die Gottheit nicht erreichen.

69. So nun der Mensch dieses erkennet, der kann seiner bösen Tiere Begierde nicht besser los werden, als daß er sich alsbald zur Stunde aus allen seinen Kräften in einen solchen strengen Willen und Vorsatz einführe, daß er diesen Teufelstieren wolle gram werden, weil sie nur des Teufels Knechte sind, und wolle wieder umwenden in sein verlornes Vaterland in die Kindheit und Einigung; und sehe sichs nur anders nicht an als der arme verlorene Säuhirte[620], denn er ists auch selber und gar nichts anders oder besser, und komme alsobald mit Umwendung seiner Seelen zum Vater in der allerhöchsten Demut seiner Unwürdigkeit, welcher das geschenkte Erbe des Verdienstes Christi schändlich vertan habe und gehe in die Buße.

70. Er gebe nur seinen ersten Willen aus allen seinen Kräften darein, daß er *diese Stunde* von nun an wollte Buße tun und diese bösen Tiere nicht mehr lieben. Aber es muß ernst sein und nicht denken auf einen Tag, Woche oder Jahr, sondern sein Gemüte soll sie zur Verdammnis des Todes

---

619 Sein   620 gemäß dem Jesus-Gleichnis Luk. 15

urteilen und sie nicht mehr wollen lieben, sondern für Feinde halten und sich wollen zur Gnade Gottes wenden.

71. Wenn dieses geschiehet, sage ich teuer[621], so mag er sich zum ernsten Gebet in der Demut wenden und Gnade von Gott bitten. Und obgleich sein Herz spricht lauter Nein, und der Teufel spricht: Harre noch, es ist jetzt nicht gut, und wenn Morgen kommet, so saget er wieder morgen, und spricht ins Fleisch ein, du mußt das und jenes von ehe[622] haben, sammle dir von ehe einen Schatz, daß du die Welt nicht darfest[623], – alsdann tritt ein (in) ein solches Leben. So soll das Gemüte doch fest im Vorsatze bleiben stehen und denken, diese einfallenden Gedanken sind meine bösen hungerigen Tiere; die will ich töten und im Blute Christi in seiner Liebe ersäufen. Es soll mir keines mehr lehren, denn ich will ihr nicht mehr. Ich bin auf dem Wege zu meinem alten Vater, welcher seinen Sohn hat zu mir in mein Elend geschicket, der da sagete: Kommet alle zu mir, die ihr mit Sünden beladen und aber derselben mühselig[624] seid, ich will euch erquicken, Matth. 11,28. Mein Vater will den Hl. Geist geben denen, die ihn darum bitten, Luk. 11,13.

72. Dieses bilde er ihm[625] in sein Herz ein und komme mit dem selben verlorenen Sohne zum Vater! Wenn der sehen wird, daß das seelische Gemüte gegen[626] ihn gerichtet stehe und sich gerne wollte bekehren, und aber nicht kann, so wird er ihm alsbald entgegenkommen und die Seele in seine Arme seines Zuges fassen und sie ins Leiden und Sterben Christi einführen, allda sie durch ernstliche Pönitenz und Buße wird der greulichen Tiere absterben und aus dem Tode Christi eines neuen Willens, einer neuen rechten göttlichen Begierde aufstehen und anheben gar ein anderer Mensch zu werden, und wird desjenigen, welches er zuvorhin hat beliebet[627]

---

621 ausdrücklich 622 zuerst 623 benötigst 624 müde
625 sich 626 zu Gott hin 627 bevorzugt

und für seinen Schatz gehalten, nichts achten, und wird ihm sein, als hätte er es und hätte es auch nicht, und wird sich hernach in all seinem Vermögen nur ein Diener Gottes achten.

73. Denn sobald er nur mag den hoffärtigen Luzifer mit der Hoffart überwältigen, so werden die andern bösen Tiere alle miteinander matt und schwach und verlieren ihr Regiment, ob sie wohl in dieser Zeit im irdischen Fleische noch leben, so sind sie doch nur wie ein Esel, welcher den Sack tragen muß oder als ein böser Hund an einer Kette. Ihr Vermögen wird ihnen gebrochen.

74. Denn wenn Christus aufstehet, so muß Luzifer gefangen liegen. Und ob es ernst sein würde, so würde ein solches Kleinod hernach folgen, daß diese Feder allhie nicht schreiben kann und diese alleine wissen, welche bei der himmlischen Hochzeit gewesen sind, da die edle *Sophia* mit der Seelen vermählet wird, davon Christus sagete, daß solche große Freude im Himmel sei über einen Sünder, der Buße tut, vor neunundneunzig Gerechten, welche Freude auch im Himmel des Menschen in der Vermählung gehalten wird, – den unseren verstanden.

75. Solches, mein geliebter Herr und christlicher Mitbruder, wollte ich euch christlich und wohlmeinend erinnern und aus meinem kleinen Schatzkasten in kindischer Einfalt vorbilden, nicht der Meinung, mich damit sehen zu lassen, sondern aus treuherziger Begierde in Mitwünschung, daß solches seinem Herzen empfindlich würde und mich also gliedlicher, abwesender Weise und aber doch in der Begierde gegenwärtig und in göttlicher Gaben mitwirkend mit dem Herrn also ein wenig ergötzen möchte, und solches auf Begehren, wie obgemeldet.

76. Und ob mein guter Wille würde stattfinden und Gott die Türe seiner Heimlichkeit wollte auftun, so hätte ich noch etwa andere höhere Kleinode in meinem Schatzkästlein, dar-

innen Zeit und Ewigkeit mag erkannt und ergriffen werden, mit welchen dem Herrn zu dienen erbötig.

Und empfehle ihn samt allen den lieben Seinigen der sanften Liebe Jesu Christi.

Datum Görlitz, ut supra. J. B.

47. Sendbrief
An Herrn Gottfried Freudenhammer, M. D. und Herrn Johann Huser, Münzmeister zu Glogau – Vom 11. November 1623.

Der Gruß unsers Herrn Jesu Christi mit seiner Eingehung und Offenbarung in der Menschheit wirke in uns allen mit seiner Liebe!

In Christo geliebte Herren und Brüder, wenn uns Gott durch seine Gnade das rechte Verständnis eröffnet, daß wir das Ebenbild Gottes, den Menschen, mögen recht erkennen, was der nach Leib, Seele und Geist sei, so erkennen wir, daß er die sichtbare und auch die unsichtbare geistliche Welt sei als ein Extrakt aller drei Prinzipien göttlichen Wesens, mit dem sich der verborgene Gott durch Aushauchung und Infassung seiner schiedlichen Kraft und ewigen Wissenschaft hat in ein sichtbar Bilde dargestellet, durch welches er die Wunder des ausgesprochenen Worts in dem sich das Wort seiner Kraft wesentlich machet, in demselben Wesen formet und bildet. Und hat also mit dem Menschen ein Bild seines sprechenden und ausgesprochenen wesentlichen Wortes dargestellet, in dem die göttliche Scienz[628] mit der Schiedlichkeit des ewigen Sprechens inne lieget.

2. Daher ihm auch der Verstand und die Wissenschaft aller Dinge kommt, daß er mag der Natur Zusammensetzung so-

---

[628] dynamische Wirkkraft

wohl auch ihre Auflösung verstehen. Denn kein Geist forschet tiefer als in seine Mutter, daraus er ist entstanden und in deren Grunde er in seinem Centro inne stehet, wie wir das an den Kreaturen der Elementen und Gestirne sehen, daß ihr Verstand und Wissenschaft nicht höher ist als ihre Mutter, darinnen sie leben. Ein jedes Leben nach Art seiner Mutter, darinnen es in der Schiedlichkeit des ausgesprochenen Wortes stehet. Und es vermag keine Kreatur in den vier Elementen, welche nicht aus der ewigen Scienz urständet, die Wissenschaft der verborgenen geistlichen Kraft-Welt erreichen als nur einzig und allein der Mensch, welcher mit seiner Seelen und verständigem Geiste in dem ewigen Hauchen der göttlichen Kraft und Schiedlichkeit des ewigen Wortes Gottes inne stehet.

3. Derowegen die menschliche Scienz im Centro ihres Urstandes Böses und Gutes annimmt und sich in Böses und Gutes fasset und darinnen wesentlich machet, sich also mit der Scienz in Willen, Begierde und Wesen einführt, daß der ungründliche Wille aus dem ewigen Worte der Schiedlichkeit sich in dem kreatürlichen Worte als in der kreatürlichen seelischen Scienz in einem Ens[629] und Wesen einführet auf Art und Weise, wie sich das Aushauchen Gottes mit der Schiedlichkeit des ewigen Willens mit der sichtbaren Welt hat in mancherlei Eigenschaften eingeführt als in Böse und Gut, in Liebe und Feindschaft, daß in solchem Contrario[630] das Wesen schiedlich, förmlich, empfindlich und findlich sei, daß ihm ein jedes Ding in solchem Contrario selber findlich wäre.

4. Denn in Gott sind alle Wesen nur *ein* Wesen als ein ewig Ein(es), das ewige einige Gute, welches ewige Eine ihm ohne Schiedlichkeit nicht offenbar wäre. Darum hat sich dasselbe aus sich selber ausgehauchet, daß eine Vielheit und Schiedlichkeit urstände; welche Schiedlichkeit sich in eigenen Willen eingeführt hat und in Eigenschaften, die Eigenschaften aber in

629 Sein   630 Gegensatz

Begierde und die Begierde in Wesen. Also daß alle Dinge des Sichtbaren, beides: der Lebhaften und der Stummen[631] aus der Schiedlichkeit und Infaßlichkeit des aussprechenden Wortes aus der Scienz des Mysterii magni urständen, ein jedes Ding aus der Experienz[632] des geschiedenen Wortes.

5. Ein jedes Ding hat seine Separation in sich. Das Centrum jedes Dinges ist Geist vom Urstande des Wortes. Die Separation in dem Dinge ist eigener Wille seiner selbst Infassung, da sich ein jeder Geist in Wesen einführet[633] nach seiner essentialischen Begierde. Die Förmlichkeit der Corporum entsteht aus der Experienz des Willens, da sich eines jeden Dinges Zentrum als ein Stück vom ausgesprochenen Worte wieder ausspricht und in Schiedlichkeit führt auf Art und Weise des göttlichen Sprechens.

6. So nun in solchem Aussprechen kein freier Wille wäre, so hätte das Sprechen ein Gesetze und stünde im Zwange, und möchte keine Begierde oder Lust entstehen. So wäre das Sprechen endlich und anfänglich[634], welches nicht ist, sondern es ist ein Hauchen des Ungrundes und eine Schiedlichkeit der ewigen Stille, eine Austeilung seiner selbst, da die Teiligkeit wieder in seiner selbst Schiedlichkeit in eigenem Willen stehet; und ist wieder ein Aussprechen seiner selbst aus welchem Natur und das kreatürliche Leben seinen Urstand genommen hat und daher in jedem Dinge aus seiner Experienz in Form und Gestaltnis sowohl in ein Leben und Wirken eingeführet, wie es in seinem Centro in der allgemeinen Experienz als im Mysterio magno in der Mutter aller Wesen inne stehet.

7. Wie wir das an der Erden sehen, welche im Anfange ihrer Materien ist aus der Schiedlichkeit des göttlichen Hauchens spiritualischer Art entstanden, da sich die Schiedlichkeit des Wortes mit dem eigenen Willen hat in Ens und Wesen

---

631 der belebten und unbelebten Welt   632 Erfahrung
633 nach Leibwerdung drängt   634 d. h. begrenzt

gefasset und mit der Infaßlichkeit oder Impression in Empfindlichkeit der Essenz eingeführet. In welcher Empfindlichkeit die magnetische Begierde ist entstanden, daß sich die Eigenschaften des schiedlichen Willens mit der Begierde in Corpora haben eingeführet nach und auf Art der drei Prinzipien göttlicher Offenbarung.

8. Aus welchem Urstande der Erde so vielerlei Corpora hat, gut und böse: als Erde, Salz, Steine und Metalle; und liegen solche Corpora in der Erden vermischet aus Ursachen, daß[635] die drei Principia ineinander stehen als *ein* Wesen. Und stehen nur in drei Unterschieden der Centrorum[636] als göttlicher Offenbarung, da ein jedes Centrum sein eigen Aushauchen, Natur und Wesen aus sich machet und doch alle aus dem ewigen Einen urständen.

9. Das I. Centrum ist das Aushauchen des Ungrundes als Gottes Sprechen, die Infaßlichkeit und göttliche Empfindlichkeit seiner selber, daß sich Gott in Dreifaltigkeit führet und gebieret und ausspricht in Kraft.

10. Das II. Centrum oder Aussprechen ist das ausgesprochene Wesen der göttlichen Kraft, und heißet Gottes Weisheit. Durch dasselbe hauchet sich das ewige Wort aus in Wissenschaft als in die Unendlichkeit der Vielheit, und führet die Vielheit der Wissenschaft in Lust, und die Lust in Begierde, und die Begierde in Natur und Streit bis zum Feuer, darinnen der Streit in der Peinlichkeit in der Verzehrlichkeit des Feuers seines eigenen Naturrechtes erstirbet; und doch kein Sterben verstanden wird, sondern also führet sich die Kraft in Empfindlichkeit und durch die Tötung der eigenen Begierde der Eigenschaften durch das Sterben der Selbheit durch das Feuer im Lichte aus. Allda im Lichte ein ander Principium als das wahre Mysterium magnum göttlicher Offenbarung verstanden wird. Und im Feuer wird das erste

---

635 weil   636 der Zentren

Principium als die ewige Natur verstanden. Und sind zwei in einem wie Feuer und Licht. Das Feuer giebet Seele, und des Lichtes Kraft giebet Geist. Und wird in dieser Lichtes Kraft göttlichen Aussprechens durch die Weisheit durch Offenbarung des Feuers, verstehet: Geist-Feuer, die Mutter der ewigen Geister als Engel und Seelen der Menschen verstanden, sowohl die geistliche englische Welt als die verborgene innere Kraftwelt, welche eine Mutter des Himmels, der Sternen und Elementen ist als der äußern Welt.

11. Das III. Centrum ist das Verbum Fiat als das natürliche Wort Gottes aus Kraft des ersten und zweiten Principii als ein Separator[637], Schöpfer und Macher aller Kreaturen in der innern und äußern Welt, eine jede Welt nach ihrer Eigenschaft. Derselbe Separator oder Sprecher der Schiedlichkeit göttlicher Kräfte hat sich aus sich selber aus dem ersten und zweiten Principio als aus der feurischen und lichtischen sowohl aus der Impression und Infaßlichkeit der Beschattung als aus der Finsternis ausgesprochen und mit der Schiedlichkeit des Aussprechens eingefasset und materialisch, dazu webend und empfindlich gemacht. Daraus ist entstanden das dritte Principium als die sichtbare Welt mit ihrem Wesen und Leben, auch die ganze Kreation der sichtbaren Welt, welcher Leben und Wesen ist aus dreien in ein Wesen und Leben gegangen: aus der ewigen Natur als aus dem Mysterio magno, das ist (1) aus Finsternis, (2) Feuer und (3) Licht als aus Liebe und Zorn.

12. Das Feuer heißet Zorn als eine Peinlichkeit und Widerwärtigkeit. Und das Licht heißet Liebe als eine Gebung seiner selber. Und die Finsternis ist eine Scheidung der Erkenntnis und Wissenschaft, daß verstanden wird, was Licht und Leben und was böse und peinlich ist.

13. Denn es werden zweierlei Feuer verstanden und auch zweierlei Licht: Als nach der finstern Impression ein kalt

---

637 wörtlich: Trenner

Feuer und ein falsches Licht durch die Imagination der strengen Impression, welches Licht nur in der Imagination urständet und keinen wahren Grund hat. Das andere Feuer ist ein hitzig Feuer und hat ein gründlich wahres Licht aus dem Urstande des göttlichen Willens, der sich mit dem Aushauchen mit in Natur bis ins Licht durch das Feuer ausführet.

14. In diesen zweierlei Feuern und zweierlei Licht werden zwei Principia verstanden, auch zweierlei Willen. Denn das falsche Licht aus der Imagination urständet aus der Natur eigenem Willen als aus der Impression der Eigenschaften, da die Eigenschaften einander probieren, daraus eigne Lust entstehet und eine Imagination, daß ihr die Natur in eigener Begierde den Ungrund einmodelt und sich begehret in eigener Macht, ohne den Willen Gott in ein Regiment ihres Selbst-Wollens einzuführen; da dieser eigene Wille dem ungründlichen Willen Gottes, welcher außer Natur und Kreatur in dem ewigen Ein(s) in sich selber urständet, nicht will untertänig sein, sich ihm auch nicht will ergeben und mit ihm nicht will ein Wille sein, sondern machet sich selber zum eigenen Separator und Schöpfer. Er schöpfet ihm in sich selber eine Scienz und scheidet sich von Gottes Willen, wie am Teufel wohl am falschen[638] Menschen zu verstehen ist.

Daraus ihnen die Ausstoßung aus Gottes Separation[639] erfolgt ist, daß der Teufel mit seinem eigenen Willen muß im Separatore der finstern Impression bleiben, darinnen sich das Wort in Natur und Peinlichkeit zur Empfindlichkeit einführet, als im Urstande des Feuerqualls, welcher doch das wahre Feuer, darinnen sich Gottes Wille in das empfindliche Leben und in Natur, einführet als in ein scheinend Licht, nicht erreichen mag. Denn der Separator der natürlichen Eigenschaft hat keinen rechten Ens, darinnen sein Licht beständig sei. Denn er schöpfet mit seiner Begierde nicht aus

638 eigenwilligen   639 hier: Schöpfung

dem ewigen Einen als aus Gottes Sanftmut, sondern schöpfet sich selber in Wesen. Sein Licht urständet nur im eigenen Wesen der Selbheit.

15. Darum ist ein Unterschied zwischen Gottes Licht und zwischen dem falschen Lichte, denn Gottes Licht urständet in dem ewigen Einen als im Wesen göttlicher Gebärung und führet sich mit Gottes Willen in Natur und Wesen ein. Es wird durch den göttlichen Separatoren in einen Ens ingefasset und geführt und scheinet in derselben Natur in der Finsternis, Joh. 1,5. Denn die ingefassete Scienz ist nach der Impression eine Finsternis. Aber das göttliche Licht durchleuchtet sie, daß sie ein feurisch Licht ist, darinnen Gottes Hauchen oder Sprechen in Natur und Kreatur offenbar und in einem empfindlichen Leben stehet. Davon St. Johannes Kap. 1,4 saget: Das Leben der Menschen war in ihm. Und Christus Joh. 8,12 saget, er sei das Licht der Welt, das der Welt das Leben gebe. Denn ohne dieses göttliche Licht aus der Gebärung göttlicher Dreieinigkeit ist kein beständig wahres Licht, sondern nur ein Licht der Imagination, der natürlichen Impression eigenen Willens.

16. Darum soll der Mensch als das Bild Gottes die Augen des Verstandes, darinnen ihm Gottes Licht entgegenstehet und begehret einzuscheinen, aufheben und nicht als ein Vieh sein, welches nicht mit seinem Separatore im inwendigen Grunde in der Ewigkeit stehet, sondern nur in der Nachform im ausgesprochenen Worte, welches nur ein zeitlich Licht in einem anfänglichen und endlichen Separatore hat, darinnen sich der ewige Separator in ein Spiel einführet und die göttliche Scienz in Bildnisse gleich einer Nachmodelung[640] des Mysterii magni der geistlichen Welt einführet, da die ewigen Prinzipien nach Feuer und Licht in einer Vormodelung[641] mitspielen; und der Mensch aber nur nach dem äußern be-

640 Nachformung   641 Urbildhaftigkeit

greiflichen Leibe in solcher Vormodelung stehet und mit seinem geistlichen Leibe das wahre wesentliche Wort göttlicher Eigenschaft ist, in dem Gott sein Wort spricht und gebieret, daß sich die göttliche Scienz austeilet, infasset und in ein Ebenbild Gottes gebieret, in welchem Bilde Gott nach Art der Empfindlichkeit und Kreatur offenbar ist und selber wohnet und will. So soll der Mensch sein eigen Wollen brechen und sich dem Wollen Gottes eingeben.

17. Indem aber der eigene Wille des Menschen solches nicht tun will, so ist er unverständiger und ihm selber mehr schädlicher als die wilde Erde, welche doch ihrem Separatori stillehält und den aus sich lässet machen, was er will. Denn Gott hat alle Dinge in sein Spiel aus seinem Aussprechen durch und in seinem Separator gemacht und hält ihm auch alles stille. Alleine das falsche Licht machet, daß sich der Separator der Kreatur in eigenen Willen einführet, daß sich die Kreatur wider Gottes Willen setzet.

18. Welches falsche Licht im Menschen von des Teufels Willen sein Fundament hat, welcher mit Einführung seiner falschen Begierde den Menschen hat monstrosisch[642] gemacht, daß er sich hat auch eine falsche Imagination angenommen, dadurch er hat die vom Teufel eingeführte falsche Begierde in ihm wesentlich gemacht durch seine eigene Begierde, dadurch im menschlichen Leibe, welcher aus dem Limo[643] der Erden in das göttliche Fiat[644] gefasset ward, ein viehischer Separator entstanden ist, welcher aller Tiere Eigenschaften offenbaret hat. Davon dem Menschen so mancherlei Lust, Begierde und Willen ist entstanden. Welcher falsche Separator sich emporgeschwungen und das Regiment bekommen und alle Principia an sich gezogen und aus göttlicher Ordnung ein Monstrum[645] gemacht.

---

642 unmenschlich, vergänglich   643 Grundstoff
644 das göttliche Wort: Es werde!   645 Karikatur des Urbildes

19. Welches monstrosische Bild sich mit seinem Willen und Begierde ganz von Gottes Willen vom göttlichen Lichte abgewandt, davon der göttliche Ens von der heiligen Welt Wesen in ihm verblichen und er, der Mensch, also nur ein Monstrum des Himmels blieb; und ward mit seinem Separator zu einem Tiere aller Tiere gemacht, welcher nunmehr in sich und mit allen Tieren herrschet. In dem der Spiritus mundi[646] mit den Sternen und Elementen hat das Regiment bekommen.

20. Jetzt läufet nun der Mensch und suchet wieder sein erstes rechtes Vaterland, denn er stehet in solcher Eigenschaft in eitel[647] Unruhe. Jetzt suchet er in einem, bald im andern und meinet sich in diesem Monstro in Ruhe einzuführen, und läufet doch nur in den falschen aufgewachten, viehischen Willen, welcher nicht Gottes Willen (hat) mögen erreichen.

21. Er läufet jetzt nur in dem falschen Lichte seiner Selbheit, welches in seiner Imagination erboren wird mit einem monstrosischen Separatore, welcher ihm[648] ein irdisch Gemüte machet, darinnen das Gestirne seine Wirkung hat. Und hat die ganze sichtbare Welt zum Feinde und stehet als eine Rose im Dornstrauche, welche von den Dornen immerdar zerkratzet und zerrissen wird; und man von ihm doch nicht sagen könnte, daß er eine Rose sei, so ihm nicht wäre die göttliche Gnade zu Hilfe kommen und sich ihm wieder in seinen inwendigen Grund eingesprochen, darinnen ihm die Liebe zur neuen Wiedergeburt angeboten wird.

22. Darum, sage ich, ist dem Menschen hochnötig, sich selbst zu lernen erkennen, was er sei, ehe er läufet und suchet. Denn sein Suchen ist anders nur ein Quälen, damit er sich in einem falschen Separatore selber quälet und doch zu keiner Ruhe kommet. Denn alle diese irdischen Willen, darinnen er sich gedenket in Ruhe einzuführen, sind ein Widerwille gegen

646 Geist der Welt   647 völliger   648 sich

Gott als dem ewigen Ein(en). Denn es lieget nicht an jemandes Selber-Wollen, Laufen oder Rennen, saget Paulus, sondern am Erbarmen als an der Gnade, welche ihm ist eingesprochen worden. Denn der Mensch ist außer der Gnade an Gott tot und blind, und mag zu keinem wahren Leben kommen, die Gnade werde denn in ihm erwecket und offenbar.

23. So mag auch in diesem irdischen Willen keine Erweckung geschehen, denn sie können nicht die Gnade erreichen, viel weniger erwecken. So muß sich der ganze Mensch in Seele und Gemüte in die Gnade nur einsenken und ihm ein Nicht-Wollen werden, der nichts als nur die Gnade begehret, auf daß die Gnade in ihm lebendig werde und seinen Willen übertäube und töte. Gleichwie die Sonne in der Nacht hervorgeht und die Nacht in Tag wandelt, also auch vom Menschen zu verstehen ist, davon Christus saget: Es sei denn, daß ihr umkehret und werdet als die Kinder, anders sollet ihr Gottes Reich als den göttlichen Separator nicht sehen, von dem alle Dinge sind entstanden. Denn keine Wissenschaft ist recht oder gründlich, sie komme denn aus der wahren göttlichen Scienz, aus der Scheidung göttlichen Sprechens, davon alle Dinge ihren Urstand haben.

24. Soll nun eine solche Wissenschaft wieder in dem Menschen entstehen, so muß der göttliche Separator in einem Wesen seiner Gleichheit stehen als in einem göttlichen Ente, da das göttliche Wort darinnen ausspricht und das göttliche Licht im selben Sprechen scheinet. So mag alsdann die menschliche Scienz, welche anfänglich vom Sprechen des Worts ist entstanden, im selben Lichte nicht allein sich selber, sondern auch alle anderen natürlichen Dinge nach der Schiedlichkeit des Wortes schauen, auch magischer Art in und mit den Dingen wirken auf göttliche Art und Eigenschaft.

25. Denn der Mensch ist in allen Werken Gottes blind und hat keine wahre Erkenntnis, es sei denn das Hauchen oder

Sprechen Gottes in seinem inwendigen Grunde nach Art des Sprechens, daraus alle Wesen urständen, offenbar. Alles Suchen der Menschen, damit man will eines Dinges Grund finden, ist blind, und geschiehet nur in einer Schale, damit die Essenz des Baums verdecket ist. Soll ein wahres Finden sein, so muß die menschliche Scienz in des Dinges Eigenschaft eingehen und denselben Separator können schauen.

26. Darum ist das die große Mühseligkeit der Menschen, daß sie alle in Blindheit laufen und suchen und fahen[649] an der Schale an zu suchen, da doch alle Dingen von außen signieret sind[650], was sie in ihrem Ente und Wesen sind; und der Separator aller Dinge sich sichtlich und förmlich hat dargestellet, daß man also mag den Schöpfer am Geschöpfe erkennen.

27. Denn es sind alle Wesen nur ein einiges Wesen, welches sich hat aus sich selber ausgehauchet und unterschiedlich, dazu förmlich gemacht; und gehet nur aus derselben Infaßlichkeit und Formung je ein Centrum aus dem andern als mit jeder Infaßlichkeit der Begierde, da sich der geschiedene und zerteilte Wille in ein Particular einfasset[651]. Allda entstehet ein Centrum und in dem Centro ein Separator oder Schöpfer seiner selbst als ein Formierer des wieder aushauchenden Willens, wie wir das an der Erde sehen, daß ein jedes Kraut einen eigenen Separator in sich hat, der es also machet und in Form scheidet.

28. So nun der Mensch als das Bild Gottes, in dem das göttliche Sprechen offenbar ist, will die Natur (er)forschen, es sei in dem Lebhaften oder in dem Stummen als in dem Wachsenden oder Metallischen, so muß er vor allen Dingen die Gnade von Gott wieder erlangen, daß ihm das göttliche Licht in seiner Scienz leuchtet, dadurch er mag durch das

---

649 fangen   650 Signaturen tragen, die Wesenhaftes offenbaren
651 d. h. differenziert

natürliche Licht gehen, so wird ihm in seinem Verstande alles offenbar werden. Anders läufet er im Suchen als ein Blinder, welcher von Farben redet und doch deren keine siehet noch weiß, was Farben sind.

29. Welches allen Ständen der Welt zu betrachten ist, daß sie alle blind laufen ohne göttlich Licht, nur in einer siderischen[652] Bildlichkeit, was das Gestirne in die Vernunft bildet. Denn die Vernunft ist anders nichts als menschliches Gestirne, welches nur eine Nachmodelung aller Prinzipien ist. Sie stehet nur in einer Bildlichkeit[653] und nicht in göttlicher Scienz. So aber das göttliche Licht darinnen offenbar und scheinend wird, so hebet auch das göttliche Wort aus der ewigen Wissenschaft darinnen an zu sprechen. So ist alsdann die Vernunft ein wahres Gehäus göttlicher Wissenschaft und Offenbarung und mag alsdann recht und wohl gebraucht werden. Aber außer diesem ist sie nicht mehr als ein Gestirne der sichtbaren Welt.

30. Darum wird allen Liebhabern der Künste, welcher Separator ein Künstler großer Subtilität in ihnen ist, angedeutet, daß sie sollen fürs erste Gebot und seine Liebe und Gnade suchen und sich derselben ganz einverleiben und einergeben, sonst ist all ihr Suchen nur ein Spiegelfechten und wird nichts gründliches gefunden, es vertraue denn einer dem andern etwas in die Hand.

31. Welches doch Gottes Kindern, in denen die Gnade ist, offenbar worden, hart verboten ist, das Perllein nicht vor die Säue zu werfen bei ewiger Strafe. Allein das Licht ihnen zu zeigen und ihnen zu weisen, wie sie mögen dazu kommen, ist ihnen erlaubt. Aber den göttlichen Separatoren in eine tierische Hand zu geben ist verboten, er kenne denn des Menschen Weg und Willen.

---

652 gestirnhaften, d. h. vergänglichen
653 sie hat Abbildcharakter

32. Auf solches Andeuten will ich euch, geliebte Herren und Brüder, durch Zulassung göttlicher Gnade und Mitwirkung dieser jetzigen Zeit das göttliche Geheimnis, wie sich Gott hat durch sein Wort sichtbar, empfindlich und findlich, dazu kreatürlich und förmlich gemacht, ein wenig entwerfen.

33. Solchem wollet ihr ferner nachsinnen, jedoch daß es geschehe, wie oben gemeldet worden. Anders werde ich euch stumm sein, daran ich keine Schuld habe.

34. Gott ist weder Natur noch Kreatur, was er in sich selber ist, weder dies noch das, weder hoch noch tief. Er ist der Ungrund und Grund aller Wesen, ein ewig Ein(s), da kein Grund noch Stätte ist. Er ist Kreatur in ihrem Vermögen ein Nichts, und ist doch alles. Die Natur und Kreatur ist sein Etwas, damit er sich sichtbar, empfindlich und findlich machet, beides nach der Ewigkeit und Zeit. Alle Dinge sind durch göttliche Imagination entstanden und stehen noch in solcher Geburt und Regiment. Auch die vier Elementa haben einen solchen Grund von der Imagination des ewigen Einen. Dessen ich allhier eine Tabelle setzen will, wie sich eines aus dem andern auswickelt oder aushauchet.

35. In beigefügter Tabula ist der Grund aller Heimlichkeit göttlicher Offenbarung entworfen, demselben nachzusinnen. Welch Verständnis nicht der Natur eigen Vermögen ist ohne Gottes Licht. Aber denen, die im Lichte stehen, wohl verstanden und sonst kindisch[654] ist, wie solches in meinen Schriften weitläufig und genug erkläret ist und allhie nur mit kurzem Begriff figürlich dargestellet ist.

36. Und empfehle die Herren dem Gruße der Liebe Jesu Christi, welcher durch seinen Anblick und Gruß selber der Schlüssel zu dieser Tabell zum Verstande ist. Datum ut supra.

D(er) H(erren) d(ienstwilliger)   J. B.

654 kinderleicht

Tabelle 1

Eine Tabula oder Entwerfung

zu betrachten

1. Was Gott außer der Natur und Kreatur sei?
2. Und was das Mysterium magnum sei, dadurch sich Gott offenbaret.
   Wie er sich durch sein Aushauchen oder Sprechen in Natur und Kreatur eingeführet habe, – dem Leser weiter nachzusinnen.

1.
Also wird Gott außer Natur und Kreatur betrachtet, was er in sich selber ist:

	1. Ungrund, Nichts und alles	
Vater	2. Wille oder Wallen des Ungrundes	JE
Sohn	3. Lust oder Infaßlichkeit des Willens	HO
Geist	4. Scienz oder Bewegnis	VAH
	5. Gott in Dreifaltigkeit	
	6. Wort in Gott	
	7. Weisheit	

2.
Anfang des Mysterii magni oder der ewigen Natur
ist die Schiedlichkeit im Sprechen des Wortes, da das Wort durch die Weisheit schiedlich wird, auch natürlich, sinnlich, empfindlich und findlich, da man den ewigen Anfang der Prinzipien mit Gottes Liebe und Zorn im Lichte und Finsternis verstehet, dazu die VII Hauptgestalten der Natur, wie sich das Aussprechen in sieben Gestalten einführet und durch die sieben in(s) Unendliche. Mit dem Wort TINCTUR fähet an die Schiedlichkeit des Worts, da sich der ewige Wille in Natur einführet.

Das I. Principium: Gott im Zorn

T	I	N	C
Seele			
I. Begierde Finster Herbe Härte	II. Scienz oder Bitter, Stachel Bewegen, Leben, Fühlen, Ursache der Feindschaft	III. Angst, Gemüte, Sinnen, Essenz, Feuerwurzel der Hitze	IV. Feuer, Sehen, Scheidung des 1. und 2. Principii.
Kalte Feuer-Wurzel, Mutter aller Salze		Hölle ... Teufel, Zorn	
Sal	Mercurius	Sulphur	

Das II. Principium: Gott in Liebe

T	U	R
Geist		
V. Licht oder Liebe-Feuer	VI. Schall- oder Schiedlichkeit	VII. Wesen oder wesentliche Weisheit
11. Englische Welt, Engel		
12. Reines Element, die Wurzel der vier Elemente		
13. Paradeis, das Wachsen und Grünen in der geistlichen Welt		
14. Anfang der äußeren Welt, als des III. Principii		

Das III. Principium: Gott in Zorn und Liebe
Das ausgesprochene Wort

	15. Himmel	
Sterne	16. Quinta Essentia	Gute Kräfte als das gute Leben der Kreaturen, in der Quinta Essentia stehend
	17. Vier Elementa	Teufels Gift eingeführt, nämlich das Gift und Grobheit der Erden und des irdischen Lebens.
	18. Irdische Kreaturen	

Makrokosmos und Mikrokosmos

1. Principium
   Gott
nach seinem sprechenden Wort.
Gottes Liebe und Zorn im ringenden Spiel zur Offenbarung.
Gottes Gebot und Schiedlichkeit des Wortes.

2. Principium
   Wort
   Seele.
   Mensch.
Erster rechter Adam nach dem Leibe der Essenz.
Mensch im Temperament der vier Elemente im Paradeis auf Erden.

3. Principium
   Äußere Welt

Himmel oder trocken-feurisch Wasser als Kräfte des 1. und 2. Principii miteinander.

Quinta essentia oder Sterne als die subtilen Kräfte aus dem 1. und 2. Principio nach der Schiedlichkeit des Worts, da die göttliche Scienz schiedlich und natürlich ist.

Vier Elementa aus dem 1. Principio durch den Himmel und
 Quintessenz ausgehend als aus dem geistlichen Sulphure, Mercurio und Sale aus den sieben Eigenschaften.
Nota: So der Leser dieses alles verstehet, so höret aller Streit
 und Fragen in ihm auf und Babel im Spotte.

*Kurze Erklärung der ersten Tabelle von dem geoffenbarten
Gott* wie er sich aus sich selber immer gebieret und aushauchet und wie man diese Tabelle verstehen soll:

 1. Ist der Ungrund, das Nichts und das Alles. – Allda fähet
man an und betrachtet, was Gott außer Natur und Kreatur
in sich selber sei. Und dieselbe Betrachtung gehet bis zur
Weisheit, Nr. 7. Darinnen wird verstanden, wie Gott durch
alles wohnet und wie alles von ihm urständet, und er selber
doch dem allen unbegreiflich und als ein Nichts ist und sich
aber durch das alles sichtbar, dazu empfindlich und findlich
macht.
 2. Ist der Wille des Ungrundes. – Und dabei auf der rechten
Seite ›Vater‹, und auf der ander Seiten, ›JE‹. Dieses deutet an
den Willen des Ungrundes, welcher der Vater aller Wesen ist.
Und das ›JE‹ deutet an das ewige Eine als den Namen Jesus in
dem ewigen Einen.
 3. Ist Lust oder Infaßlichkeit des Willens. – Dabei stehet
zur Rechten ›Sohn‹ und gegenüber ›HO‹, deutet an, wie sich
der einige Wille zu seiner Stätte seiner Besitzlichkeit infasse.
Die Stätte ist sein Ausgebären aus sich selber, da Gott Gott
gebieret als eine Lust seiner Selbheit. Das ›HO‹ ist das Aushauchen des Willens, dadurch die Lust ausgehet.
 4. Ist Scienz oder Bewegnis. – Und zur Rechten stehet
›Geist‹ und gegenüber ›VA‹. Scienz ist das Inziehen des Willens zur Stätte Gottes, da der Wille die ausgegangene Lust
zum Sohne oder zum Hauchen infasset, durch welch Aushauchen der Geist Gottes verstanden wird. Und wird allhier der

große Name JEHOVA als das dreieinige Wesen verstanden, wie der Vater seinen Sohn aus sich gebäre und wie der Hl. Geist von beiden ausgehe und doch nur ein einiges Wesen sei, das nichts vor ihm habe. Denn die Scienz wird im Inziehen verstanden als eine Wurzel der ewigen Wissenschaft oder Bewegnis.

5. Ist Gott in Dreifaltigkeit. – Deutet an das dreieinige Wesen, wie man könnte ein Gleichnis geben vom Willen, Gemüt und Sinnen, darinnen der einige Verstand lieget. Also ist die Dreiheit der einige ewige Verstand und Ursache aller Wesen.

6. Stehet Wort in Gott. – Deutet an die Schiedlichkeit im Verstande als das Sprechen der Empfindlichkeit seiner selber, welch Wort ewig in Gott bleibet und Gott als die Kraft der Empfindlichkeit das einige Gut ist.

7. Stehet Weisheit. – Deutet an das ausgesprochene Wort als die Kräfte der göttlichen Beschaulichkeit, darinnen ihm Gott selber verständlich, empfindlich und offenbar ist. Und also weit ist Gott der Kreatur unsichtlich und unbegreiflich, auch unnatürlich und unkreatürlich.

Unter Weisheit stehet: Anfang des Mysterii magni oder der ewigen Natur, als der Schiedlichkeit, Empfindlichkeit und Findlichkeit der Eigenschaften. Da verstehet man die göttliche Auswicklung oder Offenbarung, wie sich Gott in der ewigen Natur in Liebe und Zorn einführe und nicht in sich selber, denn er ist selber das ewige einige Gut, welches aber ohne Schiedlichkeit nicht empfindlich oder offenbar wäre.

Allhier ist zu merken, daß die sieben Hauptgestalten der Natur mit I., II., III., IV., V., VI., VII. verzeichnet sind zum Unterschied der andern Zahlen.

8. Stehet zur rechten das ander Principium.

9. Zur Linken das erste Principium, deutet also das 9. an des Vaters Eigenschaft durch das Sprechen des Worts im

Grimme, und das andere 8 deutet an die englische Kraftwelt, und das im Zorne 9 deutet an die finstere Kraftwelt der Peinlichkeit, darinnen Gott ein zorniger Gott ist.

10. Stehet TINCTUR oder Sprechen der Dreiheit, deutet an die Temperatur[655] aller Kräfte, wie sie allda durchs Sprechen in Schiedlichkeit und Gestalten ausgehen, als erstlich in sieben Hauptgestalten: I. in Herbe, II. Scienz oder bitterer Stachel, III. Angst, IV. Feuer, V. Liebe-Feuer, VI. Schall und VII. Wesen. Und stehet ferner bei jeder Gestaltnis, was für Eigenschaften aus ihr selber ausgehen und erboren werden. Denn soll ein Sprechen sein, so muß sich die Kraft von ehe[656] zusammenfassen, auf daß sie sich möge aushauchen, so giebet dieselbe Infaßlichkeit in sich eine Herbigkeit oder magnetische Impression, welches der Anfang des Etwas ist, darinnen das Fiat verstanden wird, das die Kräfte anzeucht.

I. Und ist die erste Hauptgestalt der geistlichen Natur und stehet mit Nr. I ›Begierde‹, welche Begierde sich schärfet, daß daraus Herbe, Härte und die Ursache der Kälte entstehet, und ist ein Grund aller salzischen Eigenschaften in der geistlichen Welt geistlich und in der äußeren Welt wesentlich. Auch so ist die Begierde der Impression eine Ursache seiner selbst Beschattung oder die Finsternis im Abgrund, wie denn diese Gestalten alle zur Nr. I zur Begierde der Infaßlichkeit gehören.

II. Bei der andern Hauptgestalt stehet ›Stachel oder Scienz‹, deutet an das Inziehen der Begierde, da die erste Feindschaft oder Widerwille entstehet, denn hart und rege oder Bewegen ist ein ungleich Ding. In dieser Gestalt entstehet nun das Bewegen und Fühlen als eine Wurzel der Peinlichkeit, darinnen man das merkurialische Gift-Leben, beides geistlich und im Wesen[657] verstehet, und in der Finsternis das Peinen oder

---

655 Harmonie und Zusammenfassung   656 zuerst
657 leiblich

die Peinlichkeit des bösen Lebens, und wäre ihm doch auch das gute Leben ohne diese Wurzel nicht offenbar. Und sie ist die Wurzel Gottes Zorns nach der ewigen Natur der Empfindlichkeit.

III. Die dritte Hauptgestalt ist ›Angst‹. Die entstehet aus der Begierde der Impression und aus der Feindschaft des Stachels, da der Wille in Qual stehet, und ist eine Ursache des Fühlens und der fünf Sinne sowohl der Essenz und des Gemüts und der Sinne, da in der Angst alle Gestalten peinlich werden, so empfinden sie einander; allda das Wort schiedlich wird und ist eine Wurzel Sulphuris, beides geistlich und wesentlich, darinnen man in der Finsternis in dem peinlichen Leben recht das höllische Feuer verstehet, wie in der Tabelle herunterwärts gezeichnet ist.

IV. Die vierte Hauptgestalt heißet ›Feuer‹, allda man des Feuers Anzündung aus der peinlichen sulphurischen Wurzel verstehet. Denn der Wille gehet aus der Angst wieder in die Freiheit, und die Freiheit gehet in die Angst zu ihrer Offenbarung. In dieser Coniunction geschiehet der Schrack oder Blitz, da der Ungrund als das ewige Gute offenbar wird, und ist in den Gestalten der Natur Urstand und Leben in der Finsternis feindlich. Und in der Freiheit ist es die Wurzel der Freuden oder der Erweckung der Kräfte, und ist des Feuers Anzündung, in welcher Anzündung der Ungrund ein scheinend Licht wird als majestätisch.

V. Die fünfte Hauptgestalt heißet das ›Liebe-Feuer‹. Da verstehet man, wie sich das ewige Gute durch die Anzündung des peinlichen Feuers in ein erhebend brennend Liebe-Feuer einführet, welch Feuer wohl zuvorhin in Gott ist; aber also wickelt sichs nur aus, daß es empfindlich und beweglich ist, darinnen die guten Kräfte wirkend werden.

VI. Stehet ›Schall oder Schiedlichkeit‹ als die sechste Hauptgestalt, deutet an das natürliche lautbare Leben, da sich das ewige göttliche Wort hat durch die Gestaltnis der Natur ausgewickelt, darinnen alle Kräfte der Weisheit im Schalle stehen. Und in diesem stehet nun das verständige Leben. Im Lichte ist es englisch und göttlich, und in der Finsternis ist es teuflisch, wie denn drunter Nr. 11 ›Engel‹ stehet in der englischen Welt.

VII. Stehet ›Wesen oder wesentliche Weisheit‹ und ist die siebente Hauptgestalt, deutet an die wesentliche Weisheit des ausgehauchten Wortes, darinnen alle anderen Gestalten offenbar werden. Und ist eben das Wesen aller Gestalten als im Lichte gut und göttlich, und in der Finsternis böse und feindlich. Und wird vornehmlich das Mysterium magnum darinnen verstanden, auch wird die englische Welt darinnen verstanden, sowohl der inwendige geistliche Leib des Menschen, welcher in Adam verblich als der Seelen Willen aus Gottes Willen ausging und aber in Christo wieder lebendig wird, welcher ihm dieser Kraftwelt Wesen zu einer Speise giebet, welche ist das himmlische Fleisch, Joh. 6, und ist die dürre Rute Aaronis, welche in Christi Geiste im Menschen wieder ausgrünet.

Nr. 12. Stehet ›Reines Element‹. Deutet an die Bewegnis in der englischen Welt Wesen und ist das einige, heilige, reine Element, da die vier Elementa in der Temperatur innen liegen und eine Wurzel der vier Elementen.

Nr. 13. Stehet ›Paradeis‹. Deutet an das ewige Grünen oder das geistliche Wachsen in der geistlichen Welt, daraus die äußere sichtbare Welt aus Gut und Böse als aus beiden ewigen Principiis ausgehaucht worden ist. In welcher Qual und Regiment Adam in seiner Unschuld stund als die vier Elemente in ihm noch alle in der Temperatur als im hl. reinen Element stunden.

Nr. 14. Stehet ›Anfang der äußern Welt‹. Deutet an, wie Gott durch sein Wort habe das Mysterium magnum als die ewige Natur aller geistlichen Eigenschaften in ein sichtbarliches, förmliches Wesen ausgehaucht und durch Fiat als die geistliche Begierde in Kreaturen geformet. Dabei stehet das dritte Principium, da man drei Welten ineinander verstehen soll, als I. die finstere Welt Gottes Zornes, und II. die ewige Lichtwelt göttlicher Liebe-Offenbarung und III. diese sichtbare, anfängliche, vergängliche Welt.

Nr. 15. Stehet ›Himmel‹. Deutet an das Scheideziel zwischen der innern und äußern Welt als des sichtbaren und unsichtbaren Wesens, welcher Himmel im Wesen des geistlichen feurischen Wassers stehet.

Nr. 16. Stehet ›Quinta Essentia‹. Deutet an die geistlichen Kräfte als der paradeisische Grund in den vier Elementen, sowohl das Gestirne, welches aus den innern Kräften ausgehaucht ist worden, da die Zeit anfing; und ist das Gute in den vier Elementen, darinnen das Licht der Natur scheinet als ein ausgehauchter Glast[658] vom ewigen Lichte.

Nr. 17. Stehet ›vier Elemente‹, das ist Feuer, Luft, Wasser und Erde als die geschaffene Welt aus der finstern und Lichtwelt welche ist das ausgesprochene geformte Wort aus der ewigen Natur Kraft und Wesen, darein der Teufel sein Gift hat geschmeißt, welches von Gott nach des Menschen Fall verfluchet ward.

Nr. 18. Stehet ›irdische Kreaturen‹. Deutet an, daß aus der Quinta essentia und aus den vier Elementen sind alle Kreaturen dieser sichtbaren Welt geschaffen worden und ihr Leben einig davon haben. Aber der seelische Mensch hat auch die innere geistliche Welt nach dem inwendigen Seelenmenschen in sich. Darum mag Gott Liebe und Zorn in ihm offenbar werden, denn worinnen sich der Wille fasset und entzündet, dessen Wesen wird in ihm offenbar, wie an Luzifer zu sehen. – Dieses ist also eine kurze Andeutung der Tabelle und aller meiner Schriften, meinen lieben Herren zu Willen in guter Meinung gestellet und den Anhebenden[659] zu einem Abc, recht treulich. Anno 1623.

658 Glanz   659 Anfängern

Tabula II

*Andeutung, wie aus den sieben Eigenschaften
die vier Elemente entstehen*

1. Erde

Gottes Verbot nach Art des kreatürlichen Wortes	Des Menschen Fall durch Lust und Begierde der Schiedlichkeit aus dem Temperament der paradeisischen Qual	Begierde ist das FIAT oder der Anfang zur Natur und impresset sich selber, und kommt aus dieser Eigenschaft: erstlich Herbe, Härte, Schärfe, Kälte, alle Salze, Steine, Beine, Erde und alles, was grob, hart und irdisch ist nach dem Planeten aus der Quintessenz Saturnus ♄.

2. Trocken Wasser

Gottes Fluch nach Art der Natur	Urstand nach der Erkenntnis des Guten und Bösen, auch der Grobheit des Leibes	Aus der SCIENZ kommt Bewegung, Schiedlichkeit, Empfinden, Leben. Der SEPARATOR aller Dinge, der Scheider des Reinen und Unreinen als in der Quinta essentia die grobe Erde von der reinen, daraus die reinen Metalle werden. Welche reine Erde ist ein trocken Wasser des Mercurii, eine Wurzel zur Luft. Denn es ist das äußere Wort mit seinem Wiederaushauchen, ein Ausgang vom Hauchen Gottes, daraus die Bewegung entstehet, der Urstand alles kreatürlichen Lebens, nach der

Ewigkeit ewig, nach der Zeit zeitlich. Daraus entsprossen nach der Schiedlichkeit unter dem Planeten Mercurius ☿.

3. Element Feuer

Gottes Zorn nach Art der drei Prinzipien	Mensch in Hölle und Gottes Zorn in Angst und Not

Aus der Angst kommt nach der Essenz Qual Pein, Gemüte, Sinne, alle fünf Sensus, und nach dem Wesen kommt Sulphur oder Schwefel. Nach der Bewegnis kommt Seele als nämlich nach dem Ewigen ewig und nach der Zeit animalisch als eine siderische Seele. Und wird der Spiritus mundi in der fünften Essenz hierinnen verstanden unter dem Planeten Mars ♂ und unter den sieben Eigenschaften Grimm, Zorn von Mercurio giftig, vom Saturno stark. Außer dem Lichte der Hölle und im Lichte der Freude.

4. Element Luft-Welt

Gott bei den Verkehrten verkehrt, bei den Heiligen heilig, Psalm 18,26.	Mensch, das tierische Leben der Zeit in Böse und Gut

Aus Begierde kommt Natur und Wesen, wie oben gemeldet. Aus SCIENZ kommt empfindlich Leben, sowohl das Wirken Wachsen und Gebären. Aus Angst kommt Feuer und das verständliche Leben. Aus Feuer kommt Luft als die Bewegnis und das Wallen oder Wollen der SCIENZ. Aus Luft kommt das nasse Wasser. Aus nassem

Wasser kommt das tödliche vergängliche Wesen in den Elementen, unter den Planeten die Sonne ☉.

5. Element Liebe-Feuer

CHRI-
STUS

Allhier ist der Mensch der göttlichen Liebe erstorben und (in) einer viehischen aufgewacht

Der Wille des Ungrundes als Gottes Wille führet sich durch alle Gestalten bis ins Feuers Anzündung und nimmt also nach der Natur an sich natürliche Eigenschaften und führt sich durchs Feuer als durch verzehrliche Qual der Eigenschaften im Lichte aus. Und wohnet nach väterlicher Eigenschaft im Lichte. Nicht zu verstehen, daß man Gott in sich selber natürlich machen wollte, sondern den Willen im Worte, der doch auch Gott ist nach seiner Offenbarung. Im Lichte ist der Wille ein natürlich Liebe-Feuer. Danach urständet in dem äußern Wesen der Welt aus dem feurischen Wasser eine andere Erde, die ist Silber, Gold und alle Metalle, alle und jede Eigenschaft derselben nach den sieben Eigenschaften der Natur. Der Blick des Feuers, daraus das Licht offenbar wird, ist ein Schrack des salnitrischen Urstands, da sich der Geist über sich scheidet, und inmitten das Öl als ein wesentlich Licht-Feuer, und unter sich ein geistlich Wasser als TINCTUR-

CORPUS. Die Kraft vom Feuer und Lichte ist die TINCTUR und urständet vom Worte, welches sich hat in Natur eingeführet, unter dem Planeten Venus ♀.

6. Schall

Gottes Wort durch CHRISTUM	Babel, eigener Verstand und Wort

Der Schall ist das ausgewirkte, natürliche Wort aus beiden inneren Prinzipien, ein Leben der Sensuum, ein wesentliches Wort aus dem Feuer durchs Licht, eine Freude des Lebens eine Kraft aller Leben, auch der Metallen und der Erden Kraft. Im Leben der Verstand, ein Finder und Empfinder der göttlichen Eigenschaft. Unter den Planeten Jupiter ♃.

7. Wesen

CHRISTI Fleisch	Tier-Mensch

Das Wesen ist ein Corpus aller Eigenschaften als eine MUMIA der fünften Essenz, ein Menstruum der Prinzipien, darinnen sie sich in Corpora und Kreaturen einführen, daraus Fleisch und Blut urständen. Ist ein Liquor aller Wachsenden, nach dem Guten gut und nach dem Bösen böse. Ein Zentrum zum Guten und Bösen. Unter den Planeten Luna ☾. Wer allhier Augen hat, der wird es verstehen, warum der Mond in seiner Kugel halb licht und halb finster ist.

48. Sendbrief
An Herrn Christian Bernhard.

Mein gar lieber christlicher Bruder und Freund, neben herzlicher Wünschung göttlicher Liebe und mehrerer Erleuchtung, auch wahrer Beständigkeit und Geduld unterm Kreuz Jesu Christi geduldig zu stehen.

2. Gott hat euch alsbald zu anfangs eurer Erkenntnis mit dem Malzeichen Christi besiegelt zu mehrer Befestigung, daß er euch hat zu einem Ritter gekrönet, daß ihr sollet als ein wahrer Bekenner in seinem Dienste wirken. Und vermahne euch christlich, wollet in Geduld mit Beten zu Gott flehen und fleißig sein in eurem schon empfangenen Talent. Ihr werdet noch große Wunder sehen und wird euch euer Talent je länger je lieber werden.

3. Denn also lehret uns auch Christus, daß wir sollten um seines Namens willen alles verlassen und ihm alleine anhangen. Denn er fordert eine lauterliche zum Grunde gelassene Seele, in der will er wohnen.

4. Ihr dürfet nicht erschrecken, Gott weiß wohl, wozu er euer bedarf. Ergebet euch nur ihm in Geduld und strebet wider die Vernunft, welche dawiderspricht, so werdet ihr der Welt absterben und Christo leben. Alsdann werdet ihr eure Ritterschaft um seiner Liebe willen recht üben und die edle Krone des ewigen Lebens davonbringen, da wir uns ewig werden miteinander erfreuen. Gott hat ihm[660] einen Rosengarten in euer junges Herz gepflanzet. Sehet wohl zu, daß euch nicht etwa der Teufel Dornen darein säe. Es wird bald eine andere Zeit kommen, daß euer Röselein wird Früchte tragen.

5. Reißet euch nicht um Dienste, sondern stehet dem Höchsten stille, wozu euch derselbe haben will, und lasset

---

660 sich

den Rauch des Teufels immer hinfahren. Dieser Lästerung in Christi Malzeichen erfreuet euch.

6. O böse Art, wenn du wüßtest, wie nahe dein Verbrechen sei, du tätest im Sack und Aschen Buße! Aber es muß also sein, auf daß der Zorn auffresse, was ihm gewachsen ist. Lasset nur den Feind sein Maß voll machen. Unsere Seelen werden nur dadurch geheiligt und gereinigt wie das Gold im Feuer.

Und empfehle euch der sanften Liebe Jesu Christi!   J. B.

49. Sendbrief
An Herrn Christian Bernhard – Vom 27. Dezember 1623.

Unser Heil im Leben: Jesus Christus in uns!

Vielgeliebter Herr Christian, neben Wünschung göttlicher Liebe-Wirkung, wie es euch gehe und was euer Vorhaben sei, möchte ich gerne wissen; ob euch auch jetzo das pharisäische Gift anficht, welches (dem) Feuer nahe ist, da sie soll transmutiert werden, darunter wir in göttlicher Geduld waren, möchte ich wohl wissen. Denn ich habe vernommen, daß dasselbe Gift-Feuer in Babel bei euch gegen euch und mich fast[661] brennen soll.

2. Aber ich habe auch dagegen das große Liebe-Feuer in etlichen angezündet gesehen, also daß ich gewiß erkenne, daß die Zeit göttlicher Heimsuchung nahe und schon vorhanden sei. Wollet euch neben mir und andern Kindern Christi nur in Geduld fassen, bis daß der Zorn Gottes das böse Tier samt der Huren stürze.

3. Uns gebühret als Kindern Christi mit Christo zu leiden und im Leiden seinem Bilde ähnlich zu werden. Lasset euch das nur nicht fremd sein, so euch die Welt hasset und gram

---

661 sehr

werden möchte. Es muß also sein. Der Welt Feindschaft ist unsere Erhöhung in Christo, denn wir sind in der Welt fremde Gäste und wandern auf der Pilgrimstraße wieder in unser Vaterland.

Und empfehle euch der Liebe Jesu Christi.

Datum ut supra.

Euer in der Liebe Jesu Christi wohlbekannter   J. B.

50. Sendbrief
An Herrn Martin Moser zu Goldberg – 5. März 1624.

Unser Heil und Friede im Leben Jesu Christi!

Mein gar lieber Herr Martin Moser, nebst herzlicher Wünschung der stets währenden, wirkenden Liebe unsers Herrn Jesu Christi in Seele, Geist und Leib! – Eure beiden Schreiben habe ich wohl empfangen und euer christliches Herze in gliederlicher[662] Liebe gegen mich und die rechte Wahrheit vermerket, und wünsche, daß euch Gott in solchem Vorhaben kräftige und erhalte, daß ihr möget im Lebensbaume Jesu Christi wachsen und viel gute Früchte tragen. Ihr könnet auch wohl vernünftig bei euch erkennen, daß mich die Hand des Herrn mit seinem Willen bisher habe geführet und zu solcher Erkenntnis gebracht, damit ich vielen Menschen gutwillig wiederum gedienet habe. Dieweil ich meine Wissenschaft nicht vom Lernen in Schulen und Büchern habe empfangen, sondern von dem großen Buche aller Wesen, welches des Herrn Hand hat in mir aufgeschlossen. Weil denn in demselben Buche ein Kreuz der rechte Verstand ist, so zeichnet Gott seine Kinder, welchen er dieses Buch zu lesen giebet mit demselben Kreuz, an welchem Kreuze ist der menschliche Tod erwürget und das ewige Leben herwieder bracht worden.

662 brüderlicher

2. Und füge euch brüderlich zu wissen, daß mir auch dasselbe Malzeichen sei an meine Stirn gedrückt worden, neben einem Triumphfähnlein, daran die Auferstehung Jesu Christi eingepräget ist, welches Malzeichen mir lieber ist als aller Welt Ehre und Gut, daß mich unwürdigen Menschen Gott so hoch geachtet und mit dem Siegeszeichen seines lieben Sohnes Jesu Christi gezeichnet hat. Vor welchem Siegeszeichen der Teufel erschrocken ist, daß er vor Zorn möchte zerbersten und deswegen große Sturmwinde aus seinem Meer des Todes über mich erwecket und seine grausamen Wasserstrahlen auf mich geschossen, in willens, mich zu ersäufen.

3. Aber seine Strahlen sind bisher noch alle ledig abgegangen[663], denn das Kreuz mit dem Siegesfähnlein Jesu Christi hat mich beschirmet und die Giftstrahlen zur Erden geschlagen. Dadurch ist vielen hundert Menschen des Satans pharisäisches Mordgift offenbar worden, welches sich seit der Zeit haben auch zum Malzeichen Christi gewandt, daß ich also mit Freuden sehe, daß denen, welche Gott lieben, alle Dinge zum Besten dienen.

4. Das Geschrei, welches zu euch kommen ist, ist nichts als nur eine pharisäische Schmähung mit einem ehrenrührischen, lügenhaften Pasquille[664] in lateinischer Sprache gewesen auf einem Bogen Papier, darinnen der Satan hat das pharisäische Herze entblößet, welches durch Gottes Zulassung also ist geschehen, daß die Leute sollen das Gift dieses pharisäischen Herzens lernen kennen und fliehen.

5. Und halte es fast dafür, daß denselben Pasquill habe der allergröbste Teufel diktieret, denn er hat seine Krallen ja gar zu bloß darinnen entdecket, daß man klar siehet, daß er ein Lügner und Mörder ist; und wird vielen Menschen zur Warnung sein, daß sie werden besser Achtung auf ihre Seele

---

663 abgeprallt
664 eine Schmähschrift von Gregor Richter gegen J. Böhme

haben. Wie denn dieser Pasquill bei uns fast von allen Gelehrten dem Satan zugeschrieben wird.

6. Die Ursache solches Zornes ist das ausgegangene gedruckte Büchlein »Von der Buß« und »Von wahrer Gelassenheit«[665] gewesen, welches Büchlein viel Nutzen geschaffet hat. Das hat den pharisäischen Geist verdrossen, daß ein solcher Grund solle offenbar werden und vermeinet, man würde auch solche Lehre und Leben von ihm fordern, welches (ihm) nicht schmecket, weil man in Wollust des Fleisches sitzet und dem Abgott Bacho[666] dienet in fleischlicher Lust.

7. Aber wisset dieses zur Nachricht, daß seine Schmähung und Lügen nur mein Büchlein hat publizieret und offenbart, daß es jetzo fast jedermann, Adel und Gelehrte, auch einfältige Leute begehren zu lesen und sehr lieb haben; welches Büchlein in kurzer Zeit ist fast durch ganz Europa erschollen und kommen und sehr geliebet wird; auch am kurfürstlichen Hofe Sachsen[667], dahin ich denn auf ein Gespräche bin zu hohen Leuten gebeten worden, welches ich ihnen bewilliget im Ausgange der Leipziger Messe zu vollziehen. Wer weiß, was allda möchte geschehen, ob nicht dem unverschämten Lästerer möchte das Maul zugestopfet und die Wahrheit gepflanzet werden.

8. Vermahne euch deswegen, mit Geduld und Beten in christlicher Liebe und Freude und Zukunft und Offenbarung unsers Herrn Jesu Christi zu warten auf seine Erscheinung, welche bald anbrechen und dem Teufel seine Werke zunichte wird machen. Mir grauet nichts vorm Teufel. Will mich Gott zu seinem Werkzeuge länger haben, er wird mich wohl beschützen, denn die Wahrheit (be)darf keines Schutzes. Ihr Schutz ist dieses, was Christus saget: Wenn euch die Leute um meinetwillen verfolgen und alles Üble von euch reden, so

---

665 enthalten in J. Böhme: *Christosophia*
666 Bacchus   667 in Dresden

sie daran lügen, so freuet euch. Euer Lohn ist groß im Himmel, Matth. 5,11. Item: Wer fromm ist, der sei immerhin fromm, und wer böse ist, der sei immerhin böse, Offb. 22,11. Ein jeder wird ernten, was er säet.

9. Was soll mir zeitliche Ehre, so mein Wandel im Himmel ist und ich nach dem Leibe und Seele dahin laufe, da mein Geist in Christo vorhin wohnet? Leide ich doch nur im Leibe Verfolgung und nicht in der Seelen, was fürchte ich der Hülse, welche den Geist verstecket? So die Hülse[668] weg ist, so stehe ich ganz im Himmel mit bloßem Angesichte. Wer will mir das nehmen? – Niemand; was fürchte ich dann der Welt in einer himmlischen Sache? Ist sie aber böse, warum leide ich dann darum Schmach und stehe in Kummer und Fürchten, und gehe nicht davon aus? Ist sie aber gut, was sage ich dann? So ich weiß, wem ich diene als nämlich Jesu Christo, welcher mich seinem Bilde ähnlich machet. Ist er gestorben und auferstanden, warum wollte ich dann nicht auch mit ihm leiden, sterben und ihm auferstehen? – Ja, sein Kreuz ist mein täglich Sterben, und seine Himmelfahrt geschiehet täglich in mir. Ich warte aber der Siegeskrone, welche mir Jesus Christ hat beigeleget, und stehe noch im Ringen als ein Ritter. Und vermahne euch als meine Mitringer, daß ihr auch im Glauben kämpfet und in Geduld wartet auf die Offenbarung unsers Herrn Jesu Christi, und ja feste stehet, denn dieser rauchende Löschbrand, welcher jetzt rauchet, wird nahe[669] im Feuer verzehret werden. Alsdann werden sich die Überbliebenen freuen, so wird dann offenbar werden, was ich euch habe sollen schreiben, welches jetzo verlästert wird, und doch nur von den Unwissenden. Aber die Weisen merkens und haben acht drauf, denn sie merken die Zeit und sehen die Finsternis und auch die Morgenröte des Tages.

10. Mein geliebter Herr Martin, euer Wohlgehen samt

668 des physischen Leibes   669 bald

eures Vaters und aller der Eurigen ist mir lieb und erfreue mich dessen. Die Schachtel voll Konfekt habe ich wohl empfangen und tue mich dessen bedanken. Wollte auch gemeldeten Herrn Apotheker zur Wilde in der Littau gerne wieder schreiben, so ich nur wüßte, daß ihr Gelegenheit[670] zu ihm hättet, bitte mich es wissen zu lassen. Was mein Vaterland wegwirft, das werden fremde Völker mit Freuden aufheben.

11. Und übersende euch und eurem Herrn Vater jedem ein Exemplar meines Büchleins etwa für gute Freunde, weil ihr dasselbe, wie ich vernommen habe, schon zuvorhin für euch habet bekommen. Der andern geschriebenen Sachen habe ich anjetzo fast nichts beihanden[671]. Ich wollte euch gerne etwas davon schicken, hoffe aber in kurzem, selber dieser Gegend anzulangen, so wollte ich etwas mitbringen, so Gott will.

Und empfehle euch der sanften Liebe Jesu Christi.

Datum ut supra. J. B.

51. Sendbrief
An Herrn Christian Bernhard – Vom 4. April 1624.

Unser Heil im Leben: Jesus Christus in uns!

Mein gar lieber Herr Christian, neben Wünschung der wirkenden Liebe unsers Herrn Jesu Christi in Seele und Leib! Eure beiden Brieflein samt eurem Paket der beiden Bücher habe ich wohl empfangen. Ich bin aber erst vor wenigen Tagen, nachdem ich acht Tage vor Fastnacht verreiset, anheimkommen, und bin sechs Wochen nicht zu Hause gewesen. Ich wollte euch sonst haben lange geantwortet. Habe auch alsobalde, wie ich bin zu Hause kommen, ein Brieflein zu Zittau wegen eurer Bücher geschicket und dem Herrn, welcher zuvor fünf Reichsthaler darauf geboten, Meldung

670 der Postverbindung   671 zur Hand

getan, daß sie bei mir wären. Er ist aber nicht zu Hause gewesen, sondern nach Dresden gereiset, und habe noch keine Antwort von ihm, bis er zu Hause kommt. Kann ich sie aber etwa sonst ohnwerden[672], so will ichs gerne tun.

2. Und füge euch zu wissen, daß der Teufel in unserm obersten Priester[673] wegen des gedruckten Büchleins ganz erzürnet ist und gleich wie rasend und toll worden mit Fluchen, Schmähen, Lügen und Morden, daß ich kräftig sehe, daß dieses Büchlein dem Teufel ganz zuwider ist[674] und mich darum gerne wollte ermorden, und muß jetzo wegen seiner grausamen Verfolgung unter dem Kreuz Christi stehen und sein Malzeichen tragen, denn der Teufel geußet jetzo sein letztes Gift aus. Es ist sich vorzusehen.

3. Wie es eurem Vater und Brüdern gehe, sonderlich dem Herrn Konrektor, welchen ihr wollet meinetwegen salutieren, möchte ich gerne wissen, und was man bei euch von dem gedruckten Büchlein richtet[675], ob es auch gelästert wird? Bei uns erfreuen sich viel hungerige Herzen darüber. Aber dem obersten bösen Manne schmecket es nicht, weil es Buße und Beten lehret.

Und empfehle euch der Liebe unsers Herrn Jesu Christi.

Geben zu Görlitz, ut supra.

Euer in der Liebe Christi allezeit treuer Freund   J. B.

52. Sendbrief
An Herrn Carl von Ender – Etwa Anfang April 1624.

Ich füge dem Junker, daß gestern der pharisäische Teufel[676] ganz los worden sei und mich samt meinem Büchlein[677] zum

---

672 loswerden   673 Gregor Richter, Oberpfarrer zu Görlitz
674 Vgl. 50,6.   675 wie man es beurteilt   676 Vgl. 50,6; 51,2
677 Jakob Böhme: *Der Weg zu Christo (Christosophia)*

ärsten verdammet und das Büchlein zum Feuer geurteilet, auch mich mit schweren Lastern bezichtiget als einen Verächter der Kirchen und Sakramenten, auch gesaget, ich saufe mich alle Tage in Branntwein, sowohl Bier und andern Wein, voll und sei ein Halunke, welches alles nicht wahr ist und er selber ein trunkener Mann ist.

2. Weil er denn also sehr tobet, so ist E(hrbarer) Rat[678] bewogen worden und haben die Herren entschlossen, wie ich bin von einem guten Freund berichtet worden, mich morgen vor einen E. Rat zu fordern, von solchem Rechenschaft zu geben. Da bin ich gesonnen, die Wahrheit aus dem Grunde zu sagen[679] und keine Kreatur anzusehen, und sollte es mein Leben kosten. Jedoch christlicher Art, ohne andern Eifer. Des Junkers Rat wollte ich hierüber gerne vernehmen. Denn es ist die Stunde der Reformation kommen. Gott schicke es zu seinen Ehren. J. B.

53. Sendbrief
An Herrn Johann Sigmund von Schweinichen – Vom 6. April 1624.

Unser Heil im Leben: Jesus Christus in uns!

Mein gar lieber und werter Herr Johann Sigmund, nebst herzlicher Wünschung stets währender Liebe-Wirkung unsers Herrn Jesu Christi in Seele und Geist, daß euch in eurem von Gott gegebenen himmlischen Talent die Sonne göttlicher Liebe ewig scheine, daß ich mich ewig mit euch erfreuen möchte.

---

678 Stadtrat zu Görlitz
679 Vgl. 55. Sendbrief, ferner Gerhard Wehr: *Jakob Böhme in Selbstzeugnissen und Bilddokumenten*, Rowohlt Verlag Reinbek 1971; 1991, S. 36 ff.

2. Anjetzo füge ich euch zu wissen, daß der Satan so sehr über uns erzürnet ist, als hätten wir ihm die ganze Hölle zerstöret[680], und da es doch nur in etlichen wenigen Menschen angefangen ist, ihm sein Raubschloß zu stürmen.

3. Weil wir ihm aber nicht die Herberge wollen weiter in uns selbst gönnen, so ist er so rasend auf uns worden, daß er uns gedenket von dieser Welt zu vertilgen, damit ihm nicht mehr solcher Kräutlein oder Lilien in seinem vermeineten[681] Garten, welchen er mit der Sünde in Adam gepflanzt hat, wachsen, welches wir unserm Herrn Gott heimstellen wollen, wozu er uns als seine neugepflanzten Röselein brauchen will und mit Geduld auf Hoffnung unter dem Kreuze unsers Herrn Jesu Christi stille stehen und hören, was der Herr sagen wird, was er mit seinem Werkzeuge tun will.

4. Als ich von euch zu Hause kam, so fand ich des Satans zubereitetes Bette, darein er mich hatte wollen legen, wenn es nicht Gott durch etliche fromme Herzen, welchen unser Weg mehr bekannt ist, verhindert hätte.

5. Denn der oberste Pharisäer als der Primarius[682] hat also heftig wider das gedruckte Büchlein gewütet, als hätte es ihm seinen Sohn ermordet und all sein Gut verbrannt und also einen Haufen Lügen wider mich ausgeschüttet neben leichtfertiger Ehrenrührung, wie in beigefügtem seinem öffentlichen Pasquill[683] zu sehen ist.

6. Solche schändlichen Lügen und Schmähung hat er nicht allein auf der Kanzel getrieben, sondern auch nach Liegnitz zum Pastor, Frisius genannt, geschrieben und begehret, er wolle solches nicht alleine auch auf der Kanzel so rühren[684], wie er denn auch getan hat. Sondern auch drucken lassen und ihn vermahnet bei einem E(hrbaren) Rat zu Görlitz über

---

680 vgl. 52. Sendbrief 681 gedachten
682 Oberpfarrer Gregor Richter
683 vgl. 50,4 684 anprangern

mich zu klagen und im Namen vorbringen, als wäre solche Klage von allen Priestern im Weichbild Liegnitz über meine Schriften, sonderlich über das gedruckte Büchlein.

7. Solches hat Frisius getan und mich bei einem E. Rat zu Görlitz auf unsers Primarii Begehren also mit einem lügenhaften Schreiben angegeben.

8. Überdies ist unser Primarius zu den vornehmsten Herren unserer Stadt zum öftern gelaufen und also heftig mit Lügen über mich gewütet und mich angeklaget und begehret, daß, so bald ich würde zu Hause kommen, so sollte man mich ins Gefängnis stecken und von der Stadt verjagen; auch ein solches Lügen- und Klag-Schreiben bei dem Rat eingeleget und mir die Hölle wohl geheizet und das Bad zugerichtet.

9. Nachdem aber schon fast die meisten Herren des Rates mein gedrucktes Büchlein gelesen hatten und in demselben nichts Unchristliches befunden, auch von etlichen sehr beliebet[685] worden ist, neben auch vielen von der Bürgerschaft, so haben etliche solches Vorhaben und Begehren des Primarii für unbillig geachtet. Es sei keine rechtmäßige Ursache zu solcher Verfolgung an mir, und (sie haben) dawider geredet und gesaget, sei doch diese Religion nichts neues. Es sei eben der Grund der alten hl. Väter, da man mehr dergleichen Büchlein würde finden.

10. Etliche aber, sonderlich welche der Primarius eingenommen, haben gut geachtet, mich vor einen E. Rat zu fordern und zu bedrohen, ich sollte zusehen, daß nicht etwa der Kaiser oder Kurfürst durch die Priester angestochen würden und nach mir greifen ließen, als es denn auch ist also geschehen. Als ich vor den Rat kam, mir also gesaget, sie rieten mir, mich etwas beiseite zu machen, daß sie mit mir nicht etwa Unruhe hätten[686].

685 geschätzt   686 kurze Zeit zu verschwinden

11. Über dieses hatte ich meine Antwort schriftlich verfasset[687] und wollte sie übergeben. Aber der Primarius hat das verwehret. Man sollte keine schriftliche Antwort von mir nehmen, denn er fürchtete, er würde müssen um seine Lügen antworten.

12. Also ward sie vom Rat nicht angenommen, sondern ward nur gewarnet, mich beiseite zu machen oder, weil mich andere Leute gerne bei sich hätten, mich zu ihnen zu begeben, daß sie doch Frieden hätten; aber kein Gebot[688] ward mir gegeben.

13. Auf dieses gab ich ihnen zur Antwort, weil man meine Antwort nicht hören wollte, daß ich meine Unschuld möchte klagen und könnte auch keinen Schutz wegen des Primarii Auflagen und unbillige Schmähungen genommen werden, so müßte ichs Gott befehlen und sehen, wo mich Gott würde irgend zu frommen Leuten führen und mir endlich ein Stellchen bescheren, daß ich dem Primarii einmal aus den Augen käme.

14. Welches ihnen lieb war, aber doch kein Gebot taten, als sollte und müßte ich weg, sondern mich nur warneten.

15. Damit ging ich vom Rat anheim, da dann vor der Ratestüre in der äußern Stuben etliche spitzige Spötter des Primarii Anhang, vielleicht auch wohl von ihm gesandt, stunden und mein[689] spotteten, und einer unter ihnen, ein loser Bube, mich von dem Scheitel bis auf die Fußsohlen anatomierte, von meinen Kleidern und Gaben, und den Geist Gottes also heftig angriff und spottete, endlich auch sagete: Der Hl. Geist würde endlich so gemein werden wie die Pelzflecke bei den Kürschnern.

16. Also nahm dieses ein Ende, und hat der Primarius über dieses diesen Pasquill drucken lassen, und muß ich jetzt recht

---

687 Vgl. 54. Sendbrief   688 keine Auflage oder Forderung
689 über mich

unterm Kreuze Christi stehen. Gott schaffe es nach seinem Rat!

17. Bitte, der Junker wolle mir hierinnen sein Gutachten, was ihm Gott zu erkennen gibt, auch andeuten. Ich leide es wohl alles mit Geduld. Aber meine Kinder werden dadurch schändlich geehrenrühret, welches doch also sein muß, daß das Maß voll wird und die Strafe komme.

18. Bitte, Herrn Dr. Koschwitz und dann auch Herrn Abraham von Franckenberg samt eurer Frau Mutter und allen lieben Kindern Jesu Christi, so bei euch sind, zu grüßen. In Eil! Der Bote wartet aufs Schreiben, wollte sonst mehr geschrieben haben.

19. Und empfehle euch sämtlich der Liebe Christi. Will euch in kurzem wiedersehen. Es grüßen euch alle unsere Bekannten.

Datum ut supra.

Euer in der Liebe Jesu Christi dienstwilliger　　　　　　J. B.

P. S.
Inliegend Schreiben ist eines für Friedrich Renisch, mag aufgebrochen werden, das andere Herrn Paul Geppert zu senden.

54. Sendbrief
Schriftliche Verantwortung an den Ehrbaren Rat zu Görlitz, wider des Primarii Lästerung, Lügen und Verfolgung über das gedruckte Büchlein von der Buße.
Geschrieben Anno 1624, den 3. April.

Edle, ehrenfeste, achtbare, hochgelehrte, großgünstige, wohlweise Herren! Ich erscheine vor meinen Herren, aber jetzo als ein Christ, und bin bereit, von meinem Gaben und Erkenntnis, welche ich einig und allein von göttlicher Gnade als ein Geschenke habe empfangen, Rechenschaft zu geben.

2. Von meiner Person weiß ich anders nichts zu sagen, als daß ich ein Laie und einfältiger Mann bin, und habe mich als ein Christ mit der Liebe meines Heilandes verliebet. Und er hat sich mit mir verliebet und verlobet nach der Inwendigkeit meiner Seelen, davon, so es von mir gefordert würde, ich Rechenschaft geben wollte.

3. Aus solcher Gabe habe ich meine Erkenntnis und Wissenschaft und gar nicht vom Teufel, wie ich unbillig gelästert werde, davon eine ernste Rechenschaft vorm Gerichte Christi hören wird, wie geschrieben stehet: Wer den Hl. Geist lästert, hat keine Vergebung ewiglich, da ich doch meinem Widerpart das herzliche Erbarmen Gottes wünsche.

4. Mein erstes Buch (Aurora) habe ich in solcher Erkenntnis nur für mich selber zu einem Memorial geschrieben[690], in Willens, solches allein bei mir zu behalten und keinem Menschen zu zeigen. Solches ist mir aber durch göttliche Schickung entzogen und dem Herrn Primario gegeben worden, wie ein Ehrbarer Rat wohl weiß.

5. In selbigem Buch ist ein philosophischer und theosophischer Grund mit solchen Worten beschrieben, wie ich dieselben zu derselben Zeit in meiner Einfalt für mich selber habe verstehen mögen. Und hab ich nicht gemeinet, daß es jemands anders lesen sollte. Dasselbe Buch hat mir der Herr Primarius ganz mit fremdem Verstande wider meine Meinung angezogen[691] und diese ganze Zeit[692] also gelästert, welches ich um christlicher Ehre willen also in Geduld getragen habe.

6. Als ich mich aber vorm Ministerio[693] gegen ihn verantwortet und angezeigt meinen Grund, so ist mir vom Herrn Primario auferlegt worden, nicht mehr also zu schreiben,

---

690 Jakob Böhme: *Aurora oder Morgenröte im Aufgang*. Insel Verlag, Frankfurt/Main.
691 d. h. falsch zitiert   692 seit 1613   693 Görlitzer Pfarrerschaft

welches ich ja bewilliget, den Weg Gottes aber, was er mit mir tun wolle, habe (ich) dazumal noch nicht verstanden. Hingegen hat mir der Herr Primarius samt den andern Prädikanten zugesagt, hinfüro[694] auf der Kanzel zu schweigen, welches aber nicht geschehen ist, sondern hat mich die ganze Zeit schmählich gelästert und mir öfters Dinge zugemessen, derer ich gar nicht schuldig bin und also die ganze Stadt lästernd und irre gemacht, daß ich samt meinem Weibe und Kindern habe müssen ein Schauspiel, Eule und Narr unter ihnen sein. Ich habe ferner all mein Schreiben und Reden von solcher Hoheit und Erkenntnis göttlicher Dinge auf sein Verbot viel Jahr bleiben lassen und gehoffet, es werde des Schmähens einmal ein Ende sein, welches aber nicht geschehen, sondern immerdar ärger worden ist.

7. Bei diesem hat es der Herr Primarius nicht bleiben lassen, sondern hat mein Buch und Verantwortung in fremde Orte, Städte und Dörfer weggeliehen und dasselbe selber ausgesprengt, ganz ohne mein Wissen und Willen, da es dann ist nachgeschrieben und viel mit andern Augen angesehen worden, als er es angesehen. Dadurch ist es auch von einer Stadt zur andern zu vielen Gelehrten, beide: Priester und Doktoren und vielen adeligen Personen, wie denn auch zum Herzog von Liegnitz, welcher es begehret, gekommen, aber mir ganz unbewußt ohne meinen Willen.

8. Nachmals haben sich viel gelehrte Männer von Priestern, Doktoren, auch Adelig- und Gräflichen, sowohl auch etliche fürstliche Personen mit Schreiben auch ein Teil in eigener Person zu mir gefüget[695] und von meiner Gabe, Erkenntnis und Bekenntnis ein mehrers gebeten. Denen ich anfänglich gesaget, ich dürfte es nicht tun, es sei mir vom Herrn Primario verboten. Sie aber haben mir die Schrift mit ernstlichem Drohen göttlicher Strafe vorgezogen und ange-

694 künftig 695 haben mich aufgesucht

zeigt, daß ein jeder soll bereit sein, seiner Gaben und Glaubens samt der Hoffnung, Rechenschaft zu geben, und daß Gott würde das Pfund von mir nehmen und dem geben, der es anleget, auch daß man Gott mehr als Menschen gehorchen müsse. Welches ich betrachtet und zu Gott geflehet, wo solches nicht seinen Namen zu Ehren gereichen sollte, daß er es wollte von mir nehmen, und habe mich ihm ganz und gar in seinen Willen gegeben mit Beten ihm und Flehen Tag und Nacht, bis mir die göttliche edle Gabe ist verneuert und mit großem himmlischem Licht angezündet worden.

9. So habe ich angefangen, den Herrn auf ihre Fragen in göttlicher Erkenntnis zu antworten und auf Bitte und Begehren etliche Büchlein geschrieben, unter welchen auch dieses »Von der Buß«, welches anjetzo gedruckt worden, gewesen ist.

10. Denn in diesem Büchlein ist mein eigener Prozeß, dadurch ich meine Gabe von Gott habe erlanget, aufgezeichnet, welches auf hoher und gelehrter Leute Bitte ist geschrieben worden, und ist etlichen so tief in ihr Herz gefallen, daß es ein Vornehmer vom Adel[696] aus Liebe hat drucken lassen.

11. Daß aber der Herr Primarius so heftig dawider donnert und dasselbe zum Feuer verurteilet, auch meine Person so schmählich anziehet[697] und mir die ganze Gemeine auf den Hals hetzet, auch vorgibt, ich hätte die ganze Stadt Görlitz samt dem Fürstentum Liegnitz damit vergiftet und dasselbe ausgesprenget und das große Klagen von den Priestern zu Liegnitz deswegen über mich ging, auch daß darum ein Ehrbarer Rat samt der Stadt Görlitz in Gefahr stünden.

12. Darauf gebe ich zur Antwort, daß sich solches mit nichten also verhalte und daß mir solches aus böser Neigung nur von etlichen Wenigen und vielleicht wohl durch des Herrn Primarii eigen Anreizung zugerichtet worden, weil er vermerket, daß meine Unschuld solle an den Tag kommen.

696 J. S. von Schweinichen   697 zitiert

13. Denn erstlich habe ich das Büchlein selber nicht drukken lassen. Zum andern habe ichs nicht selber ins Fürstentum Liegnitz eingesprengt, sondern der Patron, welcher es drukken lassen, hat es seinen Freunden und Bekannten geschicket. Zum dritten weiß ich, daß sein Vorhaben wegen solcher Gefahr, als sollte sich der Herzog zu Liegnitz samt der ganzen Priesterschaft beschweren, sich ganz nicht also verhält, denn ich weiß soviel, daß es der Herzog samt etlichen Räten sowohl viel der Priester selber lesen und wird von vielen Prädikanten samt etlichen von den hohen Schulen, welche trefflich gelehrte Männer sind, geliebet. Auch wirds am kurfürstlichen Hofe zu Dresden und Sachsen von vornehmen Herren geliebet, die denn auch bei etlichen Reichsfürsten und Herren der Reichsstädte, wie ich solches mit vielen Briefen zu beweisen hätte.

14. Und halte derowegen gänzlich dafür, daß mir dieses Bad sei vom Teufel und seinem Reich zugerichtet, weil er siehet, daß sein Reich dadurch offenbaret und der Mensch zur Buße und christlichem Wandel angewiesen wird.

15. Weil aber der Herr Primarius mein Büchlein zum Feuer verdammet, so bitte und begehre ich um Gottes Willen, Ehrbarer Rat wolle ihm befehlen, daß er mir meine Irrtümer artikelweise aus diesem Büchlein aufzeichne und mir zur Antwort kommen lasse oder zu einem mündlichen Gespräch im Beisein etlicher Herren des Rats. Ists dann, daß er mir einen Irrtum beweiset, so will ich mich herzlich gerne weisen lassen und ihm folgen. Wo aber nicht, weil es im Druck ist, so mag er auch dawider schreiben, so es E. Rat gefället. Es werden schon gelehrte Leute sein, welche sich meiner annehmen und ihm antworten werden, ob[698] ichs gleich nicht täte.

16. Letztlich hat er mich vor der ganzen Gemeine ausgeschrien, ich verachte die Kirchen und hl. Sakramente und

---

698 wenn

mich zum öftermal für einen Ketzer, Schwärmer und Halunken gescholten und mich an meinem wohl hergebrachten und darin stets wohl verhaltenen Ehren und guten ehrlichen Namen angetastet, auch solche Dinge, welche alle nicht wahr sind, mir aufgeleget und gesaget, ich saufe mich stets voll Branntwein, auch andern Weins und Biers wie ein Schwein, welches aber wider Gott, Ehre, Recht und alle Wahrheit mir zugeleget wird aus lauter bösen Affekten, mich bei der Gemeine verhaßt zu machen.

17. Denn erstlich verachte ich keine Kirchen, denn ich gehe selber hinein, viel weniger die heiligen Sakramenta, deren ich mich selber gebrauche, sondern ich bekenne den Tempel Jesum Christum in uns, daß wir Christum in unsern Herzen sollten hören lehren nach St. Stephani und der Apostel Lehre. So habe ich auch von den heiligen Sakramenten klarer geschrieben als ich auf der Kanzel von ihm noch niemals gehöret, wie solches zu erweisen wäre.

18. So bin ich auch kein Lehrer oder Prediger und predige oder lehre nicht, sondern gebe nur Rechenschaft von meiner Gabe und Erkenntnis, wie ich bin dazu kommen. Und darf sich meinethalben niemand eines Anhangs fürchten, denn ich gehe mit meinem Talent nicht mit gemeinen Leuten um, sondern mit Doktoren, Priestern und Edelleuten, welche gelehrt sind.

19. Bitte derowegen einen ehrenfesten und hochweisen Rat, mich wegen solchen ehrenrührischen Schmähungen und unwahrhaftigen Anklagen in gebührlichen Schutz zu nehmen, denn mir geschiehet mit solcher Anklage Gewalt und Unrecht, und bin kein Kirchen- und Sakramentenlästerer, viel weniger ein Trunkenbold, sondern lebe ganz nüchtern mit Beten und Meditieren in göttlicher Gabe, berufe mich auch auf die ganze Stadt und weiß ich, daß kein Mann sein wird, der mich solche zeihen kann. Beim Herrn Primario aber dürfte man wohl öfter denselben (als einen) trunkenen Mann

finden. Ich aber komme fast in keines Menschen Haus ohne Not, viel weniger in Bierhäuser und Weinkeller, sondern lebe einsam und still, wie Ehrbarem Rat wohl bewußt ist. J. B.

55. Sendbrief
An N. N. von Lübeck – Vom 20. April 1624.

Unser Heil in der wirkenden Liebe Jesu Christi in uns!

Mein gar lieber und christlicher Herr. Der hohe Friede nebst herzlicher, gliedlicher und in der Begierde mitwirkender Liebe-Wünschung, daß dem Herrn die wahre Sonne der wirklichen Liebe Jesu Christi in Seele, Geist und Leib stets aufgehe und scheine!

2. Sein Schreiben unterm 24. Januar habe ich 14 Tage nach Ostern empfangen und mich dessen erfreuet, daß ich darinnen sehe, daß der Herr ein hungeriger, eiferiger, begieriger Sucher und Liebhaber des wahren Grundes sei; welchem, wie ich verstehe, der Herr mit Fleiß hat nachgetrachtet und geforschet.

3. Daß ihm aber auch meine Schriften sind zuhanden kommen und er dieselben beliebet, das ist gewißlich die Ursache und eine göttliche Ordnung, welcher die Liebenden zur Liebe führt und oft fremde Mittel brauchet, dadurch er die liebhabende Begierde erfüllet, sie mit seiner Gabe speiset und ihrer Liebe sein Ens zum wahren Feuer-Brennen einführet.

4. Und soll der Herr gewiß glauben, sofern er wird in der Liebe zur Wahrheit beständig bleiben, daß sie sich ihm wird in feuerflammender Liebe eröffnen und recht zu erkennen geben. Nur daß es recht angefangen werde. Denn nicht durch unsere scharfe Vernunft und Forschen erlangen wir den wahren Grund göttlicher Erkenntnis. Die Forschung muß von innen im Hunger der Seelen anlangen. Denn das Vernunft-

Forschen gehet nur bis in sein Astrum[699] der äußern Welt, daraus die Vernunft urständet. Aber die Seele forschet in ihrem Astro als in der inneren geistlichen Welt, daraus die sichtbare Welt entstanden oder ausgeflossen ist, darinnen sie mit ihrem Grunde stehet.

5. So aber die Seele will ihr eigen Astrum als das Mysterium magnum forschen, so muß sie alle ihre Macht und Willen göttlicher Liebe und Gnaden zuvor ganz ergeben und zuvor werden als ein Kind und durch große Buße sich zu ihrem Centro wenden und nichts wollen tun, ohne[700] was der Geist Gottes durch sie will forschen. Und wenn sie sich also hat übergeben und dadurch nichts als Gottes Ehre und ihre Seligkeit suchet samt dem Dienste und Liebe des Nächsten und sich alsdann in solcher Begierde findet, daß sie gerne wollte göttliche und natürliche Erkenntnis haben, so soll sie wissen, daß sie von Gott dazu gezogen wird. So mag sie wohl solchen tiefen Grund, wie in meinen Schriften angedeutet wird, forschen.

6. Denn der Geist Gottes forschet durch sie und führet sie endlich in die Tiefe der Gottheit, wie St. Paulus saget: Der Geist forschet alle Dinge, auch die Tiefe der Gottheit, I. Kor. 2, 10.

7. Mein lieber Herr, es ist ein einfältiger Kinderweg zur höchsten Weisheit. Die Welt kennet den nicht. Ihr dürfet sie nicht in fernen Örtern suchen. Sie stehet vor eurer Seelentür und klopfet an. Ists, daß sie mag eine ledige, gelassene Stätte in der Seelen finden, so wird sie sich allda wohl eröffnen und sich mehr darinnen erfreuen als die Sonne in den Elementen. So sie sich ihr (der Weisheit) zum Eigentum ergiebet, so durchdringet sie die Seele mit ihrer feuerflammenden Liebe und schleußet ihr alle Geheimnis auf.

8. Es möchte dem Herrn vielleicht Wunder nehmen, wie

---

699 seinen Zuständigkeitsbereich   700 außer

daß ein Laie solche hohe Dinge verstände, der sie niemals gelernet noch gelesen hat. Aber ich sage euch, mein lieber Herr, daß ihr bisher nur einen Glanz in meinen Schriften von solchen Geheimnissen gesehen habet. Denn man kanns nicht schreiben, ob ihr von Gott würdet würdig erkannt werden, daß euch das Licht in der Seelen würde anbrennen, so würdet ihr unaussprechliche Worte Gottes von solcher Erkenntnis hören, schmecken, riechen, fühlen und sehen. Allda ist erst die rechte theosophische Pfingstschule, da die Seele von Gott gelehret wird.

9. Es (be)darf hernach keines Forschens oder scharfer Mühe mehr. Es stehen alle Pforten offen. Es kann gar ein einfältiger Mensch dazu kommen, so er ihm[701] nur nicht selber mit seinem Wollen und Rennen widerstehet. Denn es lieget vorhin im Menschen. Es darf nur durch Gottes Geist erwecket werden.

10. In meinem Talent, wie ichs in der Einfalt habe mögen aufschreiben, werdet ihr den Weg hierzu wohl sehen, sonderlich in diesem beigefügten Büchlein[702], welches auch meines Talents ist und erst vor wenig Wochen zum Druck befördert worden, welches ich dem Herrn in Liebe als meinem christlichen Mitgliede verehre und ihn oft durchzulesen vermahne, denn seine Tugend heißet: Je länger, je lieber. In diesem Büchlein wird der Herr einen wahren kurzen Grund sehen, welcher sicher ist, denn der Autor hat ihn in der Praxi erfahren.

11. Was aber anlanget den Grund der hohen natürlichen Geheimnisse, dessen der Herr um mehrer Erläuterung nebst Herrn Walther und Herrn Leonhard Elver begehret, wolle er bei Herrn Walther darum nachfragen. Denn ich habe euch und ihm eine Erklärung nebst andern neuen Schriften mitgeschicket. So euch dieselben belieben, so könnet ihr sie lassen

---

701 sich 702 *Weg zu Christo (Christosophia)*

nachschreiben. Ihr werdet gar große Erkenntnis darinnen finden.

12. Ich wünsche, daß ihr das allesamt recht möget verstehen. Ich wollte es euch gerne noch einfältiger[703] geben, aber wegen der großen Tiefe und dann auch der Unwürdigen halber mag es jetzo nicht geschehen. Christus spricht Matth. 7,7: Suchet, so werdet ihr finden; klopfet an, so wird euch aufgetan. – Es kann es keiner dem andern geben. Es muß es ein jeder selber von Gott erlangen. Anleitung kann einer dem andern wohl geben, aber den Verstand kann er nicht geben.

13. Jedoch wisset, daß euch mitternächtigen[704] Ländern eine Lilie blühet!

14. So ihr dieselbe mit dem sektiererischen Zanke der Gelehrten nicht werdet zerstören, so wird sie zum großen Baum bei euch werden. Werdet ihr aber lieber wollen zanken als den wahren Gott erkennen, so gehet der Strahl vorüber und trifft nur etliche. So müsset ihr hernach Wasser für den Durst eurer Seelen bei fremden Völkern holen.

15. Werdet ihr das recht in acht nehmen, so werden euch meine Schriften großen Anlaß und Anweisung dazu geben, und der Signatstern über eurem Pol wird euch helfen, denn seine Zeit ist geboren.

16. Ich will euch gerne geben, was mir der Herr hat gegeben. Sehet nur zu und leget es recht an. Es wird euch ein Zeugnis über die Spötter sein. Auf meine Person darf niemand sehen, es ist eine lautere Gabe Gottes. Nicht allein um meinetwillen, sondern auch um euretwillen und aller derer, welche sie zu lesen bekommen.

17. Es gaffe niemand mehr nach der Zeit. Sie ist schon geboren! Wens trifft, den triffts. Wer da wachet, der siehets, und der da schläfet, der siehets nicht. Sie ist erschienen, die Zeit, und wird bald erscheinen. Wer da wachet, der siehet sie.

---

703 einfacher   704 nördlicher

Viel haben sie schon empfunden, aber es muß von ehe[705] eine große Trübsal vorübergehen, ehe sie ganz offenbar wird. Das ist die Ursache. Der Streit der Gelehrten, daß sie Christi Kelch mit Füßen treten und um ein Kind zanken, das böser nie gewesen ist, seit daß Menschen gewesen sind, das wird offenbar werden. Darum soll sich kein frommer Mann an solchem Zanke besudeln. Es ist ein Feuer vom Herrn darin. Das wird ihn verbrennen und die Wahrheit selber offenbaren.

18. Was mehrers ist, wird er bei Herrn Walther empfangen, sonderlich eine Tabelle samt der Erklärung, darin der ganze Grund vor Augen gestellet ist.

Und empfehle den Herrn der Liebe Jesu Christi! Des Herrn in der Liebe Jesu Christi dienstw(illiger)   J. B.

56. Sendbrief
An Herrn N. N. – Vom 25. April 1624.

Unser Heil in der wirkenden Liebe Jesu Christi in uns!

Mein geliebter Bruder im Leben Jesu Christi, nebst herzlicher Wünschung Gottes wirklicher Liebe, daß euer in Christo entsprossenes edles Lilienzweiglein im Paradeis Gottes in der Kraft Christi groß wachse und viel Früchte trage zu unser aller ewiger Freude und himmlischer Brüderschaft!

2. Ich erfreue mich in meiner Seelen, wenn ich vernehme, daß ein kräftiges schönes Zweigelein an unserm Lebensbaume Christo entsprossen ist, und hoffe seiner guten Früchte auch zu genießen.

3. Wie ein Zweig am Baume des andern Saft und Kraft genießt und alle in einer Kraft wachsen und Früchte tragen, also sind wir auch im Baume Christ alle nur einer, welcher ist *Christus in uns* allen.

705 erst

4. Weil ihr euch denn mit Mund und Herzen frei öffentlich zu diesem Baume des Lebens bekennet und hingegen des Satans Gift und Irrung widersprechet, so wünsche ich jetzund nichts mehr, als daß ich möchte können in der Kraft dieses Baumes, welcher ist Christus, euch meine von ihm empfangene Kraft einflößen, auf daß wir alle Glieder in *einer* Kraft wachsen mögen.

5. Und zweifelt mir nichts daran, der Höchste habe seinen Lilienzweig in euch geboren, denn ohne göttliche Kraft haben wir kein Verlangen noch Hunger nach Gott, und können ihn auch ohne seinen Geist in uns nicht erkennen. Alles, was wir Gründliches von ihm wissen, das kommet von seiner Offenbarung und Wirkung.

6. Denn ob gleich die Welt viel von Gott redet, so tut sie es doch nur aus Gewohnheit und nimmt ihr Wissen von der Historia des buchstabischen Worts, und ist kein wahres Wissen bei ihnen. Denn niemand kennet den Vater als nur der Sohn und wem es der Sohn will offenbaren.

7. Darum haben wir keine wahre Wissenschaft von Gott, sie werde uns denn vom Sohne gegeben, welcher in uns lebet, so wir aber auch Reben am Weinstocke sind.

8. Denn Christus sprach: Wer von Gott ist, der höret Gottes Wort; – und zu den Vernunft-Gelehrten, welche nur alleine vom Buchstaben gelehret waren: Darum höret ihr nicht, denn ihr seid nicht von Gott, Joh. 8,47; item: Ihr seid nicht meine Schafe, ihr seid reißende Wölfe und Mietlinge[706].

9. Darum sage ich: Wollen wir recht von Gott reden und seinen Willen verstehen, so müssen seine Worte in lebendiger Wirkung in uns bleiben, denn Christus sprach: Ohne mich könnet ihr nichts tun, Joh. 15,5; item: Niemand kann Gott einen Herrn heißen, ohne den Hl. Geist in ihm, I. Kor.

---

706 Lohnknechte statt Eigentümer der Herde Christi

12,3, denn sein Herr-Heißen[707] muß aus Gott geboren sein und vom Hl. Geist ausfließen.

10. Nichts gefället Gott und wird auch nichts von Gott angenommen, ohne was er mit und durch des Menschen Geist selber wirket und tut. Denn alle Pflanzen, saget Christus, welche mein Vater nicht pflanzet, sollen ausgerottet und mit Feuer verbrannt werden, Matth. 15,13.

11. Darum, mein geliebter Bruder, tut ihr wohl, daß ihr euch zum Ursprunge des Lebens haltet und von demselben Kraft begehret. Ihr werdet wohl erquicket und gestärket werden. Ihr seid Gott und den Gliedern Christi ein angenehmer Gast in eurem Vorsatze. Und so ihr werdet beständig bleiben und dem Teufel samt der Welt und dem irdischen Fleische und Blute widerstehen und euch zum rechten ritterlichen Siegeskampf wider alle diese schicken und den Mittagsfeind eigener Liebe in euch überwinden und recht in unsere allgemeine Liebe kommen, so sollet ihr gewiß wissen, daß euch das edle und hochteure Ritterkränzlein Jesu Christi, welches es in der Schlacht des Todes und der Höllen hat erlanget, mit der himmlischen Freudenreich wird aufgesetzt werden.

12. So werden sich alsdann alle Kinder Christi samt den heiligen Engeln mit euch allen hoch erfreuen, als über 99 Gerechten, welche das schon erlanget haben, und wird die schöne und edle Sophia eurer Seelen zur Gemahlin gegeben werden, welche jetzo vor eurer Seelentüre stehet und mit ihrer Stimme euch flehentlich rufet und anklopfet. Ihr sollt nur recht im Streite wider Sünde, Tod, Teufel und Hölle treten und mit eurem Ernste die große Pedarde an das feste Schloß der Natur setzen, so wird sie euch helfen, dieses Schloß zersprengen. Alsdann werdet ihr große Wunder sehen, und zur selben Siegesstunde wird die freudenreiche Hochzeit des

---

707 das Herr-, Herr-Sagen (vgl. Matth. 7,21)

Lammes im Himmel in euch gehalten werden. Und alsdann wird euch der Hirtenstab von Christo in die Hand eurer Seele gegeben werden.

13. Alleine gedenket, was ihr dieser keuschen Sophia gelobet, solches auch feste bis in euer Ende zu halten. Es muß ernst sein, nicht wieder zurück in Sodom sehen wie Lots Weib, welche zur Salzsäule war, sondern mit Lot nach Gottes Begehren aus Sodom ausgehn, in die Nachfolge Christi eintreten, der Welt Spott und Lästerung nichts achten, sondern das Malzeichen Christi mehr lieben als aller Welt Freundschaft, Ehre und Gut, so möget ihr mit uns auf Christi Pilgrim-Straße wandern. Wo euch aber dieses nicht schmekket und noch der Welt Wollust und Ehre begehret, so seid ihr noch nicht geschicket zur Hochzeit und zu eurer Braut, unserer lieben Sophia, zu kommen.

14. Darum bedenket euch wohl und schauet euer ganzes Herze an. Ist es nun, daß ihr einen sehnlichen Hunger und Zug – als ich denn fast spüre – dazu vermerket, so verziehet keine Stunde. Gehet fort, tretet mit einem rechten Ernste in die Buße und ergebet euren Willen ganz, darein zu treten und nimmermehr wieder davon auszugehen. Und solltet ihr darum Leib, Leben, Ehr und Gut verlassen, so ihr das tut, so seid ihr recht geschicket, und es wird der rechte Mauerbrecher zu eurer Seelen treten und das in euch tun, was ihr ohne ihn nicht tun könnet.

15. Und ob euch hernach möchte Neiglichkeit und große Widerwärtigkeit im Fleische anhangen, eure Vernunft euch närrisch heißen, auch Gottes Zorn in Leib und Seele überziehen und zudecken, so wirds euch alles nicht schaden. Ihr werdet mit einem neuen Gemüte unter solchen Dornen ausgrünen und mit dem Geiste im Himmel wandeln. Obgleich der irdische Leib muß mit Kreaturen umgehen, so wird es doch mit euch gehen als mit einem groben Steine, in dem schön Gold wächset.

16. Ihr sollet euch an meiner Trübsal und Verfolgung nicht stoßen, auch nichts davor fürchten, denn es ist Christi Malzeichen. Sehet nur zurück in die Schrift, wie es Gottes Kindern ist gegangen, wie sie sind allezeit nur eben von denen, welche sollten Gottes Wege lehren, verfolget und getötet werden. Denn mir ist ein edles Perllein vertrauet. Das decket Gott also zu, daß es die Unwürdigen nicht sehen, sondern daran blind sind und sich an der Einfalt der Person ärgern, auf daß sie ihnen[708] in ihrer Vernunft Weisheit selber töricht bleiben, es sehen und doch nicht verstehen, dieweil sie die Einfalt Christi verschmähen. Aber es kommet gar nahe eine Zeit, daß sie davon sollen gar ernste Rechenschaft geben.

17. Daß es aber Gott hat euch zu erkennen gegeben, was es sei und wovon es komme, das danket ihm. Es ist euch aus Gnaden widerfahren und darum, daß ihr euch habet vor ihm noch gedemütiget. Und mag euch noch größere Gnade widerfahren, so ihr in der Demut und ernstem Gebete bleibet stehen. Ich will euch meine Liebe mit Beten und christgliedlichem[709] Wirken gerne mitteilen. Denn es ist mir eine eitele[710] Freude in meinem Herzen, ob ich gleich muß leibliche Trübsal darum leiden, so erfreue ich mich doch, daß ich sehe, was Gott der Herr durch mich armen Menschen bishero getan habe.

18. Der Satan mag Gottes Wege nicht hindern. Denn ob es wohl scheinet, als hindere es sie mit solchem Mordgeschrei, so wird es doch nur je mehr und mehr eröffnet, daß Gottes Kinder nach dem Grunde fragen.

19. Der gottlose Haufe aber wird dadurch verstocket und verhindert. Die anderen werden dadurch gerufen, das werdet ihr sehen, ehe noch ein Jahr umkommet. Und ob sie mich gleich töten, so müßte es doch vor sich gehen, denn es ist vom Herrn.

708 sich   709 brüderlichem   710 völlige

20. Empfehle euch der sanften, wirkenden Liebe Jesu Christi und in eure brüderliche Liebe und Gunst.

Datum ut supra. J. B.

57. Sendbrief
An Herrn Christian Bernhard – Vom 5. Mai 1624.

Unser Heil in Christo!

Mein geliebter Herr Christian, neben Wünschung aller seligen Wohlfahrt zu eurer Ruhe wünsche ich euch den Schutz und Schirm Gottes, daß er euch wolle mit seinen lieben Engeln begleiten und zu frommen christlichen Herzen führen und mit Gesundheit erhalten und dasselbe durch euch verrichten, das er will!

2. Herrn Baltzer Walther[711] habe ich jetzt auf die Leipziger Messe geschrieben und ihm das Büchlein »Von der Gnadenwahl« von 42 Bogen sowohl das »Von Christi Testamenten« von 16 Bogen, auch 27 Bogen über Genesis[712], nebst einem Clave von 6 Bogen und dann drei Exemplare meines Büchleins (»Weg zu Christo – Christosophia«) mitgeschicket. Auch habe ich den beiden Herren von Lübeck, welche mir geschrieben hatten, geantwortet und jedem ein Exemplar des gedruckten Büchleins geschicket, welche Herrn Walther wohl bewußt sind[713].

3. Eurern Herrn Bruder, den Konrektor, grüßet; und nehme es zu großem Dank an, daß er will meine Briefe fördern[714], und will ihm oft etwas zuschicken. Auf nächsten Freitag reise ich nach Dresden, allda ich zu des Kurfürsten Räten berufen bin, mich mit ihnen zu besprechen, wie denn

---

711 Dr. Balthasar Walther
712 Böhmes Werk *Mysterium magnum*
713 55,10. 11.   714 befördern

auch mit Herrn Hinckelmann[715], Verwalter des Laboratorii im Schlosse. Gott gebe Gnade dazu!

Und empfehle euch der Liebe Jesu Christi!

Datum ut supra.

Euer in der Liebe Christi dienstwilliger   J. B.

58. Sendbrief
An Herrn N. N. – Vom 8. Mai 1624.

Unser Heil im Leben: Jesus Christus in uns.

Mein gar lieber Herr, nebst herzlicher Wünschung göttlicher Liebe und aller ersprießlicher Leibeswohlfahrt. Seine Unpäßlichkeit wolle Gott nach seinem Willen schicken. Mein Lebenszustand ist noch leidlich, dafür ich Gott danke. Aber ganz wohl mit pharisäischen Kletten beworfen[716], daß mich der gemeine Pöbel kaum kennet, daß ich ein Mensch bin. Also gar sehr ist der Satan über mich und mein gedrucktes Büchlein[717] erzürnet und wütet in dem obersten Pharisäer also sehr, als wollte er mich fressen, wiewohl sich das große Feuer jetzt in drei Wochen lang hat ein wenig geleget, dieweil er merket, daß ihm von soviel hundert Menschen widersprochen wird, welche er allesamt neben mir verbannet, gelästert und geurteilt hat; und hat mich also sehr mit Lügen beschüttet, daß man mich kaum kennet.

2. Also verdecket Christus seine Braut und das edle Perllein wegen der Menschen Unwürdigkeit, dieweil der Zorn in ihnen angebrannt und die Rache nahe ist. Ich bete und sie fluchen mir; ich segne und sie lästern mich, und stehe jetzt recht in der Proba[718] und trage das Malzeichen Christi an meiner Stirne. Aber meine Seele ist darin nicht traurig, sondern

---

715 Benedikt Hinckelmann, kursächsischer Hofchemiker
716 Vgl. 52.-54. Sendbrief   717 55,10   718 Bewährung

achtet ihr[719] dieses alles für Siegeszeichen Christi, denn also muß der Mensch recht in Christi Prozeß gestellet werden, auf daß er seinem Bilde ähnlich werde. Denn Christus muß immerdar verfolgt, verspottet und getötet werden, denn er ist ein Zeichen, dem widersprochen wird, aber auf welchem er fället, den zerschellet er und zerstöret die angeerbte Bosheit der Schlange.

3. Habe ich andere diesen Weg sollen lehren und gelehret, warum wollte mir das bange tun, selber auch darauf zu wandeln? Es gehet mir doch nur also, wie ichs andern habe vorgeschrieben, daß es gehen soll. Und gehet mir gar recht, denn dieses ist die Pilgrimstraße Christi. Denn die wahren Christen sind allhie fremde Gäste und müssen durch des Teufels Reich in ihr rechtes Vaterland, so auch einwandern durch eitel Distel und Dornen des Fluches Gottes. Es muß gerungen und überwunden sein, bis wir durchkommen. Es wird uns wohl belohnet werden. Denn diese, welche uns jetzt richten, werden am Gerichtstag Gottes unter unsere Augen gestellet werden, da wir werden neben Christo ein Urteil über sie herrschen. Was wollen sie uns alsdann sagen? Werden sie nicht verstummen und sich selber lästern, wie sie jetzt uns tun?

4. Ach, daß sie das könnten allhie bedenken und davon abließen! Ich wünschte ihnen Gottes Barmherzigkeit, denn sie wissen nicht, was sie tun. Sie sind in größerem Elende als diejenigen sind, welche sie verfolgen, denn sie sind arme Gefangene des Teufels, welcher sie also quälet und vergiftet, daß Gift ihr Leben ist. Darum erfreuen sie sich, daß sie des Teufels Dornen und Disteln gebären als Früchte in Gottes Zorn, welches Christi Kindern wohl zu beherzigen ist, welche sich nach ihrem rechten Vaterlande ängstigen, daß sie nicht allein für sich selber zu Gott beten um Erlösung, sondern

---

719 sich

auch um diese ihre elende, arme gefangene Mitglieder, daß sie Gott auch wolle erleuchten und herzuführen.

5. Liebe Brüder, es ist eine Zeit großen Ernstes. Lasset uns ja nicht schlafen, denn der Bräutigam ziehet vorüber und ladet seine Hochzeitsgäste. Wer das höret, der gehet mit zur Hochzeit. Wer aber nicht will, sondern nun in Fleisches Lust lebet, den wirds sehr reuen, daß er solche Gnadenzeit verschlafen hat.

6. Es siehet die Welt wunderlich an, daß der solle Gott gefallen, welcher von den Schriftgelehrten verachtet und verfolgt wird, und sehen nicht zurück, was die Gelehrten haben den Propheten, Christo und seinen Aposteln und Nachkommen getan.

7. Ach, es ist jetzo nur eine Maul- und Titel-Christenheit! Das Herze ist ärger, als da sie Heiden waren. Lasset unser ja wahrnehmen und nicht auf sie sehen, daß doch Samen auf Erden bleibe und Christus nur nicht allein ein Deckmantel sei! Lasset uns untereinander vermahnen und trösten, daß wir in Geduld bestehen, denn es kommet noch eine große Trübsal her, daß wir mögen bestehen. Denn unser Christentum bestehet nicht allein in Wissen, sondern in Kraft. Man zanket jetzund nur im Wissen und Bildern, und die Kraft verleugnet man. Aber es kommet die Zeit der Proba, da man wird sehen, was ihre Bilder gewesen sind und wie sie haben daran gehalten, wenn sie werden von einem Bilde aufs andere fallen, und doch keine Ruhe haben.

8. Ach, ihre Bilder sind nur Abgötter der Heiden, wie sie waren, ehe sie Christennamen hatten. Die Gelehrten und Vorsteher suchen nur Eigennutz und Ehre darinnen und haben sich in Christi Stuhl gesetzet, sind aber nur Krämer der Bilder, welche sie ums Geld verkaufen. Wer ihnen viel giebet, dem verkaufet man ein ehrlich Lobbild, und fragen nichts nach ihren Seelen, wenn sie nur ihr zeitlich Gut genießen.

9. Ach, finstere Nacht! Wo ist die Christenheit? Ist sie doch gar zur brüchigen[720] Hure worden? Wo ist ihre Liebe? Ist sie doch gar zu Kupfer, Stahl und Eisen worden? Wobei soll man jetzt die Christenheit kennen? Was für Unterschied hat sie von Türken und Heiden, wo ist ihr christlich Leben? Wo ist die Gemeinschaft der Heiligen, da wir in Christo nur Einer sind, da Christus in uns allen nur Einer ist? Siehet doch kein Ast an dem Baum des christlichen Lebens dem andern ähnlich, und sind eitel[721] wilde widerwärtige Zweige gewachsen.

10. Ach, Brüder, die wir stehen, lasset uns doch wachen und von Babel ausgehen. Es ist Zeit, ob sie uns gleich höhnen oder gar töten. Noch wollen wir nicht den Drachen und sein Bild anbeten, denn welche solches tun, sollen ewiglich gequälet werden.

11. Stoßet euch nicht an meiner Verfolgung. Und ob es euch dergleichen auch gehen würde, so denket, daß ein ander Leben ist und daß sie nur unsern eigenen Feind verfolgen, welchen wir selber auch hassen. Sie können uns nichts mehr nehmen als nur die Hülse, darinnen der Baum gewachsen ist. Der Baum aber stehet im Himmel und Paradeis im Grunde der Ewigkeit. Den kann kein Teufel ausrotten. Lasset nur des Teufels Sturmwinde darüber hinwehen. Ihr Treiben und Quälen ist unser Wachstum.

12. Ich bin abermals durch die Bewegung Gottes Zornes beweget worden von den Widerwärtigen, auf daß ich wachse und groß werde, denn jetzt ist erst mein Talent meinem Vaterlande offenbar worden. Der Feind meinets böse, aber er publiziert nur dadurch mein Talent. Es wird anjetzo mächtig sehr allhier begehret und ist manche hungerige Seele dadurch erquicket worden, ob es gleich der unwissende Haufe lästert.

13. Ihr werdet noch wunderliche Dinge hören, denn die Zeit ist geboren, davon mir vor drei Jahren gesaget ward

720 ehebrecherischen 721 nichts als

durch ein Gesichte, als nämlich die Reformation. Das Ende befehle ich Gott. Ich weiß es noch nicht eigentlich.

Und tue euch der sanften Liebe Jesu Christi empfehlen.

Datum ut supra. J. B.

59. Sendbrief
An N. N. – Anno 1624 im April.

Mein gar lieber Herr, neben Wünschung der Liebe unseres Herrn Jesu Christi in Seele und Geist füge ich dem Herrn, daß in meinem Abwesen dieser Reise, als ich bei Herrn Hans Sigmund Paust gewesen bin, der pharisäische Geist hat gewütet, als wollte er den Himmel stürmen und die Hölle zerbrechen, und alles wegen des gedruckten Büchleins, welches doch von vielen sehr hoch geliebet wird[722].

2. Und weiß nicht, wie es mir mit diesem pharisäischen Geist noch gehen wird. Setze aber meine Hoffnung und ganzes Vertrauen in die Liebe Jesu Christi und danke Gott, daß ich dem Bilde Jesu Christi soll ähnlich werden und um seiner willen Schmach leiden. Will alles mit Geduld unterm Kreuz Christi tragen, denn es stürmet Satan wider Christum und Christus wider den Satan. Und gehet wie bei Christo, ein Part sagete: Er ist fromm und ein Prophet, die andern sageten: Er hat den Teufel. – Wie es wird ablaufen, berichte ich ferner dem Herrn.

Und empfehle ihn der Liebe Jesu Christi.

D(es) H(erren) d(ienstwilliger) J. B.

---

722 Vgl. 52.-54. und 58. Sendbrief

60. Sendbrief
An Herrn Friedrich Krause, Dr. med. zu Liegnitz –
Vom 9. Mai 1624.

Unser Heil im Leben: Jesus Christus in uns.

Mein gar lieber Herr und christlicher treuer Freund. Neben herzlicher Wünschung göttlicher Liebe, daß euch die Sonne der Gerechtigkeit in Seele und Geist ewig scheine! Wenn es euch noch wohl ginge, das wäre mir eitel Freude. Mich wisset, Gott Lob, diesmal noch in guter Leibesgesundheit, aber mit des Satans Kletten, durch den pharisäischen Geist von außen wohl beworfen, denn wie sehr der Satan über mich und mein gedrucktes Büchlein »Von der Buße«[723] sei erzürnet, kann ich euch kaum schreiben und nur der oberste Pharisäer und seinesgleichen. Denn sie haben Sorge, ihre Autorität und Ansehen möchte fallen, so ungelehrte Leute würden den höchsten Grund hervorbringen, und die Leute möchten die Nachfolge Christi und der Apostel im Leben und Lehre von ihnen fordern. So müßte ihr Bauchgott fallen und ihr Sinn etwas demütiger werden, welches alles nicht schmecket.

2. Aber es muß doch geschehen. Die Zeit ist geboren, und will kein Lästern helfen. Denn mit ihrem Lästern verursachen sie nur die Leute nach diesen Schriften zu fragen und fördern sie mehr dadurch, als daß sie diese mögen hindern, wie allhie bei uns jetzo geschehen ist, daß sie fast ein jeder wollte gerne sehen und das große Wunder anschauen, was doch für ein wildes Tier darinnen stecket. Und wenn sie dieselbe zu lesen bekommen, so entsetzen sie sich von ihrer Blindheit und gehen in sich und betrachten ihr Leben dagegen, dadurch ihrer sehr viel haben umgewandt und sind in die Buße gegangen und sich mit mir befreundet, welche zuvor

---

723 enthalten in: *Christosophia*

sind Lästerer gewesen. Diese werden hernach Schafe Christi. Also gar wunderlich führet der Herr seine Wege, und müssen Gottes Kindern alle Dinge zu besten dienen.

3. Es hat der Primarius bei uns einen giftigen, lügenhaften Pasquill von einem Bogen in lateinischer Sprache carmenweise[724] wider mich drucken lassen, darinnen man seinen Geist weidlich siehet und den Satan mit seinen Krallen. Dawider habe ich eine Verantwortung geschrieben[725], die könnet ihr samt dem Pasquill bei Herrn Michael Ender bei euch bekommen. Er wird es euch willig darleihen. Allda werdet ihr wunderliche Dinge sehen, welches ich euch allhier nicht schreiben kann.

4. Ich übersende euch mit Zeiger[726] auch ein Exemplar vom gedruckten Büchlein. Hoffe, ihr werdets wohl praktizieren, weil ihr ohnedies ein Liebhaber des wahren Grundes seid. Und wollte euch gerne etwas von geschriebenen Sachen mitgeschickt haben, habe sie aber alle verliehen.

5. Heute, den 9. Mai, reise ich nach Dresden, dahin ich denn von vornehmen Leuten am kurfürstlichen Hofe bin auf ein Gespräche gebeten worden, welche meine Schriften auch lesen und lieben. Gott gebe Gnade und Kraft dazu. Was allda möchte ablaufen, berichte ich euch einandermal.

6. Und bitte, wollet Herrn Martin Moser zu Goldberge doch mit gewisser Gelegenheit beigefügtes Paket senden, daran ihr ihm und mir meinen Liebesdienst erzeiget. Und wollet doch mit Herrn Michael Ender Kundschaft machen, so das nicht geschehen wäre. Allda könnet ihr alle meine Schriften bekommen, denn er hat sie alle und ist gar ein großer Practicus und lieber Mensch, auch gar verschwiegen und treu. Ihr werdet einen sonderlichen guten Freund an ihm haben.

724 in Versform   725 vgl. 54. Sendbrief
726 dem Briefboten

Und empfehle euch der Liebe unsers Herrn Jesu Christi. Geben ut supra.

Euer in der Liebe Christi dienstwilliger J. B.

61. Sendbrief
An Herrn Tobias Kober, Dr. med. zu Görlitz –
Dresden den 15. Mai 1624.

Emanuel!

Mein gar lieber und werter Herr und Bruder im Leben und in der Kraft unsers Herrn Jesu Christi, nebst herzlicher Wünschung göttlicher Liebe und Geduld unterm Kreuz Christi! – Euer Schreiben habe ich wohl empfangen und darinnen eure christliche brüderliche Liebe gespüret, als sie mir doch zuvorhin wohl bekannt ist, und erfreue mich erstlich eurer und der meinen Gesundheit. Ich bin auch, Gott Lob, mit guter Gelegenheit nebst Herrn Melchior Bernt allhier angelanget bei Herrn Benedikt Hinckelmann[727], allda mir alle christliche Liebe und Freundschaft anerboten wird; und sind täglich in guter Konversation beieinander. Auch ist meine Ankunft fast bei allen kurfürstlichen Räten vom Herrn Hinckelmann erschollen, welche fast alle mein gedrucktes Büchlein lesen und lieben und für eine göttliche Gabe erkennen und sich dessen täglich gebrauchen. Und haben mir auch nun zum öftermal ihren Gruß und geneigten Willen durch Herrn Hinckelmann, welcher täglich zu ihnen kommen muß, weil er praktiziert und sie ihn selber brauchen, entbieten lassen; und begehren, ich wollte allhie verziehen[728]. Sie wolltens also bestellen und richten, daß sie möchten mit mir in eine Konversation kommen, wie sie denn mehr meiner Schriften haben empfangen, und bin dessen täglich gewärtig.

727 57,3 728 länger bleiben

2. Wie mir dann Herr Joachim von Loß, ein gar weiser Herr, kaiserlicher und kurfürstlicher Rat, welcher der vornehmsten einer ist, lassen andeuten, daß er seine Sache also angestellet, daß er im Ausgang der Feiertage wollte auf sein Schloß Pillnitz, eine Meile von Dresden, fahren. Allda wollte er mich und Herrn Hinckelmann mitnehmen und etliche Tage bei sich behalten zu einer guten Unterredung.

3. Desgleichen auch der Hausmarschall und oberste Stallmeister gegen mich gesonnen ist, und hoffe noch, diese Herren werden mich nicht allein in Gnaden wohl vermerken, sondern auch meiner Schriften etliche befördern, welches ich alles für eine göttliche Schickung halte. Und werde noch schwerlich unter drei Wochen können zu Hause kommen, weil ich allhier warten muß, wie es Gott will schicken, und auch das Feuer des Zornes des Satans also sehr zu Hause brennet, davor ich allhier guten Frieden habe und nichts von solchem Lärmen höre.

4. Ich vermahne euch in Liebe, wollet doch nur Geduld haben und zusehen, was Gott tun will. Ich habe für mich keine Schwermut, sondern bin gar fröhlich dabei, daß ich sehe, daß der Teufel wider mich erzürnet ist und mich also belügt. Es ist Christi Malzeichen. Des Lästerers Lügen werden wohl an Tag kommen, daß unsere Feinde sich werden schämen müssen. Lasset uns nur beten und Gott das Gerichte befehlen. Er tut solches Christo und seinen Kindern selber. Seine Entschuldigung, welche doch nur falsch ist, wird nicht gelten. Wollte Gott, er betete also, daß er den Hl. Geist auf die Kanzel brächte, so würde er nicht den zornigen Lästerteufel darauf bringen. Es gilt jetzo der Huren zu Babel. Darum ist der Teufel also sehr erzürnet.

5. Bitte, wollet mit meinem Weibe handeln und ihr sagen, daß sie sich in Geduld fasse und zufrieden gebe und nicht also kleinmütig darüber werde, wie ich vernehme, daß sie ist. Es gehet mir gar wohl und werde in Ehren und gar lieb gehalten.

Ich will sie nicht lassen. Haben wir an einem Orte nicht Raum, so wird uns Gott an einen andern führen.

6. Denn ich sehe jetzo des Herrn Wegen nach, was er tun wird. Sie soll ihr[729] das für keine Schande zurechnen, denn wir werden um göttlicher Erkenntnis und Gabe um Christi, unseres Erlösers willen, verfolgt. Christus hieß uns freuen, wenn es uns also ginge, denn unser Lohn ist im Himmel groß. Ich will sie und unsere Kinder, so Gott will, noch wohl versorgen. Sie gebe sich nur in die Geduld und zufrieden und lasse ihr niemand etwas einbilden. Ich will wohl acht auf mich selber haben. Sie darf[730] nicht wegen meiner sorgen. Es wird auch noch eine Zeit kommen, daß es ihr nicht wird zur Unehre geraten. Es weiß niemand, was Unehrliches von uns zu sagen als nur ein einziger böser Mensch, der uns belüget und um Christi willen anficht. Es ist mir eitel[731] Freude, um Christi und seiner Gabe willen Schmach zu leiden. Auch muß unser Feind das Gute helfen fördern.

7. Das Drohen unsers Feindes ist nur sein boshaftiger Wille. Wer weiß, ob ihm nicht möchte ein Ring in die Nase gezogen werden. Ich will solches den kurfürstlichen Räten nicht unbewußt lassen, als sie es denn schon wissen, und ihm das nicht wohl sprechen. Auch hoffe ich vor ihre kurfürstliche Gnaden selber zu kommen in eigener Person. Und hoffe, es werde alles gut werden. Er[732] darf nicht so sehr auf die Hoheit pochen und sich auf Lügen und auf Menschen verlassen. Sein christliches Herze wird wohl offenbar werden. Es möchten ihm auch noch wohl seine jetzigen Freunde widerstehen.

8. Weil es ihn aber deucht[733] unrecht sein, daß mein Büchlein unter keinem Namen ist ausgegangen[734], so hoffe ich, es

---

729 sich   730 muß   731 nichts als
732 Böhmes Widerpart Gregor Richter
733 scheint
734 »Weg zu Christo« erschien anonym

soll bald unter einem Namen ausgehen. Er wird das nicht wehren. Ich habe schon Anleitung. Auch sind jetziger Leipziger Messe sehr viel dergleichen Büchlein im Drucke herauskommen. Er mag es auch wehren, wo er der Mann ist, der es tun kann. Hoffe, ehe ein Jahr umkommet, so wird sein Wehren Babel insgemein heißen[735].

9. Wegen meines Sohnes Jakob, daß er ist zu Hause kommen, erfreue ich mich, und bitte, er wolle doch zu Görlitz bleiben bis zu meiner Ankunft und sich nicht etwa in Zank einlassen wegen spöttischer Leute, daß nicht Gottes Gabe gelästert werde und der Feind sagen möchte, wir wollens mit dem Schwerte verteidigen und Aufruhr anrichten. Sondern (wir wollen) ein wenig Geduld haben, daß unser Gutes mit Nutzen gepflanzet werde und wir als Kinder Christi erkannt werden.

10. Denn das künftige Saeculum[736] wird nicht Zanken, Beißen und Schlagen sein, sondern Liebe und Geduld, Friede und Freude in Erkenntnis göttlicher Gaben.

11. Weil uns denn Gott zu Erstlingen hat mit erkoren, so sollen wirs recht anfangen und stehen als eine Rose unter dem Dornenstrauche. Denn unsere Heimat ist im Himmel und nicht auf Erden, darum lasset uns dahin werben[737].

12. Meine Frau darf mir nichts herschicken von Sachen. Ich habe genug bei mir. Wird ihr was mangeln, weiß sie doch wohl, was sie tun soll. Sie darf nicht Not leiden, aber des unnützen Kummers soll sie sich entschlagen. Es gilt nicht Hals und Bauch[738]. Und ob es gelte, so wäre es Gottes Rat. Den lasse man geschehen. – Ich will euch ehest wieder schreiben, wie sichs wird allhier verlaufen. Am Sonntage nach Himmelfahrt habe ich euch ein Schreiben gesandt[739] und

---

735 Sein Widerstand wird allgemein als antichristlich erkannt werden.
736 das neue Zeitalter   737 streben
738 Es geht nicht um Tod und Leben.   739 62. Sendbrief

darin allen Zustand berichtet, welches erst wird am nächsten Freitage sein auf Zittau zu Herrn Melchior Bernts Frau ankommen. Hoffe, ihr werdets schon unterdessen haben empfangen.

13. Zu Zittau haben wir gute Konversation beim Herrn Johann Molinus in Beiwohnung Herrn Fürstenauers und Herrn Johann Hartigius und Herrn Matthias Renisch gehabt, welche beiden Doktoren mir haben ein jeder einen Reichsthaler auf Zehrung[740] gegeben und mich gebeten, ihrer Kundschaft weiter zu pflegen[741]. Hoffe, es soll allhier (in Dresden) nicht leer abgehen, wie ich schon habe vernommen. Dem Primario[742] bei euch gebe ich nichts davon, und wenn er noch böser wäre. Hat er nicht genug an der geschriebenen Apologia[743]? Sie soll ihm wohl gedruckt werden, als ich denn dazu von vielen vermahnet werde, aber doch noch ein wenig nachsehen will, wie es allhier wird ablaufen. Dürstet ihn gar sehr nach mir, so komme er her und verklage mich allhier. Ich will zur Antwort stehen und wünsche, daß mein Büchlein möchte zur Erörterung kommen und auch sein Pasquill. Ich gedenke noch nicht, also stille zu schweigen auf seinen Pasquill, sondern will es noch öffentlich bewähren[744], daß er hat alles auf mich gelogen. Er giebet nur sein schönes Herze damit an Tag. Die beiden Doktoren zu Zittau sagten, sie können keinen guten Geist in ihm spüren. Also wird sein Pasquill überall angesehen.

14. Bitte, wollet meine Frau und alle guten Brüder in Christo unserer Liebe grüßen, sonderlich Herrn Hans Roth mein Wesen andeuten, daß er es Herrn Carl Ender und seinem Bruder Michael Ender schreibe, ob es möchte Herr Hans Sigmund[745] zu wissen bekommen, wie es jetzt um mich stehe; will ihnen sämtlich ehest schreiben. Jetzo konnte ich

740 zum Unterhalt 741 Nachricht zu geben 742 Gregor Richter
743 54. Sendbrief 744 widerlegen 745 J. S. von Schweinichen

nicht wegen Hinderung; und doch meine Frau trösten, daß sie den unnützen Kummer fahren lasse. Es ist keine Gefahr bei mir. Ich sitze jetzo so gut und besser als zu Görlitz. Sie soll nur zu Hause bleiben und stille sein und Babel lassen brennen. Unser Feind steht im Feuer. Darum ist er so zornig.

Und empfehle euch der Liebe Jesu Christi!

Geben in Dresden, ut supra.

Euer in der Liebe Jesu Christi dienstw(illiger) Teutonicus.

62. Sendbrief
An Herrn Tobias Kober, Dr. med. – Dresden am Sonntage nach Christi Himmelfahrt 1624.

Unser Heil im Leben: Jesus Christus in uns!

Mein gar lieber Herr und christlicher Bruder, nebst treuherziger, gliedlicher[746] Wünschung stets währender göttlicher Liebe-Kraft, daß eure Seele möge immerdar aus dem Brünnlein Jesu Christi schöpfen und trinken!

2. Wenn es euch samt den Eurigen und unsern lieben Freunden samt meinem Weibe wohl ginge, wär mirs lieb. Für mich danke ich Gott, welcher mich wunderlich führet nach seinem Wohlgefallen. – Ich bin Mittwoch vor Christi Himmelfahrt nebst Herrn Melchior Bernt zu Dresden mit guter Gesundheit bei Herrn Benedikt Hinckelmann, ihre kurfürstliche Gnaden Chymico und Practico, angelanget, allda mir alle christliche Liebe und Freundschaft erboten wird, auch gar wohl gehalten werde, allda haben wir viel gute Conversationes.

3. Und finden sich auch unter des Kurfürsten Räten, und zwar unter den allervornehmsten gar christliche, liebhabende Herren, welchen solcher theosophische Grund sehr lieb ist

---

746 brüderlicher

und auch meine Schriften lieben und lesen. Denn mein gedrucktes Büchlein ist fast in sehr vieler Offiziere[747] und anderer gelehrter Männer Hände allhier kommen, welche es alle für gut und eine Gabe Gottes erkennen und dahin arbeiten und denken, wie man solche gute Schriften, welche den Menschen in die Nachfolge Christi führen, möge helfen fördern und nicht unterdrücken, wie es leider Gottes in meinem Vaterlande aus Haß der Person geschiehet.

4. Und wird dem Herrn Primario von den Räten und Gelehrten sein schmählicher Pasquill gar wunderlich angesehen, und vermeinet ein Teil, daß ihn habe der leidige böse Geist diktieret. Auch wird er von den Priestern verachtet, welche sagen, er schreite ganz damit aus seinem Amte. Denn Herr Hinckelmann hat ihn den Räten und Gelehrten gewiesen[748], welche sich ob des Mannes Torheit wundern, daß er seine Affekte in publico also wider ein christliches Büchlein darf ausschütten, davor sich manches fromme Herz entsetzet; und achtens für eine Strafe Gottes, daß diejenigen, welche andere sollten lehren also blind sind und der Wahrheit selber widerstehen.

5. Es haben mir auch etliche der vornehmsten Räte ihren guten Willen entbieten lassen und daneben andeuten, daß sie ehesten Tages[749], als sie nur Gelegenheit haben, mich zu sich auf eine christliche Konversation wollen fordern lassen, welches ich von dato erwarte, was allda geschehen möchte. Hoffe aber, daß es alles gut werden wird, denn dessen bin ich gewiß, daß sie meine Schriften lieben, wie denn auch der Superintendent allhier, Dr. Aegidius Strauch, mein gedrucktes Büchlein lieset und liebet, hoffe auch, es werde allhier auch aufgeleget und nachgedrucket werden, wie mir ist angedeutet worden, so hätte der Krieg ein Loch; und erwarte täglich, wie es Gott fügen werde.

747 Amtsleute   748 gezeigt   749 frühestmöglich

6. Ich bitte, der Herr wolle doch meinem Weibe andeuten, daß sie sich wegen meiner nicht kümmere und nur fleißig bete, Gott wird es wohl schicken. Mangelt ihr etwas, so weiß sie doch wohl, wo sie das nehmen kann. Sie soll nur wohl haushalten und sich ein wenig bücken. Dies Sturmwetter wird wohl vorübergehen und die Sonne darauf scheinen. Ich werde auf Herrn Hinckelmanns Bitte noch etwa einen Monat lang oder was das sein möchte, allhier zu Dresden bei ihm bleiben. Denn ich habe es ihm zugesaget, weil er mir Kost und Gelegenheit umsonst giebet und gar ein christlicher Herr ist, welcher mir wohl dienen mag, – jedoch nach Gottes Willen. Ich verlasse mich auf keinen Menschen, sondern auf den lebendigen Gott, und bin dabei ganz fröhlich und getrost. Wer weiß, wie sichs möchte verlaufen.

7. Meine Schriften werden allhier nachgeschrieben. Die Zeit wird alles eröffnen. Ich will euch ehest wieder schreiben, sobald ich nur Gelegenheit[750] habe, und euch meinen ferneren Zustand berichten. Jetzt bin ich allhier noch gar neu und fremd, hoffe aber wohl bekannt zu werden, ehe ein Monat weggehet.

8. Ob ihr irgend Gelegenheit hättet, so bitte ich, mir doch zu schreiben, ob die Schmähung des Primarii noch also währet und ob ers nicht wolle nachlassen, so wollte ich die kurfürstlichen Räte um Schutz und Gerechtigkeit bitten, welches ihm keinen Nutz oder Ehre bringen würde. Er darf sich nicht also sehr auf seine Gewalt verlassen. Man könnte ihn noch wohl um seine Lügen und schändlichen Ehrenrührungen willen zurechtstellen. Man hat allhier zu Dresden öffentlich dergleichen gute Büchlein von der neuen Geburt und dem letzten Saeculo[751] feil. Es hat ja so gelehrte Priester allhier, als bei uns. Man höret nicht also dawider lästern. Es ist wahrlich

---

750 einen Brief zu schicken
751 der Endzeit (letztes Zeitalter)

der Stadt Görlitz kein Ruhm. Man möchte sich wohl besser bedenken.

9. Herrn Friedrich Renisch wolle doch der Herr neben meinem Gruß melden, daß ich sein Schreiben, welches er mir mitgegeben will, mit Fleiße bei vornehmen Leuten andeuten und zeigen. Würde sich etwas wollen erzeigen, so will ich ihm gerne willfahren. Wo ferne mein Weib nicht hätte meine Apologia[752] von dem Praeceptor[753] des jungen Herrn von Scheratin beim Schneider Lihnen wieder empfangen, dem ich sie hinterlassen habe, so soll sie dasselbe abfordern, und so gewisse Gelegenheit wäre, mit herschicken. Man hätte es allhier auch gerne.

10. Dresden ist jetzt allhier eine Jubelstadt, wie vor der Zeit Prag war, und gehet prächtig zu. Aus Ungarn berichtet man allhier fast gewiß, wie Herr Hinckelmann von den Obristen, Offizieren, sonderlich von dem von Loß vernommen hat, daß der Friede zwischen dem Kaiser und Bethlehem Gabor geschlossen sei. Aber die Zeitungen[754] laufen gar viel anders. In Niederland(en) ists auch jetzo stille, obwohl viel Volk allda in Bereitung ist, so höret man doch nichts Neues. Schweden hat vor acht Tagen allhier Knechte geworben, auch gehet die englische Werbung fort, – gibt ferner die Zeit.

11. Bitte, Herrn Hans Roth meinen Gruß zu melden und ihm anzudeuten, daß er doch wolle Herrn Michael Ender und Herrn Carl Ender neben meinem Gruß andeuten, so er etwa wird Gelegenheit zu ihnen zu haben, daß ich mich werde eine Weile, etwa vier Wochen, vielleicht weniger, allhier aufhalten, daß er es Herrn Hans Sigmund von Schweinichen berichtet.

12. Daferne etwa Gelegenheit her wäre[755] und etwa wären fremde Schreiben zu meiner Frau ankommen, bitte ich mir

---

752 54. Sendbrief   753 Erzieher   754 Nachrichten
755 falls eine Postsendung nach Dresden möglich wäre

sie mitzusenden. Ich will ihnen schon antworten, denn allhier laufen Boten in viel Länder.

Und empfehle euch alle in die Liebe Jesu Christi.

Datum Dresden, ut supra.

Euer in der Liebe Jesu Christi dienstw(illiger)   J. B.

P. S.
Eurer Frau meinen Gruß insonderheit; Herr Benedikt Hinckelmann lässet euch grüßen; hatte nicht Weile[756] zu schreiben.

63. Sendbrief
An Herrn Tobias Kober, Dr. med. –
Dresden, Freitag nach Pfingsten 1624.

Unser Heil im Leben: Jesus Christus in uns!

Mein gar lieber Herr und christlicher Bruder, nebst herzlicher Wünschung göttlicher Liebe, Geduld und Hoffnung der Erlösung vom Treiber[757], auch steter Wirkung in der Kraft Christi, daß euer Perlenbäumlein stets größer wachse! Wenn es auch noch wohl ginge, wäre mir eitel Freude. Für mich danke ich Gott, denn meine Sache ist bisher in gutem Aufnehmen allhier gestanden. Gott helfe weiter!

2. Am Hl. Pfingsttage nachmittag sind die kurfürstlichen Offiziere als die drei Herren: von Schwalbach und der Hausmarschall die wohledlen, gestrengen Obersten beim Kurfürsten, als der Hausmarschall, der Stallmeister, oberster Kämmerer und ein Rat bei meinem Wirte zu Gaste gewesen und um meinetwillen dahin kommen, sich mit mir zu vernehmen, welches auch in Liebe, Gunst und gutem Vernehmen bei ihnen abgelaufen, und mich gar gerne gehöret und meine

756 keine Zeit   757 dem Widersacher

Sachen ihnen belieben lassen, mir auch geneigten Willen und Beförderung zugesaget und sich weiter mit mir zu unterreden erboten, und begehret, dessen ich täglich warte; lesen auch mein gedrucktes Büchlein mit Liebe, welches sie auch vor den Kurfürsten gebracht haben.

3. Am Donnerstage nach Pfingsten hat mich neben meinem Wirte Herrn Hinckelmann und einem Doktor Medicinae lassen der wohledle, gestrenge Herr Joachim von Loß, kaiserlicher Majestät und kurfürstlicher geheimer Rat und Reichsoffizier auf sein Schloß Pillnitz (eine Meile von Dresden), auf seiner Kutschen abholen und sich mit mir vernommen. Welchem Herrn meine Sachen und Gaben hoch belieben, welcher mir auch geneigten Willen und Beförderung versprochen hat, auch angedeutet, daß er wolle meine Person beim Kurfürsten fördern und sehen, daß ich etwa möchte Unterhalt und Ruhe bekommen, mein Talent zu fördern.

4. Dieser Herr ist ein sehr gelehrter und hochverständiger Mann, welcher auch unserm Lande, sowohl Schlesien nach dem Falle Friderici[758], unsers gewesen Königes, in Schlichtung der Hauptsachen sehr viel gedienet hat und gehen alle hohe Sachen durch seinen Rat, welcher begehret hat, ich wollte öfter bei ihm erscheinen. Er wollte mein Patron und geneigter Förderer sein; und warte auf dato stündlich, welches ich durch obgenannten seiner Räte andeuten und Förderung gewärtig bin; und sind auch viel andere Herren und Räte, denen mein Büchlein beliebet, wie denn auch dem Superintendenten Aegidio Strauch, und hoffe, es werde alles gut werden nach erlittenem Schaden und Verfolgung.

5. Hätte nun der Herr Primarius zu Görlitz etwas wider mich zu klagen, so möchte ers jetzt allhier bei des Kurfürsten Räten vorbringen und seine giftige Verleumdung bei E. Rat[759], meinen Herren zu Görlitz unterwegen lassen. Allhier wollte

---

758 Friedrich V., sogenannter »Winterkönig«   759 Stadtrat

ich ihm zurechte stehen und seine Lügen ins Angesichte stellen, welche er hat giftigerweise von der Gemeine und im Pasquill über mich ausgeschüttet.

6. Sein christliches Herze wird trefflich gelobet, wenn er das nur ein Teil wüßte, wie man seinen Pasquill für so gar christlich und recht ansiehet. Er tut der Stadt Görlitz Schande und Spott damit an, daß sie also einen Lästerer und Spötter zum Hohenpriester haben, welcher also ehrenrührische Pasquill und Zoten wider seine Pfarrkinder drucken lässet und sie nicht anders mag unterrichten. Er hat ihm[760] einen trefflichen Namen dadurch gemachet, daß man ihn für einen Unchristen und ungeistlichen Mann hält. Ihm dürfte auch wohl gar nahe[761] das Maul gestopfet und geheißen werden, seines Amtes und der Nachfolge Christi und der Apostel zu warten, ohne was ihm dürfte begegnen, so wollten seine ehrenrührischen Worte im Pasquill und auf der Kanzel eifern und klagen. Ich hoffete, ich wollte wohl Richter finden, welchen diesen Richter würden können richten, ob ich gleich zu Görlitz kein Gehör kann haben, welches doch die Herren wunderlich ansiehet, daß man einen Bürger in seinen Sachen nicht vernehmen will, da ich doch über meine Herren zu Görlitz keine Klage oder Beschwerde führen will, ohne weitere Ursache.

7. Daß es aber den Primarium verdrießt, daß ich mich habe schriftlich verantwortet[762], und darum will ich oben ausfahren[763] und noch vielmehr lästern, dazu sage ich: Hat er nicht genug an geschriebener Antwort, so will ich sie zum Druck befördern, wie es von vielen gelehrten Leuten für gut angesehen wird. Ich weiß auch schöne Gelegenheit dazu. Das Maul vom Lästern zu halten, wäre ihm gut oder er wird müssen sehen und hören, was ihm jetzt nicht gefället.

8. Wiewohl ich keinen Gefallen daran habe, denn ich

760 sich 761 sehr bald 762 54. Sendbrief 763 in die Luft gehen

merke fast⁷⁶⁴ wohl, daß der Teufel gerne wollte mein Talent mit Zanken besuchen, hoffe aber unter göttlichem Schutze zu stehen, denn ich empfinde jetzt kräftig, wie Gott seine Kinder führet und schützet, dafür ihm zu danken ist. Und wird nicht also gehen, daß der Primarius wird alle Leute von Görlitz jagen, welche mein Büchlein lesen, sonst müßte er auch zu Dresden kommen und in viel andere Orte und den Kurfürsten seine Räte und Priester verjagen. Er sehe aber zu, daß ihn Gottes Zorn nicht ins höllische Feuer jage. Buße tun wäre wohl gut. Will er aber eine Reformation anfangen, so wird der Kurfürst auch dreinsehen, was er für einen Reformator in seinem Lande habe. Dürfet euch vor ihm nicht entsetzen, es ist nur ein pharisäischer Eifer ohne Grund.

9. Ich hoffe noch, es wird bald die Zeit der großen Reformation kommen, da man sie auch wird reformieren und heißen Christum und nicht Schusterpech und -schwärze lehren und Christi Kinder lästern. Er komme nur zu Dresden in (einen) Buchladen. Er wird die neue Reformation genug sehen, welche meinem Grunde gleichsiehet, was den theologischen Grund antrifft. Ich höre allhier nichts dawider lästern, denn es wird mit Freuden gelesen, wie denn auch der Superintendent Aegidius Strauch sowohl auch Doktor Hoe die neue Geburt und den innern Menschen anjetzo selber lehren, es mags ihnen der Primarius zu Görlitz auch verbieten. Und viel andere in Meißen, Sachsen, Thüringen und See-Städten⁷⁶⁵ schreiben und lehren davor gar recht. So das unser Primarius will wehren, so hat er Zeit, daß er ein Consilium ausschreibe und die Reformation vornehme, oder (es) werden eitel Enthusiasten werden, wie er sie heißet.

10. Ich bitte, wollet doch meine Frau und Söhne grüßen und ihnen dies lesen lassen und sie zur Geduld und Gebet vermahnen. Ich hoffe, es wird alles gut werden. Sie sollen

764 sehr 765 Böhme denkt z. B. an Lübeck

sich nur noch ein wenig gedulden. Wer weiß, wie es noch mag ablaufen. Es kann mir diese Verfolgung noch wohl zum allerbesten kommen. Ich will in drei Wochen, so das sein mag, gewißlich zu Hause kommen, ob ich gleich müßte wieder allhier hereisen. Will euch aber unterdessen schreiben, wie sichs wird weiter mit den Herrn verlaufen, und meinen Sohn Jakob vermahnen zu warten und daß er doch oft wolle zu Hans Bürger gehen und sehen, was Elias[766] lernet und sich mit seinem Lehrmeister in Liebe behaben[767]. Dem soll er meinen Gruß und guten Willen entbieten und mein Vorhaben nicht (ver)bergen, daß es nicht das Ansehen habe, als hätte man eine solche Sache, daß man vorm Primario müsse fliehen und deswegen der kleine Elias von seinem Lehrmeister verfolget und übel gehalten würde. So mag ihm mein diesmal(iger) guter Zustand[768] wohl angedeutet werden.

11. Wiewohl er ein guter einfältiger Mann ist und sich der Sachen nicht verstehet, daß er deswegen nicht wolle Abgunst auf meinen Knaben werfen. Es wird noch alles gut werden. Er soll sich nicht scheuen, meinen Sohn zu lehren. Ich will seinen Kindern und ihm wiederum dienen. Und möchte auch noch wohl eine andere Zeit kommen, daß ich ihm dienen könnte. Er wolle doch anjetzo mit mir Geduld tragen, denn mein Weg ist von Gott also beschaffen. Das wird die Zeit und das Ende geben.

12. Die Herren und christlichen lieben Brüder als Herrn Hans Roth, Herrn Friedrich Renisch, Herrn Martin Möller und Herrn Michael Kurz nebst allen Kindern Christi, welche sich zu euch nahen, bitte ich zu grüßen und meinen Zustand zu eröffnen, auch daß sie als Kinder Christi im Weinberge Christi wollen arbeiten und den Satan lassen brummen. Die

766 ein Sohn Böhmes 767 benehmen
768 Böhmes günstige Situation

Zeit der Erlösung kommet schon zu seiner Zeit. Der Frau Doktorin auch insinderheit meinen Gruß und meinem Weibe und Söhnen zu vermelden, daß sie stille sein und Geduld haben und nicht eifern, daß uns der böse Feind nicht etwa einen Kleck(s) anhänge; und endlich jedermann sehe, daß wir um der Erkenntnis Christi und seiner Wahrheit willen verfolget werden. Ob es Gelegenheit gäbe, welche gewiß wäre[769], bitte ich mir doch meine Apologia[770] wider den Primarium mitzusenden oder mit gewisser Gelegenheit Herrn Melchior Bernt zu Zittau zu senden, welcher allezeit mit den Leipziger (Buch-)Händlern Gelegenheit hat, und solche bei meinem Weibe abzufordern, denn sie wird begehret, solche den kurfürstlichen Räten zu zeigen, was sie dazu sagen werden. Inneliegend Schreiben meinem Weibe zu geben, daß sie das Herrn Carl von Ender sende. – Und empfehle euch alle der sanften Liebe Jesu Christi!

Datum Dresden, ut supra.

Euer in der Liebe Jesu Christi dienstw(illiger)   Teutonicus.

64. Sendbrief
An Herrn Tobias Kober, Dr. med. –
Dresden vom 13. Juni 1624.

Emanuel!

Mein vielgeliebter Herr und christlicher Bruder, nebst herzlicher Wünschung der stets wirkenden Liebe Jesu Christi, daß sein Perlenbäumlein unterm Kreuz unsers Herrn Jesu Christi in solcher Bewegnis und Übung groß werde und wir allesamt in solcher Kraft mögen dem zornigen Feinde Christi im Glauben und in der Demut Christi widerstehen, welcher

---

769 Wenn es eine zuverlässige Postverbindung gäbe
770 54. Sendbrief

anjetzo brüllet wie ein wütender Löwe, und sich mächtig wider Jesum und seine Kinder auflehnet, daß wir mit Paulo mögen einen guten Kampf kämpfen und das Ende unserer Seligkeit davonbringen und nicht um zeitlicher Ehre und Lust willen Christum in der einmal erkannten Wahrheit verleugnen, welches schwer sein würde wieder zu erlangen.

2. Ich für meine Person danke Gott in Christo Jesu, daß er mich hat mit seinem Malzeichen gezeichnet und machet mich täglich seinem Bilde ähnlich, und bitte ihn um Beständigkeit, auch daß er wolle meine Feinde von dem grausamen Tode des ewigen Schreckens, darin sie jetzt unwissend gefangen liegen, erlösen, und auch ans Licht bringen, daß sie diesen Weg erkennen und in unsere ewige Brüderschaft kommen.

3. Aber (um) vernünftig von diesen Dingen zu reden, so sehen wirs ja vor Augen, daß dieser Weg dem Teufel ganz zuwider ist, weil er ohne Ursache also dawider tobet. Es ist fast ein großes Wunder, daß er wider so ein kleines Betbüchlein solch Lärmen anrichtet. Es muß ihm gewiß nicht schmecken und anstinken, da doch viel große Bücher voll Narrenpossen, teils auch voll Aberglauben gefunden werden, welche er nicht anficht, sondern nur den »Weg zu Christo« speiet er an, daß niemand soll darauf wandeln.

4. Denn er meinet, sein Reich erst kräftig zu bauen, und siehet aber, daß es jetzo überall will lückicht[771] werden, denn der Einreißer kommen anjetzo an vielen Orten herzu, sonderlich von Mitternacht. Wir können anjetzo nichts besseres tun als diesen Feind mit Geduld unterm Kreuz Christi spotten und mit ernster Buße überwinden, so wird er endlich matt und schwach.

5. Und wird dieser Löschbrand wohl seine Endschaft nehmen, denn er ist nur ein Feuerstrahl Gottes Zornes, welcher muß mit göttlicher Liebe und Demut gelöschet werden. Wir

---

771 brüchig, locker

sollen ihm mitnichten Holz zutragen zu seinem Brennen, sondern mit Christi Überwindung töten, wie Christus mit seiner Liebe hat Gottes Zorn und die Hölle überwunden und den Tod zerbrochen und mächtig über alle seine Feinde geherrschet. Also wird alsdann solcher Feind im Zorn Gottes nicht lange siegen, wie uns Christus gelehret hat, daß wir unsere Feinde sollen speisen und tränken und uns erfreuen, so sie uns um seinetwillen belügen. Denn unser Lohn ist im Himmel.

6. Ein weltliches Schwert aus eigenem Vorsatze wider solchen Feind zu führen, ist nicht gut, denn also würde er stärker. Aber mit Geduld und Beten wollen wir ihn wohl überwinden. Nach seiner unbilligen Lästerung frage ich nichts. Ich habe ein gut Gewissen wider ihn. Es muß doch bald die Zeit kommen, daß solcher Feind mit dem Schwerte der Kraft Gottes ersticket werde.

7. Wir sehen billig die Zeit an, denn Babel brennet in der ganzen Welt, und ist Wehe auf allen Gassen, ohne daß mans noch nicht siehet, sondern noch daran blind ist.

8. Wegen eurer brüderlichen Treue und gar christlichen Vorsorge, indem ihr habet etliche Sachen von meinem Weibe zu euch genommen in Verwahrung, sage ich großen Dank. Will mir je der Hohepriester[772] das Haus stürmen, das lasse man ihn nur tun, auf daß es doch in allen Landen kündig werden, was für ein Aufrührer er ist. Es wird ihm und den Seinigen gar zu großen Ehren kommen. Es soll auch vor des Kurfürsten Räten gerühmet werden, daß er mir durch seine getreuen Diener hat das Haus angetastet und die Fenster eingeworfen. Wenn das andere Leute täten und Ursachen haben, so würde sie ein E. Rat[773] nicht bei der Stadt dulden.

9. Es wundert mich fast sehr, daß man solch Lärmen zu Görlitz anrichtet und die Stadt also beschreiet ohne Ursache. Wenn man wird nach dem Grunde fragen, es wird seltsam

---

[772] Gregor Richter [773] Stadtrat

aussehen. Jedoch muß es sein, denn es ist die Zeit geboren. Es wird bald ein anderes kommen. Dieses ist nur ein Vorbild[774], weil sie haben des Hl. Geistes Fest also fein zelebrieret, so wird er ihnen kräftig beistehen. Daran kann man ja wohl sehen, wes Geistes Kinder sie sind, wem sie dienen; und geben uns desto mehr Ursache, von ihnen zu fliehen. Ich meine ja, es sei Pfui genug, es stinke nach pharisäischem Peche und höllischer Schwärze, daß es Gott erbarme die arme einfältige Gemeine, welche also verblendet wird und die Strafe Gottes auf sich zeucht, welche gar nahe wird ausgegossen werden.

10. Man sieht auch ihre Beständigkeit gar schön. Was sie jetzt gut heißen, das verleugnen sie ein andermal. O wenn Jesuiten dahin kämen und man die Kirchen von Luther wieder abforderte, was würde das gute Päpstler geben!

11. Man lasse es doch nur also gehen. Stillschweigen ist das beste. Sie jagen eine Mücke und meinen, sie haben den Braten. Aber es stecket ein kleines Senfkörnlein vom Kreuz, daran Christus hat den Tod erwürget, darin. Das wird ihnen den Bauch zerbersten und wird zu einem Baum werden. Das kann niemand wehren.

12. Mein Weib darf keine Fensterladen deswegen[775] machen. Wollen sie diese einwerfen, das mögen sie tun. So siehet man des Hohenpriesters Früchte. Sie soll sich doch nur noch ein wenig gedulden. Hat sie nicht Raum zu Görlitz, so will ich sie wohl an Ort und Stelle schaffen, da sie wird Friede haben. Sie bleibe doch nur zu Hause und gehe nicht ohne Not aus und lasse den Feind toben. Er wird sie nicht fressen.

13. Ich muß noch ein wenig allhier verwarten und nachsehen, was Gott tun will, denn ich bin jetzt erst ein wenig in großer Herren Kundschaft[776] allhier kommen, welches täglich geschiehet. Und gehet mir auf heute, Gott Lob, noch

774 Vorläufer 775 64,8 776 Bekanntschaft

wohl und habe noch nicht Fug[777] gehabt, etwas von den Herren zu begehren zu meinem Schutze, weil der Kurfürste verreiset ist und etliche der vornehmsten Herren mit ihm.

14. Wiewohl ich mich auf keinen weltlichen Schutz verlasse, sondern auf Gott warte und ihm allein vertraue, von dem ich mein Pfund habe empfangen.

15. Auf nächsten Sonntag ist ein Gespräche zwischen mir und dem Herrn Superintendenten Aegidius Strauch angestellet bei meinem Wirt, welches der Herr Superintendent sich mit mir zu unterreden selber begehret und wünschet auf ein Abendmahl[778], dabei etliche des Kurfürsten Räte sein werden. Was allda ablaufen wird, berichte ich euch ehest.

16. Denn mein Gebetbüchlein »Von der Buße« liebet er, ohne daß er sich gerne wollte etlicher Punkte halben, welche ihm zu hoch[779] sein, unterreden und selber hören, aus was Grunde es fließe, welches mir lieb ist, und sehe nach, was daraus wird werden.

17. Auch warte ich nach des Herrn von Loß als kaiserlichen und kurfürstlichen geheimen Kammerrats, seiner Resolution, zu welchem ich auch ehesten Tages kommen soll. Was allda ablaufen wird, will ich ehest berichten. Hoffe, es wird noch alles gut werden. Wie Gott will, so will ich mit. Wer weiß, wo mich Gott hin will haben oder was er durch mich tun will. Ich wundere mich selber sehr, wie ich also wunderlich geführet werde, ohne meine Gedanken und Vorhaben.

18. Meinem Weibe übersende ich mit Zeiger[780] zwei Reichsthaler Zubuß[781]. Wird ihr etwas mangeln, weiß sie doch wohl, wo sie das haben kann. Der Schlüssel zum Tische liegt im Stüberl bei den Pfannen auf dem Brette. Euer Traktätlein liegt im Tische, könnets abfordern. Euer Schreiben, welches ihr noch nach Zittau habt geschickt, ist mir noch nicht (zuteil)

777 Anlaß   778 Abendessen   779 unklar
780 dem Briefboten   781 Unterhalt

worden. Ob sich etwas zutrüge, bitte ich doch mir zu schreiben. Und wo keine gewisse Botschaft zufällig her ist, nur Herrn Melchior Bernt zu Zittau schicken. Er hat alle Wochen Gelegenheit her, und ihm zu melden, daß ers dort fördere, als ichs denn auch also mit ihm habe verlassen; und (bitte) mein Weib und die beiden Söhne zu grüßen und sie zur christlichen Geduld und zum Gebet vermahnen und nicht eigene Rache vorzunehmen, daß der Feind nicht Ursache habe.

19. Der Handel mit Herrn Fürstenauers Gesinde ist wohl nicht gut. Jedoch wird daraus nicht viel werden, denn es ist des Primarii eigene Schande, und dürfte ihm wohl groß verwiesen[782] werden. Und wünschte, daß es sein Herr recht wüßte, er würde ihn wohl in Schutz nehmen. Es sind des Primarii gute Früchte.

20. Ich hoffe, ich will euch ehest besuchen, ob ich ja wieder hierher sollte reisen. Es wird nicht Halsabhauens gelten[783]. Es ist nur ein tolles Geschrei, daran nichts ist als Pfaffenglöckel; die läutet also schön. Obs Christi Stimme sei oder des Teufels, ist leicht zu raten. Ihr dürfet euch wegen des Geplärrs nicht zu Tode fürchten. Es ist keine Sache, daran Schande hanget. Es ist nur die Glocke zu Babel. Die wird geläutet zum Sturme.

21. Helfet nur, im Geiste Christi tapfer stürmen, so wird alsdann auch Christis Glöcklein geläutet werden. Gott gebe ihnen und uns allen einen guten Sinn.

22. Herr Friedrich Renisch bitte ich zu grüßen. Ich habe ihm allhier noch nichts können ausrichten, denn es gehet allhier sehr nach Gunst zu. Und sind viel Aufwärter, so etwas ist; will ihm aber gerne in Liebe dienen, so ich nur könnte. Ich kann mir anjetzo noch selber nicht raten, bis mir Gott hilft. Und empfehle euch alle in die Liebe Jesu Christi!

Datum Dresden, ut supra.

---

782 verboten   783 Es wird nicht so schlimm werden.

P. S.

Mein Jakob[784] soll doch noch zu Görlitz warten, daß die Mutter doch einen Trost habe, bis ichs kann ändern. Es sollte schon sein, so ich nicht allhier warten müßte, sie gedulde sich nur.

Des Herrn dienstw(illiger) J. B.

65. Sendbrief
An Herrn Augustin Köppe, fürstenauerischer Verwalter zu Lissau – Anno 1622.

Unser Heil im Leben: Jesus Christus in uns!

Mein lieber Herr Augustinus, christlicher Bruder. Nebst herzlicher Wünschung göttlichen Lichtes in wirklicher Kraft des heiligen Entis[785] in Christo! Daß ihr meiner Gaben etwas empfangen und dieselbe beliebet, leset und nachschreibet, das ist nicht von mir selber. Ich bin auch nicht der, welcher euch den Verstand und Erkenntnis, viel weniger die Begierde dazu giebet, sondern der Geist Gottes in euch selber giebets. Denn so das durch mich geschehen könnte und ich die Macht hätte, so wollte ich, daß sie alle Menschen in ihnen verstünden und das hätten, das mir armem unwürdigem Menschen aus göttlicher Gabe verliehen ist.

2. So gebühret mir auch nicht, daß ich mich derselben wollte annehmen als ein Eigentum, viel weniger von der Welt Ehre oder Gaben darum nehmen, ohne was von den Reichen aus ihrem Überfluß zur Unterhaltung des Lebens und zu mehrer Abwartung[786] dieses Talents geschehen möchte, darum ich doch von niemand etwas begehre.

3. Euer treues und recht eiferiges christliches Gemüt ist mir fast wohl bekannt und liebet mir mehr als Geld und Gut.

---

784 Böhmes ältester Sohn   785 Seins   786 Unterstützung

Denn ich weiß, daß ich kann einen christlichen Bruder zur ewigen Ergötzung[787] haben und mich in und mit ihm erfreuen als ein Glied an und in dem andern. Daran ich auch wohl begnüget wäre und Christus mein reicher Lohn sein wird, so ich durch meinen Fleiß hätte etwas in Christi Weinberge helfen wirken und gewinnen, und wollte in keinem Wege etwas Zeitliches dafür begehren. Weil ihr mir aber aus christlicher Liebe und Treue auch wollet gerne helfen zu meines Leibes Unterhaltung und Notdurft bei diesem meinem Talent dienen, so erkenne ich solches als eine Schickung göttlicher Ordnung, und bedanke mich zum höchsten eures treuen Gemütes und Verehrung. Ich will euch aber dasselbe viel lieber zahlen, was es kostet, denn es deucht mich, viel zu sein, daß ich solches von euch nehmen sollte, welches zu unserer Ankunft geschehen kann. Und ob es euer Gelegenheit gebe, daß ihr amtshalben könntet abkommen, so wollten wir das miteinander diese Tage verzehren bei einem christlichen Gespräche, welches mir lieb wäre. Und empfehle euch der Liebe Jesu Christi.

P. S.
Beigefügtes Schreiben ist mir vom Herrn Doktor Kober geschickt worden, euch zu senden.   J. B.

66. Sendbrief
An Herrn Augustin Köppe, Schlösser zu Lissau –
Vom Juli 1622.

Immanuel!
In Christo vielgeliebter Herr und Freund, nebst Wünschung göttlicher Liebe und seliger Erkenntnis, auch aller zeitlicher

787 Freude

Wohlfahrt! In eurem wohlgemeintem Beginnen möchtet ihr ja etwas verhindert werden. Aber ein rechtes christliches eiferiges Herze hat seine Schule in sich, auch mitten in allen andern Geschäften. Denn so wir Christo folgen und denselben in uns erlangen, so ist er in allen Dingen unser Anfang und Ende und unser Lehrmeister in uns.

2. Es möchte unsere Konversation freilich wohl Nutzen schaffen. Weil ihr könnet anjetzo also eine schöne Gelegenheit haben, da ihr diese Schriften möget in Händen haben, so sehet zu, unterlassets nicht und bequemet auch darinnen. Ihr werdet gar einen trefflichen Verstand in dem Summario[788], welches ich jetzt unter Händen zu schreiben habe, finden, welches Herr Tobias schon ein Teil nachgeschrieben hat.

3. Denn es ist ein sehr heller Morgenstern aufgegangen, dessen, so euch mag der Geist aufgeschlossen werden, ihr euch werdet wundern, was uns der Höchste anjetzo gönnet, da man klar siehet, wie der helle Tag mitten in der finstern Nacht anbricht, dessen sich manches hungeriges Herz erfreuen wird und dadurch von allem Irrtum erlöset werden.

4. Vermahne euch als meine lieben Brüder, wollet ja diese schöne Zeit und Gelegenheit in acht nehmen und nicht die Rosenzeit versäumen, sondern als gute Zweige in unserm schönen Lustgarten mit ausgrünen.

5. Denn das Ende zu Babel ist vorhanden und die Turba[789] hat eine große Einernte. Es wird Ernst sein. Suche sich doch nur ein jeder in der Gnadenzeit und gehe aus der fleischlichen Babel aus, daß er nicht mit ergriffen werde. Es ist hohe Zeit und kein Scherz von uns gedichtet. Es ist hoch erkannt worden.

6. Ich vermahne auch Herrn Tobias brüderlich, ja seiner jetzigen bequemen Zeit in acht zu nehmen und sich zu suchen, und meine es treulich. Er wird bald etwas mehrers

---

788 Zusammenfassung 789 der Zorn Gottes

nachzuschreiben bekommen, welches teils Herr Walther[790] unter Händen hat, teils ist noch bei mir beruhend.

7. Wegen des Görlitzer Hauptmanns berichte ich, daß er heute nicht hinnen[791] ist, will aber nachfragen, wenn er wird hier sein. Und so es not ist kann mich der Herr berichten, so will ich Bericht tun.

8. Denn wir können anjetzo nicht in die Stadt wegen eingefallener Brücke mit einem ganzen Joche mitten auf der Brücke, von oben bis in den Grund, welches in einem Blitz und Hui[792] geschah, als schöße man ein Rohr ab, welches, weil ich selber auf der Brücken gestanden, ich selber gesehen und Gottes große Macht fast übernatürlich gespüret habe, welches mir groß Nachdenken gibt, davon ich mündlich mit euch reden wollte[793].

9. Denn ein solches, als ich gesehen, mich hart bestürzet hat. Denn ich war über drei Ellen nicht vom Anbruch im Fenster liegend, ins Wasser zu sehen, lief aber im Schracke[794] davon. Sah es nur in einem Blick an. Und ehe ich mich umsah, war alles in Grund augenblicklich[795].

790 Dr. Balthasar Walther 791 hier 792 plötzlich
793 Einsturz der Neiße-Brücke am 18. Juli 1622
794 im jähen Erschrecken
795 Nota eines görlitzischen Beamten (gemäß der Böhme-Ausgabe von 1730):
Zur Erläuterung, daß Jakob Böhme nicht über drei Ellen vom Anbruch der Brücken im Fenster gelegen, das verstehet sich nicht von seinem Hausfenster, sondern von einem Brückenfenster. Denn der Autor, wie er nach dieser Originalepistel selber klar spricht, bei dem Einfall der Brücken selbst im Fenster gelegen, als welche noch heutzutage oben mit Schindeln bedecket, zu beiden Seiten offene Fenster hat, in derem einen derselbe vermutlich gelegen und ins Wasser gesehen; welches so viel wahrscheinlicher, weil er selbst spricht, daß das Joch in der Mitten der Brücken eingefallen sei. Dieselbe wird aber fast auf 100 Ellen lang sein, welchem nach der sel(ige) Mann zwischen 40 und 50 Ellen vom Lande oder Ufer ab auf

10. Wegen der Fische tue ich mich bedanken, will es im Guten verschulden; will euch in kurzem selber sehen, so ich nur wissen werde, daß ihr ein wenig Zeit habet. Könnet michs nur wissen lassen, wenns euch auf einem halben Tag Gelegenheit gibt. Und empfehle euch der sanften Liebe Jesu Christi.

P. S.
Es sind wohl ein Person oder zehn mit hinuntergefallen und teils sehr beschädiget, aber keines tot blieben. Man kann nicht eben wissen, ob jemand fremdes möchte sein verfallen, denn es war viel Volk darauf. Man weiß den Fall noch nicht recht; gibt die Erfahrung, wenn man das Holz wird aufheben.

E(uer) in der Liebe dienstw(illiger)　　　　　　　　　　J. B.

67. Sendbrief
An Herrn Christian Bernhard, Zolleinnehmer zu Sagan – Am Tage Martini[796] 1620.

Die Kraft der Wunderlilien Gottes aus dem Brunnquell Jesu Christi sei unsere Erquickung!

Ehrenfester, wohlbenamter Herr und vertrauter Freund. Allhier übersende ich euch ein Schreiben an Herrn Walther neben drei Säcken, mit dem Melchior Specht, welche Herr Walther oder Herr Magister Weigel wird fordern lassen. Denn Herr M. Weigel wollte mir Korn darinnen schicken, wie Herr Walther berichtet. Wird es zu euch geschicket werden, so beherberget mir es doch, bis Specht kommt. So lasset

dem Wasser gestanden, nämlich auf der Brücken, davon ihm auch der Schrecken befangen, daß er im Schracke geschwind davongelaufen. Welches klar von der Brücken zu verstehen und nicht vom Hause, welches also nicht am Wasser gesuchet werden darf.

[796] 11. November

ihm das folgen, daß er mir das bringe. Das Schreiben an Herrn Walther wird er wohl fordern lassen. Oder da ihr wisset, wo er wäre und hättet zufällige Gelegenheit, die gewiß wäre, so könnets ihm mitschicken, tätet ihr mir und ihm einen Dienst.

2. Wie es auch um Sagan und in Niederlausitz wegen der Kriegsgefahr gehe, möchte ich gerne wissen. Am Tage Martini ist der Markgraf mit allem Volke wieder in Görlitz ankommen und hat sich eingeleget[797], daß fast alle Häuser voll sind, nachdem er drei Wochen zu Lübben gelegen und nichts (aus)gerichtet, als daß sie am nähesten Freitag ein wenig miteinander vor Lübben scharmützieret[798]; da ihrer von den unsern zwei blieben[799] und etliche verwundet. Und wie die Soldaten berichten, sind viel von den andern Völkern totgeblieben. Das Scharmützel hat einen ganzen Tag gewähret.

3. Sonst ist nichts geschehen, ohne daß sie einander oft auf der Streife angetroffen und ein wenig geschlagen. Aber das Land ist über die Hälfte verderbet und beraubet, und weiß man nicht, wie es gemeinet ist oder was werden wird. Unser Land wird bald fertig sein. Die Lager[800] liegen bei Rackenitz, nur ein Pfluggewende voneinander, und scharmützeln alle Tage miteinander. Aber zu einer Schlacht will es nicht kommen.

4. Sonst streifet man bis an Raudnitz, drei Meilen von Leutenmeritz, und verdirbet und verheeret das Land mit Rauben, Morden und Brennen, beides im Leutenmeritzer und Saazer Kreise, auch im Schlaner Kreise, und ist das Böhmerland meistenteils im Grunde verderbet, wie ich selber gesehen, indem ich vor acht Tagen oben gewesen.

Tue euch der Liebe Jesu Christi empfehlen.

Geben ut supra.

Des Herrn dienstw(illiger) J. B.

797 einquartiert 798 gekämpft 799 fielen 800 Fronten

P. S.

Donnerstag nach Martini kam Zeitung[801], daß die Lager von Rackenitz auf Prag gerücket, allwo unter den Stadtmauern und bis in die kleine Stadt[802] hinein und wieder heraus ein groß Gefecht gewesen und eine sehr große Schlacht geschehen, darin viel Volks geblieben. Worauf die Lager wieder auseinandergezogen; wo sie aber liegen, gibt ferner die Zeitung.

68. Sendbrief
An denselben – Im Mai 1621.

Emanuel!

Herr Christian, guter Freund. Ich füge euch dieses, nachdem ich jetzo meiner Gelegenheit nach allhier bin, daß ich euch gerne möchte ansprechen wegen unserer Kundschaft, weiß aber nicht, wie es euch gefällig oder gelegen sein möchte. Ich wünschte, mit euch in geheim zu sein auf ein kurzes Gespräche, so euch dasselbe gefällig wäre, so werdet ihr ohne Zweifel Mittel dazu wissen. Wollet auch in meiner Gegenwart meines Namens und Person geschweigen, es wäre denn Sache, daß er den Eurern zuvor bekannt wäre und sie es begehrten.   J. B.

Extra-Schreiben an denselben – Vom 8. Juni 1621.

Mein lieber Herr Christian, noch füge ich euch freundlich, daß ich Herrn Rudolf von Gersdorf auf Schwarza und Weichau, zu Weichau seßhaft, als ich nächst von euch zu ihm gereiset, in einem sehr guten Zustand gefunden, und welcher

---

801 Nachricht   802 die Kleinseite von Prag

eine gar herzliche Begierde nach unserm Talent träget, auch sein Leben dahin gerichtet, solches von Gott zu erlangen. So werden in kurzem etliche Episteln zu euch gesandt werden, welche er bei euch wird lassen abfordern oder so ihr ihm dieselben wollet auf seine und meine Kosten nach Weichau senden, werdet ihr ihm daran, auch mir, einen Liebewillen tun. Denn er ist gar ein ehrsamer Mensch worden und ist anjetzo wohl auf der rechten Bahn. Gott gebe Beständigkeit!

2. Es soll mich keine Mühe verdrießen, wenn ich zwar viel Zeit zubringe, meinem Nächsten das mir eröffnete Talent zu offenbaren, so nur dadurch Gottes und unser englisches Reich gemehret wird. Als ich denn in meiner Reise, als ich von euch kam, solche Schüler gefunden, daß ich mich nicht allein der hohen Gaben Gottes verwunderte, sondern auch hoch erfreuete. Denn mein Gang ging gar anders, als ich dachte. Als ich von Hause reisete, mußte durch Gottes Wunderschickung wohl fünfeinhalb Wochen außen bleiben; verhoffe auch, es werde nicht vergebens sein.

Und tue euch der Liebe Jesu Christi empfehlen.

Datum Görlitz, ut supra.

E(uer) d(ienstwilliger) B(ruder) J. B.

69. Sendbrief
An denselben – Vom 11. Mai 1624[803]

Unser Wille und Begierde sei Immanuel!

Mein gar lieber Freund und Bruder in Christo, neben herzlicher Wünschung aller seligen Wohlfahrt, daß uns der Geist Christi stets leite, führe und rate und in allem unsern

---

803 Die Datierung ist vermutlich falsch, weil sich die Nachrichten auf 1623 beziehen. Im Mai 1624 befand sich Böhme in Dresden, vgl. u. a. die Briefe an Dr. Kober.

Willen und Tun der Anfang und das Ende sei. Ich wollte am nähesten gar gerne sein im Rückwege wieder zu euch kommen, inmaßen[804] es denn auch mein ganz Vornehmen war, mich vornehmlich mit eurem Herrn Bruder in göttlicher Erkenntnis zu unterreden, weil ich ihn gar für ein begieriges Herze nach göttlicher Erkenntnis vermerket, neben einem schönen Verstande von Gott wohl begabet.

2. Ich bin aber nicht allein von meiner vorgenommenen Reise abgewendet worden, daß ich dieselbe nicht nach meinem Vorsatze habe mögen vollbringen, sondern auch durch Gottes Schickung gar einen andern Weg von Weichau aus nach Glogau und Breslau und viel andere Orte geführet worden. Und solches durch vornehmer Leute Begehren und gar christliches Beginnen, welches, weil ichs für eine Schikkung Gottes erkannt, meinen weltlichen Geschäften vorgesetzet und einen Boten von Weichau aus zu meinem Bruder gesandt und die Geschäfte mit Briefen verrichtet.

3. Weil mir denn gleichwohl was daran gelegen und mir mein Bruder wird haben wieder Schreiben zurück zu Herrn Rudolf von Gersdorf geschicket, denn mir Herr Rudolf einen Boten verliehen, so langet mein freundliches Bitten an euch. Wollet doch die Schreiben, so euch dieselben zugeschicket würden, wie ichs denn also habe bestellet, mir zuschicken durch Specht oder andern gewissen zufälligen Boten. Daran erzeiget ihr mir einen brüderlichen Dienst, an welchem mir gar nicht zweifelt, ihr gar geflissen seid.

4. Meine verbrachte Reise, als ich von euch abscheidete, wird, wie ich zu Gott hoffe, viel Nutzen schaffen, denn mir Gott solche gelehrte Männer zugefüget, mit denen ich mich besprochen, denn es auch sehr angenehm gewesen, daß ich hoffe, es werde viel Frucht und Nutz bringen. Obwohl der Satan dawider tobet, so wächset doch mancher schöne Zweig

804 zumal

dadurch in Christi Gärtelein, dessen ich mich hoch erfreue, daß dennoch Gott seine Sonne mitten in der Nacht aufgehen und scheinen lässet.

5. Und bitte, wollet eurem Herrn Bruder meine Liebe und geneigten Willen in Christo Jesu neben meinem Gruße vermelden. Ich will ihm ehestens ein Schreiben schicken, uns abwesend zu ergötzen[805] in christlichen Gesprächen zu unserer Selbsterbauung.

6. Ob[806] ihr Gelegenheit hättet, die Frau Magister Weigel wegen meiner drei Neusäcke mit einem Brieflein zu erinnern, dieselben euch zu übersenden in meinem Namen, wäre mir ein Dienst. Und empfehle euch samt den Euren der sanften Liebe Jesu Christi.

Euer in Liebe vertrauter Freund   J. B.

70. Sendbrief
An denselben – Vom 9. Juli 1622.

Immanuel!

Mein lieber Herr Christian, neben Wünschung aller Wohlfahrt. Weil ihr anjetzo gesonnen, nach Breslau zu reisen, so bitte ich, wollet mir doch diesen Pack Schreiben an Herrn Dr. Göller von Troppau mit nach Breslau nehmen. Er hat zu Breslau eine Mietung gedinget[807], da er seine Gelegenheit hat, so er zu Breslau ist bei St. Kathrin auf der Katharinengassen, in Ludwig Guthäters Hause. Daselbst wollet doch anfragen, ob er in Breslau sei. Wo nicht, so hat er seine Bestallung[808] mit mir verlassen, daß ich es ihm soll bei Herrn Andreas Hannibal, Zobelfärber auf dem Graben, lassen einlegen[809], der solls ihm nach Troppau schicken. So bringets nur diesem Zobelfärber

---

805 erfreuen   806 Wenn   807 Wohnung gemietet
808 Absprache   809 hinterlegen

und saget ihm, daß ers wollte aufs eheste Herrn Dr. Göller schicken. Er wird wohl wissen, damit zu tun, denn also ist es bestellet. Daran tut ihr mir einen angenehmen Dienst.

2. Ich habe gar ein fein Büchlein »Von der neuen Wiedergeburt«[810], das zur Pönitenz gehöret, welches kurz und sehr gut ist. Will es euch, wenn ihr werdet wieder zu Hause kommen, auch schicken oder ja eurem Bruder, dem Konrektor, unterdessen. Sehet nur zu, daß ihr Herrn Gersdorf das Büchlein »Von der Buße«[811] vor eurem Abreisen könnet schicken. Ich will euer nicht vergessen, und verschulden uns in Liebe, – ut supra.

Euer dienstwilliger J. B.

71. Sendbrief
An denselben – Sonntag nach Ostern 1623.

Unser Heil im Leben: Jesus Christus in uns!

Mein gar lieber Herr und christlicher Bruder, neben treuer Wünschung göttlicher Liebe und Kraft, auch aller leiblichen Wohlfahrt. Euer Schreiben, beides das vom Holzkrämer und auch das jetzige nach Ostern, habe ich wohl empfangen. Wollet euch auch haben alsobald geantwortet. Es war aber mein Vorhaben, euch selber zu sehen.

2. Als ich denn am nähern[812] Donnerstag, gleich als mir euer Brieflein zu Händen kam, mich auf die Reise nach Sprottau aufmachte, in willens, von dannen auf Sagan anzulangen, und bin aber durch Ursachen, welche zugefallen auf Weichau gekommen. Von dannen ich auf Glogau reisen soll und weiter auf Breslau. Sonst wollte ich euch am Rückwege besuchen, welches ich jetzo noch nicht ganz gewiß bin, wie es sich zu Glogau fügen möchte.

---

810 Text in *Christosophia* 811 Desgleichen 812 letzten

3. Wegen Herrn Baltzer Walthers[813] berichte ich euch, daß er mir erst vor acht Tagen hat geschrieben, und hält sich zu Lüneburg bei Herrn Gesnerus gewesenem Pfarrherrns Witwe, seit Martini allda auf, welcher auch salutieren[814] läßt. Und weil ihr derselben Orten euch gedenket zu begeben, so werdet ihr bei ihm allerlei Nachricht erfahren wegen meiner Kundschaft in Sachsen, weil dieselbe fast[815] groß ist.

4. Ob ihr auf Magdeburg kämet, so fraget doch bei Herrn Just Berckmann, einem Kaufmann, an. Denn ich habe ihm an Fastnacht geschriebene Sachen geschicket, welche er sollte nach Lüneburg Herrn Walther schicken, ob sie wären fortkommen. Denn Herr Walther berichtet jetzo, daß er nichts habe bekommen.

5. Und ob es noch allda wäre, so könntet ihr das mit zu Herrn Walther nehmen. Es gehöret zu dem Traktat über Genesis[816] neben ausführlichem Bericht allerlei Sache in einem Sendbriefe auf sein Begehren an mich. Und wollet Herrn Walther und die Kinder Christi, bei denen ihr Kundschaft suchet, wegen meiner grüßen. Ich will Herrn Walther auf die Leipziger Messe ausführlich schreiben, wenn ich jetzo zu Hause kommen werde.

6. Bei Herrn M. Nagel zu Torgau werdet ihr Bericht bekommen, wo meine Sachen in Sachsen bekannt sind. Wollet ihn wegen meiner grüßen. Wollet auch euren Bruder, den Herrn Konrektor, grüßen und ihn bitten, daß er mir doch zu Willen sein wollte und bisweilen ein Brieflein, welches von Glogau oder Weichau zu ihm käme oder ich ihm senden würde, (be)fördern wolle. Ich verschulde um ihn in der Liebe.

Geben in Eile auf dem Schlosse zu Weichau, ut supra.

Euer in der Liebe Christi dienstwilliger J. B.

813 Dr. Balthasar Walther   814 grüßen   815 sehr
816 Jakob Böhme *Mysterium magnum*

72. Sendbrief
An denselben – Am Tage Simon und Judas[817] 1623.

Unser Heil im Leben: Jesus Christus in uns!

Geliebter Herr Christian, neben Wünschung göttlichen Heils übersende ich euch beigefügte Schreiben, wie ich euch vor acht Tagen im Schreiben gemeldet habe, und bitte, mir sie doch zu Herrn Gersdorf nach Weichau zu fördern. Und wie gemeldet worden, so Herr Gersdorf den Boten nicht zahlet, so erleget es nur und meldet mir das, was es ist, – soll bald erstattet werden.

2. Ists aber eure Gelegenheit selber, mit euren abgeschriebenen Büchern nach Glogau zu reisen, so übergebet nur Herrn Dr. Freudenhammer[818] die Briefe, ohne daß ihr einen zu Beuthen bei Herrn Kaspar Lindner lasset. Die andern werden alle Herrn Freudenhammer übergeben, ohne Herrn Gersdorfs nicht. Ich habe geschrieben, die andern zu fördern.

3. Und wie vor acht Tagen gemeldet, so nehmet bei Herrn Gersdorf das Buch »Von der Gnadenwahl«[819] zu euch und bei Herrn Kaspar Lindner, das wider Stiefel[820] und bei Herrn Freudenhammer drei Bücher. Auch sollen drei Traktätlein als das »Von der Buße«, »Von der neuen Geburt«, item das »Von der Gelassenheit«[821] bei Herrn Freudenhammer gefordert werden, welche Herr Friedrich Kregewitz inne hat. So ihr diese bekämet, wollet sie alle zu euch nehmen.

4. Und ob euch was daran mangelte, möget ihr es abschreiben, so ihr wollet, und mir ehestens wieder schicken. Eure abgeschriebenen Bücher wird eigentlich meines Bedün-

---

817 28. Oktober
818 Arzt in Glogau; vgl. 20., 42. und 47. Sendbrief.
819 Neuausgabe im Insel Verlag
820 eine apologetische Schrift
821 sämtlich enthalten in der Neuausgabe *Christosophia*

kens[822] Herr Jakob Johann Huser, Münzmeister zu Glogau[823], behalten, dessen euch Herr Freudenhammer wird Bericht tun. Denn er bat mich heuer, als ich bei ihm war, sehr, ich wollte sie ihm wohl doch lassen nachschreiben, er wollte gerne zahlen. Und wird ihm wohl ein Dienst sein, denn er wollte euch zu solchem Nachschreiben erbitten, so ihr nicht wäret weggezogen.

5. Auch sind ihrer mehr zu Glogau, welche sie begehren, wo euch wird Herr Freudenhammer zurecht helfen. Auf den Fall, ihr die wollet vereinzelnen[824] und nicht alle beieinander lassen, so werden ihrer zwei, als die »Vierzig Fragen« und dann die drei Teile als den ersten und zweiten Teil »Von Christi Menschwerdung«[825] samt dem Baum des christlichen Glaubens allhier bei uns begehret, so schicket mir sie nur.

6. Könnet ihr die aber miteinander vertun, so tut, was euch geliebet. Ich habe dem Herrn Freudenhammer und Herrn Huser darum geschrieben. Habt ihr aber Zeit, was mehr zu schreiben, so meldet mir das an. Ich will euch wohl zu tun machen, denn ich weiß ihrer mehr, welche sie begehren, sonderlich meine letzten Schriften.

7. Was es denn ist oder wo diese Briefe sind blieben, das meldet mir an; wo nicht, so sendet sie nur allesamt Herrn Gersdorf. Den Boten zahle ich von allen Briefen, die ich euch sende und je gesendet habe zur Nachricht, auch künftig also.

Uns in die Liebe Jesu Christi empfehlend.

Datum ut supra.

Euer in der Liebe Christi dienstw(illiger)　　　　Teutonicus.

---

822 meiner Meinung nach　　823 Vgl. 47. Sendbrief
824 aufteilen　　825 Neuausgabe im Insel Verlag 1995

73. Sendbrief
An Herrn Carl von Ender – Des Jahres 1622.

Unser Heil im Leben Jesu Christi.

Mein gar lieber und werter Herr. Ich wünsche euch viel Freude und Kraft göttlicher Beschaulichkeit und menschlicher Einigkeit neben zeitlicher Wohlfahrt, und möchte gerne wissen, ob Herr Michael Ender[826] die bewußten Sachen wegen des Pakets und des Summarium über Moses sei zuhanden geschicket worden und ob es unter der Feder[827] sei. Denn es wird mächtig begehret von vornehmen, gelehrten Leuten, da es möchte Nutz schaffen.

2. Bitte, so es etwa Gelegenheit[828] zu ihm giebet, ihn doch zu erinnern, daß er das mit dem Nachschreiben fördere. Denn es sind schon 27 Bogen aufs neue dazugehörig verfertiget und scheinet, Gott Lob, die Sonne gar helle und wirket Frucht in göttlicher Erkenntnis. Und wird jetzo ein solches offenbar, darob sich manche durstige Seele wird erquicken. Und ob es habe Herr Michael empfangen oder ob es beim Junker nachgeschrieben werde, wäre mir lieb zu wissen.

3. Es bittet mein Weib, woferne der Junker noch etwas an Käsen zu verkaufen hätte, ihr doch etwa 3 Schock oder was vorhanden, ums Geld zu lassen. Auch wäre mir wohl lieb, wenn mir der Junker wollte einen Sack Rüben ums Geld lassen zukommen, denn man kann hinein[829] fast nichts um das Geld bekommen. So bin ich zunächst bei einem Stücke Rüben[830] des Junkers vorbeigegangen, welche Gott wohl gesegnet hatte, davon ich dem Junker eine abborgte, welche mich deuchte[831] sehr gut zu sein.

4. Und täte mir der Junker einen Dienst, so er mir wollte

---

826 Bruder des Adressaten   827 d. h. schon abgeschrieben wird
828 Postverbindung   829 in Görlitz
830 Rübenacker   831 schien

einen Sack ums Geld lassen, dabei ich mein Talent könnte bauen, weil die Zeit den Armen fast sehr bekümmert ist und ich anjetzo fast alle meine Zeit in Diensten meiner Brüder zubringe, welchen ich auch herzlich gerne mitteile, was in meinem Gärtlein wächset und meine Perle jetzt mit großem Fleiße suche, meinen Brüdern damit zu dienen.

5. Und empfehle den Junker der Liebe Jesu Christi und mich in seine Gunsten. Frau Rosine, des Junkers Schwester, bitte zu salutieren, als auch Mitschwester(n) im Herrn.

Des Junkers dienstwilliger J. B.

74. Sendbrief
An denselben, desselben Jahres

Unser Heil in Christo!

Ich erfreue mich des Junkers geneigten Willens gegen mich, daß ich ihn noch mag zu einem lieben Patron haben. Und sage ihm großen Dank wegen der Karpfen, auch des großen Vorteils und Nachlassung am Korne. Hoffe zu Gott, es werde es mit reichem Segen an Leib, Seele und allem Zeitlichen erstatten, inmaßen ich denn auch seiner Seelen, Gehilfe und treuer Mitwirker zu Gottes Gnade sein will, als ein Glied dem andern in Recht schuldig ist. J. B.

Ungedruckte Sendbriefe

Sendbrief I

Dem ehrenfesten, hochgelehrten Herrn Balthasar Walther, meinem (be)sonders guten Freunde!

Der hochteure Name Jesus sei unsere Kraft, Trost und Erquickung!

Ehrenfester, hochgelehrter Herr, in Christo lieber Bruder. Euch wird nunmehr kündig sein der üble Zustand unsers Landes Lausitz, sonderlich der verderbten Stadt Bautzen. Weil aber der Reden möchten davon vielerei sein, will ich euch, soviel ich dies habe von den Leuten, so aus Bautzen zu uns sind kommen und auch von den Soldaten, so von Anfang bis zu Ende sind dabei gewesen, Bericht tun. Jedoch bitte ich dieses Schreiben geheim zu halten wegen gewisser Ursachen.

Nachdem der Kurfürst drei Wochen davor gelegen und ohne Unterlaß mit großen Stücken[832] hineingeschossen, auch oft zu Sturm gelaufen, hat er endlich die Soldaten müde gemacht, weil die Bürgerschaft in Schrecken und Furcht gestanden, auch unter ihnen etliche gewesen, wie berichtet worden, welche selber Briefe hinausgeworfen, in welchem ohne Zweifel der Feind aller Sachen kundig worden.

So hat er mit großem Ernst näher der Mauern und Wall seine Schanzen aufgeworfen, wiewohl mit großem Verlust des Volkes, und die Stadt fast drei Tage und Nächte ohne Unterlaß bestürmet und hineingeschossen, auch immer Feuer hineingeworfen und in drei Tagen bei 17 mal hinangelaufen, auch wie berichtet wird, in diesen drei Tagen in die 17 hundert Mann verloren. Als die Kriegsleute solches gese-

---

832 mit großem Kaliber

hen und vermerkt, daß er möchte in die Vorstädte einbrechen, haben sie selber die Vorstädte angezündet, dieweil man ihnen nicht ist auf ihr vielfältiges Flehen und Bitten zu Hilfe kommen, damit sich nicht der Feind hineinlegte. Als solches der Feind gesehen, hat er der Stadt mit Stürmen und Feuereinwerfen viel heftiger zugesetzt und endlich am Sonntage acht Tage gewesen, (da) die Stadt entzündet (worden ist), welche bis etwa auf hundert und etliche Häuser ganz ausgebrannt. Es sollen etwa 170 Häuser stehen, aber viele sind halb zerschossen.

Da denn ein solcher Schaden geschehen, der sehr groß ist. Denn viel(e) vom Adel und vom Lande das Ihre hineinvertrauet[833], welches, als das Feuer angangen ist, ist von den Soldaten geraubet und geplündert worden. Darüber denn viel Menschen verstorben, sonderlich vom Weibsvolk, welches wegen des grausamen Schießens, auch Feuerkugeln und Pechkränze-Einwerfens vom Feinde, sich nicht gegen den Feind wollen wenden, sondern auf die Winkel und Plätze geleget, verhoffend, vom Feuer und Rauche sich zu erretten, aber doch gar viel elendiglich erstickt, auch viel in Kellern und Gewölben vom Feuer verfallen und erstickt und in solche Not geraten, daß es schrecklich und jämmerlich zu melden ist.

Welches alles hätte mögen verwehret werden, so man der armen, bedrängten Stadt auf ihr flehentliches Bitten an Markgrafen[834], welcher doch sehr vieltausend Mann im Lande liegen gehabt, wäre zu Hilfe kommen. Wenn nur tausend Mann wären hineingeschickt worden, da man doch wohl konnte, so hätte die Stadt nicht mögen erobert werden. Man hat sie wohl immer vertröstet, man wolle sie retten, darum sich denn auch die Kriegsleute ritterlich gewehret und Beistands[835] gewartet. Weil es aber nicht hat mögen sein, so hat

833 evakuiert   834 Johann Georg zu Brandenburg
835 auf Unterstützung

man etliche aus der Stadt hinausgeschickt und mit dem Kurfürsten gehandelt, und ist auch das Schießen am Sonntage (von) früh auf aufgehöret worden, daß man in 36 Stunden keinen Schuß vernommen zu beiden Seiten, bis er am Montage (acht Tage ist es gewesen) hat wieder an die Stadt angelaufen und gestürmet. So hat man ihn alsobald eingelassen und die Stadt übergeben. Auch die Kriegsleute, welche (an die) 2000 gewesen, 8 Fähnlein, lassen mit allem Gewehr und fliegender Fahne davonziehen, indem sie haben müssen geloben, drei Monate den Lausitzern nicht zu dienen.

Und hat ihnen der Kurfürst seinen Dienst und die alte Bezahlung, so sie einen Rest hatten angeboten. Als sie aber nicht gewollt, sie heißen zu ihrem Könige ziehn und heißen zahlen. Wo das nicht geschähe, so sollten sie zu ihm kommen und ihm dienen. Er wollte sie selber zahlen und noch jedem zwei Monate Sold zum Antritt seines Dienstes geben. Darauf sie mit fliegenden Fahnen, mit allen Wagen und Raub sind nach Schlesien gezogen. Man hat sie frei passieren lassen, – welchem fein nachzudenken ist.

Von diesem kläglichen Zustande der Stadt Bautzen haben wir von ihrer gänzlichen Verlierung[836] nichts gewußt, vermeinten, ob wir gleich den Rauch sahen, es wäre in der Stadt keine Not. Alleine dem Markgrafen ists zugeschrieben worden, welches wir mit der Verlierung der Stadt Bautzen mit großem Schrecken erfahren haben, und zwar nicht eher, bis die Soldaten von Bautzen zu uns kamen. Da ist die Ritterschaft, Stadt und Land fast bestürzt worden, auch ganz unwillig, daß man die schöne Stadt nicht hatte gerettet.

Am Dienstage hat der Markgraf die Ritterschaft mit Reitern und Fußvolk fast, wie man berichtet, in die 16000 ins Feld geführt, und hat selber müssen mit auf[837] sein. Welches die Ritterschaft hat wollen haben oder nicht eher auf die

836 Niederlage, Verlust   837 dabei

Rosse sitzen. Da ist er mit dem ganzen Volke nach Grätz, zwei Meilen von Bautzen, gezogen und allda eine Nacht gelegen und sich alsobald am Mittwoch wieder gewendet. Und ist am Donnerstage früh mit dem ganzen Volke wieder nach Görlitz kommen und das Volk wieder aufs Land zerstreuet in ihr Quartier, sowohl in die Stadt, daß alles voll ist. Und liegen ihrer sehr viele in Görlitz.

Mit großer Beschwerde des Landes und der Städte, denn den armen Bauersleuten wird das Ihre gewaltsam genommen, und stehet alles ganz traurig und elendiglich; und wissen wir nicht, was uns begegnen wird, ohne daß wir alle Stunden des Feindes müssen warten und werden mit den Soldaten, auch Schanzen und Wachen sehr geplaget.

Aus Schlesien sind gestern und am Freitage auch heute etliche Fähnlein stattliches Volk uns zu Hilfe kommen. Auch ist solchs unsern Könige vom Herrn Landvogt alles berichtet worden; verhoffen, dem Kurfürsten werde bald sein Hochmut geleget werden, denn die treuen Schlesier haben sich dieses Handels mit großem Beistande unterwunden, welches auch diesmal die höchste Not erfordert oder würde der König Lausitz verlieren, denn des antichristischen Ordens Bauchdiener und Verräter sind zu viele. Aber nur zu ihrem Selbstuntergang, denn also muß es gehen, daß ein Besen den andern auskehre.

Denn Babel mit dem Tier und der Huren stehet im Brande. Wer da jetzt gedenkt, selig zu werden, der mag sich wohl mit Geduld gürten und nichts Weltliches für eigen achten, denn er wirds nicht erhalten oder wird ja seine Seele verlieren.

Man berichtet, der Unsern sind in Bautzen in der ganzen Summa etwa 700 blieben[838] und dem Feinde in der ganzen Summa etwa dreieinhalbtausend. Dem Gottesmanne wirds ohne Zweifel nicht wohl gehen. Ob[839] er aber noch in Bautzen

838 gefallen   839 Wenn

ist, Gott sei sein Trost! Jetzt kann ich nicht zu ihm, etwas zu schicken, denn die Bautzner haben dem Kurfürsten alsbald müssen schwören. Hernach hat er sie des Kaisers Räten, welche innen liegen, übergeben und hat seine besten Stücke mit samt der Bürger Gut, welchs er ihnen genommen, nach Dresden geführet.

Und liegt der Kurfürst in Dresden und die Kaiserischen in Bautzen. Sie haben auch den bautzischen Adel, so ins bautzische Amt gehöret, hineinberufen zur Holdung[840]. Etliche sind kommen und etliche nicht. Und ist keine Gelegenheit in Bautzen, denn es ist besetzt und auswendig verschanzt.

Wie ihr berichtet wegen des Zinses; wenn zu Sagan ein Kannegießer des begehrte gleich um 5 oder es nicht anders sein könnte um 4½ Argent das Pfund, wollte ich ihm verschaffen, so er Bargeld gäbe. Besser etwas als gar verloren. Bitte um Nachrichtung, ob (es) gewiß sei.

Bitte, mit Herrn Christiansen zu handeln, ob[841] ob es die Not forderte, daß er mir doch wollte mit einem Kramfäßlein eine Gelegenheit bestellen, etwa wo es Gelegenheit gäbe bei ihm oder bei H(errn) M(agister) Weigel in seinem Hause. Ich wollte eines mit etlichen Sachen dahin flüchten, daß doch nicht alsobald alles den Soldaten zuteil würde. Bis Gott anders schickte, will (ich)s um ihn verschulden.

Hiermit dem treuen Schutze Jesu Christi uns allen in seine Liebe empfehlend:

Der Name des Herrn ist eine feste Burg. J. B.

---

840 Huldigung   841 wenn

Sendbrief II
An Herrn Christian Bernhard, königlicher Zolleinnehmer
zu Sagan.

Emanuel!

Ehrenfester, wohlbenamter Herr, in Christo geliebter Bruder. Allhier sende ich euch ein offenes Schreiben an Herrn Walther, ob ihr euch wollet darinnen auch ersehen.

Bitte, wo Herr Walther nicht mehr bei euch ist, wollets doch zusiegeln und ihm mit Gelegenheit übersenden. Wegen eines Kramfäßleins, wie in Herrn Walthers Schreiben gemeldet, so es ja würde die Not erfordern, mir doch etwa Gelegenheit zu schaffen, da es möchte sicher sein, ich wills wieder verschulden, bitte ich.

Von Neuem weiß ich euch jetzt nichts zu schreiben, denn was vor acht Tagen geschehen, ist in Herrn Walthers Schreiben gemeldet. Allein, man saget für ganz gewiß, es sollen eine große Menge der Ungarn in Böhmen kommen sein. Sollen nahe bei Pilsen liegen. Etliche sagen, sie sind schon unter Prag, aber wie dem sei, gibt die Erfahrung. Bei Pilsen ist ein groß Schlagen geschehen mit dem Bayerfürsten Buquoi und Dampierre[842] mit den Königischen. Und saget man, es sei sehr viel Volks blieben und habe der Feind müssen zurückeweichen, denn er soll viel verloren haben. Bei uns ist jetzt nichts Neues, als daß das Land fast alle Städte, Dörfer und Flecken voll Kriegsvolk liegen und werden sehr bedränget. Was folgen wird, gibt die Zeit. Babel brennt!

In die Liebe Jesu Christi uns sämtlich empfehlend: J. B.

Der Name des Herrn ist eine feste Burg.

---

[842] Oberst Dampierre von Österreich

Sendbrief III
Herrn Christian Bernhard, königlicher Zolleinnehmer
zu Sagan.

Die Liebe Gottes mit und in uns allen!

Ehrenfester, wohlbenamter Herr. Euer Schreiben neben dem Gläsel Wein habe ich richtig empfangen und habe den Wein erstlich dem Kellerherren angeboten. Der hat ihn nicht wollen kaufen, sondern nachdem er ihn gekostet, hat er gesaget, er tauge ihnen nicht. Nachmals habe ich ihn den Marketendern angeboten. Die sagen, wenn er ein wenig am Kaufe leichter[843] wäre, sie wollten ihn kaufen. Ich sollte ihn lassen bringen. Vielleicht wie es mit den Marketendern sein möchte, denn auf ihre Reden baue ich nicht genug. Weil aber Bier- und Weinschank jetzo bei uns alles frei ist, daß ein jeder mag schenken, so füge ich euch dieses: Schicket mir nur den Wein, beide Viertel mit Specht hierher, weil das Volk[844] jetzo noch bei uns lieget und was ihr etwa könnet daran am Kaufe leichtern, meldet mir nur an. Ich will den Wein verkaufen oder selber ausschenken. Ich will euch das Geld dafür zuschicken. Dürfet euch darum nichts befahren[845], (als) daß er nur (gefahrfrei) auf der Straße möchte herkommen, und bald, denn jetzt liegt sehr viel Volks bei uns. Ich traue ihn anzuwerden[846]. Mit dem Fuhrmann um den Fuhrlohn werdet ihr euch selber vergleichen und zahlen. Wenn das Volk wegkäme, so möchte er nicht so leicht angeworden werden als jetzo. Jetzo wollte ich ihn anwerden. Allein am Kaufe[847] ist er hoch. Was ihr vergessen[848] könnt, meldet mir. Bei nebens meldet mir, wieviel Eimer und Kannen ein grumbergisches Viertel enthalte. Zur Nachrichtung füge ich euch zur Ant-

---

843 billiger   844 die Einquartierung   845 nichts sorgen
846 loszuwerden   847 Preis, Einkaufspreis
848 evtl. herunterhandeln

wort: Wegen der guten Zusage eines Fäßleins zu herbergen[849] auf Notfall nehme ich hohen Dank an. Wollte Gott, wir dürftens[850] nicht.

Jetzt ist nichts Neues, als daß sie einander fast alle Tage auf der Streife angreifen. Der Markgraf hat fast alles Volk nahe an und in die Stadt Görlitz eingeleget; und versiehet[851] man sich, es wird ehestens in wenig Tagen ein Angriff geschehen, denn es ist bei uns ein sehr groß Volk beieinander. Gestern kamen noch sieben Fähnlein Fußvolk in die Stadt und wurden einquartieret, und liegen alle Häuser voll.

Hiermit göttlichem Schutze empfohlen. Datum Görlitz.

Des H(errn) dienstwilliger Jakob Böhme.

Sendbrief IV

Licht, Heil und ewige Kraft aus dem Brunnquell des Herzens Jesu Christi sei unser Erquickung.

Ehrenfester, wohlbenamter Herr, euch sind meine willigen Dienste jederzeit bevorn[852]. Ich füge euch zu wissen, daß ich in den verheißnen[853] Schriften etwas verhindert worden, welche ich euch schicken wollte nachzuschreiben[854], denn sie sind bei einem Liebhaber derselben auch nachgeschrieben worden. Weil aber Herr Baltzer W(alther) ist wieder zu Lande ankommen, hat er dieselben jetzt selber unter der Feder. So euch aber geliebte[855], etwas darum zu haben und nachzuschreiben, so soll euch etwas, sobald es möglich ist, gefolget werden.

Und tue euch göttlichem Schutze empfehlen.

Datum Görlitz. Jakob Böhme.

849 lagern 850 brauchtens 851 man rechnet 852 bereit
853 versprochenen 854 zur Abschrift 855 beliebte

Ungedruckte Briefteile

A

U(nser) H(eil) i(m) L(eben) J(esu) C(hristi)!
Mein lieber H. N., neben herzlicher Wünschung göttlicher Beweglichkeit, Licht, Kraft und Erkenntnis...

B

36. Sendbrief

(nach Abs. 2:) Eure Handschuh wollte ich euch alle haben abgekaufet, so ich derselben hätte mögen vor Winters habhaft werden. Habe aber bis daher nicht Zeit zu reisen gehabt, wegen meiner steten Übung in meinem Talent. Wüßte sie auch nicht wohl ohne große Unkosten allhier zu bringen. Habe auch vermeinet, sie wären schon verkauft.

(Abs. 3:) Habe aber in mir in meinen Sinn gefasset, künftigen Frühling...

(Abs. 4 nach den Worten: damit willfahren:) Euer alter Geselle, Hans Bradel, ist zu Görlitz Meister worden und eine Witfrau[856] gefreiet, ist in meiner Kundschaft. Und empfehle...

C

An J. Brix, Dr. med. – 17. Januar 1624.

Geliebter Herr und Freund, von dem holdseligen Anblicke des Lichts Gottes in seiner Gnadenliebe habe ich meine Erkenntnis und hohes Wissen empfangen und auch die große Lust, mir solches für ein Memorial aufzuschreiben.

---

856 Witwe

Nicht hab ichs auf einmal zugleich alles ergriffen, sondern als ein Schüler, der zur Schule geführt wird. Also ward meine Seele ins Mysterium Gottes mit Übung und stetem Anhalten und Beten immer tiefer eingeführet. Denn so die Seele das Licht der ewigen Natur erlanget, so siehet sie wohl auf einmal hindurch in die ewige Natur der Weisheit Gottes. Aber auf einmal zu ergreifen, ist ihr nicht gegeben, ist auch nicht möglich, sondern als ein Platzregen vorübergehet, was der trifft, das trifft er. Also gehets auch mit dem Anblicke der Seelen in dem großen Mysterio Gottes. Je mehr sie suchet, je mehr findet sie, und ist doch kein Zahl und Ende.

Und wer dies Ritterkränzlein erlanget, der hat eitel Freude daran. Demselben nach hab ich bishero etwas geschrieben und in unterschiedliche Bücher gefasset, mir zu einem Memorial. Vermeinete, der Treiber[857] hätte es schon längst verschlungen und durch seine Diener umbracht, dieweil es so mächtig sein Rauchloch offenbaret, bis mir nach drei Jahren Schriften von gelehrten und hohen Leuten gegeben worden aus meinem Buche, mich vermahnend, fortzufahren um der Erkenntnis Gottes und des menschlichen Heils willen.

Da sah ich erst, wie es mit meinen Schriften geraten war und verstund den Weg Gottes und wie sie in so vielen Händen waren nachgeschrieben worden, mir ganz unwissend. Ich bin nicht damit gelaufen und habe sie jemanden (nicht) angeboten, mir einen Namen zu machen, achte auch keines Ruhmes. Ich bin ein einfältiger schlichter Mann. Ausgenommen meine Gabe, dies ist nicht mein, sondern Gottes.

Das Wissen und Erkennen ist nicht des äußern Menschen vom Gestirne, sondern des innern Menschen, aus Gott geboren. Gott weiß, suchet und findet sich im Menschen, das ist: er offenbaret sich ihm. Sonst wissen wir nichts von ihm. Denn wir sind mit Adam von seiner Wissenschaft ausgegan-

---

857 Widersacher

gen, gehen aber mit Christo in der neuen Wiedergeburt wieder mit ihm ein.

Meine Schriften haben einen rechten Urstand und sind im Lichte der ewigen Natur gegründet, nicht von Menschen oder von Kunst, viel weniger von scharfer[858] Vernunft und Sinnen ist das geschehen, daß sie wären alldaher entsprungen, sondern aus dem Brünnlein Israelis durch die ernste Practica.

Denn Christus heißet uns suchen und anklopfen, so soll uns aufgetan werden, Matth. 7, und spricht ferner Luk. 11: Mein Vater will den Hl. Geist geben, denen die ihn darum bitten. – Wenn der kommen werde, so werde er uns in alle Wahrheit leiten, denn von dem Seinen werde ers nehmen und uns verkündigen, Joh. 16.

Ich kann mit Grund der Wahrheit sagen, und solches vor Gott, daß ichs in keiner Schrift studieret, auch zuvor nicht gewußt habe, sondern ich war so einfältig im Verstande des Mysterii als der ungeübten Laien Art ist. Ich verstund weder die Schrift noch das Geheimnis des Mysterii recht. Ich suchte auch dieses nicht, denn ich wußte nichts davon. Ich suchte allein das Herze Jesu Christi, mich darin zu verbergen vor dem grimmigen Zorn Gottes und vor dem Ungewitter und Angriffen des Teufels.   J. Böhme.

D
28. Sendbrief

(Abs. 14 nach den Worten: doch klar genug angedeutet:) Weil ich aber anjetzo zu Dresden schloß und meine Bücher nicht bei Händen gehabt, so hab ich dem Herren keines können schicken, ohne ein Traktätlein, von mir gedruckt, als »Von der Buß« und »(Von) wahrer Gelassenheit«. Das sende

---

858 kritischer

ich ihm und empfehle ihn samt allen Kindern Christi in die Liebe Jesu Christi.

Geben in Dresden die Woche nach Pfingsten 1622.

D(es) H(errn) dienstwilliger   Jakob Böhme.

Dem ehrenfesten und wohlgeachteten Herrn Christian Steinberg, der Medizin D(oktor), Chymico practico, meinem gar lieben Freund, Fürstenwalde.

Literaturhinweise

Eine ausführliche bibliographische Übersicht über Textausgaben, Gesamtdarstellungen und Einzelstudien ist enthalten in: Gerhard Wehr: Jakob Böhme in Selbstzeugnissen und Bilddokumenten (Rowohlt Monographie 179), Reinbek 1971, ⁶1991, S. 145 ff.

Gesamtausgabe

Jakob Böhme: Sämtliche Schriften. Reprint der Ausgabe von 1730 in 11 Bänden, begonnen von August Faust, neu hg. von Will-Erich Peuckert. Stuttgart-Cannstatt 1955–61.

Urschriften

Jakob Böhme: Die Urschriften. Im Auftrag der Akademie der Wissenschaften zu Göttingen, hg. von Werner Buddecke. Bd. I, Stuttgart 1963; Bd. II, Stuttgart 1966.

Hauptschriften

hrg. und kommentiert von Gerhard Wehr
  Aurora oder Morgenröte im Aufgang
  Christosophia. Ein christlicher Einweihungsweg
  Von der Menschwerdung Jesu Christi
  Von der Gnadenwahl
  Theosophische Sendbriefe
  Sämtlich im Insel Verlag Frankfurt/M. 1991 ff.
  Weitere Schriften in Vorbereitung.

Auswahlbände

Jakob Böhme: Suche dich, finde dich. Ausgewählt und eingeleitet von Gerhard Wehr. Frankfurt/M.: Insel-Bücherei 1996

Im Zeichen der Lilie. Aus den Werken des christlichen Mystikers Jakob Böhme. Ausgewählt und kommentiert von Gerhard Wehr. München: E. Diederichs 1991

Sekundärliteratur

Anderson, Bo: Studien zu Jakob Böhmes Aurora oder Morgenröte im Aufgang. Stockholm 1986

Benz, Ernst: Der vollkommene Mensch nach Jakob Böhme. Stuttgart 1937

Böhme, Gernot (Hg.): Klassiker der Naturphilosophie. München 1989, S. 158–170

Bonheim, Günther: Zeichendeutung und Natursprache. Ein Versuch über Jakob Böhme. Würzburg 1992

Bornkamm, Heinrich: Luther und Böhme. Bonn 1925 (Arbeiten zur Kirchengeschichte 2)

Deghaye, Pierre: La Naissance de Dieu ou la Doctrine de Jacob Boehme. Paris 1985

Faivre, A./Zimmermann, R. C. (Hg.): Epochen der Naturmystik. Hermetische Tradition im wissenschaftlichen Fortschritt. Berlin 1979

Geissmar, Christoph: Das Auge Gottes. Bilder zu Jakob Böhme. Wiesbaden 1993

Gott, Natur und Mensch in der Sicht Jakob Böhmes und seiner Rezeption. Hg. von Jan Garewicz und Alois M. Haas. Wiesbaden 1994

Grunsky, Hans: Jakob Böhme. Stuttgart 1956

Jecht, Richard: Die Lebensumstände Jakob Böhme, in: Jakob Böhme. Gedenkgabe der Stadt Görlitz. Görlitz 1924

Lemper, Ernst-Heinz: Jakob Böhme. Leben und Werk. Berlin-Ost 1976

Nigg, Walter: Heimliche Weisheit. Mystisches Leben in der evangelischen Christenheit. Zürich 1959; Olten-Freiburg 1975

Pältz, Eberhard: Jakob Böhmes Hermeneutik, Geschichtsverständnis und Sozialethik. Jena 1961

–: Jakob Böhme, in: Theologische Realenzyklopädie (TRE). Berlin-New York 1980. Bd. VI, 748–754

Peuckert, Will-Erich: Das Leben Jakob Böhmes. Jena 1924; 2. Aufl. in J. Böhme: Sämtliche Schriften, Bd. 10. Stuttgart 1961

Pietsch, Roland: Die Dialektik von Gut und Böse in der »Morgenröte« Jakob Böhmes. Innsbruck 1975

Wehr, Gerhard: Jakob Böhme in Selbstzeugnissen und Bilddokumenten. Reinbek 1971; ^{6}1991 (Rowohlt Monographie 179)

–: Die deutsche Mystik. Mystische Erfahrung und theosophische Weltsicht. München 1988

–: Aspekte der Wirkungsgeschichte Jakob Böhmes, in: Gott, Natur und Mensch in der Sicht Jakob Böhmes. Hg. J. Garewicz/A. M. Haas. Wiesbaden 1994, 175-196

–: Esoterisches Christentum. Von der Antike zur Gegenwart. 2. erw. Auflage Stuttgart 1995.

Religion und Mystik
im insel taschenbuch

Augustinus: Bekenntnisse. Lateinisch und deutsch. Eingeleitet, übersetzt und erläutert von Joseph Bernhart. Mit einem Vorwort von Ernst Ludwig Grasmück. it 1002

Die Blümlein des heiligen Franziskus von Assisi. Aus dem Italienischen nach der Ausgabe der Tipografia Metastasio, Assisi 1901, von Rudolf G. Binding. Mit Initialen von Carl Weidemeyer. it 48

Jakob Böhme: Aurora oder Morgenröte im Aufgang. Herausgegeben von Gerhard Wehr. it 1411

– Christosophia. Ein christlicher Einweihungsweg. Herausgegeben von Gerhard Wehr. it 1412

– Von der Gnadenwahl. Herausgegeben von Gerhard Wehr. it 1738

– Von der Menschwerdung Christi. Herausgegeben von Gerhard Wehr. it 1737

Dante: Die Göttliche Komödie. Mit fünfzig Holzschnitten von Botticelli. Deutsch von Friedrich Freiherr von Falkenhausen. 2 Bde. it 94

Mircea Eliade: Kosmos und Geschichte. Der Mythos der ewigen Wiederkehr. Aus dem Französischen von Günther Spaltmann. Neuausgabe. it 1580

Geschichten aus dem Talmud. Herausgegeben und übertragen von Emanuel bin Gorion. it 860

Geschichten der Bibel. Herausgegeben von Heinz Mode unter Mitarbeit von Ralf Tröger. it 1460

Hermann Hesse: Franz von Assisi. Mit Fresken von Giotto und einem Essay von Fritz Wagner. it 1069

Das Hohe Lied Salomos. Nachdichtungen und Übersetzungen aus sieben Jahrhunderten. Herausgegeben von Hermann Timm. Mit zwölf Bildern von Anatoli L. Kaplan. it 600

Lao-tse: Führung und Kraft aus der Ewigkeit. Das Tao-te-king in der Übertragung aus dem chinesischen Urtext von Erwin Rousselle. it 849

Meister Eckhart: Das Buch der göttlichen Tröstung. Ins Neuhochdeutsche übertragen von Josef Quint. it 1005

– Mystische Schriften. Aus dem Mittelhochdeutschen übertragen und mit einem Nachwort versehen von Gustav Landauer. it 1302

Der tanzende Tod. Mittelalterliche Totentänze. Herausgegeben, eingeleitet und übersetzt von Gert Kaiser. it 647

Tschuang-Tse: Reden und Gleichnisse des Tschuang-Tse. Ausgewählt und mit einem Nachwort versehen von Martin Buber. Großdruck. it 2317

Religion und Mystik
im insel taschenbuch

Der versiegelte Engel. Erzählungen zu Ikonen. Mit farbigen Abbildungen. Ausgewählt und mit einem Nachwort versehen von Angela Martini-Wonde. it 1132

Wundersame Geschichten von Engeln. Gesammelt von Felix Karlinger. it 1226

Carol Zaleski: Nah-Todeserlebnisse und Jenseitsvisionen. Aus dem Amerikanischen von Ilse Davis Schauer. it 1741

Alte Welt und Mittelalter
im insel taschenbuch

Apuleius: Der goldene Esel. Mit Illustrationen von Max Klinger zu ›Amor und Psyche‹. Aus dem Lateinischen von August Rode. Mit einem Nachwort von Wilhelm Haupt. it 146

Augustinus: Bekenntnisse. Lateinisch und deutsch. Eingeleitet, übersetzt und erläutert von Joseph Bernhart. Mit einem Vorwort von Ernst Ludwig Grasmück. it 1002

Joseph Bédier: Der Roman von Tristan und Isolde. Mit Holzschnitten von 1484. Deutsch von Rudolf G. Binding. it 387

Boethius: Trost der Philosophie. Zweisprachige Ausgabe. Lateinisch und deutsch. Mit einem Nachwort von Ernst Ludwig Grasmück. it 1215

Otto Borst: Alltagsleben im Mittelalter. Mit zeitgenössischen Abbildungen. it 513

Roberto Calasso: Die Hochzeit von Kadmos und Harmonia. Aus dem Italienischen von Moshe Kahn. it 1476

Catull: Sämtliche Gedichte. Lateinisch und deutsch. Aus dem Lateinischen von Carl Fischer. Mit einem Nachwort von Bernhard Kytzler. it 1736

Dante: Die Göttliche Komödie. Mit fünfzig Holzschnitten von Botticelli. Deutsch von Friedrich Freiherr von Falkenhausen. 2 Bde. it 94

Epiktet: Wege zum glücklichen Handeln. Aus dem Lateinischen von Wilhelm Capelle. it 1458

Epikur: Philosophie der Freude. Briefe, Hauptlehrsätze, Spruchsammlung, Fragmente. Übertragen und mit einem Nachwort versehen von Paul M. Laskowsky. it 1057

Erasmus von Rotterdam: Das Lob der Torheit. Mit den Randzeichnungen von Hans Holbein dem Jüngeren. Übersetzt und herausgegeben von Uwe Schultz. it 369

Das Evangeliar Heinrichs des Löwen. Erläutert von Elisabeth Klemm. Mit farbigen Bildtafeln. it 1121

Geschichten aus dem Mittelalter. Herausgegeben von Hermann Hesse. Aus dem Lateinischen übersetzt von Hermann Hesse und J. G. T. Graesse und mit Nacherzählungen von Leo Greiner. Neu zusammengestellt von Volker Michels. it 161

Götter, Spötter und Verrückte. Antike Anekdoten. Herausgegeben von Gerhard Fink. it 1720

Griechisches Theater. Aischylos: Die Perser. Die Sieben gegen Theben. Sophokles: Antigone. König Ödipus. Elektra. Aristophanes: Die Vögel. Lysistrata. Menander: Das Schiedsgericht. Deutsch von Wolfgang Schadewaldt. it 721

Alte Welt und Mittelalter
im insel taschenbuch

Hermann Grimm: Das Leben Michelangelos. it 1758

Helmut Hiller: Heinrich der Löwe. Herzog und Rebell. Eine Chronik von Helmut Hiller. it 922

Homer: Ilias. Neue Übertragung von Wolfgang Schadewaldt. Mit antiken Vasenbildern. it 153

Ilias. Odyssee. In der Übertragung von Johann Heinrich Voß. it 1204

Horaz: Oden. Lateinisch und deutsch. Neu übertragen von Winfried Tilmann. it 1418

Ibn Hazm: Von der Liebe und den Liebenden. Aus dem arabischen Urtext übertragen von Max Weißweiler. it 1757

Klosterleben im deutschen Mittelalter. Nach zeitgenössischen Quellen von Johannes Bühler. Mit zahlreichen Abbildungen. Herausgegeben von Georg A. Narciß. it 1135

Christoph Kolumbus: Bordbuch. Mit einem Nachwort von Frauke Gewecke und zeitgenössischen Illustrationen. it 476

Dieter Kühn: Ich Wolkenstein. Eine Biographie. Neue, erweiterte Ausgabe. it 497

– Neidhart aus dem Reuental. it 1389

– Parzival. Der Parzival des Wolfram von Eschenbach. it 1328

Longus: Daphnis und Chloë. Ein antiker Liebesroman. Aus dem Griechischen übersetzt und mit einem Nachwort von Arno Mauersberger. Mit Illustrationen der »Edition du Régent«. it 136

Thomas Malory: Die Geschichten von König Artus und den Rittern seiner Tafelrunde. 3 Bde. Übertragen von Helmut Findeisen auf der Grundlage der Lachmannschen Übersetzung. Mit einem Nachwort von Walter Martin. Mit Illustrationen von Aubrey Beardsley. it 239

Marc Aurel: Selbstbetrachtungen. Aus dem Lateinischen von Otto Kiefer. Mit einem Vorwort von Klaus Sallmann. it 1374

Meister Eckhart: Das Buch der göttlichen Tröstung. Ins Neuhochdeutsche übertragen von Josef Quint. it 1005

Minnesinger. In Bildern der Manessischen Liederhandschrift. Mit Erläuterungen herausgegeben von Walter Koschorreck. Vierundzwanzig Abbildungen. it 88

Die Nibelungen. In der Wiedergabe von Franz Keim. Mit Illustrationen von Carl Otto Czeschka. Mit einem Vor- und Nachwort von Helmut Brackert. Im Anhang die Nacherzählung ›Die Nibelungen‹ von Gretel und Wolfgang Hecht. it 14

Ovid: Liebeskunst. Nach der Übersetzung von W. Hertzberg. Bearbeitet von Franz Burger-München. Mit Abbildungen nach etruskischen Wandmalereien. it 164

Alte Welt und Mittelalter
im insel taschenbuch

Ovid: Metamorphosen. In der Übertragung von Johann Heinrich Voß. Mit den Radierungen von Pablo Picasso und einem Nachwort von Bernhard Kytzler. it 1237

Francesco Petrarca: Dichtungen. Briefe. Schriften. Auswahl und Einleitung von Hanns W. Eppelsheimer. it 486

Platon: Sämtliche Werke. Griechisch und deutsch. Nach der Übersetzung Friedrich Schleiermachers, ergänzt durch Übersetzungen von Franz Susemihl u.a. Griechischer Text nach der letztgültigen Gesamtausgabe der Association Guillaume Budé. Herausgegeben von Karlheinz Hülser. Zehn Bände in Kassette. it 1401-1410

- Band I: Ion. Protagoras. Apologie. Kriton. Laches. Lysis. Charmides. it 1401
- Band II: Eutyphron. Alkibiades I. Gorgias. Menexenos. it 1402
- Band III: Menon. Kratylos. Euthydemos. Hippias maior. it 1403
- Band IV: Hippias minor. Symposion. Phaidon. it 1404
- Band V: Politeia. it 1405
- Band VI: Phaidros. Theaitetos. it 1406
- Band VII: Parmenides. Sophistes. Politikos. it 1407
- Band VIII: Philebos. Timaios. Kritias. it 1408
- Band IX: Nomoi. it 1409
- Band X: Briefe. Unechtes. it 1410

– Das Trinkgelage oder Über den Eros. Übertragung, Nachwort und Erläuterungen von Ute Schmidt-Berger. Mit einer Wirkungsgeschichte von Jochen Schmidt und griechischen Vasenbildern. it 681

Der Sachsenspiegel in Bildern. Aus der Heidelberger Bilderhandschrift ausgewählt und erläutert von Walter Koschorreck. it 218

Sappho. Neu übertragen und kommentiert von Stefanie Preiswerkzum Stein. Mit farbigen Abbildungen. it 1229

Sappho: Strophen und Verse. Übersetzt und herausgegeben von Joachim Schickel. it 309

Gustav Schwab: Sagen des klassischen Altertums. 3 Bde. Mit sechsundneunzig Zeichnungen von John Flaxman und einem Nachwort von Manfred Lemmer. it 127

Seneca für Manager. Sentenzen. Ausgewählt und übersetzt von Gerhard Schoeck. it 1656

Seneca: Vom glücklichen Leben. Philosophische Schriften und Briefe. Herausgegeben und aus dem Lateinischen übertragen von Heinz Berthold. it 1457

– Von der Seelenruhe. Philosophische Schriften und Briefe. Herausgegeben und aus dem Lateinischen übertragen von Heinz Berthold. it 743

Alte Welt und Mittelalter
im insel taschenbuch

Sophokles: Aias. Übertragen von Wolfgang Schadewaldt. Herausgegeben von Hellmut Flashar. Mit zahlreichen Abbildungen. it 1562
- Antigone. Übertragen und herausgegeben von Wolfgang Schadewaldt. Mit einem Nachwort, einem Aufsatz, Wirkungsgeschichte und Literaturhinweisen. it 70
- Antigone. Übersetzt von Hölderlin. Bearbeitet von Martin Walser und Edgar Selge. it 1248
- Elektra. Übertragen von Wolfgang Schadewaldt. Herausgegeben von Hellmut Flashar. Mit zahlreichen Abbildungen. it 1616
- König Ödipus. Übertragen und herausgegeben von Wolfgang Schadewaldt. Mit einem Nachwort, drei Aufsätzen, Wirkungsgeschichte und Literaturnachweisen. it 15

Tacitus: Germania. Zweisprachig. Übertragen und erläutert von Arno Mauersberger. it 471

Der tanzende Tod. Mittelalterliche Totentänze. Herausgegeben, eingeleitet und übersetzt von Gert Kaiser. it 647

François Villon: Sämtliche Dichtungen. Zweisprachige Ausgabe. Aus dem Französischen von Walther Küchler. it 1039

Philosophie
im insel taschenbuch

Alain: Sich beobachten heißt sich verändern. Betrachtungen. Auswahl, Übersetzung und Nachwort von Franz Josef Krebs. Neuübersetzung. it 1559

Augustinus: Bekenntnisse. Lateinisch und deutsch. Eingeleitet, übersetzt und erläutert von Joseph Bernhart. Mit einem Vorwort von Ernst Ludwig Grasmück. it 1002

Francis Bacon: Essays. Herausgegeben und mit einem Nachwort versehen von Helmut Winter. it 1514

Jakob Böhme: Aurora oder Morgenröte im Aufgang. Herausgegeben von Gerhard Wehr. it 1411

– Christosophia. Ein christlicher Einweihungsweg. Herausgegeben von Gerhard Wehr. it 1412

– Von der Gnadenwahl. Herausgegeben von Gerhard Wehr. it 1738

– Von der Menschwerdung Christi. Herausgegeben von Gerhard Wehr. it 1737

Denken mit Diderot und anderen Philosophen. Herausgegeben von Horst Günther. it 1746

Epiktet: Wege zum glücklichen Handeln. Aus dem Lateinischen von Wilhelm Capelle. it 1458

Epikur: Philosophie der Freude. Briefe, Hauptlehrsätze, Spruchsammlung, Fragmente. Übertragen und mit einem Nachwort versehen von Paul M. Laskowsky. it 1057

Erasmus von Rotterdam: Das Lob der Torheit. Mit den Randzeichnungen von Hans Holbein dem Jüngeren. Übersetzt und herausgegeben von Uwe Schultz. it 369

Bernulf Kanitscheider: Auf der Suche nach dem Sinn. it 1748

Kant-Brevier. Ein philosophisches Lesebuch für freie Minuten. Herausgegeben von Wilhelm Weischedel. it 61

Sören Kierkegaard: Tagebuch des Verführers. Aus dem Dänischen von Helene Ritzerfeld. it 405

Machiavelli für Manager. Sentenzen. Ausgewählt von Luigi und Elena Spagnol. it 1733

Niccolò Machiavelli: Der Fürst. Aus dem Italienischen von Friedrich von Oppeln-Bronikowski. Mit einem Nachwort von Horst Günther. it 1207

Marc Aurel: Selbstbetrachtungen. Aus dem Lateinischen von Otto Kiefer. Mit einem Vorwort von Klaus Sallmann. it 1374

Meister Eckhart: Das Buch der göttlichen Tröstung. Ins Neuhochdeutsche übertragen von Josef Quint. it 1005

Philosophie
im insel taschenbuch

Michel de Montaigne: Essais. Herausgegeben und mit einem Nachwort versehen von Ralph-Rainer Wuthenow. Revidierte Fassung der Übertragung von Johann Joachim Bode. it 220

Thomas Morus: Utopia. Mit einem Nachwort von Norbert Elias. it 1206

Friedrich Nietzsche: Also sprach Zarathustra. Ein Buch für alle und keinen. Thomas Mann, Die Philosophie Nietzsches im Lichte unserer Erfahrung. it 145

– Also sprach Zarathustra. Ein Buch für alle und keinen. Thomas Mann, Die Philosophie Nietzsches im Lichte unserer Erfahrung. it 1638

– Der Antichrist. Versuch einer Kritik des Christentums. it 947

– Briefe. Ausgewählt von Richard Oehler. Mit einem Essay von Ralph-Rainer Wuthenow. it 1546

– Ecce homo. Mit einem Vorwort von Raoul Richter und einem Nachwort von Ralph-Rainer Wuthenow. it 290

– Die fröhliche Wissenschaft. Mit einem Nachwort von Ralph-Rainer Wuthenow. it 635

– Die Geburt der Tragödie aus dem Geiste der Musik. Mit einem Nachwort von Peter Sloterdijk. it 1012

– Gedichte. Herausgegeben von Karl Riha. it 1622

– Zur Genealogie der Moral. Eine Streitschrift. it 1308

– Götzen-Dämmerung oder Wie man mit dem Hammer philosophiert. it 822

– Jenseits von Gut und Böse. Mit der Streitschrift ›Zur Genealogie der Moral‹ und einem Nachwort von Ralph-Rainer Wuthenow. it 762

– Menschliches, Allzumenschliches. Ein Buch für freie Geister. Mit einem Nachwort von Ralph-Rainer Wuthenow. it 614

– Morgenröte. Gedanken über die moralischen Vorurteile. Mit einem Nachwort von Ralph-Rainer Wuthenow. it 678

– Über die Frauen. Herausgegeben und mit einem Nachwort versehen von Klaus Goch. it 1335

– Unzeitgemäße Betrachtungen. Mit einem Nachwort von Ralph-Rainer Wuthenow. it 509

– Vom Nutzen und Nachteil der Historie für das Leben. it 1236

– ›Wie man wird, was man ist.‹ Ermutigungen zum kritischen Denken. Herausgegeben von Ursula Michels-Wenz. it 1096

Jean Orieux: Das Leben des Voltaire. Aus dem Französischen von Julia Kirchner. Mit einer Zeittafel und einem kommentierten Personenregister. it 1651

Philosophie
im insel taschenbuch

Blaise Pascal: Größe und Elend des Menschen. Aus den »Pensées«. Auswahl, Übersetzung und Nachwort von Wilhelm Weischedel. it 441

Platon: Sämtliche Werke. Griechisch und deutsch. Nach der Übersetzung Friedrich Schleiermachers, ergänzt durch Übersetzungen von Franz Susemihl u.a. Griechischer Text nach der letztgültigen Gesamtausgabe der Association Guillaume Budé. Herausgegeben von Karlheinz Hülser. Zehn Bände in Kassette. it 1401-1410

– Apologie. Protagoras. Sämtliche Werke I. Ion. Protagoras. Apologie. Kriton. Laches. Lysis. Charmides. Griechisch und deutsch. it 1401
– Euthyphron. Gorgias. Sämtliche Werke II. Euthyphron. Alkibiades I. Gorgias. Menexenos. Griechisch und deutsch. it 1402
– Menon. Kratylos. Sämtliche Werke III. Menon. Kratylos. Euthydemos. Hippias maior. Griechisch und deutsch. it 1403
– Symposion. Phaidon. Sämtliche Werke IV. Hippias minor. Symposion. Phaidon. Griechisch und deutsch. it 1404
– Politeia. Sämtliche Werke V. Politeia. Griechisch und deutsch. it 1405
– Theaitetos. Phaidros. Sämtliche Werke VI. Phaidros. Theaitetos. Griechisch und deutsch. it 1406
– Sophistes. Politikos. Sämtliche Werke VII. Parmenides. Sophistes. Politikos. Griechisch und deutsch. it 1407
– Timaios. Kritias. Sämtliche Werke VIII. Philebos. Timaios. Kritias. Griechisch und deutsch. it 1408
– Nomoi. Sämtliche Werke IX. Nomoi. Griechisch und deutsch. it 1409
– Briefe. Sämtliche Werke X. Briefe. Unechtes. Griechisch und deutsch. it 1410
– Das Trinkgelage oder Über den Eros. Übertragung, Nachwort und Erläuterungen von Ute Schmidt-Berger. Mit einer Wirkungsgeschichte von Jochen Schmidt und griechischen Vasenbildern. it 681

Jean-Jacques Rousseau: Bekenntnisse. Aus dem Französischen von Ernst Hardt. Mit einer Einführung von Werner Krauss. it 823

Arthur Schopenhauer: Aphorismen zur Lebensweisheit. Vollständige Ausgabe mit Erläuterungen und Übersetzung der fremdsprachigen Zitate. Mit einem Nachwort von Hermann von Braunbehrens. Mit 16 Daguerreotypien und Fotos und Bilderläuterungen von Arthur Hübscher. it 223
– Die Kunst, Recht zu behalten. Herausgegeben von Franco Volpi. it 1658

Arthur Schopenhauer. Leben und Werk in Texten und Bildern. Herausgegeben von Angelika Hübscher. it 1059

Seneca für Manager. Sentenzen. Ausgewählt und übersetzt von Gerhard Schoeck. it 1656